MATHEMATIK
FACHHOCHSCHULREIFE

BERUFSKOLLEG

LÖSUNGEN

Von:
Otto Feszler
Frédérique Haas
Michael Knobloch
Christian Saur
Karin Schommer
Markus Strobel
Simon Winter

Mit Beiträgen von:
Jens-Oliver Stock
Susanne Viebrock

unter Mitarbeit der Redaktion

Cornelsen

Mithilfe der Marginalien – z. B. 24 – findet man die Lösung einer Aufgabe unter der gleichen Seitennummer wie die Aufgabenstellung im Lehrbuch.

Redaktion: Angelika-Fallert-Müller, Groß-Zimmern; Christian Hering, Stina Richter
Grafik: Stephanie Neidhardt, Oldenburg; Da-TeX Gerd Blumenstein, Leipzig
Umschlaggestaltung: Elena Blazquez, Recklinghausen
Technische Umsetzung: Stephanie Neidhardt, Oldenburg

www.cornelsen.de

Die Webseiten Dritter, deren Internetadressen in diesem Lehrwerk angegeben sind, wurden vor Drucklegung sorgfältig geprüft. Der Verlag übernimmt keine Gewähr für die Aktualität und den Inhalt dieser Seiten oder solcher, die mit ihnen verlinkt sind.

1. Auflage, 5. Druck 2022

Alle Drucke dieser Auflage sind inhaltlich unverändert und können im Unterricht nebeneinander verwendet werden.

Druck: Esser printSolutions GmbH, Bretten

ISBN 978-3-06-451207-8

PEFC zertifiziert
Dieses Produkt stammt aus nachhaltig
bewirtschafteten Wäldern und kontrollierten
Quellen.

www.pefc.de

PEFC
PEFC/04-31-2851

Inhaltsverzeichnis

Grundlagen

1. Bei einer Aussage muss eindeutig entschieden werden können, ob sie wahr oder falsch ist.

a) keine Aussage

b) wahre Aussage

c) wahre Aussage

d) keine Aussage

9

2.

	A	B	$A \wedge B$	$A \vee B$	$A \Rightarrow B$	$A \Leftrightarrow B$
a)	falsch	falsch	falsch	falsch	wahr	falsch
b)	wahr	wahr	wahr	wahr	wahr	wahr
	wahr	falsch	falsch	wahr	falsch	falsch
	falsch	wahr	falsch	wahr	wahr	falsch
	falsch	falsch	falsch	falsch	wahr	wahr

1. a) $\mathbb{N}$; $\mathbb{Z}$; $\mathbb{Q}$; $\mathbb{R}$ **c)** $\mathbb{R}$ **e)** $\mathbb{Q}$; $\mathbb{R}$ **g)** $\mathbb{R}$ **i)** $\mathbb{N}$; $\mathbb{Z}$; $\mathbb{Q}$; $\mathbb{R}$ **k)** $\mathbb{Q}$; $\mathbb{R}$

b) $\mathbb{Z}$; $\mathbb{Q}$; $\mathbb{R}$ **d)** $\mathbb{Q}$; $\mathbb{R}$ **f)** $\mathbb{Z}$; $\mathbb{Q}$; $\mathbb{R}$ **h)** $\mathbb{Q}$; $\mathbb{R}$ **j)** $\mathbb{N}$; $\mathbb{Z}$; $\mathbb{Q}$; $\mathbb{R}$ **l)** $\mathbb{Q}$; $\mathbb{R}$

10

2. a) falsch   **b)** falsch   **c)** wahr   **d)** wahr   **e)** falsch   **f)** wahr

3. a) $I = [-7; 2]$ **b)** $I = \,]-6; 4]$ **c)** $I = [-3; 2[$ **d)** $I = \,]-8; 1[$

1. a) Term   **d)** kein Term

b) kein Term   **e)** kein Term

c) Term   **f)** kein Term

11

2. a) $(-12 + 6 + 26) : 2 + 1 = 20 : 2 + 1 = 11$

b) $50 - 20 \cdot 0 - 15 = 35$

c) $2 - 3 \cdot (101) = -301$

1. a) $5 + 3x - 6 - 7x = -1 - 4x$

e) $2(3(-2x + 10) + 15) = 2(-6x + 30 + 15)$
$= -12x + 90$

b) $-3x - 4a + 3x - 40a = -44a$

f) $bx - ax + ax - bx = 0$

c) $10 - 15x$

g) $16x^2 + 72x + 81$

d) $-38x + 19 + 32x = -6x + 19$

h) $9 - 25y^2$

12

2. a) $2(a + 2b)$

b) $3a(c + 2b)$

c) $7ab(ab + 7)$

d) $4ab(b + 4 + 8a)$

3. a) $3(x - y)(x + y) = 3(x^2 - y^2) = 3x^2 - 3y^2$

b) $2(x + 4)(x - 4) = 2(x^2 - 16) = 2x^2 - 32$

12

4. a) $2(4x - y)$

   b) $5(2a + 3b - 2)$

   c) $0{,}5(x + y + z)$

   d) $(a + b)^2$

   e) $(6a - 5b)^2$

   f) $(1 + 2a)(1 - 2a)$

   g) $(6x + 10)(6x - 10)$

   h) $12(x + y)(x - y)$

5. a) $1{,}5;\ 1{,}5;\ 9$

   b) $5b;\ 90ab;\ 81a^2$

13

   a) $\frac{5}{6} + \frac{14}{6} = \frac{19}{6}$

   b) $-\frac{4}{8} + \frac{20}{8} - \frac{3}{8} = \frac{13}{8}$

   c) $\frac{4}{3}$

   d) $-\frac{1}{12}$

   e) Hauptnenner: $2^2 \cdot 3^2 \cdot 5^2 = 900$

$$\frac{675}{900} + \frac{500}{900} + \frac{648}{900} - \frac{48}{900} = \frac{1775}{900} = \frac{355}{180} = \frac{71}{36}$$

   f) $2 \cdot 3 \cdot 7^2 = 294$

$$\frac{216}{294} - \frac{39}{294} + \frac{238}{294} - \frac{49}{294} = \frac{366}{294} = \frac{183}{147} = \frac{61}{49}$$

   g) $2^3 \cdot 3^2 \cdot 5 = 360$

$$\frac{270}{360} + \frac{225}{360} + \frac{144}{360} - \frac{40}{360} + \frac{120}{360} = \frac{719}{360}$$

   h) kgV $(3;\ 6;\ 18;\ 9) = 18$

$$\frac{48}{18} - \frac{3}{18} + \frac{5}{18} - \frac{8}{18} = \frac{42}{18} = \frac{7}{3}$$

   i) Hauptnenner: $2^3 \cdot 3 \cdot 7^2 = 1176$

$$\frac{2058}{1176} - \frac{60}{1176} - \frac{1344}{1176} + \frac{2793}{1176} + \frac{1400}{1176} = \frac{4847}{1176}$$

   j) $\frac{37y}{30}$

   k) $\frac{5z}{8}$

   l) $\frac{1}{x(x-1)} - \frac{x^2}{x+1} = \frac{x+1}{x(x-1)(x+1)} - \frac{x^3(x-1)}{x(x-1)(x+1)} = \frac{x+1-x^4+x^3}{x(x-1)(x+1)} = \frac{-x^4+x^3+x+1}{x(x^2-1)}$

14

1. a) $\frac{1}{3}$ **c)** $\frac{7}{10}$ **e)** 2 **g)** $\frac{174}{5}$

   b) $\frac{5}{14}$ **d)** $\frac{3}{4}$ **f)** 6 **h)** 5

2. a) $\frac{4}{3}$ **c)** $\frac{35}{18}$ **e)** $\frac{51}{2}$ **g)** $\frac{28}{11}$

   b) $\frac{5}{3}$ **d)** 12 **f)** $\frac{4}{7}$ **h)** $\frac{15}{14}$

3. a) $\frac{50}{9}$ **b)** $\frac{50}{9}$ **c)** $\frac{625}{18}$ **d)** $\frac{25}{2}$

4. a) $\frac{1}{5}$ **d)** $\frac{6}{5}$ **g)** $\frac{7}{50}$ **j)** $-\frac{13}{4}$

   b) $\frac{2}{5}$ **e)** $\frac{13}{10}$ **h)** $\frac{1}{1000}$ **k)** $\frac{5}{2}$

   c) $\frac{1}{10}$ **f)** $\frac{22}{5}$ **i)** $\frac{617}{500}$ **l)** $\frac{1}{2}$

5. a) $\frac{6+2b}{b-2}$ **b)** a **c)** $\frac{3a+b}{6a-8b}$ **d)** -1

15

1. a) 81 **c)** $\approx 1,3161$ **e)** 81 **g)** $\frac{49}{8}$ **i)** $\frac{121}{144}$ **k)** $-\frac{144}{121}$

  b) $\approx -1,3161$ **d)** $\frac{1}{81}$ **f)** -729 **h)** $-\frac{3}{16}$ **j)** $-\frac{4}{9}$ **l)** $\frac{2}{3}$

2. a) $4+a^2$ **d)** $a^2+\frac{1}{a^2}$ **g)** $\frac{12}{a^5}$ **j)** $25a^2$ **m)** 2 **p)** $\frac{1}{a^4}$

  b) a^2+b^2 **e)** $12a^7$ **h)** $-\frac{12}{a^5}$ **k)** $\frac{5}{a^2}$ **n)** 125 **q)** ab^3

  c) $a+a^2$ **f)** $4ab$ **i)** $\frac{12}{a^7}$ **l)** $3a^{n+4}$ **o)** a^4 **r)** $\frac{1}{ab^3}$

3. a) $4^{\frac{1}{3}}$ **e)** $5^{\frac{3}{6}}=5^{\frac{1}{2}}$ **i)** $(a\cdot b)^{\frac{3}{2}}=a^{\frac{3}{2}}\cdot b^{\frac{3}{2}}$

  b) $3^{\frac{1}{5}}$ **f)** $a^{\frac{3}{8}}$ **j)** $9^{-\frac{1}{3}}$

  c) $7^{\frac{1}{2}}$ **g)** $a^{\frac{5}{3}}$

  d) $2^{\frac{2}{3}}$ **h)** $a^{\frac{2}{3}}\cdot b^{\frac{4}{3}}$

16

1. 1. Wurzelgesetz: $a^{\frac{1}{n}}\cdot b^{\frac{1}{n}}=(ab)^{\frac{1}{n}}$

  2. Wurzelgesetz: $a^{\frac{1}{n}}:b^{\frac{1}{n}}=(\frac{a}{b})^{\frac{1}{n}}$

  3. Wurzelgesetz: $(a^{\frac{1}{n}})^m=(a^m)^{\frac{1}{n}}$

  4. Wurzelgesetz: $(a^{\frac{1}{n}})^{\frac{1}{m}}=a^{\frac{1}{nm}}$

  5. Wurzelgesetz: $(a^{mk})^{\frac{1}{nk}}=(a^m)^{\frac{1}{n}}$

2. a) 2 **d)** 4 **g)** $4\sqrt{2a+3b}$ **j)** $6a\sqrt{b}$ **m)** $\sqrt[3]{a^4}$

  b) 18 **e)** 3 **h)** $9\sqrt{a}$ **k)** $3\sqrt[4]{a}$ **n)** $\frac{3b}{\sqrt{a^3}}$

  c) 6 **f)** 105 **i)** $-\sqrt{a}$ **l)** $\sqrt[8]{3}\ \sqrt[24]{b}$

3. a) 2 **d)** 4 **g)** $4(2a+3b)^{\frac{1}{2}}$ **j)** $6ab^{\frac{1}{2}}$ **m)** $a^{\frac{4}{3}}$

  b) 18 **e)** 3 **h)** $9a^{\frac{1}{2}}$ **k)** $3a^{\frac{1}{4}}$ **n)** $3b\cdot a^{(-\frac{3}{2})}$

  c) 6 **f)** 105 **i)** $-a^{\frac{1}{2}}$ **l)** $3^{\frac{1}{8}}b^{\frac{1}{24}}$

17

1. a) $L=\{4\}$ **f)** $L=\{12\}$

  b) $L=\{-\frac{1}{3}\}$ **g)** $17=3z-24; \quad L=\{\frac{41}{3}\}$

  c) $L=\{\frac{4}{3}\}$ **h)** $1-\frac{1}{5}z=9; \quad L=\{-40\}$

  d) $7x-14=21; \quad L=\{5\}$ **i)** $\frac{3}{4}-\frac{11}{2}a=a-2,5; \quad L=\{\frac{1}{2}\}$

  e) $28y+28=28; \quad L=\{0\}$ **j)** $5b-2=6-b; \quad L=\{\frac{4}{3}\}$

2. a) $L=\,]18;+\infty[$ **e)** $4x^2+8x-5>4x^2-2x-6 \iff 10x>-1;$

    $L=\,]-\frac{1}{10};+\infty[$

  b) $L=\,]-\infty;11[$ **f)** $-6x^2+4x+10>-6x^2-18x \iff 22x>-10;$

    $L=\,]-\frac{5}{11};+\infty[$

  c) $L=\,]1;+\infty[$

  d) $10-3x<x-6; \quad L=\,]4;+\infty[$

19

1. a) $a = 1, b = -2, c = 1$

$\Leftrightarrow x_{1;2} = \frac{2 \pm \sqrt{(-2)^2 - 4 \cdot 1 \cdot 1}}{2 \cdot 1}$ $\Rightarrow x_1 = 1; x_2 = 1$

$p = -2, q = 1$

$\Leftrightarrow x_{1;2} = 1 \pm \sqrt{1^2 - 1}$ $\Rightarrow x_1 = 1; x_2 = 1$

b) $a = 3, b = -3, c = -6$

$\Leftrightarrow x_{1;2} = \frac{3 \pm \sqrt{(-3)^2 - 4 \cdot 3 \cdot (-6)}}{2 \cdot 3}$ $\Rightarrow x_1 = 2; x_2 = -1$

$p = -1, q = -2$

$\Leftrightarrow x_{1;2} = 0{,}5 \pm \sqrt{0{,}5^2 + 2}$ $\Rightarrow x_1 = 2; x_2 = -1$

c) $a = 2, b = 4, c = 8$

$\Leftrightarrow = x_{1;2} = \frac{-4 \pm \sqrt{4^2 - 4 \cdot 2 \cdot 8}}{2 \cdot 2}$ $\Rightarrow$ keine Lösung

$p = 2, q = 4 \Leftrightarrow x_{1;2} = -1 \pm \sqrt{1^2 - 4}$ $\Rightarrow$ keine Lösung

d) $a = -3, b = 5, c = -2$

$\Leftrightarrow x_{1;2} = \frac{-5 \pm \sqrt{5^2 - 4 \cdot (-3) \cdot (-2)}}{2 \cdot (-3)}$ $\Rightarrow x_1 = 1; x_2 = \frac{2}{3}$

$p = -\frac{5}{3}, q = \frac{2}{3}$

$\Leftrightarrow x_{1;2} = \frac{5}{6} \pm \sqrt{(-\frac{5}{6})^2 - \frac{2}{3}}$ $\Rightarrow x_1 = 1; x_2 = \frac{4}{6} = \frac{2}{3}$

e) $a = -4, b = -3, c = -5$

$\Leftrightarrow x_{1;2} = \frac{3 \pm \sqrt{(-3)^2 - 4 \cdot (-4) \cdot (-5)}}{2 \cdot (-4)}$ $\Rightarrow$ keine Lösung

$p = \frac{3}{4}, q = \frac{5}{4}$

$\Leftrightarrow x_{1;2} = -\frac{3}{8} \pm \sqrt{(\frac{3}{8})^2 - \frac{5}{4}}$ $\Rightarrow$ keine Lösung

f) $a = \frac{1}{3}, b = -2, c = \frac{7}{3}$

$\Leftrightarrow x_{1;2} = \frac{2 \pm \sqrt{(-2)^2 - 4 \cdot \frac{1}{3} \cdot \frac{7}{3}}}{2 \cdot \frac{1}{3}}$ $\Rightarrow x_1 = \frac{2 + \sqrt{\frac{8}{9}}}{\frac{2}{3}} \approx 4{,}414; x_2 = \frac{2 - \sqrt{\frac{8}{9}}}{\frac{2}{3}} \approx 1{,}586$

$p = -6, q = 7$

$\Leftrightarrow x_{1;2} = 3 \pm \sqrt{(-3)^2 - 7}$ $\Rightarrow x_1 = 3 + \sqrt{2} \approx 4{,}414; x_2 = 3 - \sqrt{2} \approx 1{,}586$

2. a) $L = \{0; -2\}$

b) $L = \{-1; 0{,}5\}$

c) $L = \{4; -2\}$

d) $L = \{-3\}$

3. a) $x_{1;2} = -2 \pm \sqrt{16}$ $L = \{2; -6\}$

b) $x_{1;2} = 2{,}5 \pm \sqrt{12{,}25}$ $L = \{6; -1\}$

c) $x(x - 6) = 0$ $L = \{0; 6\}$

d) $x^2 + 3{,}5x - 2 = 0$ $x_{1;2} = -1{,}75 \pm \sqrt{5{,}0625}$ $L = \{0{,}5; -4\}$

e) $x^2 = -9$ $L = \{\}$

f) $x^2 - 6x - 7 = 0$ $x_{1;2} = 3 \pm \sqrt{16}$ $L = \{7; -1\}$

g) $L = \{2; 3\}$

h) $L = \{0; 5\}$

i) $x^2 - 5x + 4 = 0$ $\qquad x_{1;2} = 2,5 \pm \sqrt{2,25}$ $\qquad L = \{4; 1\}$

19

j) $x^2 = 25$ $\qquad L = \{5; -5\}$

k) $x^2 - 9x + 18 = 0$ $\qquad x_{1;2} = 4,5 \pm \sqrt{2,25}$ $\qquad L = \{6; 3\}$

l) $x^2 = 25$ $\qquad L = \{5; -5\}$

4. a) $(x-5)(x+2) = 0;\ 2(x-5)(x+2) = 0$ $\qquad$ **d)** $(x + \frac{2}{3})(x - \frac{2}{3}) = 0;\ -(x + \frac{2}{3})(x - \frac{2}{3}) = 0$

b) $x(x + 8,75) = 0;\ 2x(x + 8,75) = 0$ $\qquad$ **e)** $(x-6)^2 = 0;\ 5(x-6)^2 = 0$

c) $x^2 = 0;\ 3x^2 = 0$ $\qquad$ **f)** $(x-1)(x-2) = 0;\ 2(x-1)(x-2) = 0$

5. a) $x^2 - 3x - 10 = 0;\ 2x^2 - 6x - 20 = 0$ $\qquad$ **d)** $x^2 - \frac{4}{9} = 0;\ -x^2 + \frac{4}{9} = 0$

b) $x^2 + 8,75x = 0;\ 2x^2 + 17,5x = 0$ $\qquad$ **e)** $x^2 - 12x + 36 = 0;\ 5x^2 - 60x + 180 = 0$

c) $x^2 = 0;\ 3x^2 = 0$ $\qquad$ **f)** $x^2 - 3x + 2 = 0;\ 2x^2 - 6x + 4 = 0$

6. a) $x \cdot (x-4) = 0$ $\qquad$ **e)** $3(x+5)(x-5)$

b) $(x-4)(x-3) = 0$ $\qquad$ **f)** $2(x+2)^2 = 0$

c) $0,25(x-3)(x-1) = 0$ $\qquad$ **g)** $(x+4)(x-4) = 0$

d) $x \cdot (x + \frac{1}{8}) = 0$ $\qquad$ **h)** $x \cdot (x+3) = 0$

7. x: Seitenlänge in m

$(x+1)^2 = 3x^2 \iff x^2 - x - \frac{1}{2} = 0 \qquad x_{1;2} = \frac{1}{2} \pm \sqrt{\frac{3}{4}}$

$x_1 = \frac{1 + \sqrt{3}}{2} \approx 1,37;\ x_2 = \frac{1 - \sqrt{3}}{2} \approx -0,37$ (nicht relevant)

Die Seitenlänge beträgt ca. $1,37$ m.

1. a) z. B. Additionsverfahren $\qquad$ **b)** z. B. Einsetzungsverfahren $\quad$ **c)** z. B. Gleichsetzungsverfahren

21

    (I) $\cdot$ 3 ergibt: $\qquad\qquad\qquad\qquad\quad$ $3x + (-6x + 5) = 3,5$ $\qquad\qquad$ (I) : 2 ergibt:

    (Ia) $45a - 3b = 7,8$ $\qquad\qquad\qquad\qquad\quad$ $x = 0,5$ $\qquad\qquad\qquad$ (Ia) $u = 3v - 13$

    (II) $\quad 5a + 3b = 2,2$ $\qquad\qquad\qquad\qquad\quad$ $y = -2$ $\qquad\qquad\qquad$ (II) $u = 12 - 2v$

    $\quad 50a = 10$ $\qquad\qquad\qquad\qquad$ $L = \{(0,5;\ -2)\}$ $\qquad\qquad$ $3v - 13 = 12 - 2v$

    $\qquad a = 0,2$ $\qquad\qquad\qquad\qquad\qquad\qquad\qquad\qquad\qquad\qquad$ $v = 5$

    $\qquad b = 0,4$ $\qquad\qquad\qquad\qquad\qquad\qquad\qquad\qquad\qquad\qquad$ $u = 2$

    $\quad L = \{(0,2;\ 0,4)\}$ $\qquad\qquad\qquad\qquad\qquad\qquad\qquad\qquad$ $L = \{(2;\ 5)\}$

2. a) $L = \{(0,5;\ -2;\ 1,5)\}$ $\quad$ **b)** $L = \{(-\frac{c}{5};\ \frac{4c+10}{5};\ c) \mid c \in \mathbb{R}\}$ $\quad$ **c)** $L = \{(2;\ -7,5;\ 3)\}$

22

1.

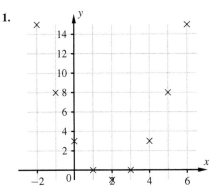

2.

x	-4	-3	$-2,5$	-1	0	1
y	0	2	1	-1	$-1,5$	$2,25$

23

Nur die ersten beiden Angebote enthalten Pizza. Es ist sinnvoll, den Preis pro Fläche zu vergleichen.

„2 Pizza": Gesamtfläche in cm²: $A = 2 \cdot \pi r^2 = 2 \cdot \pi \left(\frac{29}{2}\right)^2 \approx 1\,321$.   Preis in ct pro cm²: $\frac{1500}{1321} \approx 1,14$.

„Pizza-Party-Blech": Gesamtfläche in cm²: $A = 45 \cdot 45 = 2\,025$.   Preis in ct pro cm²: $\frac{2100}{2025} \approx 1,04$.

Die Preise pro Fläche unterscheiden sich kaum. Das Angebot „2 Pizza" ist günstiger, da es zusätzlich noch Salat, Pizzabrötchen und Wein enthält. Jede der fünf Personen erhält dann $1\,321\,\text{cm}^2 : 5 \approx 264\,\text{cm}^2$ Pizza. Aufgrund der zusätzlichen Beigaben sollte die Menge ausreichen. Soll aber jede Person zum Beispiel mindestens $300\,\text{cm}^2$ Pizza erhalten, kann es sinnvoller sein, das „Pizza-Party-Blech" zu wählen, statt zweimal das Angebot „2 Pizza" zu bestellen.

1 Funktionen, ihre Schaubilder und zugehörige Gleichungen

1.1 Begriffsbildung und Beschreibung

1 Zahlenreihen

24

    a) 27, 32, 37, … (Addition von 5)

    b) 255, 511, 1023, … (Multiplikation mit 2 und Addition von 1)

    c) Individuelle Lösungen (überprüfbar über Aufgabenteil d))

    d) Individuelle Lösungen

    e) Individuelle Lösungen

2 Zuordnungen

    a) Weitere Beispiele: Sportler einer Sportart, Autos einer Automarke, Bücher einem Genre, Hotelgäste einem Hotelzimmer, Restaurantbesucher einem Tisch, Flugreisende einem Sitzplatz, Briefgewichte einem Porto, Pizzen einem Preis, …

    b) Hauptstädte einem Land zuordnen:

    Berlin → Deutschland

    Rom → Italien

    Brüssel → Belgien

    Madrid → Spanien

    Farben einer Flagge zuordnen:

    Rot → Belgien, Deutschland, Italien, Spanien

    Gelb → Belgien, Deutschland, Spanien

    c) 1) Jedem **Land** kann genau eine Hauptstadt zugeordnet werden.

    2) Einer Farbe wie zum Beispiel Rot können mehrere **Flaggen** zugeordnet werden.

3 Infusion

25

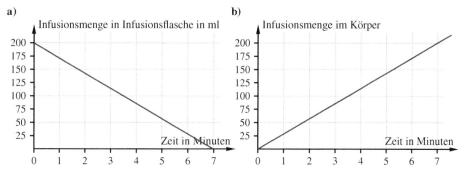

    c) 1 Minute: ≈ 28,6 ml

    3 Minuten: ≈ 85,7 ml

    5 Minuten: ≈ 142,9 ml

25

d)

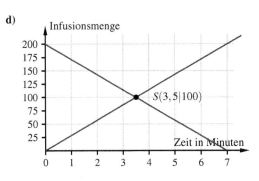

e) $y = \frac{200}{7}x$

f) Die Infusionsmenge hängt von der Zeit ab.

4 Angebote

a) Frau Walker berechnet für jedes Angebot die Kosten von Federgabeln für 270 Fahrräder.

Fahrradteile International: $129 \, € \cdot 270 = 34\,830 \, €$

Cycle-Tools-Import: $128 \, € \cdot 270 + 80 \, € \cdot 3 = 34\,800 \, €$

Fahrradgroßhandel Gritsch: $128 \, € \cdot 270 + 150 \, € = 34\,710 \, €$

Bike dream: $140 \, € \cdot 270 = 37\,800 \, €$

Der Fahrradgroßhandel Gritsch ist für 270 Federgabeln am günstigsten.

b) *Hinweis:* Im Aufgabentext im 1. Druck der 1. Auflage sollte es in Aufgabenteil b) **Einkaufsmengen** statt Produktionsmengen heißen.

Einkaufsmenge (in Stück)	50	150	250	350	450	550
Einkaufskosten (in €) Fahrradteile International	**6450**	**19 350**	32 250	45 150	58 050	70 950
Einkaufskosten (in €) Cycle-Tools-Import	6480	19 360	32 240	45 120	58 000	70 880
Einkaufskosten (in €) Großhandel Gritsch	6800	20 100	**32 150**	**44 950**	**57 750**	**66 150**
Einkaufskosten (in €) Bike dream	7000	21 000	35 000	49 000	63 000	69 300

1.1.1 Zuordnungen

1. Individuelle Lösungen, z.B. a) Mia: freundlich, hilfsbereit; Jens: humorvoll, hilfsbereit, usw. für weitere Schüler; hier liegt keine Funktion vor. Bei b) bis d) handelt es sich um Funktionen.

2. a)

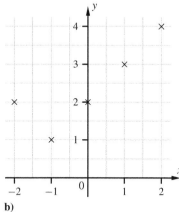

c)

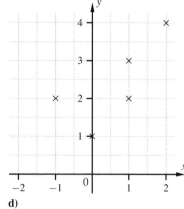

b)

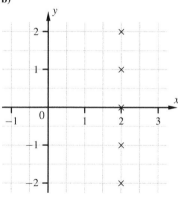

d)

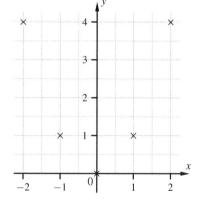

3. a)

x	1	2	3	4	5
y	1	4	9	16	25

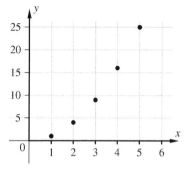

27

b)

x	1	2	3	4	5
y	0	1	2	3	4

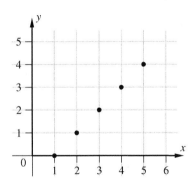

4. Links:

x	1	1	1	2	2	3	4	5
y	2	3	4	2	1	1	1	1

Rechts:

x	-2	-1	1	2	3
y	-1	-2	1	-1	1

5. a), b) Individuelle Lösungen, z. B.:

Uhrzeit	22.30	22.48	23.45	24.00	0.30
Wasserverbrauch in m^3/h	8000	18000	7200	12500	12500

Ausgangsmenge: alle Uhrzeitangaben von 21.30 Uhr bis 0.30 Uhr

Zielmenge: je nach Genauigkeit der Messung z.B. die natürlichen Zahlen von 0 bis 20.00

c) Text individuell mit folgenden Inhalten:

- 5 Minuten vor Beginn des Spiels und während der 1. Halbzeit Abnahme der Wassermenge
- Nach ganz wenigen Minuten in der Pause deutliche Erhöhung, dann wieder Abnahme
- Kurz nach Ende des Spiels wieder Erhöhung, aber nicht so sprunghaft wie in der Pause
- Wasserverbrauch bleibt hoch.

Verantwortlich für diesen Verlauf wird die Toilettennutzung sein.

1.1.2   Funktionen

32

1. Es liegt das Schaubild einer Funktion vor, wenn jede Parallele zur y-Achse das Schaubild in höchstens einem Punkt schneidet.

a) Schaubild einer Funktion

b) kein Schaubild einer Funktion

2. a) $f(1) = 6$ $\quad$ $f(-2) = 3$ $\quad$ $f(8) = 13$ $\qquad$ **e)** $f(1) = -1$ $\quad$ $f(-2) = 5$ $\quad$ $f(8) = -15$

$\quad$ **b)** $f(1) = 2$ $\quad$ $f(-2) = -1$ $\quad$ $f(8) = -61$ $\qquad$ **f)** $f(1) = -1$ $\quad$ $f(-2) = 8$ $\quad$ $f(8) = -512$

$\quad$ **c)** $f(1) = -2$ $\quad$ $f(-2) = 10$ $\quad$ $f(8) = 40$ $\qquad$ **g)** $f(1) = 3$ $\quad$ $f(-2) = \frac{1}{9}$ $\quad$ $f(8) = 6561$

$\quad$ **d)** $f(1) = 2$ $\quad$ $f(-2) = 2$ $\quad$ $f(8) = 2$ $\qquad$ **h)** $f(1) \approx 1{,}08$ $\quad$ $f(-2) \approx -0{,}83$ $\quad$ $f(8) \approx -0{,}29$

3. a)

x	-2	-1	0	1	2
$f(x)$	-3	-1	1	3	5

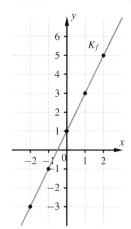

b)

x	0	1	2	3	4
$f(x)$	0	3	6	9	12

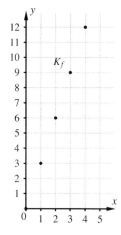

c)

x	0	1	2,25	4	9
$f(x)$	0	1	1,5	2	3

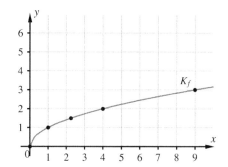

d)

x	0	2	4	6	8
$f(x)$	0	6	8	6	0

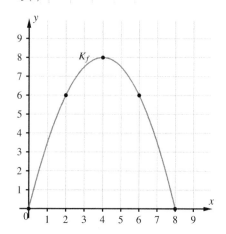

4. a) $D_f = \mathbb{R}$ **e)** $D_f = \mathbb{R} \setminus \{-3\}$

   b) $D_f = \mathbb{R} \setminus \{0\}$ **f)** $D_f = \mathbb{R}$

   c) $D_f = \mathbb{R}$ **g)** $D_f = (-3; \infty)$

   d) $D_f = \mathbb{R}$ **h)** $D_f = \mathbb{R}$

5. a) $W_f = \mathbb{R}$ **d)** $W_f = \mathbb{R}_-$

   b) $W_f = [-3; \infty[$ **e)** $W_f = \mathbb{R}_+^*$

   c) $W_f = \{2,5\}$ **f)** $W_f = [-1; 1]$

32

6. a) $P:\quad 0 = 2 \cdot 0{,}5 - 1 \qquad (w)$
$Q:\quad 6 = 2 \cdot 3 - 1 \qquad\quad (f)$
$R:\quad -3 = 2 \cdot (-2) - 1 \quad (f)$

Nur P liegt auf dem Schaubild.

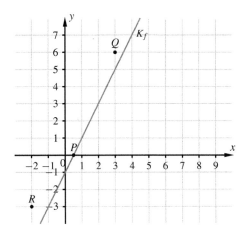

b) $P:\quad \dfrac{3}{2} = \dfrac{0^2+3}{2} \qquad (w)$
$Q:\quad 2 = \dfrac{0{,}5^2+3}{2} \qquad (f)$
$R:\quad 0{,}5 = \dfrac{(-2)^2+3}{2} \qquad (f)$

Nur P liegt auf dem Schaubild.

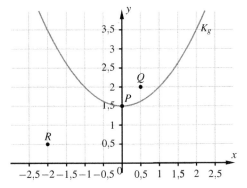

c) $P:\quad 0{,}5 = 2^{-1} \qquad (w)$
$Q:\quad 0 = 2^0 \qquad\quad (f)$
$R:\quad 4 = 2^2 \qquad\quad (w)$

P und R liegen auf dem Schaubild.

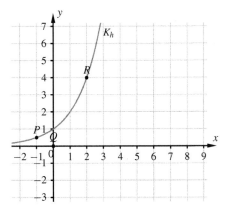

7. Individuelle Lösungen, vgl. Schülerbuch S. 29 – 31

8. a) $D_f = \mathbb{R}$ **d)** $f(3) = 9$ **g)** $f(x) > 5$

b) $D_g = \mathbb{Q}_+$ **e)** $f(5) = f(9)$ **h)** $f(7) = g(7)$

c) $W_g = [-1;\ 1]$ **f)** $f(x) = 1$ **i)** $f(1,5) = 0$

32

9. a) Der Funktionswert von f an der Stelle 5 ist 3.

b) Der Funktionswert von g an der Stelle -1 ist 7.

c) Alle Funktionswerte von f sind gleich 5.

d) Der Definitionsbereich der Funktion f ist die Menge der reellen Zahlen.

e) Der Wertebereich der Funktion g enthält alle reellen Zahlen zwischen 0 und 10.

f) Alle Funktionswerte von f sind größer als 2.

g) An der Stelle $x = 2$ besitzen die Funktionen f und g denselben Funktionswert.

h) Die Funktionswerte von f und g sind identisch und damit die Funktionen.

10. Zuordnungsvorschrift: $x \mapsto \pi x^2$ Funktionsgleichung: $A(x) = \pi x^2$ $D_A = \mathbb{R}_+^*;\ W_A = \mathbb{R}_+^*$

Wertetabelle (Werte gerundet):

x	0,5	1	1,5	2	2,5	3
$A(x)$	0,79	3,14	7,07	12,57	19,63	28,27

11. $V(x) = a^2 x$

$V(x) = 4x,\ x > 0$

x	1	2	3	4	5
$V(x)$	4	8	12	16	24

Übungen zu 1.1

1. a) Der Zug hält an fünf Bahnhöfen, einschließlich des Startbahnhofs B_1 und Zielbahnhofs B_5.

33

b)

B_1 ab	B_2 an	B_2 ab	B_3 an	B_3 ab	B_4 an	B_4 ab	B_5 an
$0'$	$30'$	$37,5'$	$60'$	$75'$	$105'$	$112,5'$	$180'$

c) Von B_1 nach B_2: $\frac{60\,\text{km}}{0,50\,\text{h}} = 120\,\frac{\text{km}}{\text{h}}$

Von B_2 nach B_3: $\frac{60\,\text{km}}{0,375\,\text{h}} = 160\,\frac{\text{km}}{\text{h}}$

Von B_3 nach B_4: erst $\frac{12\,\text{km}}{0,25\,\text{h}} = 48\,\frac{\text{km}}{\text{h}}$, dann $\frac{48\,\text{km}}{0,25\,\text{h}} = 192\,\frac{\text{km}}{\text{h}}$

Von B_4 nach B_5: $\frac{120\,\text{km}}{1,125\,\text{h}} \approx 107\,\frac{\text{km}}{\text{h}}$

d) $\frac{300\,\text{km}}{3\,\text{h}} = 100\,\frac{\text{km}}{\text{h}}$

33

2. a) Zensur $\mapsto$ Anzahl der Arbeiten

b)

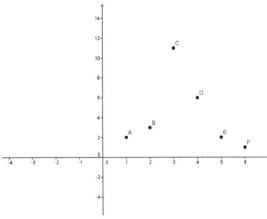

c) Ja, jedem x-Wert aus dem Definitionsbereich wird eindeutig ein y-Wert zugeordnet.

3. a) Ja, denn $2^2 + 2^2 = 8$.

b) Alle Punkte, die auf dem Kreis liegen, erfüllen die Gleichung. Punkt aus jedem Quadranten: z.B. $P(1|\sqrt{7})$, $Q(-1|\sqrt{7})$, $R(-1|-\sqrt{7})$, $S(1|-\sqrt{7})$.

c)

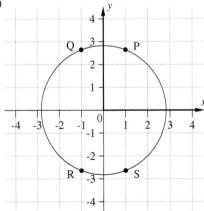

d) Es ist keine Funktionsgleichung, da die Zuordnung nicht eindeutig ist. Dem Wert 1 wird beispielsweise $\sqrt{7}$ und $-\sqrt{7}$ zugeordnet.

4. a) Funktion

b) keine Funktion (Von der 5 geht kein Pfeil aus.)

c) keine Funktion (Von 1 gehen zwei Pfeile aus.)

d) Funktion

e) keine Funktion (Von der 2 gehen zwei Pfeile aus; von der 3 gar keiner.)

f) Funktion

Test zu 1.1

1. Eine Zuordnung heißt Funktion, wenn jedem Element der Ausgangsmenge genau ein Element der Zielmenge zugeordnet wird.

35

2. a) Funktion – einer Person wird genau eine Personalausweisnummer zugeordnet.

b) Keine Funktion – eine Person kann mehrere Telefonnummern besitzen.

c) Keine Funktion – einer Körpergröße können verschiedene Gewichte zugeordnet werden.

d) Funktion – zwischen dem Umfang und der Fläche eines Kreises besteht ein funktionaler Zusammenhang.

3. In dem linken und dem rechten Schaubild gibt es Werte für x, denen mindestens zwei Werte für y zugeordnet werden. Deshalb sind es keine Schaubilder von Funktionen.
Das mittlere Bild zeigt ein Schaubild einer Funktion, wenn ihr Definitionsbereich eingeschränkt ist auf den Bereich zwischen 0 und dem Schnittpunkt des Schaubilds mit der x-Achse.

4. a) Nur P und Q liegen auf dem Schaubild von f.
b) Nur Q liegt auf dem Schaubild von f.

5. a) Falsch, eine Funktion kann mehrere Nullstellen haben.
b) Wahr, da sonst der 0 mehrere y-Werte zugeordnet wären.
c) Falsch, da eine Funktion auch nur positive bzw. nur negative Funktionswerte haben kann.
d) Falsch, da 0 nicht zum Definitionsbereich einer Funktion gehören muss.
e) Wahr, da dieser Stelle sonst mehrere y-Werte zugeordnet wären.
f) Falsch, da auch bei weiteren Schnittpunkten noch jedem x-Wert genau ein y-Wert zugeordnet ist.

35

6. a) Für die Anzahl der Tage x und das Taschengeld (in €) gilt:

Vorschlag der Eltern: $y_E = 3 + 2 \cdot (x - 1)$
$= 2x + 1$

Vorschlag der Tochter: $y_T = 0,2 \cdot 2^{x-1}$

x	1	2	3	4	5	6	7	8	9	10
y_E	3,00	5,00	7,00	9,00	11,00	13,00	15,00	17,00	19,00	21,00
y_T	0,20	0,40	0,80	1,60	3,20	6,40	12,80	25,60	51,20	102,40

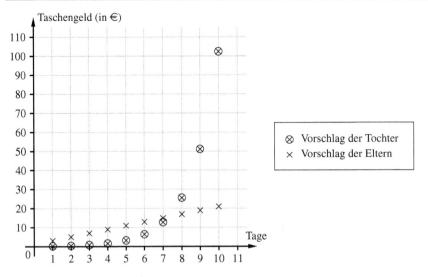

b) $D = \{n \mid 1 \leq n \leq 10 \text{ und } n \in \mathbb{N}\}$

$W_E = \{3,00 \text{ €}; 5,00 \text{ €}; 7,00 \text{ €}; 9,00 \text{ €}; 11,00 \text{ €}; 13,00 \text{ €}; 15,00 \text{ €}; 17,00 \text{ €}; 19,00 \text{ €}; 21,00 \text{ €}\}$

$W_T = \{0,20 \text{ €}; 0,40 \text{ €}; 0,80 \text{ €}; 1,60 \text{ €}; 3,20 \text{ €}; 6,40 \text{ €}; 12,80 \text{ €}; 25,60 \text{ €}; 51,20 \text{ €}; 102,40 \text{ €}\}$

c) Summiertes Taschengeld:

x	1	2	3	4	5	6	7	8	9	10
y_E	3,00	8,00	15,00	24,00	35,00	48,00	63,00	80,00	99,00	120,00
y_T	0,20	0,60	1,40	3,00	6,20	12,60	25,40	51,00	102,20	204,60

Der eigene Vorschlag ist für die Tochter günstiger. Auf dieser Basis erhielte sie insgesamt 204,60 €, während sie auf der Grundlage des elterlichen Vorschlags nur 120 € erhielte. Allerdings hat sie dann die ersten Tage nur sehr wenig Taschengeld zur Verfügung.

7. a) gilt für f_2

b) gilt für f_2

c) gilt für f_2

d) gilt für f_1 und f_2

e) gilt für f_2

1.2   Lineare Funktionen

1 Taxipreis

36

a)

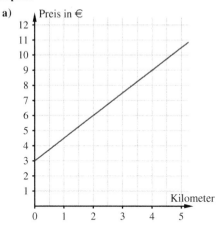

b) Taxipreis = Kilometerpreis · Kilometeranzahl + Grundgebühr

$TP = KP \cdot KA + G$

(I) 8 km $\rightarrow$ 10,90 €

(II) 14 km $\rightarrow$ 16,30 €

(I) $10,9 = 8KP + G$

(II) $16,3 = 14KP + G$

(II) $-$ (I) $5,4 = 6KP \Leftrightarrow 0,9 = KP$

Der Kilometerpreis beträgt 90 Cent.

(I) $10,9 = 8 \cdot 0,9 + G \Leftrightarrow -8 \cdot 0,9 = 7,2 \Rightarrow 3,7 = G$

Der Grundpreis beträgt 3,70 €. Wir überprüfen dies mit (II):

II: $16,3 = 14 \cdot 0,9 + 3,7$ (w)

2 Infusionsdauer

a) $f(x) = -2x + 80$

15 min: $-2 \cdot 15 + 80 = 50$

30 min: $-2 \cdot 30 + 80 = 20$

45 min: $-2 \cdot 45 + 80 = -10$

Nach einer Viertelstunde enthält die Infusionsflasche noch 50 ml, nach einer halben Stunde noch 20 ml. Der Wert -10 nach einer Dreiviertelstunde ist nicht realistisch. Eine Infusionsflasche kann nicht -10 ml enthalten. Dementsprechend ist die Flasche nach 45 Minuten bereits leer.

b) $4 = -2x + 80 \Rightarrow 38 = x$

Nach 38 Minuten muss die Infusionsflasche nachgefüllt oder ausgetauscht werden.

c) $f(x) = -3x + 150$

$75 = -3x + 150 \quad \Leftrightarrow \quad 3x = 75 \quad \Rightarrow \quad x = 25$

$4 = -3x + 150 \quad \Leftrightarrow \quad 3x = 146 \quad \Rightarrow \quad x \approx 48,67$

$0 = -3x + 150 \quad \Leftrightarrow \quad 3x = 150 \quad \Rightarrow \quad x = 50$

Die Infusionsflasche der Firma Infusionix enthält nach 25 min 75 ml, nach guten 48 min 4 ml und ist nach 50 min leer.

37

3 Telefonanbieter im Vergleich

a) Smartphonia: $f(x) = 0,06x + 8,5$

Smartiko: $f(x) = 0,08x + 5$

$0,06x + 8,5 = 0,08x + 5$

$\Rightarrow 175 = x$

Für die Minutenanzahl 175 sind beide Tarife gleich teuer.

b) $25 = 0,06x + 8,5 \Rightarrow 275 = x$

$25 = 0,08x + 5 \Rightarrow 250 = x$

Bei dem Anbieter Smartphonia erhält man für 25 € mehr Gesprächsminuten.

c) Unter 175 Minuten im Monat ist es bei der Smartiko günstiger, über 175 Minuten bei der Smartphonia.

4 Gehalt und Provision

a) $P(x) = 0,1U$

b) $E(x) = 0,1U + 800$

c) *Hinweis:* Im Aufgabentext im 1. Druck der 1. Auflage sollte es im Aufgabenteil c) **Umsatz** statt Umsatzmenge lauten.

$0,1U + 800 = 0,12U + 500 \iff 300 = 0,02U$

$15\,000 = U$

Ab einem Umsatz von 15 000 € würde sich ein Wechsel für ihn lohnen.

1.2.1   Gleichungen und Schaubilder

44

1. a) $m = 3; b = 0$ **e)** $m = -\frac{1}{2}; b = 0$

   b) $m = \frac{3}{2}; b = -1$ **f)** $m = \frac{1}{5}; b = 2$

   c) $m = -\frac{4}{5}; b = \frac{5}{2}$ **g)** $m = \frac{3}{4}; b = -3$

   d) $m = 0; b = 4$ **h)** $m = 1,5; b = 0,5$

2. a) 2   **b)** 3   **c)** 6   **d)** 1   **e)** 5   **f)** 4

3.

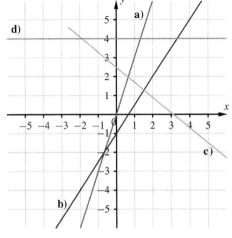
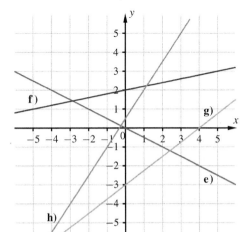

4. $f(x) = -2{,}5x + 4$ $g(x) = -4x - 5$ $i(x) = \frac{8}{11}x - \frac{15}{11}$

$j(x) = -\frac{1}{3}x$ $m(x) = 0{,}25x + 2$ $n(x) = -2{,}5$

44

5. a) $f(x) = 3x - 1$ **b)** $f(x) = -2$ **c)** $f(x) = -x - 2$ **d)** $f(x) = -4x + 6{,}5$

6. a) $f(x) = 0{,}5x - 0{,}5$ **b)** $f(x) = \frac{4}{7}x - 2$ **c)** $f(x) = -x + 6$

d) $f(x) = -2x - 3$ **e)** $f(x) = 3$ **f)** $x = 3$ (keine Funktion)

7. a) $f(t) = 10t$

b)

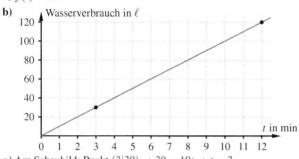

c) Am Schaubild: Punkt $(3|30) \to 30 = 10t \Rightarrow t = 3$

Nach 3 Minuten sind 30 Liter Wasser eingelaufen.

d) $f(12) = 120$

Nach 12 Minuten sind 120 Liter Wasser in der Wanne.

8. Modellierung des aktuellen Tarifs durch die lineare Funktion $f(x) = 0{,}09x + 9$

Die Punkte A_1 bis A_{10} sollen die Kostenobergrenze der 10 Kunden symbolisieren. Dabei sind diese $A_i = (x_{i,alt}, f(x_{i,alt}) * 1{,}1)$. Es ist zu beachten, dass der neue Funktionswert mit 30 ersetzt werden muss, falls dieser größer als 30 ist.

Umdefinieren: Punkt $A_1 \to (25, f(25) \cdot 1.1)$

Man erhält dadurch folgende Veranschaulichung im Koordinatensystem.

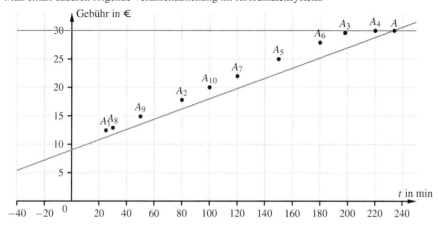

44

Hierdurch erkennt man, dass die für das Telekommunikationsunternehmen beste Gerade durch die Punkte A_1 und A_4 verläuft. Werden andere Punkte für die Konstruktion gewählt, so verläuft die Gerade für (mindestens) einen Kunden oberhalb seiner Kostenobergrenze.

Mithilfe eines digitalen mathematischen Werkzeugs lässt sich die Funktionsgleichung der Geraden angeben:
$f(x) = 0,09x + 10,12.$
Man erkennt also, dass bei einem einheitlichen Tarif nur die Grundgebühr angehoben wird und die Gebühr pro Minute gleich bleibt.

Einbeziehen eines Flatrate-Tarifs:
Da der Kunde 4 die obige Gerade durch seine Obergrenze von 30 € negativ beeinflusst, sollte dieser eine Flatrate von 30 € erhalten. Alle anderen Punkte der Kostenobergrenzen liegen auf einer Geraden durch die Punkte $[A_1, A_2]$. Man erhält dadurch folgendes Bild:

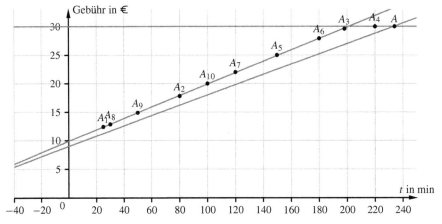

Die Gleichung der Geraden kann man mithilfe eines digitalen mathematischen Werkzeugs angeben:
$g(x) = 0,1x + 9,9.$
Also erhöht sich unter Berücksichtigung eines Flatratetarifs von 30 € für die Kunden des Minutentarifs sowohl die Grundgebühr um 0,90 € als auch die Gebühr pro Minute um 1 Cent.

1.2.2 Schnittpunkte und Steigungswinkel

1. a) $x_N = 2$ **b)** $x_N = \frac{8}{3}$ **c)** $x_N = \frac{21}{4}$ **d)** keine Nullstelle

   e) $x_N = 0$ **f)** $x_N = -10$ **g)** $x_N = 0$ **h)** $x_N = -1$

2. a) $S(2\,|\,1)$ **b)** $S(5\,|\,-3)$ **c)** kein gemeinsamer Punkt (parallele Geraden)

   d) $S(2\,|\,5)$

3. a) $g(x) = -1{,}5x + 8$ **b)**

c) $f(x_N) = 0 \Rightarrow 3{,}5x_N - 12 = 0 \Leftrightarrow x_N = \frac{24}{7}$

    $\frac{24}{7}$ ist Nullstelle von f.

    $g(x_N) = 0 \Rightarrow -1{,}5x_N + 8 = 0 \Rightarrow x_N = \frac{16}{3}$

    $\frac{16}{3}$ ist Nullstelle von g.

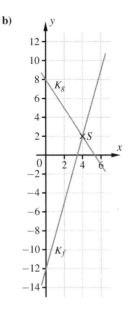

d)

	Schnittpunkt mit der x-Achse	Schnittpunkt mit der y-Achse
f	$N(\frac{24}{7}\,|\,0)$	$f(0) = -12$ $\Rightarrow S_y(\mathbf{0}\,|\,\mathbf{-12})$
g	$N(\frac{16}{3}\,|\,0)$	$g(0) = 8$ $\Rightarrow S_y(\mathbf{0}\,|\,\mathbf{8})$

Für den Schnittpunkt S der Schaubilder von f und g gilt:

$$f(x_S) = g(x_S)$$
$$3{,}5x_S - 12 = -1{,}5x_S + 8$$
$$x_S = 4$$

$f(4) = 2 \Rightarrow \mathbf{S(4\,|\,2)}$

e) $m_f = \tan(\alpha) = 3{,}5 \Rightarrow \alpha \approx 74°$

f) $m_g = \tan(\alpha) = |-1{,}5| \Rightarrow \alpha \approx -56{,}3°$

4. $f(x) = 1{,}732x + 6$

5. a) $f(x) = 2x - 1; \quad g(x) = -2x + 5$

   b) $f(x_S) = g(x_S) \Leftrightarrow 2x_S - 1 = -2x_S + 5 \Leftrightarrow 4x_S = 6 \Leftrightarrow x_S = \frac{3}{2}$.

    Es ist $f(\frac{3}{2}) = 2$ und also ist der Schnittpunkt $S(1{,}5\,|\,2)$.

49

6. a) x: Zeit seit 9 Uhr in Stunden

zurückgelegte Strecke in km:

Fahrer M1: $f(x) = 45x$

Fahrer M2: $g(x) = 60(x - 1,25) = 60x - 75$

b) $f(x) = 270 \Leftrightarrow 45x = 270 \Leftrightarrow x = 6$

Fahrer M1 ist um 15 Uhr am Ziel.

$g(x) = 270 \Leftrightarrow 60x - 75 = 270 \Leftrightarrow x = 5,75$

Fahrer M2 ist um 14:45 Uhr am Ziel.

c) $f(x_S) = g(x_S) \Leftrightarrow 45x_S = 60x_S - 75 \Leftrightarrow$

$x_S = 5$

$f(5) = g(5) = 225; \quad S(5 \mid 225)$

Die Fahrer treffen sich um 14:00 Uhr. Sie sind

dann 225 km vom Startpunkt entfernt.

7. a) 1. Angebot: $f_1(t) = 10t$ (t in Tagen)

2. Angebot: $f_2(t) = 120; \ D = [0; 14]$

3. Angebot: $f_3(t) = 8t + 20$

c) 1. Angebot: $f_1(11) = 110$

2. Angebot: $f_2(11) = 120$

3. Angebot: $f_3(11) = 108$

Das 3. Angebot ist das günstigste, wenn ein

Fahrrad 11 Tage gemietet werden soll.

d) Wird das Fahrrad für mehr als 11 oder 12 Tage

gemietet, ist das Angebot 3 das günstigste.

b)

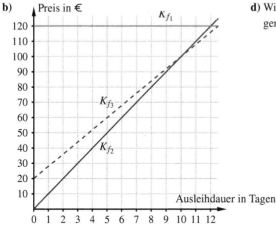

1.2.3 Parallele und orthogonale Geraden

1. $G_1 \parallel G_3$; $G_2 \parallel G_6$; $G_7 \parallel G_8$ $G_1 \perp G_5$; $G_3 \perp G_5$; $G_2 \perp G_4$; $G_6 \perp G_4$

51

2. a) Parallele: $g(x) = 4x + 1$ Orthogonale: $h(x) = -0{,}25x - 3{,}25$

b) Parallele: $g(x) = -\frac{4}{5}x + \frac{3}{5}$ Orthogonale: $h(x) = \frac{5}{4}x + \frac{13}{8}$

c) $0 = -13{,}5 + n$, also $n = 13{,}5$ und g mit $g(x) = -4{,}5x + 13{,}5$ ist parallel zu f durch P.
$m = \frac{2}{9}$; $0 = \frac{2}{9}b + n$, also $n = -\frac{2}{3}$ und h mit $h(x) = \frac{2}{9}x - \frac{2}{3}$

3. a) $f(x) = -2x + 6$; $g(x) = 2x - 4$;
$h(x) = -2x - 4$; $i(x) = 0{,}5x + 3{,}5$

b)

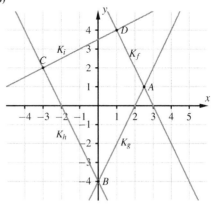

c) Schnittpunkt von f und g: $A(2{,}5|1)$
Schnittpunkt von g und h: $B(0|-4)$
Schnittpunkt von h und i: $C(-3|2)$
Schnittpunkt von i und f: $D(1|4)$

Übungen zu 1.2

1. a) $x_N = 4$; $S_y(0|4)$ **c)** keine Nullstelle; $S_y(0|5)$ **e)** $x_N = 10$; $S_y(0|-1)$
b) $x_N = \frac{8}{3}$; $S_y(0|-4)$ **d)** $x_N = 0$; $S_y(0|0)$ **f)** $x_N = -1$; $S_y(0|3)$

52

2. a) $f(x) = 10x - 48$ **e)** $f(x) = 2x$

b) $f(x) = -\frac{12}{7}x + \frac{151}{7}$ **f)** $h(x) = -0{,}5x + 4{,}5$

c) $b = 8$ $m = \frac{4-8}{-4-0} = 1$ $f(x) = x + 8$ **g)** $f(x) = 1{,}732x + 6$

d) Das Schaubild verläuft durch $(0|5)$ und $(15|0)$.
$b = 5$ $m = \frac{0-5}{15-0} = -\frac{1}{3}$ $f(x) = -\frac{1}{3}x + 5$

3. $f(x) = -\frac{2}{3}x + \frac{5}{3}$ und $g(x) = \frac{2}{5}x - \frac{3}{5}$
a) $S(\frac{17}{8}|\frac{1}{4})$

b) $P(1|1)$; $Q(3|\frac{3}{5})$

c) $f(x) > 0$ für $x < 2{,}5$; $g(x) > 0$ für $x > 1{,}5$

d) $g(2) = \frac{2}{5} \cdot 2 - \frac{3}{5} = \frac{1}{5} = 0{,}2$ (w)

e) $g(3) = \frac{2}{5} \cdot 3 - \frac{3}{5} = \frac{6}{5} - \frac{3}{5} = \frac{3}{5} = 0{,}6 \neq 0{,}7$

4. a) $S(2|1)$

b) $S(5|-3)$

c) $S(2|5)$

d) keine gemeinsamen Punkte, da $f \parallel g$

e) $S(-\frac{8}{5}|\frac{21}{5})$

f) unendlich viele gemeinsame Punkte, da Geraden identisch sind

5. $h(x) = mx + b$ mit $m = -\frac{1}{-4} = \frac{1}{4}$.

Einsetzen der Koordinaten $(-2|9)$ ergibt $9 = \frac{1}{4} \cdot (-2) + b \Rightarrow b = 9,5$, also $h(x) = \frac{1}{4}x + 9,5$.

6. $g(x) = mx + b$. Die Gerade hat die gleiche Steigung wie f, also $m = 2$.

Einsetzen der Koordinaten $(1|-1)$ ergibt $-1 = 2 \cdot 1 + b \Rightarrow b = -3$, also $g(x) = 2x - 3$.

7. Individuelle Lösungen, z. B.:

$f(x) = 2; g(x) = x + 1; h(x) = -x + 3$

8. a), b)

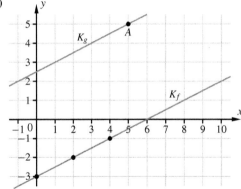

c) $g(x) = 0,5x + 2,5$

d) $x_N = -5$

9. a) Der Funktionswert von f an der Stelle 2 ist 0, d. h., das Schaubild von f verläuft durch $(2|0)$. Der Funktionswert von g an der Stelle 2 ist größer als 0, d. h., dort liegt das Schaubild oberhalb der x-Achse.

b) Das Schaubild von g steigt, und zwar 6 Einheiten in y-Richtung entlang 2 Einheiten in x-Richtung. Also ist die Steigung $\frac{6}{2} = 3$.

c) Das Schaubild von g liegt stets oberhalb des Schaubilds von f.

d) *Hinweis:* Fehler im 1. Druck der 1. Auflage! Es muss heißen „$f(x) > h(x)$ oder $f(x) < h(x)$".

Da f und h lineare Funktionen sind, reicht es, eine Stelle $x < 2$ zu wählen (z. B. $x = 1$), diesen Wert in die Funktionsgleichungen von f und h einzusetzen und zu prüfen, welcher Funktionswert kleiner ist. Für die jeweilige Funktion sind dann alle Funktionswerte kleiner für $x < 2$.

e) $h(x) = 0$ ist die Gleichung der Geraden, die mit der x-Achse zusammenfällt (alle Funktionswerte sind gleich 0). Eine andere Interpretation wäre, dass an einer bestimmten Stelle x der Funktionswert von h gleich 0 ist.

10. a) $f(x) = -0,4x + 14,8$

b) $N(37\,|\,0)$. Der Lastwagen ist nach 37 min völlig leergepumpt. Der Vorgang des vollständigen Leerpumpens dauert also 37 min.

c) $f(0) = 14,8$. Der Tanklaster fasst $14,8\,\mathrm{m}^3$ Diesel. Das entspricht $14\,800\,\mathrm{dm}^3 = 14\,800\,\mathrm{l}$.

Bei Autos mit einem durchschnittlichen Tankvolumen von geschätzten 50 l ergeben sich Tankfüllungen für etwa 296 Autos.

d) $D_f = [0;\ 37]$

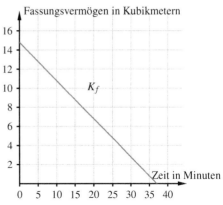

11. a) Für die produzierte Stückzahl x und die zugehörigen Kosten K_1 (in €) gilt:

x	0	10	20	30	40	50
K_1	25	40	55	70	85	100

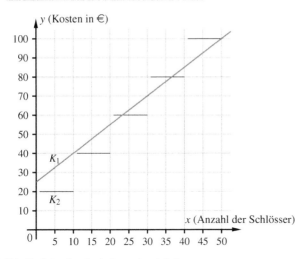

b) Die Funktion ist abschnittsweise definiert.

$$K_2(x) = \begin{cases} 20 & \text{für}\ \ 1 \leq x \leq 10 \\ 40 & \text{für}\ 11 \leq x \leq 20 \\ 60 & \text{für}\ 21 \leq x \leq 30 \\ 80 & \text{für}\ 31 \leq x \leq 40 \\ 100 & \text{für}\ 41 \leq x \leq 50 \end{cases}$$

c) $K_1(x) = 60 \quad \Rightarrow \quad x \approx 23$

$K_2(x) = 60 \quad \Rightarrow \quad 21 \leq x \leq 30$

23 Schlösser würden auf M_1 ca. 60 € Kosten verursachen.

Auf M_2 entstünden 60 € Kosten bei einer Produktion von 21 bis 30 Schlössern.

53

d) $K_1(38) = 82$

$K_2(38) = 80$

M_2 sollte eingesetzt werden.

e) M_1 ist günstiger, wenn 21 bis 23, 31 bis 36 sowie 41 bis 49 Schlösser gefertigt werden (siehe Zeichnung).

12. a) $m = 1$,   also $f(x) = x + 1$

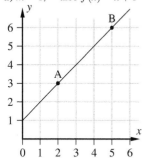

b) $f(4) = 5$ Punkt $P(4|5)$

c) $8 = x + 1$,   also $x = 7$

13. a) m: monatlicher Mitgliedsbeitrag in €

$m \cdot 12 + 20 = 122$ $\Leftrightarrow$ $m = 8,5$

x: Zeit in Monaten

Kosten in €: $f(x) = 8,5x + 20$

b) b$_1$) 8,50 €

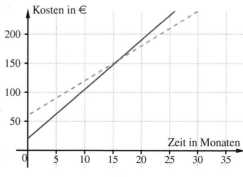

b$_2$) Kosten in €: $f(36) = 326$

b$_3$) Man kann 30 Monate (2,5 Jahre) Mitglied
sein, da $f(30) = 275$.

c) Kosten in €: $g(x) = mx + b$

$P_1(12|132)$; $P_2(48|348)$ $m = \dfrac{348 - 132}{48 - 12} = 6$

Einsetzen z.B. von P_1:

$132 = 6 \cdot 12 + b$ $\Leftrightarrow$ $b = 60$ $g(x) = 6x + 60$

d) d$_1$) 6 €

d$_2$) Kosten in €: $g(24) = 204$

d$_3$) Man kann 96 Monate (8 Jahre) Mitglied sein, da $f(96) = 636$.

e) $f(x_S) = g(x_S)$ $\Leftrightarrow$ $8,5x_S + 20 = 6x_S + 60$ $\Leftrightarrow$ $x_S = 16$

$f(16) = g(16) = 156$ $S(16|156)$

Die Kosten betragen nach 16 Monaten bei beiden Vereinen 156 €.

Test zu 1.2

1. a) $f(x) = 2x + 12$
$g(x) = -0,25x + 3$

b)

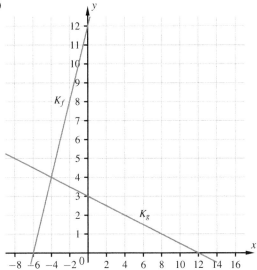

c)

	Schnittpunkt mit der x-Achse	Schnittpunkt mit der y-Achse
f	$0 = 2x_N + 12 \quad \Rightarrow \quad N(-6 \mid 0)$	$f(0) = 12 \quad \Rightarrow \quad S_y(0 \mid 12)$
g	$0 = -0,25x_N + 3 \quad \Rightarrow \quad N(12 \mid 0)$	$g(0) = 3 \quad \Rightarrow \quad S_y(0 \mid 3)$

Schnittpunkt S der Schaubilder von f und g:
$2x_S + 12 = -0,25x_S + 3 \quad \Leftrightarrow \quad x_S = -4 \quad \Rightarrow y_S = 4 \quad \Rightarrow \quad S(-4 \mid 4)$

d) - parallel zu f ist z.B. $y = 2x + 1$
   - parallel zu g ist z.B. $y = -0,25x + 1$
   - orthogonal zu f ist z.B. $y = -0,5x$
   - orthogonal zu g ist z.B. $y = 4x + 2$

e) identisch mit Aufgabenteil c)

55

55

2. a) Die Funktionsgleichung ergibt sich aus der Zwei-Punkte-Form: $s(t) = \frac{s_2 - s_1}{t_2 - t_1}(t - t_1) + s_1$.

Somit ist $s_g = \frac{14-9}{8-3}(t-3) + 9 = t + 6$.

Philippo bewegt sich also mit einer Geschwindigkeit von einem Meter in der Sekunde, das entspricht $3,6\,\frac{km}{h}$.

b) $s(t) = t + 6 \rightarrow s(5) = 5 + 6 = 11$

Nach 5 Sekunden ist Philippo 11 m von der Elbphilharmonie entfernt.

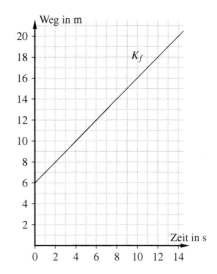

3. $f(3) = m \cdot 3 + 2 = 0,5 \;\Leftrightarrow\; 3m = -1,5 \;\Leftrightarrow\; m = -\frac{1}{2}$
$\Rightarrow f(x) = -\frac{1}{2}x + 2$

4. a)

$m = \frac{3-1}{8-4} = \frac{1}{2}$
$\Rightarrow f(4) = 4 \cdot \frac{1}{2} + b = 1 \;\Rightarrow\; b = -1$
$\Rightarrow f(x) = 0,5x - 1$

b) $f(6) = 0,5 \cdot 6 - 1 = 2$

c) $-1 = 0,5x - 1 \;\Rightarrow\; x = 0$

5. a) $A(x) = 0,28x$ und $B(x) = 0,14x + 9,99$ ▶ x in Minuten

b) $A(x) = B(x) \;\Leftrightarrow\; 0,14x = 9,99 \;\Leftrightarrow\; x = 71,36$

Telefoniert man exakt 71,36 Minuten, so sind beide Tarife gleich teuer. Da aber meist jede angefangene Minute abgerechnet wird, gilt: Für 72 Minuten sind beide Tarife annähernd gleich teuer; Tarif A verursacht Kosten von 20,26 €, Tarif B kostet 20,07 €.

c) Lisa benutzt ihr Handy etwa eine Stunde pro Woche, das entspricht ungefähr 240 Minuten im Monat.
$A(240) = 67,2\,€$ und $B(240) = 43,59\,€$
Tarif B wäre für Lisa günstiger.

d) Zwei Stunden pro Woche entsprechen etwa 480 Minuten im Monat.
$A(480) = 134,4\,€$ und $B(480) = 77,19\,€$
Tarif B ist auch für Tomas günstiger.

1.3   Quadratische Funktionen

1 Brücke

a)

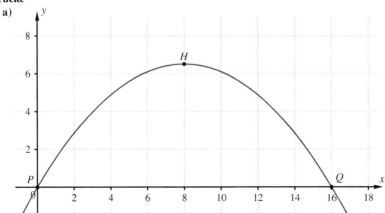

b) Spannweite: 16 m

c) Funktionsterm:

$f(8) = 6,5 \Rightarrow 64a + 8b = 6,5$

$f(16) = 0 \Rightarrow 256a + 16b = 0$

$\Rightarrow a = -\frac{13}{128}; \; b = \frac{13}{8}$

$\Rightarrow f(x) = -\frac{13}{128}x^2 + \frac{13}{8}x$

2 Flugkurve

Die x-Achse stellt die Flugweite dar. Am Schnittpunkt mit der x-Achse trifft der Ball auf dem Boden auf. Auf der y-Achse (Turm) stehen die Personen, die Bälle abwerfen.

a), b)

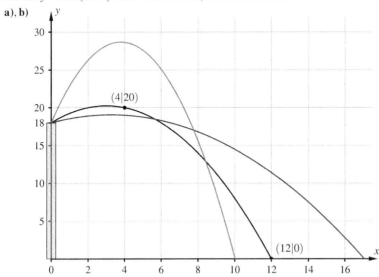

c) Eine möglichst weite Flugkurve entsteht dann, wenn ein Ball möglichst weit nach vorne, aber flach geworfen wird. Dabei muss der Ball vom Turm aus erst etwas in die Höhe geworfen werden, der höchste Punkt der Kurve ist damit nicht der Turm. Nur aufgrund der Weite kann man aber nicht berechnen, wie hoch der Ball geflogen ist.

56

57

3 Bremsweg

a)

Geschwindigkeit x	20	40	60	80	100	120	140	160
Bremsweg y	4	16	36	64	100	144	196	256

b)

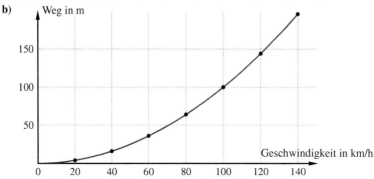

c) $110 = \frac{x^2}{100} \Rightarrow x^2 = 11\,000 \Rightarrow x = \pm 104,9$

Die Geschwindigkeit betrug bei einem Bremsweg von 110 m ca. 105 km/h.

4 Springbrunnen

a)

x	$-0,5$	0	0,5	1	1,5
$f(x)$	$-2,8$	0,2	1,2	0,2	$-2,8$

b)

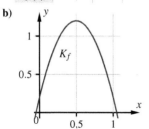

Wir sehen, dass der höchste Punkt die Koordinaten $H(0,5|1,2)$ hat, die man auch in der Funktionsgleichung wiederfindet.

c) Die Breite einer Fontäne kann variiert werden, indem man statt -4 einen anderen Vorfaktor wählt, die Höhe, indem man einen anderen Wert als 1,2 verwendet.

1.3.1 Gleichungen und Schaubilder

1. **a)** nach oben geöffnet und gestreckt

   b) nach oben geöffnet und normal breit

   c) nach unten geöffnet und gestaucht

   d) nach unten geöffnet und gestaucht

   e) nach oben geöffnet und gestreckt

   f) nach oben geöffnet und normal breit

62

2. blau: Verschiebung um -4 in x-Richtung und um -1 in y-Richtung;
   Scheitelpunktform $f(x) = (x-(-4))^2 + (-1) = (x+4)^2 - 1$
   rot: Verschiebung um -3 in x-Richtung und um 3 in y-Richtung;
   Scheitelpunktform $f(x) = (x-(-3))^2 + 3 = (x+3)^2 + 3$
   grün: Verschiebung um 2 in x-Richtung und um 1 in y-Richtung;
   Scheitelpunktform $f(x) = (x-2)^2 + 1$
   gelb: Verschiebung um 3 in x-Richtung und um -3 in y-Richtung
   Scheitelpunktform $f(x) = (x-3)^2 + (-3) = (x-3)^2 - 3$

3. **a)**

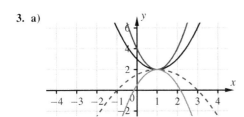

   c)

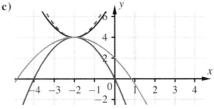

   b)

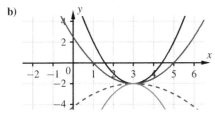

   d)

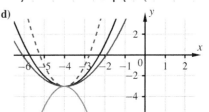

4. Beispiele:

   a) $f_1(x) = (x-1)^2 + 2$ $f_2(x) = 2 \cdot (x-1)^2 + 2$ $f_3(x) = -0,5 \cdot (x-1)^2 + 2$

   b) $f_1(x) = (x-3)^2 - 2$ $f_2(x) = 0,5 \cdot (x-3)^2 - 2$ $f_3(x) = -0,25 \cdot (x-3)^2 - 2$

   c) $f_1(x) = (x+2)^2 + 4$ $f_2(x) = -(x+2)^2 + 4$ $f_3(x) = 1,25 \cdot (x+2)^2 + 4$

   d) $f_1(x) = (x+4)^2 - 3$ $f_2(x) = 0,7 \cdot (x+4)^2 - 3$ $f_3(x) = 2 \cdot (x+4)^2 - 3$

62

5. a) 5   **b)** 2   **c)** 1   **d)** 3   **e)** 4   **f)** 6

6. a) $f(x) = -(x+20)^2 + 10$ **b)** $f(x) = 0,75(x-8)^2 - 7$

7. a) $S(2|4)$; gestaucht und nach unten geöffnet; $a = -\frac{3}{4}$

   b) $S(-1,5|-3,5)$; gestreckt und nach oben geöffnet; $a = 3$

   c) $S(0|5)$; normal breit und nach unten geöffnet; $a = -1$

   d) $S(-1|0)$; gestaucht und nach oben geöffnet; $a = \frac{1}{3}$

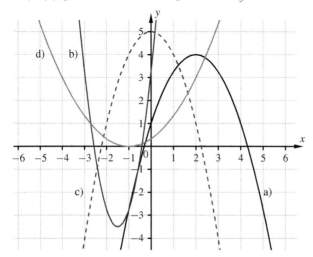

8. a) $f(x) = x^2 - 1$

   Die Normalparabel wurde um 1 Einheit nach unten verschoben.

   b) $f(x) = (x-3)^2$

   Die Normalparabel wurde um 3 Einheiten nach rechts verschoben.

   c) $f(x) = (x+1)^2 + 1$

   Die Normalparabel wurde um je 1 Einheit nach links und oben verschoben.

   d) $f(x) = -2x^2$

   Die Normalparabel wurde gestreckt. Die Parabel ist nach unten geöffnet.

   e) $f(x) = -(x+3)^2 - 1$

   Die Normalparabel wurde um 3 Einheiten nach links und 1 Einheit nach unten verschoben. Die Parabel ist nach unten geöffnet.

   f) $f(x) = -0,5(x-3)^2$

   Die Normalparabel wurde gestaucht und um 3 Einheiten nach rechts verschoben. Die Parabel ist nach unten geöffnet.

9. a) $f(x) = a \cdot (x-0)^2 + 0$

$\qquad 1 = a \cdot 4 \Rightarrow a = \frac{1}{4}$

$\qquad f(x) = \frac{1}{4} \cdot x^2$

b) $f(x) = a \cdot (x-2)^2 + 3$

$\qquad -2 = a \cdot (1-2)^2 + 3 \Rightarrow a = -5$

$\qquad f(x) = -5 \cdot (x-2)^2 + 3$

c) $f(x) = a \cdot (x+1)^2 + 1$

$\qquad -3 = a \cdot (1+1)^2 + 1 \Rightarrow a = -1$

$\qquad f(x) = -1 \cdot (x+1)^2 + 1$

d) $f(x) = a \cdot (x-1)^2 + 5$

$\qquad 1 = a \cdot (-2-1)^2 + 5 \Rightarrow a = -\frac{4}{9}$

$\qquad f(x) = -\frac{4}{9} \cdot (x-1)^2 + 5$

1.3.2 Scheitelpunktform und allgemeine Form

1. a) $\quad f(x) = 0,6(x-3)^2 - 4 = 0,6x^2 - 3,6x + 1,4$ **d)** $\quad i(x) = -2(x+0,5)^2 + 4 = -2x^2 - 2x + 3,5$

b) $\quad g(x) = 1(x+2,5)^2 - 5 = x^2 + 5x + 1,25$ **e)** $\quad k(x) = \frac{3}{4}x^2 - 2$

c) $\quad h(x) = -1,5(x-4)^2 + 6 = -1,5x^2 + 12x - 18$ **f)** $\quad l(x) = -\frac{1}{3}(x+1,5)^2 + 8 = -\frac{1}{3}x^2 - x + 7,25$

2. Beispiel: $f(x) = 2x^2 - 12x + 10$

Wir klammern zuerst den Faktor 2 vor x^2 aus: $f(x) = 2 \cdot (x^2 - 6x + 5)$

Wir suchen dann anhand des linearen Glieds $-6x$ die quadratische Ergänzung für das zu bildende Binom. Die quadratische Ergänzung ist $(\frac{6}{2})^2 = 3^2$. Die quadratische Ergänzung 3^2 wird in der Klammer ergänzt und gleichzeitig abgezogen: $f(x) = 2 \cdot ((x^2 - 6x + 3^2) - 3^2 + 5)$

Dann fassen wir die ersten 3 Summanden in der Klammer zum Binom $(x-3)^2$ zusammen: $\begin{aligned} f(x) &= 2 \cdot ((x-3)^2 - 9 + 5) \\ &= 2 \cdot ((x-3)^2 - 4) \end{aligned}$

Jetzt wird die äußere Klammer ausmultipliziert: $f(x) = 2 \cdot (x-3)^2 - 8$

Der Scheitelpunkt ist also $S(3|-8)$.

3. a) $f(x) = x^2 - 4x + 1$ **f)** $f(x) = -x^2 + 2x$

b) $f(x) = x^2 + 6x + 8$ **g)** $f(x) = -2x^2 - 8x - 3$

c) $f(x) = x^2 - 6x + 11$ **h)** $f(x) = -4x^2 + 4x - 4$

d) $f(x) = x^2 + 3x + 2,25$ **i)** $f(x) = -0,5x^2 + 2x + 2,5$

e) $f(x) = x^2 - 5x + 3,25$

66

4. a) $f(x) = (x+2)^2 - 2$
　　$S(-2 \mid -2)$

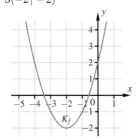

b) $f(x) = (x-1)^2 - 4$
　　$S(1 \mid -4)$

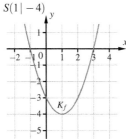

c) $f(x) = (x-4)^2 + 3$
　　$S(4 \mid 3)$

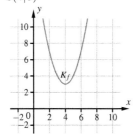

d) $f(x) = -(x-2)^2 - 1$
　　$S(2 \mid -1)$

e) $f(x) = 2(x+1)^2 + 1$
　　$S(-1 \mid 1)$

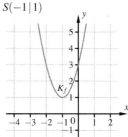

f) $f(x) = -3(x-1,5)^2 - 2,25$
　　$S(1,5 \mid -2,25)$

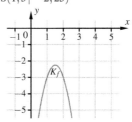

g) $f(x) = 2(x-0)^2 + 1$
　　$S(0 \mid 1)$

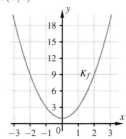

5. *Hinweis:* Fehler im 1. Druck der 1. Auflage! In Aufgabenteil g) lautet der Funktionsterm in Scheitelpunktform: $(x-2)^2+6$

66

	Funktionsterm in Scheitelpunktform	Scheitelpunkt der Parabel	x_S	y_S	Funktionsterm in Normalform	b	c
a)	$(x-2)^2$	$(2\mid0)$	2	0	x^2-4x+4	-4	4
b)	$(x-3)^2+4$	$(3\mid4)$	3	4	$x^2-6x+13$	-6	13
c)	$(x+3)^2-5$	$(-3\mid-5)$	-3	-5	x^2+6x+4	6	4
d)	$(x+2,5)^2+4,5$	$(-2,5\mid4,5)$	$-2,5$	4,5	$x^2+5x+10,75$	5	10,75
e)	$(x+2)^2-9$	$(-2\mid-9)$	-2	-9	x^2+4x-5	4	-5
f)	$(x-3)^2-4$	$(3\mid-4)$	3	-4	x^2-6x+5	-6	5
g)	$(x-2)^2+6$	$(2\mid6)$	2	6	$x^2-4x+10$	-4	10
h)	$(x-4,5)^2-6,5$	$(4,5\mid-6,5)$	4,5	$-6,5$	$x^2-9x+13,75$	-9	13,75

6.
$$\begin{aligned}
K(v) &= 0,0018v^2-0,18v+8 \\
&= 0,0018\left(v^2-100v+\frac{40000}{9}\right) \\
&= 0,0018\left(v^2-100v+2500-2500+\frac{40000}{9}\right) \\
&= 0,0018(v-50)^2+3,5
\end{aligned}$$

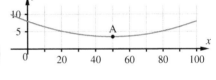

Bei 50 km/h ist der Spritverbrauch minimal.

1.3.3 Berechnung von Schnittpunkten

72

1. a) $f(x_N)=0 \Leftrightarrow x_N^2+2x_N-3=0$
$\qquad x_{N_{1;2}}=-1\pm\sqrt{4} \qquad x_{N_1}=1;\ x_{N_2}=-3$
$\qquad f(x)=(x-1)(x+3)$

b) $f(x_N)=0 \Leftrightarrow \frac{3}{4}x_N^2+1=0 \qquad$ keine Nullstelle

c) $f(x_N)=0 \Leftrightarrow -2x_N^2-2x_N+4=0 \Leftrightarrow x_N^2+x_N-2=0$
$\qquad x_{N_{1;2}}=-0,5\pm\sqrt{2,25} \qquad x_{N_1}=1;\ x_{N_2}=-2$
$\qquad f(x)=-2(x+2)(x-1)$

d) $f(x_N)=0 \Leftrightarrow 3(x_N-1)^2-9=0 \Leftrightarrow (x_N-1)^2=3 \Leftrightarrow x_N-1=\sqrt{3} \vee x_N-1=-\sqrt{3}$
$\qquad \Leftrightarrow x_N=1+\sqrt{3}\ (\approx2,73) \vee x_N=1-\sqrt{3}\ (\approx-0,73)$
$\qquad f(x)=3(x-1-\sqrt{3})(x-1+\sqrt{3})$

e) $f(x_N)=0 \Leftrightarrow -0,4x_N^2+1,6x_N-2,6=0 \Leftrightarrow x_N^2-4x_N+6,5=0$
$\qquad x_{N_{1;2}}=2\pm\sqrt{-2,5} \qquad$ keine Nullstelle

f) $f(x_N)=0 \Leftrightarrow \frac{1}{3}(x_N-3)^2-\frac{4}{3}=0 \Leftrightarrow (x_N-3)^2=4$
$\qquad \Leftrightarrow x_N-3=2 \vee x_N-3=-2 \qquad x_N=5 \vee x_N=1$
$\qquad f(x)=\frac{1}{3}(x-5)(x-1)$

g) $f(x_N)=0 \Leftrightarrow 0,5(x^2-4x-21)=0$
$\qquad \Leftrightarrow x^2-4x-21=0$
$\qquad x_{N_{1;2}}=2\pm5 \qquad x_N=-3 \vee x_N=7$

h) $f(x_N)=0 \Leftrightarrow -2x(x+1)=0 \qquad x_N=0 \vee x_N=-1$

72

2. a) $x_{N_{1;2}} = -2$; $N(-2|0)$; $S_y(0|6)$ **c)** $x_{N_{1;2}} = 4$; $N(4|0)$; $S_y(0|4)$
   b) $x_{N_1} = 0$; $x_{N_2} = 12$; $N_1(0|0)$; $N_2(12|0)$; $S_y(0|0)$ **d)** $x_{N_1} = 1$; $x_{N_2} = 2$; $N_1(1|0)$; $N_2(2|0)$; $S_y(0|2)$

3. $f(x) = x \cdot (x+2)$

4. a) Die Gleichung liegt in Produktform vor, die Nullstellen können abgelesen werden:
   $x_{N_1} = 0$; $x_{N_2} = 1$
   b) Damit das Schaubild die x-Achse berührt, muss der Scheitelpunkt auf der x-Achse liegen. Wir formen also die Gleichung in die Scheitelpunktform um: $f(x) = 2x(x-1) = 2x^2 - 2x = 2(x - \frac{1}{2})^2 - \frac{1}{2}$. Wir sehen, dass der Scheitelpunkt die y-Koordinate $-\frac{1}{2}$ hat. Also muss K_f um $\frac{1}{2}$ nach oben verschoben werden, damit K_f die x-Achse berührt.

5.

		Schnittpunkte	Schaubilder
a)	x-Achse	$S_x(0|0)$	
	y-Achse	$S_y(0|0)$	
	Schaubild von g	keine	
b)	x-Achse	$N_1(-5|0)$	
		$N_2(1|0)$	
	y-Achse	$S_y(0|-5)$	
	Schaubild von g	$g_1(-4,37|-3,37)$	
		$g_2(1,37|2,37)$	
c)	x-Achse	$N_1(1|0)$	
		$N_2(1,5|0)$	
	y-Achse	$S_y(0|3)$	
	Schaubild von g	$x_1(0,38|1,38)$	
		$x_2(2,62|3,62)$	
d)	x-Achse	$N_1(-3|0)$	
		$N_2(-2|0)$	
	y-Achse	$S_y(0|1,2)$	
	Schaubild von g	keine	

6. $f(x_S) = g(x_S)$

Abgelesen: $x_{S_1} \approx 0,7$ $\quad y_{S_1} \approx 2,1$ $\quad S_1(0,7|2,1)$

$\qquad\qquad x_{S_2} \approx -1,2$ $\quad y_{S_2} \approx 7,9$ $\quad S_2(-1,2|7,9)$

Berechnet: $2x_S^2 - 2x_S + 2,5 = -2x_S^2 - 4x_S + 6$

$$0 = 4x_S^2 + 2x_S - 3,5$$

$$0 = x_S^2 + \frac{1}{2}x_S - \frac{7}{8}$$

$$x_{S_{1;2}} = \frac{-1 \pm \sqrt{15}}{4}$$

$x_{S_1} \approx 0,718$ $\quad y_{S_1} \approx 2,095$ $\quad S_1\left(\frac{-1+\sqrt{15}}{4} \mid 5 - \frac{3}{4}\sqrt{15}\right)$

$x_{S_2} \approx -1,218$ $\quad y_{S_2} \approx 7,905$ $\quad S_2\left(\frac{-1-\sqrt{15}}{4} \mid 5 + \frac{3}{4}\sqrt{15}\right)$

7. Zu zeigen: $f(x) = 3x^2 - 6x + 3$ berührt die x-Achse $\Leftrightarrow$ Scheitelpunkt der Parabel liegt auf der x-Achse

Berechnung der Nullstelle $f(x_N) = 0$:

$3x_N^2 - 6x_N + 3 = 0$

$\Leftrightarrow x_N^2 - 2x_N + 1 = 0$

$\Rightarrow x_N = 1$

Schnittpunkt mit der x-Achse ist $N(1|0)$.

Berechnung des Scheitelpunkts:

$f(x) = 3x^2 - 6x + 3$

$\quad = 3(x^2 - 2x + 1)$

$\quad = 3(x - 1)^2$

Scheitelpunkt ist $S(1|0)$.

8. a) $S_1(-2|-1)$, $\quad S_2(1|2)$

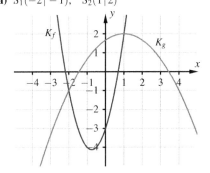

b) $S_1(-1|3)$, $\quad S_2(\frac{19}{7} \mid \frac{17}{49})$

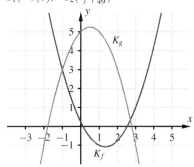

72

72

c) keine Schnittpunkte

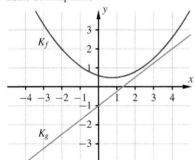

d) $S(3|5)$

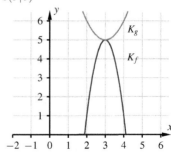

9. a) $f(x_S) = g(x_S)$

$2x_S^2 - 6x_S + 1 = -6x_S - 1$

$2x_S^2 = -2 \Rightarrow$ keine Lösung

b) Wenn die beiden Schaubilder sich in einem Punkt berühren sollen, darf die sich ergebende Gleichung nur eine Lösung haben. Damit sich in der obigen Gleichung nur eine Lösung ergibt, muss die Funktionsgleichung von g lauten $g_{neu}(x) = -6x + 1$, da dann $2x_S^2 - 6x_S + 1 = -6x_S + 1 \Leftrightarrow x_S^2 = 0$ folgt. Also muss das Schaubild von g um 2 Einheiten nach oben verschoben werden.

10. a) Berechnen der gemeinsamen Punkte: $f(x_S) = g(x_S)$

$-0,5x_S^2 - 0,5x_S + 2 = 2x_S^2 + 2x - 3 \quad | -2x_S^2 - 2x_S + 3$

$-2,5x_S^2 - 2,5x_S + 5 = 0 \quad \blacktriangleright abc\text{-Formel}$

$x_{S_1} = -2 \lor x_{S_2} = 1$

Berechnen der Funktionswerte: $f(-2) = 1$ und $f(1) = 1$

Gemeinsame Punkte sind $A(-2|1)$ und $B(1|1)$

b) Die Stellen $x_{S_1} = -2$ und $x_{S_2} = 1$ sind gemeinsame Stellen von K_f und K_g. Wir betrachten also das Verhalten der Schaubilder für $x < -2$, $-2 < x < 1$ und $x > 1$.

$f(-3) = -1$, $g(-3) = 9 \Rightarrow$ für $x < -2$ ist $g(x) > f(x)$

$f(0) = 2$, $g(0) = -3 \Rightarrow$ für $-2 < x < 1$ ist $f(x) > g(x)$

$f(2) = -1$, $g(2) = 9 \Rightarrow$ für $x > 1$ ist $g(x) > f(x)$

11. *Hinweis:* Fehler im 1. Druck der 1. Auflage! In Teilaufgabe f) lautet die Funktionsgleichung der Geraden $f(x) = \frac{1}{6}x + \frac{4}{3}$.

a)

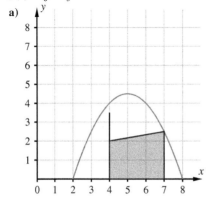

b) $N_1(2|0)$, $N_2(8|0)$.

Der Ball trifft bei $x_N = 8$ auf dem Boden auf.

c) $f(x) = 2 \Rightarrow x_1 = 2,76$; $x_2 = 7,24$

Der Werfer steht bei $x_1 = 2,76$; der andere Standpunkt befindet sich hinter der Mauer.

d) $f(4) = 4$

Die Mauer darf keine 4 m hoch sein, sonst berührt der Ball die obere Ecke.

e) Der Scheitelpunkt der Parabel ist $(5|4,5)$, also ist die maximale Flughöhe 4,5 m.

f) Das Schuppendach berührt die Flugkurve im Punkt $(7|2,5)$. Es ist möglich, dass der Ball auf dem Schuppendach liegen bleibt.

1.3.4 Bestimmen der Funktionsgleichung

1. a) $f(x) = x^2 + 3x - 4$

   b) $f(x) = x^2 + x - 2$

   c)

I	$3 = 9a - 3b + c$	(I – II) IV	$4 = 5a - 5b$
II	$-1 = 4a + 2b + c$	(II – III) V	$2 = -32a - 4b \cdot (-1,25)$
III	$-3 = 36a + 6b + c$		$-2,5 = 40a + 5b$
			$1,5 = 45a; \ a = \frac{1}{30}; \ b = \frac{-23}{30}; \ c = \frac{2}{5}$

$f(x) = \frac{1}{30}x^2 - \frac{23}{30}x + \frac{2}{5}$

   d) $f(x) = 0,5x^2 + 1,5x - 5$

   e) $f(x) = -0,5x^2 + 3,5x - 6$

2. a) $f(x) = -3x^2 + 5x - 7$

   b) Scheitelpunkt: $S(\frac{5}{6} \mid -4,92)$

   Schnittpunkt mit der y-Achse: $S_y(0 \mid -7)$

   Schnittpunkte mit der x-Achse: keine

   c)

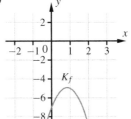

3.

I	$1 = a + b + c$	(I – II)	IV	$-9 = -3a - b$
II	$10 = 4a + 2b + c$	(II – III)	V	$15 = 3a + 3b$
III	$-5 = a - b + c$	(IV + V)	VI	$6 = 2b$
				$b = 3, \quad a = 2, \quad c = -4$

$f(x) = 2x^2 + 3x - 4$

Lineare Funktion $g(x) = 13x - 16$

$f(x_S) = g(x_S)$

$2x_S^2 - 10x_S + 12 = 0 \Leftrightarrow x_{S_1} = 2 \quad x_{S_2} = 3$

$S_1(2 \mid 10); \ S_2(3 \mid 23)$

4. Der Tunnel ist 7 m hoch.

$O_1: f(x) = ax^2 + 7 \qquad f(5) = 0 \ \Leftrightarrow \ 25a + 7 = 0 \ \Leftrightarrow \ a = -0,28 \qquad f(x) = -0,28x^2 + 7$

$O_2: f(x) = -0,28(x - 5)^2 + 7 \qquad O_3: f(x) = -0,28x^2 \qquad O_4: f(x) = -0,28(x - 6)^2 + 7$

75

5. a) siehe unten, $A(0| - 1,5)$, $C(3| - 1,5)$, $D(-3|7,5)$

   b) $h(x) = 0,5x^2 - 1,5x - 1,5$

   c) $A = 13,5$ FE

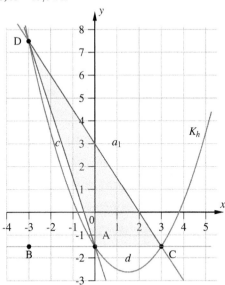

Übungen zu 1.3

76

1. a) 4   **b)** 1   **c)** 5   **d)** 6   **e)** 3   **f)** 2

2. a) Wenn der Funktionsterm einer quadratischen Funktion die Form $ax^2 + bx + c$ mit $a \neq 0$ hat, dann ist die quadratische Funktion in allgemeiner Form dargestellt. Sie kann aber auch in Scheitelpunktform dargestellt werden. Der Funktionsterm hat dann die Form $a \cdot (x - x_S)^2 + y_S$, wobei der Scheitelpunkt der Parabel die Koordinaten x_S bzw. y_S besitzt.

	a	b	c
a)	-1	0	0
b)	2	0	-1
d)	1	2	1
f)	1	4	5

	a	x_S	y_S
a)	-1	0	0
b)	2	0	-1
c)	-1	-3	0
e)	-1	3	-2

b) a) $f(x) = -x^2$ ist sowohl allgemeine Form als auch Scheitelpunktform.

   b) $f(x) = 2x^2 - 1$ ist sowohl allgemeine Form als auch Scheitelpunktform.

   c) Allgemeine Form: $f(x) = -x^2 - 6x - 9$

   d) Scheitelpunktform: $f(x) = (x + 1)^2$

   e) Allgemeine Form: $f(x) = -x^2 + 6x - 11$

   f) Scheitelpunktform: $f(x) = (x + 2)^2 + 1$

3.

	y-Achsen-schnittpunkt	Scheitelpunkt	Öffnungs-richtung	Öffnungs-weite	Verschiebung
a)	$S_y(0\,|-3)$		nach oben	normal weit	
b)	$S_y(0\,|\,1)$	$S(0\,|\,1)$	nach oben	gestaucht	um 1 Einheit nach oben
c)	$S_y(0\,|-1,81)$	$S(-0,5\,|-1,5)$	nach unten	gestreckt	um 1,5 Einheiten nach unten und um 0,5 Einheiten nach links
d)	$S_y(0\,|\,4)$		nach unten	gestreckt	
e)		$S(1\,|-9)$	nach oben	gestreckt	um 9 Einheiten nach unten und 1 Einheit nach rechts
f)	$S_y(0\,|-2,6)$		nach unten	gestaucht	
g)	$S_y(0\,|-3)$		nach oben	gestreckt	
h)	$S_y(0\,|\,0)$		nach unten	gestaucht	

Alle Parabeln sind symmetrisch zu einer Parallelen zur y-Achse durch den x-Wert des Scheitelpunktes.

Schaubild zu **a)**   Schaubild zu **b)**   Schaubild zu **c)**   Schaubild zu **d)**

Schaubild zu **e)**   Schaubild zu **f)**   Schaubild zu **g)**   Schaubild zu **h)**

4. a) $f(0) = 0$; $f(2) = -4$; $f(4) = 0$

b) $1,25x^2 - 5,5x + 2 = 1 \;\Rightarrow\; x_1 \approx 0,2;\; x_2 \approx 4,2$

c) Gemäß a) erhalten wir die Schnittpunkte mit der x-Achse als $N_1(0\,|\,0)$ und $N_2(4\,|\,0)$.

d) Wir wissen, dass die Nullstellen von f bei 0 und 4 liegen. Die Parabel ist nach oben geöffnet. Folglich gilt für $0 < x < 4$: $f(x) < 0$, denn in diesem Bereich liegt die Parabel unterhalb der x-Achse.

76

5. a) siehe Schülerbuch

b) $f(x_N) = 0 \Leftrightarrow -0{,}02x_N^2 + 0{,}96x_N = 0 \Leftrightarrow x_N(-0{,}02x_N + 0{,}96) = 0 \Leftrightarrow x_N = 0 \vee x_N = 48$

Die Spannweite des Brückenbogens beträgt 48 m, der Karoabstand auf der x-Achse entspricht

$\frac{48\,\mathrm{m}}{12} = 4$ m.

c) $f(24) = 11{,}52$

Die Höhe des Brückenbogens beträgt 11,52 m, der Karoabstand auf der y-Achse entspricht ebenfalls

4 m.

d) $f(16) = f(32) = 10{,}24$ Die beiden Stützpfeiler sind 10,24 m hoch.

e) $f(x) = 9{,}1 \Leftrightarrow -0{,}02x^2 + 0{,}96x = 9{,}1 \Leftrightarrow x^2 - 48x + 455 = 0$ $x_1 = 35;\ x_2 = 13$

Die Stützpfeiler hätten jeweils 13 m bzw. 35 m von den Fußpunkten des Brückenbogens entfernt

errichtet werden müssen und wären 22 m voneinander entfernt gewesen.

6. a) wahr   Es gilt sogar $-1 < a < 1$.

  b) falsch   Gegenbeispiel: $f(x) = (x+2)^2 - 2;\ S(-2|-2)$

  c) falsch   Die y-Achse wird im Koordinatenursprung geschnitten.

  d) wahr

  e) wahr

  f) falsch   Gegenbeispiel: $f(x) = (x-1)^2;\ S(1|0)$ Der Scheitelpunkt hat den y-Wert 0.

  g) wahr

  h) wahr

  i) wahr

77

7. a) $f(x) = (x-4)^2 - 2$ $S(4|-2)$ **c)** $f(x) = -\frac{1}{6}(x+3)^2$ $S(-3|0)$

  b) $f(x) = -2x^2 + 4{,}5$ $S(0|4{,}5)$ **d)** $f(x) = -(x+3{,}5)^2 + 6$ $S(-3{,}5|6)$

8. a) $f(x) = ax^2 + 68$ rechter Verankerungspunkt (unterer Bogen): $A(85|0)$

  $f(85) = 0 \Leftrightarrow a \cdot 85^2 + 68 = 0 \Leftrightarrow a = -\frac{4}{425}$ $f(x) = -\frac{4}{425}x^2 + 68$

  b) Die Längeneinheit beträgt 1 m. $g(x) = ax^2 + 73$

  e: horizontale Entfernung der Verankerungspunkte beider Bögen in m

  Nach dem Satz des Pythagoras gilt: $e^2 + 8^2 = 17^2 \rightarrow e = 15$

  rechter Verankerungspunkt (oberer Bogen): $B(100|8)$

  $g(100) = 8 \Leftrightarrow a \cdot 100^2 + 73 = 8 \Leftrightarrow a = -0{,}0065x^2 + 73$ $g(x) = -0{,}0065x^2 + 73$

9. a)

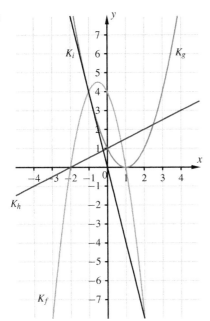

b) Schnittpunkte der Schaubilder von f und g:

$-2x_S^2 - 2x_S + 4 = (x_S - 1)^2 \;\Leftrightarrow\; 3x_S^2 = 3 \;\Leftrightarrow\; x_S = 1 \vee x_S = -1 \qquad S_1(1|0); \; S_2(-1|4)$

Schnittpunkte der Schaubilder von f und h:

$-2x_S^2 - 2x_S + 4 = 0{,}5x_S + 1 \;\Leftrightarrow\; x_S^2 + 1{,}25x_S - 1{,}5 = 0 \qquad x_{S_1} = 0{,}75; \; x_{S_2} = -2$

$S_1(0{,}75|1{,}375); \; S_2(-2|0)$

Schnittpunkte der Schaubilder von f und i:

$-2x_S^2 - 2x_S + 4 = -4x_S \;\Leftrightarrow\; x_S^2 - x_S - 2 = 0 \qquad x_{S_1} = 2; \; x_{S_2} = -1 \qquad S_1(2|-8); \; S_2(-1|4)$

Schnittpunkte der Schaubilder von g und h:

$(x_S - 1)^2 = 0{,}5x_S + 1 \;\Leftrightarrow\; x_S^2 - 2{,}5x_S = 0 \;\Leftrightarrow\; x_S(x_S - 2{,}5) = 0 \;\Leftrightarrow\; x_S = 0 \vee x_S = 2{,}5$

$S_1(0|1); \; S_2(2{,}5|2{,}25)$

Schnittpunkte der Schaubilder von g und i:

$(x_S - 1)^2 = -4x_S \;\Leftrightarrow\; x_S^2 + 2x_S + 1 = 0 \;\Leftrightarrow\; (x_S + 1)^2 = 0 \;\Leftrightarrow\; x_S = -1 \qquad$ Berührpunkt $S(-1|4)$

Schnittpunkt der Schaubilder von h und i:

$0{,}5x_S + 1 = -4x_S \;\Leftrightarrow\; x_S = -\frac{2}{9} \qquad S\left(-\frac{2}{9} \middle| \frac{8}{9}\right)$

10. a) $f(x) = a(x+4)(x-3)$

$f(1) = -10 \;\Leftrightarrow\; a(1+4)(1-3) = -10 \;\Leftrightarrow\; a = 1$

$f(x) = (x+4)(x-3) = x^2 + x - 12$

b) $f(x) = a(x-2)^2 + 5$

$f(0) = 4 \;\Leftrightarrow\; a(0-2)^2 + 5 = 4 \;\Leftrightarrow\; a = -0{,}25$

$f(x) = -0{,}25(x-2)^2 + 5$

c) $f(x) = a(x-1)^2$

$f(0) = -3 \;\Leftrightarrow\; a(0-1)^2 = -3 \;\Leftrightarrow\; a = -3$

$f(x) = -3(x-1)^2 = -3x^2 + 6x - 3$

77

d) $f(x) = ax^2 + bx$

  (I) $f(-2) = -20$ $\Leftrightarrow$ $4a - 2b = -20$

  (II) $f(4) = 28$ $\Leftrightarrow$ $16a + 4b = 28$ $a = -0{,}5; \; b = 9$

  $f(x) = -0{,}5x^2 + 9x$

e) $f(x) = ax^2 + bx + c$

  (I) $f(1) = 4$ $\Leftrightarrow$ $a + b + c = 4$

  (II) $f(-1) = 24$ $\Leftrightarrow$ $a - b + c = 24$

  (III) $f(3) = 0$ $\Leftrightarrow$ $9a + 3b + c = 0$ $a = 2; \; b = -10; \; c = 12$

  $f(x) = 2x^2 - 10x + 12$

11. $g(x) = 0{,}25x + 0{,}5$

Gemeinsame Punkte ermitteln: $f(x_S) = g(x_S)$

$0{,}25x_S^2 - 1{,}5x_S + 2 = 0{,}25x_S + 0{,}5 \quad | -0{,}25x_S \quad | -0{,}5$

$\Leftrightarrow \; 0{,}25x_S^2 - 1{,}75x_S + 1{,}5 = 0$ ▶ abc-Formel

$\Rightarrow x_{S_1} = 1; \; x_{S_2} = 6$

Bei $S_1(1|0{,}75)$ und $S_2(6|2)$ schneiden sich die Schaubilder von f und g.

12. $f(x) = 1{,}25x^2$

13. a) Die Steigung, die sich aus jeweils zwei Wertepaaren ergibt, ist nicht einheitlich.

  z.B. $A(0|2645)$ und $B(2|2625)$: $m_{AB} = \dfrac{2625 - 2645}{2 - 0} = -10$

      $A(2|2625)$ und $C(4|2565)$: $m_{AC} = \dfrac{2565 - 2625}{4 - 2} = -30$

b) $h(t) = at^2 + bt + 2645$

  (I) $h(2) = 2625$ $\Leftrightarrow$ $4a + 2b + 2645 = 2625$

  (II) $h(4) = 2565$ $\Leftrightarrow$ $16a + 4b + 2645 = 2565$ $a = -5; \; b = 0$ $h(t) = -5t^2 + 2645$

c) $h(t) = 440$ $\Leftrightarrow$ $-5t^2 + 2645 = 440$ $\Leftrightarrow$ $t^2 = 441$ $\Leftrightarrow$ $t = 21 \;\lor\; t = -21$ (nicht relevant)

Danae muss nach 19 Sekunden die Reißleine ziehen. Vernachlässigt wird, dass direkt nach der Entfaltung des Fallschirms die Geschwindigkeit noch zu groß zum Landen sein kann. Auf der anderen Seite gibt es bereits während der Entfaltung eine Bremswirkung.

Test zu 1.3

79

1. a) Die Funktion ist nach oben geöffnet und um den Faktor 0,5 gestaucht. Der y-Achsenschnittpunkt ist $S_y(0|-2)$.

b) $f(x) = 0{,}5(x - 6)^2 - 20$

Scheitelpunkt $S(6|-20)$

c) $N_1(12{,}32|0)$, $N_2(-0{,}32|0)$

d)

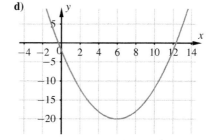

2. a) Scheitelpunktform: $g(x) = -0,5(x-2)^2 + 1$

Allgemeine Form: $g(x) = -0,5x^2 + 2x - 1$

b) Bei dem Schaubild handelt es sich um eine nach unten geöffnete Parabel.

Der Schnittpunkt mit der y-Achse lautet $S_y(0 \,|\, -1)$.

c) Der Schnittpunkt mit der y-Achse wurde schon in b) bestimmt $(g(0) = -1)$.

Die Nullstellen sind $x_{N_{1;2}} = 2 \pm \sqrt{2}$. Die Schnittpunkte mit der x-Achse liegen also ungefähr bei $N_1(0,59 \,|\, 0)$ und $N_2(3,41 \,|\, 0)$.

d)

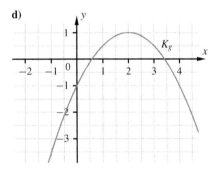

3. $f(x_S) = g(x_S) \Leftrightarrow 0,5x_S^2 - 6x_S - 2 = -0,5x_S^2 + 2x_S - 1 \Leftrightarrow x_S^2 - 8x_S - 1 = 0$

$\Rightarrow x_{S_{1;2}} = 4 \pm \sqrt{17}$

Es ergeben sich als Schnittpunkte ungefähr: $S_1(-0,12 \,|\, -1,25)$ und $S_2(8,12 \,|\, -17,75)$.

4. a) $f(x) = -(x+1)^2 + 4 = -x^2 - 2x + 3$

b) $f(x) = -0,5 \cdot (x+1)^2 + 3 = -0,5x^2 - x + 2,5$

c) $f(x) = 0,5 \cdot (x+1,5)^2 - 4 = 0,5x^2 + 1,5x - 2,875$

5. a) Scheitelpunktform: $f(x) = a(x - x_S)^2 + y_S$

Koordinaten $S(22,5 \,|\, 12,5)$ einsetzen: $f(x) = a(x - 22,5)^2 + 12,5$

Koordinaten $S(0 \,|\, 0)$ einsetzen: $0 = 22,5^2 a + 12,5 \Rightarrow a \approx -0,025$

Weiterrechnen mit dem exakten Wert für a (vgl. Taschenrechner) ergibt:

$f(x) \approx -0,025(x - 22,5)^2 + 12,5 = -0,025x^2 + 1,11x$

▶ Rechnet man mit dem gerundeten Wert für a weiter, so verläuft die Parabel nicht mehr durch den Punkt $A(0 \,|\, 0)$.

b) Die Spannweite beträgt 45 m zwischen den Verankerungspunkten $A(0 \,|\, 0)$ und $B(45 \,|\, 0)$.

c) $f(x) = g(x) \Leftrightarrow \quad -0,025x^2 + 1,11x = 0,1x + 1$

$\Leftrightarrow \quad -0,025x^2 + 1,01x - 1 = 0$

$\Leftrightarrow \quad x^2 - 40,95x + 40,5 = 0$

Die abc-Formel liefert die Schnittstellen $x_1 = 1,01$ und $x_2 = 39,94$.

Die Schnittpunkte sind $S_1(1,01 \,|\, 1,1)$ und $S_2(39,94 \,|\, 4,99)$. Der Höhenunterschied zwischen diesen beiden Punkten beträgt etwa 3,89 m.

1.4   Ganzrationale Funktionen höheren Grades

80

1 Rückhaltebecken

$x = 0$ ist 0:00 Uhr am 1. April, d.h. z.B. $x = 8,5$ ist mittags 12 Uhr am 9. April, $x = 30$ ist 24:00 Uhr am 30. April

a) $D_f = [0; 30]$

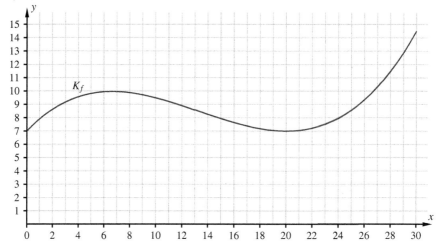

b) $f(0) = 7 \rightarrow 700 \text{ m}^3$; $f(30) = 14,5 \rightarrow 1450 \text{ m}^3$

c) $f(30) = 14,5 \rightarrow 1450 \text{ m}^3$ Maximum; $f(0) = 7 = f(20) \rightarrow 700 \text{ m}^3$ Minimum

d) Ca. bei $x = 6,5$ ist $f(6,5) = 10$ (in 100 m^3) ist ein lokales Maximum.

e) An den Wendepunkten (nur anschaulich, nicht berechnen)

2 Verpackung

a) Aus $a = x$; $b = x$ und $c = 4x$ ergibt sich $V(x) = x \cdot x \cdot 4x = 4x^3$ $(x \geq 0)$

Grundkante 4 cm: $V(4) = 4 \cdot 4^3 = 256$

Grundkante 7 cm: $V(7) = 4 \cdot 7^3 = 1372$

Bei einer Grundkante von 4 cm und einer Höhe von 16 cm beträgt das Volumen 256 cm^3.

Bei einer Grundkante von 7 cm und einer Höhe von 28 cm beträgt das Volumen 1372 cm^3.

b) Aus $a = x$; $b = x$ und $c = 4x$ ergibt sich $O(x) = 2 \cdot x \cdot x + 4 \cdot x \cdot 4x = 18x^2$ $(x \geq 0)$

$x = 4$: $O(4) = 18 \cdot 4^2 = 288$

$x = 7$: $O(7) = 18 \cdot 7^2 = 882$

Der Materialaufwand beträgt 288 cm^2 bei einer Grundkante von 4 cm und 882 cm^2 bei einer Grundkante von 7 cm.

c) 1 m^2 $(= 10000 \text{ cm}^2)$ Material kostet 1 €.

1 cm^2 Material kostet also 0,01 Cent.

Mit der Gleichung aus b) ergibt sich $g(x) = 0,01 \cdot 18x^2 = 0,18x^2$ $(x \geq 0)$

Grundkante 4 cm: $g(4) = 0,18 \cdot 4^2 = 2,88$

Grundkante 7 cm: $g(7) = 0,18 \cdot 7^2 = 8,82$

Bei einer Grundkante von 4 cm kostet das Material 2,88 Cent.

Bei einer Grundkante von 7 cm kostet das Material 8,82 Cent.

d)

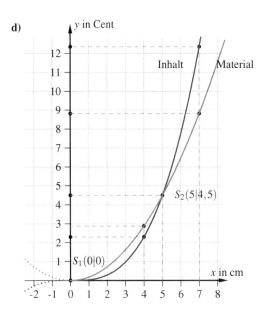

Bedingung für Schnittstellen: $f(x_s) = g(x_s)$

$0,036x_s^3 = 0,18x_s^2$

$\Leftrightarrow \ 0,036x_s^3 - 0,18x_s^2 = 0$

$\Leftrightarrow \ 0,036x_s^2(x_s - 5)$

$x_s = 0 \lor x_s = 5$

y-Werte: $f(0) = 0$; $f(5) = 4,5$

$\to S_1(0|0)$ Berührpunkt; $S_2(5|4,5)$

Antwort: Bei einer Grundkantenlänge von 5 cm stimmen die Kosten für Inhalt und Verpackung überein. Sie betragen 4,5 Cent. Der Fall $x_s = 0$ ist praktisch nicht von Bedeutung.

3 Analyse der Firmensituation

a) $c = 10\,000$

b) Für die Analyse der Kosten müssen Simon und Dustin das Minimum der variablen Stückkosten ermitteln. Der Funktionsterm der variablen Stückkosten ist der Quotient aus den variablen Kosten und der Stückzahl:

$k_v(x) = \frac{K(x)}{x} = 0,009x^2 - 2,7x + 280.$

Simon veranschaulicht den Verlauf durch eine Zeichnung. Das Schaubild von k_v ist eine nach oben geöffnete Parabel. Simon liest ab, dass bei der Produktion von 150 Virtual-Reality-Brillen die geringsten variablen Stückkosten anfallen. Um ganz sicher zu gehen, ermittelt er die Scheitelpunktgleichung von k_v:

$k_v(x) = 0,009(x - 150)^2 + 77,5.$

Aus ihr kann er ablesen, dass tatsächlich bei einer Produktion von 150 Virtual-Reality-Brillen die geringsten variablen Stückkosten in Höhe von 77,50 € anfallen.

81

c) Die Produktionsmenge, bei der kein Gewinn mehr erzielt wird, kann am Schaubild der Gewinnfunktion abgelesen werden. Da der Verkaufspreis von 245 € pro Brille vorgegeben ist, wird bei einem Absatz von x Virtual-Reality-Brillen ein Erlös von $245x$ erzielt. Der Gewinn G als Differenz aus dem Erlös E und den Kosten K wird dann durch die Funktion G wiedergegeben:

$G(x) = -0,009x^3 + 2,7x^2 - 35x - 10\,000$.

Am Schaubild der Gewinnfunktion G erkennen die beiden, dass beim Verkauf von zwischen ca. 80 und ca. 270 Brillen Gewinn erwirtschaftet wird und dass der Gewinn beim Verkauf von ca. 190 Virtual-Reality-Brillen am größten ist.

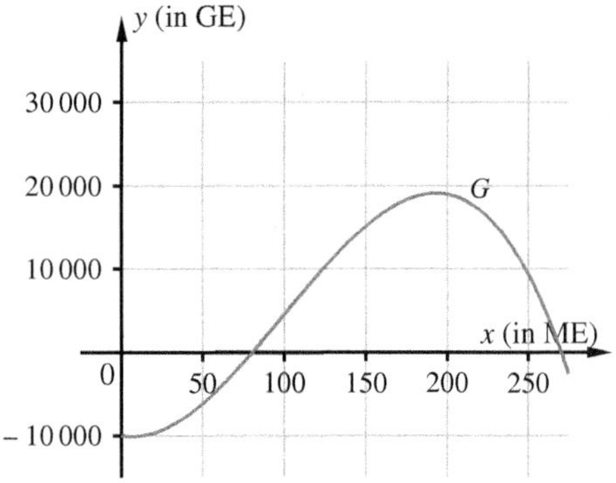

4 Freistoß

a) $a = -\frac{1}{288}; b = \frac{1}{16} \rightarrow f(x) = -\frac{1}{288}x^3 + \frac{1}{16}x^2$

b) $H(12|3)$

1.4.1   Potenzfunktionen

85

1. $D \rightarrow a \quad A \rightarrow b \quad C \rightarrow c \quad B \rightarrow d$

2. a) symmetrisch   **c)** n gerade   **e)** n gleich 1 und a positiv oder negativ

b) n ungerade und a positiv   **d)** n ungerade und a negativ

3. a) $f(x) = x^5$ **b)** Individuelle Lösungen   **c)** Individuelle Lösungen

4.

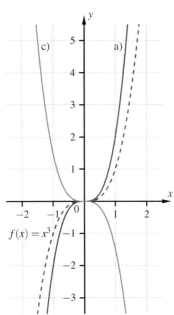
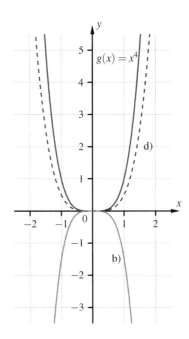

a) $a = 2 \rightarrow$ Streckung in y-Richtung

b) $a = -1,5 \rightarrow$ Spiegelung an der x-Achse, nach unten geöffnet, Streckung in y-Richtung

c) $a = -1,5 \rightarrow$ Schaubild verläuft vom II. in den IV. Quadranten, Streckung in y-Richtung

d) $a = 0,5 \rightarrow$ Stauchung in y-Richtung, nach oben geöffnet

5. *Hinweis:* Fehler im 1. Druck der 1. Auflage! In Aufgabenteil a) lauten die Koordinaten des Punktes Q: $Q(-3 \mid -13,5)$.
a) $f(x) = 0,5x^3$
b) $f(x) = -4x^3$

6. a) $f(x) = x^3$

x	-2	-1	0	1	2
$f(x)$	-8	-1	0	1	8

b) $f(x) = \sqrt{2} \cdot x^4$

x	-2	-1	0	1	2
$f(x)$	$16 \cdot \sqrt{2}$	$\sqrt{2}$	0	$\sqrt{2}$	$16 \cdot \sqrt{2}$

7. a) $g(x) = f(x) + 3 = \frac{3}{4}x^3 + 3$
b) $g(x) = f(x) - \sqrt{2} = \frac{3}{4}x^3 - \sqrt{2}$
c) $g(x) = 4 \cdot f(x) + 3 = 3x^3 + 3$

8. Das Volumen eines beliebigen Würfels beträgt $x^3\,\text{cm}^3$ mit x als Kantenlänge in cm. Das Styroporstück in der Spielebox besitzt ein Volumen von $20\,\text{cm} \cdot 10\,\text{cm} \cdot 5\,\text{cm} = 1000\,\text{cm}^3$. Das Volumen in cm^3 des herauszufräsenden Materials lässt sich mithilfe der Funktionsgleichung $f(x) = x^3$ berechnen, die Variable x steht für die Kantenlänge des Würfels in cm. (Das Volumen in cm^3 des verbleibenden Styropors kann durch $g(x) = 1000 - x^3$ ausgedrückt werden.)

1.4.2   Gleichungen und Schaubilder

90

1. a) $f(x) = x^3 - 5x^2 + 7x - 3$ **d)** $f(x) = 2x^4 + 12$

b) $f(x) = x^4 - 2{,}5x^3 + 3x^2 - 4{,}5x + 1$ **e)** $f(x) = 5x^5 + 4x^4 + 3x^3 + 2x^2 + x$

c) $f(x) = x^3 + 8x - 8$

2. a) Grad 4; gerade; achsensymmetrisch zur y-Achse

b) Grad 5; ungerade; punktsymmetrisch zum Koordinatenursprung

c) Grad 5; weder gerade noch ungerade; keine Symmetrie zum Koordinatenursprung und keine Symmetrie zur y-Achse

d) Grad 0; gerade Funktion; achsensymmetrisch; Gerade parallel zur x-Achse

e) Grad 1; ungerade Funktion; punktsymmetrisch zum Koordinatenursprung

f) Grad 4; weder gerade noch ungerade; keine Symmetrie zum Koordinatenursprung und keine Symmetrie zur y-Achse

g) Grad 3; weder gerade noch ungerade; keine Symmetrie zum Koordinatenursprung und keine Symmetrie zur y-Achse

h) Grad 3; weder gerade noch ungerade; keine Symmetrie zum Koordinatenursprung und keine Symmetrie zur y-Achse

i) Grad 2; weder gerade noch ungerade; keine Symmetrie zum Koordinatenursprung und keine Symmetrie zur y-Achse

j) Grad 3; ungerade; punktsymmetrisch zum Koordinatenursprung

3. Die Funktionen aus e) und f) sind gerade Funktionen, deshalb sind ihre Schaubilder symmetrisch zur y-Achse.

4. Die Funktionen aus d), e) und f) sind ungerade Funktionen, deshalb sind ihre Schaubilder punktsymmetrisch zum Koordinatenursprung.

5. $f(x) = 2x^3 + 3x$ Punktsymmetrie zum Ursprung: $f(-x) = -f(x)$

$g(x) = \sqrt{2}x^4 - 3x^2 - 5$ Achsensymmetrie zur y-Achse: $g(-x) = g(x)$

6. a) f: n ungerade, $a_N > 0$ g: n gerade, $a_N < 0$ h: n gerade, $a_N > 0$

90

b) $f(x) = x(x-1)(x+1)$ $g(x) = -0,5x^4 + 0,1x^2 + 2$

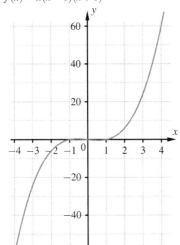 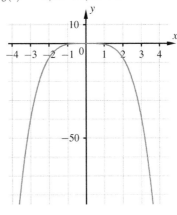

$h(x) = 0,25x(x-3,2)$

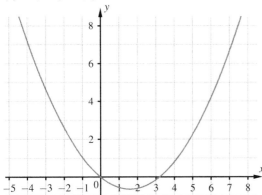

7. Jan hätte behaupten müssen: „Die Schaubilder sind nicht achsensymmetrisch zur y-Achse und nicht punktsymmetrisch zum Ursprung." Es ist zu sehen, dass bei f eine Achsensymmetrie zur Parallele zur y-Achse durch $x = 2$ und eine Punktsymmetrie bei g zum Punkt $P(2|0)$ vorliegt.

8. a) $f(x) = x^6$, $g(x) = x^8$

   b) $f(x) = x^5$, $g(x) = x^7$

   c) $f(x) = x^5 + x^6$, $g(x) = x^7 + x^8$

   d) $f(x) = x^6 + 10$, $g(x) = x^6 + 20$

   e) $f(x) = -x^6 - 10$, $g(x) = -x^6 - 20$

1.4.3   Globalverlauf und charakteristische Punkte

96

1. a) Schaubild verläuft vom II. in den I. Quadranten. Für $x \to \infty$ und $x \to -\infty$ gilt $f(x) \to \infty$.

b) Schaubild verläuft vom III. in den I. Quadranten. Für $x \to \infty$ gilt $f(x) \to \infty$, für $x \to -\infty$ gilt $f(x) \to -\infty$.

c) Schaubild verläuft vom III. in den I. Quadranten. Für $x \to \infty$ gilt $f(x) \to \infty$, für $x \to -\infty$ gilt $f(x) \to -\infty$.

d) Schaubild verläuft vom II. in den I. Quadranten. Für $x \to \infty$ und $x \to -\infty$ gilt $f(x) \to 1,25$.

e) Schaubild verläuft vom II. in den IV. Quadranten. Für $x \to \infty$ gilt $f(x) \to -\infty$, für $x \to -\infty$ gilt $f(x) \to \infty$.

f) Schaubild verläuft vom II. in den IV. Quadranten. Für $x \to \infty$ gilt $f(x) \to -\infty$, für $x \to -\infty$ gilt $f(x) \to \infty$.

g) Schaubild verläuft vom II. in den I. Quadranten. Für $x \to \infty$ und $x \to -\infty$ gilt $f(x) \to \infty$.

h) Schaubild verläuft vom III. in den I. Quadranten. Für $x \to \infty$ gilt $f(x) \to \infty$, für $x \to -\infty$ gilt $f(x) \to -\infty$.

2. a) $f(x)$ punktsymmetrisch zum Ursprung, es gilt: $f(x) = -f(-x)$
$$0,5x^3 - x = -(0,5(-x)^3 - (-x))$$
$$0,5x^3 - x = -(-0,5x^3 + x)$$
$$0,5x^3 - x = 0,5x^3 - x$$
f verläuft vom III. in den I. Quadranten.

$g(x)$ achsensymmetrisch zur y-Achse, es gilt:
$$g(x) = g(-x)$$
$$0,5x^4 - x^2 = 0,5(-x)^4 - (-x)^2$$
$$0,5x^4 - x^2 = 0,5x^4 - x^2$$
g verläuft vom II. in den I. Quadranten.

b)

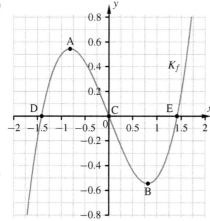

c) f: $A(-0,82|0,54)$; $B(0,82|-0,54)$; $C(0|0)$; $D(-1,41|0)$; $E(1,41|0)$
g: $A(-1|-0,5)$; $B(1|-0,5)$; $C(0|0)$; $F(-0,58|-0,28)$; $G(0,58|-0,28)$

d) f: streng monoton steigend bis $x = -0,82$, dann streng monoton fallend bis $x = 0,82$, anschließend streng monoton steigend

g: streng monoton fallend bis $x = -1$, dann streng monoton steigend bis $x = 0$, dann streng monoton fallend bis $x = 1$, anschließend streng monoton steigend

96

3. *Hinweis:* Fehler im 1. Druck der 1. Auflage! Das Schaubild in der Abbildung rechts unten sollte mit K_5 beschriftet sein.

 a) entspricht K_3, nach oben geöffnet, Schaubild verläuft vom II. in den I. Quadranten, n gerade, y-Achse wird bei 1 geschnitten

 b) entspricht K_4, Funktion 3. Grades, Schaubild verläuft vom II. in den IV. Quadranten, schneidet die y-Achse bei 1 und hat drei Nullstellen

 c) entspricht K_1, Funktion 4. Grades, nach unten geöffnet, schneidet die y-Achse bei 3

 d) entspricht K_6, Funktion 3. Grades, Nullstelle bei $x = 1$

 e) entspricht K_2, Funktion 2. Grades, Scheitelpunkt bei $S(0|0)$

 f) entspricht K_5, Funktion 3. Grades, punktsymmetrisch zum Ursprung, Nullstelle $N(0|0)$

4. K_f: vom II. in den I. Quadranten, achsensymmetrisch zur y-Achse, $N_1(-1,3|0)$, $N_2(0|0)$, $N_3(1,3|0)$, $T_1(-1|-1)$, $H(0|0)$, $T_2(1|-1)$, $W_1(-0,3|-0,3)$, $W_2(0,3|-0,3)$
 streng monoton fallend bis T_1, streng monoton steigend bis H, streng monoton fallend bis T_2, dann wieder streng monoton steigend
 K_g: Nulllstelle im Ursprung, streng monoton fallend
 h: vom III. in den I. Quadranten, punktsymmetrisch zum Wendepunkt; aus der Zeichnung abgelesen: $W(-0,5|1,5)$, $N_1(-3,2|0)$, $N_2(0|0)$, $N_3(1,8|0)$, $H(-2|3,2)$, $T_2(1|-1,2)$
 streng monoton steigend bis H, streng monoton fallend bis T, dann wieder streng monoton steigend
 K_i: vom II. in den I. Quadranten, $N_1(-2|0)$, $N_2(0|0)$, $N_{3;4}(1|0)$, $T_1(-1,4|-1,2)$, $H(0,4|0,1)$, $T_2(1|0)$, $W_1(-0,7|-0,3)$, $W_2(0,7|0,04)$ (y-Koordinate bei W_2 nur ungenau ablesbar)
 streng monoton fallend bis T_1, streng monoton steigend bis H, streng monoton fallend bis T_2, dann wieder streng monoton steigend, keine Symmetrie erkennbar

5. a) Siehe rechte Zeichnung.

 b) Der Pkw legt innerhalb von 10 Minuten eine Strecke von 25 km zurück, erst mit zunehmender, dann mit abnehmender Geschwindigkeit.

 c) $f(7) = 19,6$
 Nach 7 Minuten wurde eine Strecke von 19,6 km zurückgelegt.

 d) Nach 5 Minuten wurde eine Strecke von 12,5 km zurückgelegt.

 e) Die Linkskrümmung des Graphen bis zum Wendepunkt $W(5|12,5)$ bedeutet, dass der Wagen in den ersten 5 Minuten mit größer werdender Geschwindigkeit fährt. Nach 5 Minuten wird er langsamer und erreicht nach 10 Minuten die Geschwindigkeit $0 \frac{km}{h}$.

 f) Nach 10 Minuten hält der Wagen an.

 g) $D = [0; 10]$. Nach 10 Minuten gibt die Funktion nicht mehr den insgesamt zurückgelegten Weg an, sondern die Entfernung vom Startpunkt. (Das Auto würde rückwärts bzw. zurück fahren.)

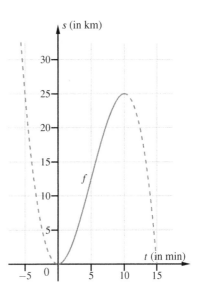

1.4.4   Schnittpunkte mit den Koordinatenachsen

103

1. a) Ausklammern, Satz vom Nullprodukt, Wurzelziehen:

$$f(x_N) = 0,25x_N(x_N^2 - 16) = 0$$
$$\Rightarrow x_{N_1} = 0 \quad x_{N_2} = -4 \quad x_{N_3} = +4$$
$$f(x) = 0,25x(x+4)(x-4)$$

b) Ausklammern, Satz vom Nullprodukt, *abc*-Formel

$$f(x_N) = 2x_N^2(x_N^2 - 2x_N + 1) = 0$$
$$\Rightarrow x_{N_1} = 0 \text{ (doppelt)} \quad x_{N_2} = 1 \text{ (doppelt)}$$
$$f(x) = 2x(x-1)^2$$

c) Ausklammern, Binomische Formel, Satz vom Nullprodukt:

$$f(x_N) = x_N(x_N^2 + 2x_N + 1) = x_N(x_N+1)^2 = 0$$
$$\Rightarrow x_{N_1} = 0 \quad x_{N_{2;3}} = -1 \text{ (doppelt)}$$
$$f(x) = x(x+1)^2$$

d) Ausklammern, Satz vom Nullprodukt, *abc*-Formel:

$$f(x_N) = x_N(x_N^2 - x_N - 2) = 0$$
$$\Rightarrow x_{N_1} = 0 \quad x_{N_2} = -1 \quad x_{N_3} = 2$$
$$f(x) = x(x+1)(x-2)$$

e) Ausklammern, Satz vom Nullprodukt, *abc*-Formel:

$$f(x_N) = -\tfrac{1}{4}x_N(x_N^2 + \tfrac{1}{2}x_N - 4) = 0$$
$$\Rightarrow x_{N_1} = 0 \quad x_{N_2} = \frac{-1-\sqrt{65}}{4} \text{ und } x_{N_3} = \frac{-1+\sqrt{65}}{4}$$
$$f(x) = -\tfrac{1}{4}x(x + \tfrac{1+\sqrt{65}}{4})(x + \tfrac{1-\sqrt{65}}{4})$$

f) Ausklammern, Wurzelziehen:

$$f(x_N) = x_N(8x_N^3 - 1) = 0$$
$$\Rightarrow x_{N_1} = 0 \quad x_{N_{2;3;4}} = \tfrac{1}{2}$$
$$f(x) = 8x(x - \tfrac{1}{2})^3$$

2. Jede Funktion f besitzt nur einfache Nullstellen.

a) $x^2 = z$ $z_N^2 - 4z_N + 3 = 0$ $\Rightarrow z_{N_1} = 1$ $z_{N_2} = 3$
$x_{N_1} = -1$ $x_{N_2} = 1$ $x_{N_3} = -\sqrt{3}$ $x_{N_4} = \sqrt{3}$

b) $x^2 = z$ $z_N^2 - 9z_N + 20 = 0$ $\Rightarrow z_{N_1} = 4$ $z_{N_2} = 5$
$x_{N_1} = -2$ $x_{N_2} = 2$ $x_{N_3} = -\sqrt{5}$ $x_{N_4} = \sqrt{5}$

c) $x^2 = z$ $z_N^2 - z_N - 2 = 0$ $\Rightarrow z_{N_1} = -1$ $z_{N_2} = 2$
$x_{N_1} = -\sqrt{2} \quad x_{N_2} = \sqrt{2}$ $(\sqrt{z_{N_1}} \notin \mathbb{R})$

d) $x^2 = z$ $0,25(z_N^2 - 4z_N - 5) = 0$ $\Rightarrow z_{N_1} = -1$ $z_{N_2} = 5$
$x_{N_1} = -\sqrt{5} \quad x_{N_2} = \sqrt{5}$ $(\sqrt{z_{N_1}} \notin \mathbb{R})$

e) $x^2 = z$ $-0,5(z_N^2 - 10z_N + 9) = 0$ $\Rightarrow z_{N_1} = 1$ $z_{N_2} = 9$
$x_{N_1} = -1$ $x_{N_2} = 1$ $x_{N_3} = -3$ $x_{N_4} = 3$

f) $0,5x_N \cdot (x_N^4 - 6x_N^2 + 5) = 0$ $\Rightarrow x_{N_1} = 0$
$x^2 = z$ $z_N^2 - 6z_N + 5 = 0$ $\Rightarrow z_{N_1} = 1$ $z_{N_2} = 5$
$x_{N_2} = -1$ $x_{N_3} = 1$ $x_{N_4} = -\sqrt{5} \quad x_{N_5} = \sqrt{5}$

103

3. a) abc-Formel: $x_{N_{1;2}} = \frac{-5 \pm \sqrt{5^2 - 4 \cdot 2 \cdot (-3)}}{2 \cdot 2} = \frac{-5 \pm \sqrt{49}}{4} \Rightarrow x_{N_1} = \frac{1}{2} \quad x_{N_2} = -3$

b) $x_N \cdot (x_N^2 - 2x_N - 3) = 0 \quad \Rightarrow \quad x_{N_1} = 0 \quad x_{N_2} = -1 \quad x_{N_3} = 3$

c) $x_{N_1} = 0 \quad x_{N_2} = 1 - \sqrt{6} \quad x_{N_3} = 1 + \sqrt{6}$

d) $x^2 = z \quad \Rightarrow \quad -3z_N^2 + 21z_N - 36 = 0 \quad \Rightarrow \quad z_{N_1} = 4 \quad z_{N_2} = 3$

$\Rightarrow x_{N_1} = -\sqrt{3} \quad x_{N_2} = \sqrt{3} \quad x_{N_3} = -2 \quad x_{N_4} = 2$

e) $-x_N^2 \cdot (x_N^2 - 2{,}5x_N - 3{,}5) = 0 \quad \Rightarrow \quad x_{N_{1;2}} = 0 \quad x_{N_3} = -1 \quad x_{N_4} = 3{,}5$

f) $x_{N_1} = \sqrt[3]{-1} = -1$

g) $0{,}25x_N^2(x_N^2 - x_N - 8) = 0 \Rightarrow x_{N_1} = 0 \quad x_{N_2} = 0 \quad x_{N_3} = \frac{1 + \sqrt{33}}{2} \quad x_{N_4} = \frac{1 - \sqrt{33}}{2}$

h) $x^2 = z \quad \Rightarrow z_N^2 - 3z_N - 4 = 0 \Rightarrow z_{N_1} = 4 \quad z_{N_2} = -1$

$\Rightarrow x_{N_1} = 2 \quad x_{N_2} = -2$

i) $x^3 = z \quad \Rightarrow 2(z_N^2 - 3z_N + 2) = 0 \Rightarrow z_{N_1} = 2 \quad z_{N_2} = 1$

$x_{N_1} = \sqrt[3]{2} \quad x_{N_2} = 1$

4. a) $f(x) = (x+1) \cdot (x-2) \cdot (x-5)$
$= x^3 - 6x^2 + 3x + 10$

b) $f(x) = x \cdot (x-2) \cdot (x-5) \cdot (x-6)$
$= x^4 - 13x^3 + 52x^2 - 60x$

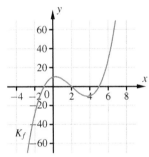

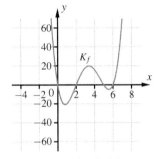

Weitere mögliche Funktionen g_a
mit $a \in \mathbb{R} \backslash \{0; 1\}$:
$g_a(x) = a \cdot (x^3 - 6x^2 + 3x + 10)$

Weitere mögliche Funktionen g_a
mit $a \in \mathbb{R} \backslash \{0; 1\}$:
$g_a(x) = a \cdot (x^4 - 13x^3 + 52x^2 - 60x)$

103

c) $f(x) = (x+3)^2 \cdot (x-1) \cdot (x-4)$
$\quad\quad = x^4 + x^3 - 17x^2 - 21x + 36$

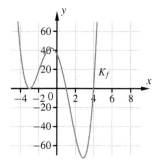

Weitere mögliche Funktionen g_a
mit $a \in \mathbb{R} \backslash \{0; 1\}$:
$g_a(x) = a \cdot (x^4 + x^3 - 17x^2 - 21x + 36)$

d) $f(x) = (x-2)^3 \cdot (x-7)$
$\quad\quad = x^4 - 13x^3 + 54x^2 - 92x + 56$

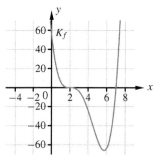

Weitere mögliche Funktionen g_a
mit $a \in \mathbb{R} \backslash \{0; 1\}$:
$g_a(x) = a \cdot (x^4 - 13x^3 + 54x^2 - 92x + 56)$

e) $f(x) = (x-0)^2 = x^2$

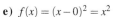
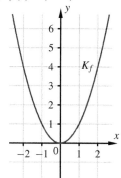

Weitere mögliche Funktionen g_a
mit $a \in \mathbb{R} \backslash \{0; 1\}$: $g_a(x) = a \cdot x^2$

f) $f(x) = (x+1) \cdot x \cdot (x-1) = x^3 - x$

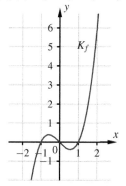

Weitere mögliche Funktionen g_a
mit $a \in \mathbb{R} \backslash \{0; 1\}$: $g_a(x) = a \cdot (x^3 - x)$

5. a) f ist eine Funktion mindestens dritten Grades.

Achsenschnittpunkte: $N_1(-1|0)$, $N_2(3|0)$, $S_y(0|1,5)$.

-1 ist doppelte Nullstelle und 3 ist einfache Nullstelle.

$f_a(x) = a \cdot (x+1)^2 \cdot (x-3)$, $a \in \mathbb{R} \backslash \{0\}$

$\quad f(0) = 1,5 \quad \Rightarrow \quad -3a = 1,5 \quad \Rightarrow \quad a = -0,5 \quad \Rightarrow \quad f(x) = -0,5 \cdot (x+1)^2 \cdot (x-3)$

g ist eine Funktion mindestens dritten Grades.

Achsenschnittpunkte: $N_1(-3|0)$, $N_2(1|0)$, $N_3(2|0)$, $S_y(0|3)$.

$-3, 1$ und 2 sind einfache Nullstellen.

$g_a(x) = a \cdot (x+3) \cdot (x-1) \cdot (x-2)$, $\quad a \in \mathbb{R} \backslash \{0\}$

$\quad g(0) = 3 \quad \Rightarrow \quad 6a = 3 \quad \Rightarrow \quad a = 0,5 \quad \Rightarrow \quad g(x) = 0,5 \cdot (x+3) \cdot (x-1) \cdot (x-2)$

h ist eine Funktion mindestens vierten Grades.

Achsenschnittpunkte: $N_1(-1|0)$, $N_2(2|0)$, $S_y(0|-6)$.

-1 und 2 sind jeweils doppelte Nullstellen.

$h_a(x) = a \cdot (x+1)^2 \cdot (x-2)^2$, $\quad a \in \mathbb{R} \backslash \{0\}$

$\quad h(0) = -6 \quad \Rightarrow \quad 4a = -6 \quad \Rightarrow \quad a = -1,5 \quad \Rightarrow \quad h(x) = -1,5 \cdot (x+1)^2 \cdot (x-2)^2$

b) f ist eine Funktion mindestens fünften Grades.

Achsenschnittpunkte: $N_1(-3|0)$, $N_2(1|0)$, $S_y(0|0,3)$.

-3 ist einfache Nullstelle und 1 ist vierfache Nullstelle.

$f_a(x) = a \cdot (x+3) \cdot (x-1)^4, \quad a \in \mathbb{R} \setminus \{0\}$

$f(0) = 0,3 \quad \Rightarrow \quad 3a = 0,3 \quad \Rightarrow \quad a = 0,1 \quad \Rightarrow \quad f(x) = 0,1 \cdot (x+3) \cdot (x-1)^4$

g ist eine Funktion mindestens fünften Grades.

Achsenschnittpunkte: $N_1(-1|0)$, $N_2(2|0)$, $N_3(3|0)$, $S_y(0|-3)$.

-1 ist dreifache Nullstelle und 2 und 3 sind einfache Nullstellen.

$g_a(x) = a \cdot (x+1)^3 \cdot (x-2) \cdot (x-3), \quad a \in \mathbb{R} \setminus \{0\}$

$g(0) = -3 \quad \Rightarrow \quad 6a = -3 \quad \Rightarrow \quad a = -0,5 \quad \Rightarrow \quad g(x) = -0,5 \cdot (x+1)^3 \cdot (x-2) \cdot (x-3)$

h ist eine Funktion mindestens zweiten Grades.

Achsenschnittpunkte: $N_1(-1,5|0)$, $N_2(1|0)$, $S_y(0|4,5)$.

$-1,5$ und 1 sind einfache Nullstellen.

$h_a(x) = a \cdot (x+1,5) \cdot (x-1), a \in \mathbb{R} \setminus \{0\}$

$h(0) = 4,5 \quad \Rightarrow \quad -1,5a = 4,5 \quad \Rightarrow \quad a = -3 \quad \Rightarrow \quad h(x) = -3 \cdot (x+1,5) \cdot (x-1)$

6. a) Eine Gleichung dritten Grades kann man nicht mit der *abc*-Formel lösen. Man benötigt den Satz vom Nullprodukt.

b) $x_N^2 \cdot (3x_N^2 + 2x_N - 1) = 0 \iff x_{N_{1;2}} = 0$ oder $x_{N_3} = \frac{1}{3}$; $x_{N_4} = -1$

c) Marwin verliert eine Lösung für x_N, nämlich $x_{N_2} = 0$.

1.4.5 Gemeinsame Punkte und gegenseitige Lage zweier Schaubilder

1. a)

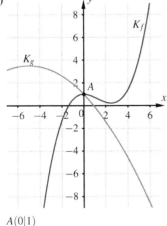

$A(0|1)$

b)

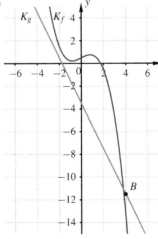

$B(4, -11,5)$

103

106

106

c)

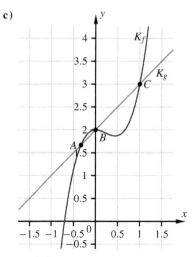

$A\left(-\frac{1}{3}\big|\frac{5}{3}\right); \; B(0|2); \; C(1|3)$

2. $4x_S^3 - 2x_S = -2x_S^2 + 2x_S \; \Leftrightarrow \; 4x_S^3 + 2x_S^2 - 4x_S = 0$

$\Leftrightarrow \; x_S \cdot (4x_S^2 + 2x_S - 4) = 0$

$\rightarrow \; x_{S_1} = 0 \text{ oder } (4x_S^2 + 2x_S - 4) = 0$

$\rightarrow \; x_{S_{2;3}} = -\frac{1 \pm \sqrt{17}}{4}$

Die Schaubilder der Funktionsgleichungen haben 3 Schnittpunkte miteinander.

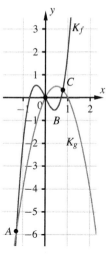

3. a) $S_1(1(|-2); \quad S_2(4|1)$

$x^2 - 4x + 1 = x - 3 \; \Leftrightarrow \; x^2 - 5x + 4 = 0$

$\rightarrow x_1 = 1 \text{ und } x_2 = 4 \rightarrow g(1) = -2 \text{ und } g(4) = 1$

b) $B(-1|1,5); \quad S(2,5|13,75)$

für den Berührpunkt: $f(-1) = 1,5$ und $g(-1) = 1,5$

für den Schnittpunkt: mithilfe eines digitalen Mathematikwerkzeuges oder mithilfe einer Wertetabelle

4. Individuelle Lösungen

5. $g(x) = (x+2)x^2(x-2) = x^4 - 4x^2$ und $f(x) = x^2 + 1 \Leftrightarrow g(x) = f(x)$

$x^4 - 5x^2 - 1 = 0 \rightarrow$ Substitution: $u = x^2 \Leftrightarrow u^2 - 5u - 1 = 0 \rightarrow u_{1;2} = \frac{5 \pm \sqrt{29}}{2} \approx \pm 2,28$

Rücksubstitution: $x^2 = u = \frac{5 \pm \sqrt{29}}{2} \rightarrow x_{1;2} = \sqrt{\frac{5 \pm \sqrt{29}}{2}} \approx \pm 2,28$

106

6. *Hinweis:* Für diese Aufgabe wird ein digitales mathematisches Werkzeug benötigt.

a)

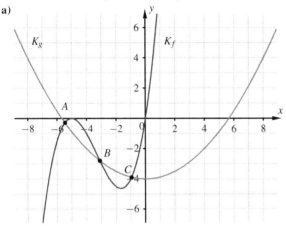

b) Ansatz: $f(x_S) = g(x_S)$

Mithilfe eines digitalen mathematischen Werkzeugs erhält man

$x_{S_1} \approx -5,454 \quad x_{S_2} \approx -3,099 \quad x_{S_3} \approx -0,947$

c) Aus Aufgabenteil b) wissen wir, dass die Schaubilder der beiden Funktionen drei gemeinsame Schnittpunkte haben. Der Schnittpunkt $x_{S_3} \approx -0,947$ ist der Schnittpunkt mit dem größten x-Wert. Dieser Wert ist kleiner als null. Für $x > 0$ können wir in der Zeichnung erkennen, dass das Schaubild von f oberhalb des Schaubilds von g liegt. Rechnerisch können wir die Differenzfunktion betrachten: $d(x) = f(x) - g(x) = \frac{1}{8}(2x^3 + 19x^2 + 50x + 32)$. Für $x > 0$ sind die Werte dieser Funktion offensichtlich stets größer als null. Folglich müssen die Funktionswerte von f an jeder Stelle x größer als die Funktionswerte von g an der Stelle x sein.

7. $f(0) = 5 = p(0) \rightarrow c = 5$

$f(2) = 9 \rightarrow S_2(2|9)$ bzw.

$f(2) = p(2) \rightarrow p(2) = a \cdot 4 - 2 \cdot 2 + 5 = 9 \rightarrow a = 2 \rightarrow p(x) = 2x^2 - 2x + 5$

$f(x_S) = p(x_S) \leftrightarrow x_S^3 - 3x_S^2 + 2x_S = 0 \Leftrightarrow x_S \cdot (x_S^2 - 3x_S + 2) = 0$

$\rightarrow x_{S_1} = 0$ oder $(x_S^2 - 3x_S + 2) = 0 \rightarrow x_{S_2} = 2$ und $x_{S_3} = 1 \rightarrow S_3(1|5)$

Übungen zu 1.4

1. Das Schaubild von f ist punktsymmetrisch zum Koordinatenursprung, weil f eine ungerade Funktion ist. Alle Exponenten von x sind ungerade und das Absolutglied ist null.

Das Schaubild von g ist achsensymmetrisch zur y-Achse, weil g eine gerade Funktion ist. Alle Exponenten von x sind gerade.

108

108

2. a) $N_1(-2\,|\,0)$ $N_2(1\,|\,0)$ $N_3(3\,|\,0)$
-2 und 1 sind einfache Nullstellen, 3 ist doppelte Nullstelle.

b) $N_1(-1\,|\,0)$ $N_2(0\,|\,0)$ $N_3(3\,|\,0)$ $N_4(5\,|\,0)$
-1 und 5 sind einfache Nullstellen, 0 ist dreifache Nullstelle und 3 ist vierfache Nullstelle.

c) $N_1(-5\,|\,0)$ $N_2(-1\,|\,0)$ $N_3(5\,|\,0)$
-1 und 5 sind einfache Nullstellen, -5 ist sechsfache Nullstelle.

d) $N_1(-0,1\,|\,0)$ $N_2(0\,|\,0)$ $N_3(0,1\,|\,0)$ $N_4(4\,|\,0)$
$-0,1$; 0 und 4 sind einfache Nullstellen, $0,1$ ist doppelte Nullstelle.

3. a) Satz vom Nullprodukt, *abc*-Formel:
$$x_N(x_N^2 - 3x_N - 1) = 0$$
$$\Rightarrow\; x_{N_1} = 0$$
$$x_{N_2} = \tfrac{3}{2} - \tfrac{\sqrt{10}}{2} \approx -0,79$$
$$x_{N_3} = \tfrac{3}{2} + \tfrac{\sqrt{10}}{2} \approx 3,79$$
$\Rightarrow$ f lässt sich nicht in Produktform angeben

b) Satz vom Nullprodukt, *abc*-Formel:
$$-2x_N^2 \cdot (x_N^2 - 3x_N - 4) = 0$$
$$\Rightarrow x_{N_1} = 0 \text{ (doppelt)} \quad x_{N_2} = 4 \quad x_{N_3} = -1$$
$$\Rightarrow f(x) = -2x^2 \cdot (x-4) \cdot (x+1)$$

c) Satz vom Nullprodukt, *abc*-Formel:
$$x_N(x_N^2 + 4x_N - 3) = 0$$
$$\Rightarrow\; x_{N_1} = 0$$
$$x_{N_2} = -2 - \sqrt{7}$$
$$x_{N_3} = -2 + \sqrt{7}$$
$\Rightarrow$ f lässt sich nicht in Produktform angeben

d) Satz vom Nullprodukt, *abc*-Formel:
$$-x_N^4(x_N^2 + 3) = 0$$
$$\Rightarrow\; x_N = 0 \text{ (vierfache Nullstelle)}$$
$\Rightarrow$ f lässt sich nicht in Produktform angeben

e) Substitution, *abc*-Formel:
$$x^2 = z: \quad 2x^4 + 2x^2 - 12 = 2 \cdot (z^2 + z - 6)$$
$$(z_N^2 + z_N - 6) = 0 \quad \Rightarrow \quad z_{N_1} = 2 \quad z_{N_2} = -3$$
$$\Rightarrow x_{N_1} = -\sqrt{2} \quad x_{N_2} = \sqrt{2}$$
$$\Rightarrow f(x) = 2 \cdot (x - \sqrt{2}) \cdot (x + \sqrt{2}) \cdot (x^2 + 3)$$

4. Die Angabe der Koordinaten erfolgt z. T. gerundet.

a) f:
Das Schaubild ist punktsymmetrisch zum Koordinatenursprung.
$$x \to -\infty \;\Rightarrow\; f(x) \to +\infty \qquad x \to +\infty \;\Rightarrow\; f(x) \to -\infty$$
Das Schaubild von f hat die Achsenschnittpunkte $N_1(-2\,|\,0)$, $N_2(0\,|\,0)$, $N_3(2\,|\,0)$ und $S_y(0\,|\,0)$, die Extrempunkte $T(-1,2\,|-6,2)$ und $H(1,2\,|\,6,2)$ sowie den Wendepunkt $W(0\,|\,0)$. Das Schaubild fällt bis zum Tiefpunkt T, steigt dann bis zum Hochpunkt H und fällt danach wieder. Bis zum Wendepunkt W (im Koordinatenursprung) ist das Schaubild linksgekrümmt, danach rechtsgekrümmt. Zwischen je zwei aufeinanderfolgenden Nullstellen existiert ein Extrempunkt und zwischen den beiden Extremstellen der Wendepunkt. Es gibt drei Nullstellen, zwei Extrempunkte und einen Wendepunkt – die Anzahlen verringern sich jeweils um 1.

g:

Das Schaubild ist weder achsensymmetrisch zur y-Achse noch punktsymmetrisch zum Koordinatenursprung.

$x \to -\infty \;\;\Rightarrow\;\; f(x) \to -\infty \qquad x \to +\infty \;\;\Rightarrow\;\; f(x) \to +\infty$

Das Schaubild von g hat die Achsenschnittpunkte $N_1(-3|0)$, $N_2(-1|0)$, $N_3(3|0)$ und $S_y(0|-4,5)$, die Extrempunkte $H(-2,1|2,5)$ und $T(1,4|-8,5)$ sowie den Wendepunkt $W(-0,3|-3)$. Das Schaubild steigt bis zum Hochpunkt H, fällt dann bis zum Tiefpunkt T und steigt danach wieder. Bis zum Wendepunkt W ist das Schaubild rechtsgekrümmt, danach linksgekrümmt.

Zwischen je zwei aufeinanderfolgenden Nullstellen existiert ein Extrempunkt und zwischen den beiden Extremstellen der Wendepunkt. Es gibt drei Nullstellen, zwei Extrempunkte und einen Wendepunkt – die Anzahlen verringern sich jeweils um 1.

b) f:

Das Schaubild ist weder achsensymmetrisch zur y-Achse noch punktsymmetrisch zum Koordinatenursprung.

$x \to -\infty \;\;\Rightarrow\;\; f(x) \to -\infty \qquad x \to +\infty \;\;\Rightarrow\;\; f(x) \to -\infty$

Das Schaubild von f hat die Achsenschnittpunkte $N_1(-2|0)$, $N_2(-1|0)$, $N_3(1|0)$, $N_4(3|0)$ und $S_y(0|-2,9)$, die Extrempunkte $H_1(-1,6|1,4)$, $T(0,1|-3)$ und $H_2(2,3|6,5)$ sowie die Wendepunkte $W_1(-0,9|-0,6)$, $W_2(1,4|2,3)$. Das Schaubild steigt bis zum Hochpunkt H_1, fällt dann bis zum Tiefpunkt T, steigt wieder bis zum Hochpunkt H_2, fällt danach aufs Neue. Bis zum Wendepunkt W_1 ist das Schaubild rechtsgekrümmt, danach linksgekrümmt bis zum Wendepunkt W_2, dann wieder rechtsgekrümmt. Zwischen je zwei aufeinanderfolgenden Nullstellen existiert ein Extrempunkt und zwischen je zwei aufeinanderfolgenden Extremstellen ein Wendepunkt. Es gibt vier Nullstellen, drei Extrempunkte und zwei Wendepunkte – die Anzahlen verringern sich jeweils um 1.

g:

Das Schaubild ist punktsymmetrisch zum Koordinatenursprung.

$x \to -\infty \;\;\Rightarrow\;\; f(x) \to -\infty \qquad x \to +\infty \;\;\Rightarrow\;\; f(x) \to +\infty$

Das Schaubild von g hat die Achsenschnittpunkte $N_1(-3|0)$, $N_2(-1|0)$, $N_3(0|0)$, $N_4(1|0)$, $N_5(3|0)$ und $S_y(0|0)$, die Extrempunkte $H_1(-2,4|9,3)$, $T_1(-0,5|-0,8)$, $H_2(0,5|0,8)$ und $T_2(2,4|-9,3)$ sowie die Wendepunkte $W_1(-1,7|5,2)$, $W_2(0|0)$, $W_3(1,7|-5,2)$. Das Schaubild steigt bis zum Hochpunkt H_1, fällt dann bis zum Tiefpunkt T_1, steigt wieder bis zum Hochpunkt H_2, fällt wieder bis zum Tiefpunkt T_2 und steigt aufs Neue. Bis zum Wendepunkt W_1 ist das Schaubild rechtsgekrümmt, danach linksgekrümmt bis zum Wendepunkt W_2, dann wieder rechtsgekrümmt bis zum Wendepunkt W_3 und dann wieder linksgekrümmt. Zwischen je zwei aufeinanderfolgenden Nullstellen existiert ein Extrempunkt und zwischen je zwei aufeinanderfolgenden Extremstellen ein Wendepunkt. Es gibt fünf Nullstellen, vier Extrempunkte und drei Wendepunkte – die Anzahlen verringern sich jeweils um 1.

108

5. a) grünes Schaubild

b)

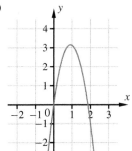

d)

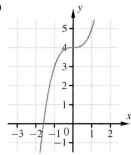

c) schwarzes Schaubild

e) blaues Schaubild

6. a) Symmetrie: Keine Symmetrie

y-Achsenschnittpunkt: $S_y(0|0)$

Nullstellen:

$f(x_N) = x_N \cdot (x_N - 4)^2 \Rightarrow x_{N_1} = 0 \; x_{N_{2;3}} = 4$

(doppelt)

(Satz vom Nullprodukt, abc-Formel)

Produktform: $f(x) = x \cdot (x-4)^2$

Abbildung:

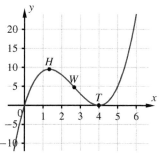

b) Symmetrie: Keine Symmetrie

y-Achsenschnittpunkt: $S_y(0|0)$

Nullstellen:

$f(x_N) = x_N \cdot (x_N^2 - 2x_N - 5) = 0$

$\Rightarrow x_{N_1} = 0 \quad x_{N_{2;3}} = 1 \pm \sqrt{6}$

(Satz vom Nullprodukt, abc-Formel)

Produktform:

$f(x) = x \cdot (x - 1 + \sqrt{6}) \cdot (x - 1 - \sqrt{6})$

Abbildung:

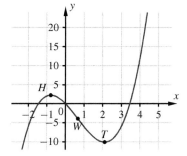

c) Symmetrie: Keine Symmetrie

y-Achsenschnittpunkt: $S_y(0|0)$

Nullstellen:

$f(x_N) = x_N \cdot (-x_N^2 + 5x_N - 4) = 0$

$\Rightarrow x_{N_1} = 0 \quad x_{N_2} = 4 \quad x_{N_3} = 1$

(Satz vom Nullprodukt, *abc*-Formel)

Produktform:

$f(x) = x \cdot (x-4) \cdot (x-1)$

Abbildung:

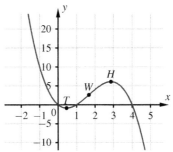

d) Symmetrie: Keine Symmetrie

y-Achsenschnittpunkt: $S_y(0|0)$

Nullstellen:

$f(x_N) = x_N^2 \cdot (-0,5x_N + 2) = 0$

$\Rightarrow x_{N_{1;2}} = 0 \text{ (doppelt)} \quad x_{N_3} = 4$

(Satz vom Nullprodukt, *abc*-Formel)

Produktform:

$f(x) = -0,5 \cdot x^2 \cdot (x-4)$

Abbildung:

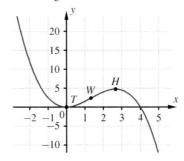

e) Symmetrie: Keine Symmetrie

y-Achsenschnittpunkt: $S_y(0|0)$

Nullstellen:

$f(x_N) = x_N^2 \cdot (x_N^2 - 6x_N + 9) = 0$

$\Rightarrow x_{N_{1;2}} = 0 \text{ (doppelt)} \quad x_{N_{3;4}} = 3 \text{ (doppelt)}$

(Satz vom Nullprodukt, *abc*-Formel)

Produktform:

$f(x) = x^2 \cdot (x-3)^2$

Abbildung:

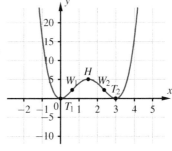

f) Symmetrie: Achsensymmetrie zur

y-Achse (nur gerade Exponenten)

y-Achsenschnittpunkt: $S_y(0|4)$

Nullstellen:

$x_{N_1} = -2 \quad x_{N_2} = -1 \quad x_{N_3} = 1 \quad x_{N_4} = 2$

(Substitution, *abc*-Formel, Resubstitution)

Produktform:

$f(x) = (x+2) \cdot (x+1) \cdot (x-1) \cdot (x-2)$

Abbildung:

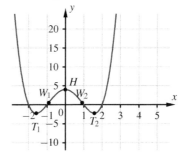

108

108

g) Symmetrie: Achsensymmetrie zur
y-Achse (nur gerade Exponenten)
y-Achsenschnittpunkt: $S_y(0|6)$
Nullstellen:
$x_{N_1} = -2$ $x_{N_2} \approx -1,73$ $x_{N_3} \approx 1,73$ $x_{N_4} = 2$
(Substitution, abc-Formel, Resubstitution)
Produktform:
$f(x) = 0,5 \cdot (x+2) \cdot (x+1,73) \cdot (x-1,73) \cdot (x-2)$

Abbildung:

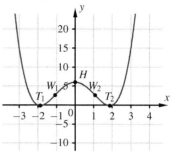

7. a) $f(x) = a(x+1)(x-2)(x-5)$
$$-16 = a(3+1)(3-2)(3-5)$$
$$\Leftrightarrow -16 = -8a$$
$$\Leftrightarrow a = 2$$

$$f(x) = 2(x^2-x-2)(x-5)$$
$$\Leftrightarrow f(x) = 2(x^3-5x^2-x^2+5x-2x+10)$$
$$\Leftrightarrow f(x) = 2x^3-12x^2+6x+20,$$
also $b = -12$, $c = 6$, $d = 20$

b) $f(x) = a(x+2)(x+3)(x-1)$
$$-16 = a(-1+2)(-1+3)(-1-1)$$
$$\Leftrightarrow -16 = -4a$$
$$\Leftrightarrow a = 4$$

$$f(x) = 4(x^2+5x+6)(x-1)$$
$$\Leftrightarrow f(x) = 4(x^3-x^2+5x^2-5x+6x-6)$$
$$\Leftrightarrow f(x) = 4x^3+16x^2+4x-24,$$
also $b = 16$, $c = 4$, $d = -24$

c) $f(x) = a(x+3)^3$
$$16 = 512a$$
$$\Leftrightarrow a = \tfrac{1}{32}$$

$$f(x) = \tfrac{1}{32}(x^3+9x^2+27x+27)$$
$$\Leftrightarrow f(x) = \tfrac{1}{32}x^3 + \tfrac{9}{32}x^2 + \tfrac{27}{32}x + \tfrac{27}{32},$$
also $b = \tfrac{9}{32}$, $c = \tfrac{27}{32}$, $d = \tfrac{27}{32}$

d) nicht lösbar, da $N(1|0)$ und $P(1|8)$

109

8. Individuelle Lösungen

9. I: f_6 und f_7 II: f_2 III: f_8 IV: f_3

10. $f(x) = -0,5x^3 + 1,5x^2 + 2x - 1$ und $g(x) = -x+3$ müssen aufgestellt werden. Dafür können Punkte aus der Zeichnung abgelesen werden. Die Schnittpunkte werden dann mithilfe eines digitalen mathematischen Werkzeugs berechnet. Man erhält $S_1(-2|5)$, $S_2(1|2)$, $S_3(4|-1)$.

109

11. a) $f(x) = -\frac{1}{16}(x-1)^2(x+2)$

   b) $S_y(0|-0{,}13)$

12. a) $f(x) = ax(x-8)(x+8)$ mit $a > 0$ beliebig   für $a = 1$:

      $f(x) = ax^3 - 64ax$

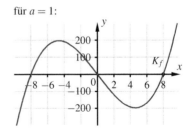

   b) $f(x) = a(x+2)(x-4)(x-5)$

      $f(0) = 8 \;\Leftrightarrow\; a(0+2)(0-4)(0-5) = 8$

                  $\Leftrightarrow\; a = 0{,}2$

      $f(x) = 0{,}2(x+2)(x-4)(x-5)$

         $= 0{,}2x^3 - 1{,}4x^2 + 0{,}4x + 8$

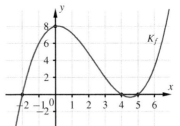

   c) $f(x) = a(x-1)(x^2-2)$

      $f(2) = 4 \;\Leftrightarrow\; a(2-1)(2^2-2) = 4 \;\Leftrightarrow\; a = 2$

      $f(x) = 2(x-1)(x^2-2) = 2x^3 - 2x^2 - 4x + 4$

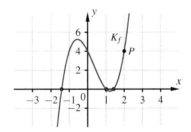

   d) $f(x) = ax^4 + cx^2$

      (I) $f(1) = -2 \;\Leftrightarrow\;\;\; a + c = -2$

      (II) $f(3) = 0 \;\;\;\Leftrightarrow\; 81a + 9c = 0$

      $c = -2{,}25; \; a = 0{,}25$

      $f(x) = 0{,}25x^4 - 2{,}25x^2$

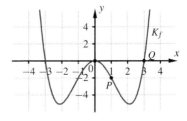

13. $f(x) = -\frac{1}{264}x^3 + \frac{1}{16}x^2$

   a) $P(9{,}15|2{,}33)$

   b) $T(16{,}45|0{,}05)$ $h = 0{,}05$ m

   c) $N(16{,}5|0)$

110

14. a) Der Infekt dauert 36 Stunden.   **b)** $f(10) = 5200$ $f(15) = 9450$ $f(30) = 10\,800$

c) $f(20) = 12\,800$ **d)** Der stärkste Anstieg ist nach 12 Stunden. Bis $t = 12$ (Wendestelle) verläuft das Schaubild progressiv, danach degressiv.

e) Die Anzahl der Krankheitserreger steigt von 0 zum Zeitpunkt 0 progressiv (Linkskrümmung des Schaubilds) auf 6912 Erreger nach 12 Stunden an. Zu diesem Zeitpunkt (Wendestelle des Schaubilds) erhält der Patient das Medikament. Dadurch verlangsamt sich die Zunahme der Krankheitserreger (degressive Steigung, Rechtskrümmung des Schaubilds), bis nach 24 Stunden der höchste Wert mit 13 824 Erregern erreicht wird. In den nächsten 12 Stunden sinkt dann die Anzahl der Erreger auf 0.

15. a) $V = \pi r^2 \cdot h$

Strahlensatz $9 : 9 = (9 - h) : r$, also $r = 9 - h$ oder $h = 9 - r$

$V(r) = \pi r^2 (9 - r)$

$V(r) = 9\pi r^2 - \pi r^3$

b) $V_{\text{Zylinder}}(3) = 81\pi - 27\pi = 54\pi$

$V_{\text{Kegel}} = \frac{1}{3} \pi\, r^2 h$

$V_{\text{Kegel}}(3) = \frac{1}{3} \pi\, 9^2 \cdot 9 = 243\pi$

$V_{\text{Kegel}} : V_{\text{Zylinder}} = 243\pi : 54\pi \approx 4,5$

Das Volumen des Zylinders muss mit 4,5 multipliziert werden.

16. a) $E(t_{\text{N}}) = 0$ $\Leftrightarrow$ $-t_{\text{N}} \cdot (t_{\text{N}}^2 - 7t_{\text{N}} - 8) = 0$

$\Rightarrow t_{\text{N}_1} = -1 \,(\notin D_E)$ $t_{\text{N}_2} = 0$ $t_{\text{N}_3} = 8$

$\Rightarrow$ Erlösschwelle: $t = 0$ Erlösgrenze: $t = 8$

b) Der Erlös steigt ab Verkaufsbeginn Anfang September zuerst progressiv an (Linkskrümmung des Schaubilds) bis etwa zum 10. November (Wendestelle des Schaubilds bei $t = \frac{7}{3}$). Ab dem 10. November schwächt sich die Zunahme des Erlöses ab (degressive Steigung, Rechtskrümmung des Schaubilds), bis Anfang Februar der höchste Erlös von etwas über 90 GE erreicht wird. In der Folgezeit sinkt der Erlös (negative Steigung des Schaubilds). Ende April (nach acht Monaten) findet kein Verkauf mehr statt (Nullstelle).

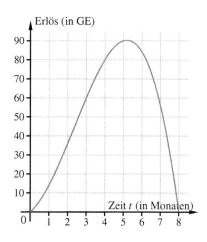

17. a)

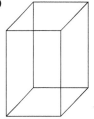

b) Kantenlänge der Grundfläche: a, dann ist Höhe $h = 1,5a$, also $V(a) = 1,5a^3$. Bei 10 dm Kantenlänge beträgt $V = 1500$ dm^3.

c) $O(a) = a^2 + 4a \cdot 1{,}5a = 7a^2$, also 700 dm^2

d) d$_1$) Materialkosten: 2100 €

Kosten für Spezialsalz: 1500 €

d$_2$) $7 \cdot 3 \cdot a^2 = 21a^2$

$a^2(1{,}5a - 21) = 0 \Leftrightarrow a = 0 \vee a = 14$

Ab einer Seitenlänge von 14 dm übersteigen die Kosten für das Spezialsalz die Kosten für das Material.

110

Test zu 1.4

1. a) $0{,}5x_N^2 \cdot (x_N^2 - 12x_N + 36) = 0$

$\Rightarrow x_{N1;2} = 0$ (doppelt) $x_{N3;4} = 6$ (doppelt)

$N_1(0|0)$, $N_2(6|0)$

b) $x_N(-0{,}5x_N^2 + 1) = 0$

$\Rightarrow x_{N_1} = 0$, $x_{N_2} = \sqrt{2}$, $x_{N_3} = -\sqrt{2}$

$N_1(0|0)$, $N_2(\sqrt{2}|0)$, $N_3(-\sqrt{2}|0)$

c) $0{,}25 \cdot (z_N^2 - 5z_N - 24) = 0$

$\Rightarrow z_{N_1} = 8$ $z_{N_2} = -3$ $\Rightarrow$ $x_{N_1} = -\sqrt{8}$ $x_{N_2} = \sqrt{8}$

$N_1(\sqrt{8}|0)$, $N_2(-\sqrt{8}|0)$

113

2. a) Die Funktion ist achsensymmetrisch zur y-Achse, aber nicht punktsymmetrisch.

b) $x \to +\infty$: $f(x) \to +\infty$

$x \to -\infty$: $f(x) \to +\infty$

c) Einfache Nullstellen: $N_1(\sqrt{3}|0)$, $N_2(-\sqrt{3}|0)$

Berührpunkt: $N_3(0|0)$

d) $S_1(-2|8)$, $S_2(2|8)$, $S_3(1|-4)$, $S_4(-1|-4)$

e)

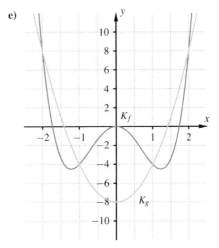

113

3. a) Punktsymmetrie zum Ursprung

$f(x) = -f(-x)$,

denn $\frac{1}{3}x^3 - 3x = -(\frac{1}{3}(-x)^3 + 3x)$

$\Leftrightarrow \frac{1}{3}x^3 - 3x = -(-\frac{1}{3}x^3 + 3x)$

b) Das Schaubild verläuft vom III. in den I. Quadranten.

c) $0 = x(x-3)(x+3)$; $x_{N_1} = 0$; $x_{N_2} = 3$;

$x_{N_3} = -3$ einfache Nullstellen

e) Bis zum Hochpunkt $H(-1,7|3,5)$ steigt das Schaubild. Anschließend fällt es bis zum Tiefpunkt $T(1,7|3,5)$ und steigt dann wieder.

d)

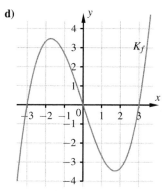

f) Das Schaubild ist rechtsgekrümmt bis zum Wendepunkt $W(0|0)$ und anschließend linksgekrümmt.

4. $x = x^3 - 1,5x^2 \Rightarrow x^3 - 1,5x^2 - x = 0 \Rightarrow L = \{-0,5;\ 0;\ 2\}$

5. $I - i$, $II - g$, $III - l$, $IV - k$, $V - h$, $VI - f$

▶ Das Schaubild von Funktion j ist nicht abgebildet.

$j(x) = 0,5x^2 + x - 3$

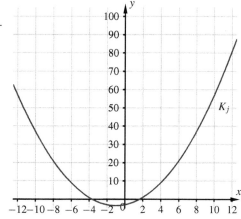

6. a) $0 = 2,5t^2 - 0,125t^3$

$\Leftrightarrow 0 = t^2(2,5 - 0,125t)$

$\Leftrightarrow t = 0$ (doppelt) $\vee t = 20$

Das Schaubild verläuft durch den Ursprung.

c) Bericht kann die folgenden Punkte enthalten.

- Anstieg in den ersten 14 Tagen, anschließend verringert sich die Zahl der Erkrankten.

- Die Grippewelle verebbt nach dem Hochpunkt relativ schnell.

- Am stärksten ist der Anstieg ungefähr am 7. Tag.

b)

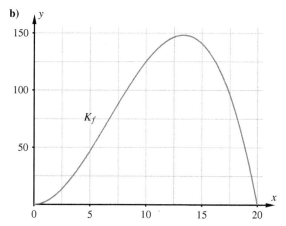

1.5 Exponentialfunktionen

1 Pflanzenwachstum

114

a) Da der See genau 10 Tage nach dem Einpflanzen ganz bedeckt ist, muss er genau 9 Tage nach dem Einpflanzen zur Hälfte bedeckt sein (da die Seerosen ja eine Verdoppelungszeit von 1 Tag haben).

b) Es seien: t: Zeit in Tagen nach dem Einpflanzen der Seerosen

$\qquad\qquad f(t)$: von den Seerosen zum Zeitpunkt t bedeckte Fläche

$f(0) = a$

$f(t) = a \cdot 2^t$ bzw. $f(t) = a \cdot e^{\ln(2) \cdot t}$

c) Am 9. April um 12 Uhr ist eine Zeit von $t = 8,5$ Tagen vergangen.

$f(8,5) = a \cdot 2^{8,5}$

Der ganze See ist bedeckt nach $t = 10$ Tagen.

$f(10) = a \cdot 2^{10}$

Damit ist das Verhältnis:

$\frac{a \cdot 2^{8,5}}{a \cdot 2^{10}} = 2^{8,5-10} = 2^{-1,5} = \frac{1}{2^{1,5}} = \frac{1}{2\sqrt{2}} = \frac{\sqrt{2}}{4} \approx 0,3536 \,\widehat{=}\, 35,36\,\%$

2 Geldanlage

a) Individuelle Lösungen

b) Zinseszinsformel: $K_n = 1000 \,€ \cdot (1 + \frac{\text{Zinssatz}}{100\,\%})^n$, wenn n die Anzahl der Zeiträume ist und K_n das Kapital nach n Zeiträumen darstellt.

Die 18 Jahre werden je nach Bank in unterschiedlich viele Zeiträume aufgeteilt.

Bank	Ganzjahresbank	Halbjahresbank	Vierteljahresbank	Monatsbank	Tagesbank
Zeiträume n	18	36	72	216	6480
Zinssatz	6 %	3 %	1,5 %	0,5 %	$\frac{1}{60}$ %
Endkapital K_n	2854,34 €	2898,28 €	2921,16 €	2936,77 €	2944,41 €

c) Individuelle Lösungen

Je nach Festlegung der Zinssätze pro Zeitraum wird das Ergebnis anders ausfallen.

Wird der Zinssatz pro Zeitraum entsprechend gesenkt, so ergibt sich ein Grenzwert für das Endkapital und damit wird Max nicht unendlich reich werden.

3 Bierschaum

115

a) Individuelle Lösungen (Experiment)

b) Individuelle Lösungen je nach Ergebnissen des Experiments aus Aufgabenteil a)

c) Individuelle Lösung je nach Ergebnissen des Experiments aus Aufgabenteil a), z.B. $P_1(0|6)$; $P_2(3|2)$

Ansatz: $f(x) = a \cdot e^{b \cdot x}$

$f(0) = 6 \;\Rightarrow\; a = 6$

$f(3) = 2 \;\Rightarrow\; b = \frac{\ln(\frac{1}{3})}{3} \approx -0,3662$; damit: $f(x) = 6 \cdot e^{-0,3662 \cdot x}$

d) Individuelle Lösung je nach Ergebnissen des Experiments aus Aufgabenteil a)

Mögliche Ursachen für Abweichungen: Messfehler, einfaches Modell angesetzt zur Beschreibung des Vorgangs, exakten oder gerundeten Wert für b verwendet u.a.

e) Grafische Lösung anhand des Schaubildes aus Aufgabenteil b): Ablesen des x-Wertes bei der halben Anfangshöhe des Bierschaums.

Rechnerische Lösung für das Beispiel aus Aufgabenteil c):

$f(x) = \frac{1}{2} f(0) = 3$, also: $3 = 6 \cdot e^{-0,3662 \cdot x} \;\Rightarrow\; x = \frac{\ln(\frac{1}{2})}{-0,3662} \approx 1,893$ min

4 Krankheitsverlauf

a) $f(0) = 41$ $f(1) = 39$

Ansatz: $f(x) = a \cdot e^{b \cdot t} + c$

Asymptote: Die Körpertemperatur wird sich nach Abklingen der Erkrankung der eines gesunden Menschen annähern, also muss $c = 37$ sein.

$f(0) = 41$, also: $41 = a \cdot e^{b \cdot 0} + 37 \Rightarrow a = 41 - 37 = 4$

$f(1) = 39 \Rightarrow 39 = 4 \cdot e^b + 37 \Rightarrow b = \ln(\frac{1}{2}) = -\ln(2) \approx -0{,}6931$

$f(t) = 4 \cdot e^{-0{,}6931 \cdot t} + 37$

b)

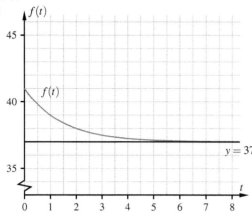

c) Zeichnerische Lösung vgl. Skizze in Aufgabenteil b): Eintrag der Asymptote $y = 37$

Rechnerisch erreicht der Schüler die normale Körpertemperatur erst für $t \to \infty$ (dies ist dem Ansatz der Funktion $f(t)$ geschuldet).

1.5.1   Wachstum und Zerfall

1. a) Exponentieller Zerfall; konstante Zerfallsrate in gleichen Zeitabschnitten

b) Exponentieller Zerfall; konstante Zerfallsrate in gleichen Zeitabschnitten

c) Exponentieller Zerfall, der aber von mehreren Parametern abhängt und damit nicht durch eine Funktion der Form $f(t) = a \cdot b^t$ beschrieben werden kann

d) Exponentielles Wachstum; konstante Wachstumsrate in gleichen Zeitabschnitten

e) Exponentielles Wachstum; konstante Wachstumsrate in gleichen Zeitabschnitten

f) Exponentieller Zerfall, der aber von sehr vielen Parametern abhängt und damit nicht durch eine Funktion der Form $f(t) = a \cdot b^t$ beschrieben werden kann

2. a)

x	-2	-1	0	1	2
$f(x) = 2 \cdot 3^x$	$0{,}22$	$0{,}67$	2	6	18

Anfangswert: $a = 2$

Wachstumsfaktor: $b = 3$

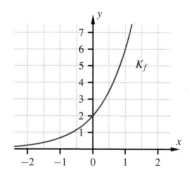

b)

x	-2	-1	0	1	2
$f(x) = 1{,}5^x$	0,44	0,67	1	1,5	2,25

Anfangswert: $a = 1$

Wachstumsfaktor: $b = 1{,}5$

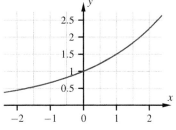

c)

x	-2	-1	0	1	2
$f(x) = 2 \cdot 0{,}5^x$	8	4	2	1	0,5

Anfangswert: $a = 2$

Wachstumsfaktor: $b = 0{,}5$

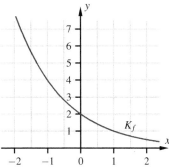

d)

x	-2	-1	0	1	2
$f(x) = 0{,}1 \cdot 3^x$	0,01	0,03	0,1	0,3	0,9

Anfangswert: $a = 0{,}1$

Wachstumsfaktor: $b = 3$

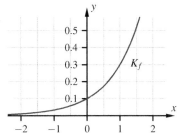

3. t: Zeit in Jahren nach Beobachtungsbeginn; $f(t)$: Waldbestand zum Zeitpunkt t

a) 5% Wachstum pro Jahr: $f(t) = 200\,000 \cdot 1{,}05^t$

b) WTR: $f(-10) \approx 122\,782{,}65\text{m}^3 \rightarrow$ Holzbestand zehn Jahre vor Beobachtungsbeginn in m^3

4. t: Zeit in Stunden nach Beobachtungsbeginn; $f(t)$: Masse in kg zum Zeitpunkt t

a) 3,1% Zerfall pro Stunde, also 96,9% noch vorhanden: $f(t) = 5 \cdot 0{,}969^t$

b) WTR: $f(6) \approx 4{,}139$ kg

5. n: Aufprallzahl auf dem Boden; $f(n)$: Höhe nach dem n-ten Aufprall

Rücksprung aus 2 m Anfangshöhe um drei Viertel, also: $f(n) = 2 \cdot \left(\frac{3}{4}\right)^n = 2 \cdot 0{,}75^n$

Definitionsbereich: n ganzzahlig und größer gleich null; mit dem WTR ermittelt man, dass der Ball nach dem 20. Aufprall praktisch keine Rücksprunghöhe mehr aufweist ($f(20) \approx 0{,}006$ m).

Somit: $0 \leq n \leq 20$

Nach dem vierten Aufprall (WTR): $f(4) \approx 0{,}633$ m

118

6. n: Feldnummer auf dem Schachbrett; $f(n)$: Anzahl der Weizenkörner auf dem n-ten Feld

a) $f(n) = 2^{n-1}$ für $1 \leq n \leq 64$

b) Tabelle der Funktionswerte (WTR)

Feldnummer	8	20	32	64
Körneranzahl	128	524288	2147483648	$\approx 9{,}2233$ Trillionen

7. a) Funktionswerte (WTR)

Jahr	1944	1954	1964
t	10	20	30
$f(t)$ (ganze Tiere)	37	346	3231

b) Individuelle Lösung

Rechnerische Lösung:

$f(t) = 1100 \Rightarrow 4 \cdot 1{,}25^t = 1100 \Rightarrow t = \frac{\ln(275)}{\ln(1{,}25)} \approx 25{,}18$ Jahre

c) Das Modell ist nur bedingt geeignet, da es ein unlimitiertes Wachstum zulässt. In der Natur sind aber Ressourcen wie Nahrung und Lebensraum usw. begrenzt.

8. t: Zeit seit Injektion des Narkosewirkstoffs in Minuten

$f(t)$: Noch im Körper befindliche Menge des Narkosewirkstoffs zum Zeitpunkt t

a) Halbwertszeit 40 Minuten: $f(40) = \frac{1}{2} \cdot f(0) \Rightarrow \frac{1}{2}a = a \cdot b^{40} \Rightarrow b = \sqrt[40]{\frac{1}{2}} = 0{,}9828$

b) $f(0) = a$; $f(1) = a \cdot 0{,}9828 = 0{,}9828a$ noch vorhanden

Zerfall pro Minute: $f(1) - f(0) = -0{,}0172 \cdot a$

1,72% des Medikaments zerfällt pro Minute.

c) $f(10) = a \cdot 0{,}9828^{10} \approx a \cdot 0{,}8407$

Also sind noch 84,07% der ursprünglichen Menge nach 10 Minuten übrig.

d) $f(0) = 2$ mg $= a$; $f(60) = 2 \cdot 0{,}9828^{60} \approx 0{,}7062$ mg

Injektion von 1 mg: 1,7062 mg im Blut nach der Injektion

Neuer Nullpunkt: $f(t) = 1{,}7062 \cdot 0{,}9828^t$, also $f(60) = 1{,}7062 \cdot 0{,}9828^{60} \approx 0{,}6025$ mg

Injektion von 1 mg: 1,6025 mg unmittelbar nach der zweiten Injektion

e) Ansatz: $f(t) \leq 0{,}5$

Nach der zweiten Injektion gilt: $f(t) = 1{,}6025 \cdot 0{,}9828^t$

Lösen der Ungleichung $1{,}6025 \cdot 0{,}9828^t \leq 0{,}5$ durch Schaubild oder Ausprobieren ergibt: $t \approx 68$

1.5.2   Die natürliche Exponentialfunktion

123

1. a) $S_y(0|3)$ Asymptote $y = 2$ **e)** $S_y(0|-\frac{1}{2})$ Asymptote $y = x - 1$

    b) $S_y(0|1)$ Asymptote $y = 3$ **f)** $S_y(0|-1)$ Asymptote $y = -2$

    c) $S_y(0|2)$ Asymptote $y = 5$ **g)** $S_y(0|-1)$ Asymptote $y = -2$

    d) $S_y(0|1)$ Asymptote $y = -3x$ **h)** $S_y(0|1)$ Asymptote $y = x$

2. a)

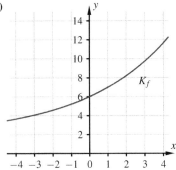

Da der Faktor k einen Wert von $k = 0,22 > 0$ hat, handelt es sich um eine Wachstumsfunktion.

b) $f(0) = 6$; $S_y(0|6)$

c) Asymptote: $y = 2$; diese ist relevant für x gegen minus unendlich.

123

3. a) passt zu Schaubild Nr. 3, da die Asymptote $y = -1$ und $S_y(0|1)$ passen.

b) passt zu Schaubild Nr. 1, da die Asymptote $y = x$ und $S_y(0|1)$ passen.

c) passt zu Schaubild Nr. 2, da $S_y(0|2)$ und die Asymptote $y = 1$ passen.

d) passt zu Schaubild Nr. 4, da $S_y(0|0)$ und die Asymptote $y = -x - 1$ passen.

4. a) Spiegelung an der x-Achse ändert das Vorzeichen vor e^{-x}, also gilt: $a = -1$ und $c = 0$.

b) Um 2 LE nach unten verschieben, also muss $a = 1$ und $c = -2$ gelten.

c) Mit dem Faktor 0,5 in y-Richtung strecken, also die Steigung halbieren; folglich muss gelten: $a = 0,5$ und $c = 0$.

d) Alle drei vorherigen Einflüsse kombinieren: $a = -0,5$ und $c = -2$

5. a) Abgelesen: Asymptote $y = 3$, also gilt: $c = 3$

abgelesen: $S_y(0|5)$, also gilt: $a + c = 5$, somit: $a = 5 - 3 = 2$

b) Einsetzen und umstellen führt auf die angegebenen Werte für a und c.

6. a) Da der Wert von k den Wert $k = 0,0583 > 0$ ist, handelt es sich um einen Wachstumsprozess.

b) a ist der Anfangswert, also gilt $a = 30\,000$.

c)

t	0	1	2	3	4	5	6	7	8	9	10
$h(t)$	30\,000	31\,801	33\,710	35\,734	37\,879	40\,153	42\,564	45\,119	47\,827	50\,699	53\,742

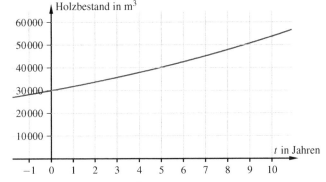

d) $t = -10$: $f(-10) = 16\,747\ \mathrm{m}^3$. Dies war der Holzbestand des Waldes vor 10 Jahren.

1.5.3 Logarithmen und Exponentialgleichungen

1. *Hinweis:* Fehler im 1. Druck der 1. Auflage! Aufgabe i) soll lauten: $\ln(e \cdot \sqrt{e})$

a) $\ln(e \cdot e) = \ln(e) + \ln(e) = 1 + 1 = 2$

b) $\ln(e^4) = 4 \cdot \ln(e) = 4 \cdot 1 = 4$

c) $\ln(\frac{e}{2}) = \ln(e) - \ln(2) = 1 - \ln(2) \approx 0,307$

d) $\ln(\frac{1}{4}e) = \ln(\frac{1}{4}) + \ln(e) = \ln(1) - \ln(4) + 1 = 0 - \ln(4) + 1 = 1 - \ln(4) \approx -0,386$

e) $\ln(-e)$ nicht definiert

f) $\ln(e^{2e}) = 2e \cdot \ln(e) = 2e \cdot 1 = 2e$

g) $\ln(1,5e^{-4}) = \ln(1,5) - 4 \cdot \ln(e) = \ln(1,5) - 4 \approx -3,595$

h) $\ln(-\frac{e^2}{5})$ nicht definiert

i) $\ln(e \cdot \sqrt{e}) = \ln(e) + \ln(\sqrt{e}) = \ln(e) + \ln(e^{\frac{1}{2}}) = 1 + 0,5 = 1,5$

j) $\ln((2e^3)^4) = \ln(2^4 \cdot e^{12}) = 4 \cdot \ln(2) + 12 \cdot \ln(e) = 4 \cdot (\ln(2) + 3) \approx 14,773$

2. **a)** $f(x) = 5^x = e^{\ln(5) \cdot x}$

b) $f(x) = 3 \cdot 12^{3x} = 3 \cdot e^{\ln(12) \cdot 3x} = 3 \cdot e^{3 \cdot \ln(12) \cdot x}$

c) $f(x) = 4^{2x} = e^{\ln(4) \cdot 2x} = e^{2 \cdot \ln(4) \cdot x}$

d) $f(x) = 6 \cdot 9^{4x} = 6 \cdot e^{\ln(9) \cdot 4x} = 6 \cdot e^{4 \cdot \ln(9) \cdot x}$

e) $f(x) = 0,14^x = e^{\ln(0,14) \cdot x}$

f) $f(x) = b^{k \cdot x} = e^{\ln(b) \cdot k \cdot x} = e^{k \cdot \ln(b) \cdot x}$

3. **a)** $x = \ln(4) \approx 1,386$

b) $e^{2x} = 2 \Leftrightarrow 2x = \ln(2) \Leftrightarrow x = 0,5 \cdot \ln(2) \approx 0,347$

c) $66e^{4x} = 132 \Leftrightarrow e^{4x} = 2 \Leftrightarrow 4x = \ln(2) \Leftrightarrow x = 0,25 \cdot \ln(2) \approx 0,173$

d) $5 - e^{0,25x} = 0,1 \Leftrightarrow e^{0,25x} = 4,9 \Leftrightarrow 0,25x = \ln(4,9) \Leftrightarrow x = 4 \cdot \ln(4,9) \approx 6,357$

e) $1,5 \cdot e^{-0,5x} - 1 = 1 \Leftrightarrow e^{-0,5x} = \frac{4}{3} \Leftrightarrow -0,5x = \ln(\frac{4}{3}) \Leftrightarrow x = -2 \cdot \ln(\frac{4}{3}) \approx -0,575$

f) $e^{5x} + 5 = 5e^{5x} \Leftrightarrow 5 = 4e^{5x} \Leftrightarrow e^{5x} = 1,25 \Leftrightarrow 5x = \ln(1,25) \Leftrightarrow x = 0,2 \cdot \ln(1,25) \approx 0,045$

g) $1,04^x = 1,3685695 \Leftrightarrow x \cdot \ln(1,04) = \ln(1,3685695) \Leftrightarrow x = \frac{\ln(1,3685695)}{\ln(1,04)} \approx 8$

h) $0,123 \cdot 3^x = 269,001 \Leftrightarrow 3^x = 2187 \Leftrightarrow x \cdot \ln(3) = \ln(2187) \Leftrightarrow x = \frac{\ln(2187)}{\ln(3)} = 7$

i) $3e^{2x} - 9e^x = 0 \Leftrightarrow 3e^x \cdot (e^x - 3) = 0 \Leftrightarrow x = \ln(3) \approx 1,099$

j) $e^x(4e^x - 16) = 0 \Leftrightarrow 4e^x - 16 = 0 \Leftrightarrow e^x = 4 \Leftrightarrow x = \ln(4) \approx 1,39$

k) $\frac{5}{4}e^x - e^{3x} = 0 \Leftrightarrow e^x(\frac{5}{4} - e^{2x}) = 0 \Leftrightarrow (\frac{5}{4} - e^{2x}) = 0 \Leftrightarrow e^{2x} = \frac{5}{4} \Leftrightarrow x = \frac{1}{2}\ln(\frac{5}{4}) \approx 0,112$

l) $e^{-x} - 4e^x = 0 \Leftrightarrow \frac{1}{e^x} - 4e^x = 0 \Leftrightarrow 1 - 4e^{2x} = 0 \Leftrightarrow e^{2x} = \frac{1}{4} \Leftrightarrow x = \frac{1}{2}\ln(\frac{1}{4}) \approx -0,693$

m) $2x^2e^x - 8e^x = 0 \Leftrightarrow e^x(2x^2 - 8) = 0 \Leftrightarrow 2x^2 - 8 = 0 \Leftrightarrow x^2 = 4 \Leftrightarrow x_{1;2} = \pm 2$

n) $(e^x + 5) \cdot (3x - 6) = 0 \Leftrightarrow e^x + 5 = 0 \vee 3x - 6 = 0 \Leftrightarrow x = 2$

4. **a)** $u_1 = 4 \qquad \Rightarrow x_1 = \ln(4) \qquad u_2 = 10 \qquad \Rightarrow x_2 = \ln(10)$

 b) $u_1 = 12 \qquad \Rightarrow x_1 = \ln(12) \qquad u_2 = -3 \qquad \Rightarrow$ nicht lösbar

 c) $u_1 = -6 \qquad \Rightarrow$ nicht lösbar $\qquad u_2 = -5 \qquad \Rightarrow$ nicht lösbar

 d) $u_1 = 8 \qquad \Rightarrow x_1 = \ln(8) \qquad u_2 = 1 \qquad \Rightarrow x_2 = \ln(1) = 0$

 e) $u_1 = 16 \qquad \Rightarrow x_1 = \ln(16) \qquad u_2 = 4 \qquad \Rightarrow x_2 = \ln(4)$

5. a) $f(0) = -1,7 \Rightarrow S(0|-1,7)$ $f(x_N) = 0 \Rightarrow x_N = \ln(\frac{20}{3}) \Rightarrow N(\ln(\frac{20}{3})|0)$

  b) Zeichnerische Lösung: Schnittstelle von $f(x) = 0,3e^x - 2$ und $g(x) = 6$

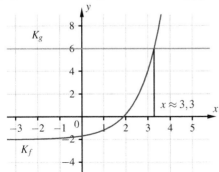

  Rechnerische Lösung: $f(x) = 0,3e^x - 2 = 6 \Rightarrow x_S = \ln(\frac{80}{3}) \approx 3,282$

  c) Asymptote: $y = -2$

6. $e^x + e - a = 0 \Rightarrow x = \ln(a - e)$. Diese Gleichung ist lösbar, wenn $a - e > 0$ ist, also für $a > e$.

7. a) $f(x) = 8e^{-x_N} - 3 = 0$

$\qquad \Leftrightarrow \quad e^{-x_N} = \frac{3}{8}$

$\qquad \Leftrightarrow \quad x_N = -\ln(\frac{3}{8}) \approx 0,98 \quad \rightarrow N(0,98|0)$

$\quad f(0) = 8e^{-0} - 3 = 5 \quad \rightarrow S_y(0|5)$

$\quad g(x) = 3 - e^{x_N} = 0$

$\qquad \Leftrightarrow \quad x_N = \ln(3) \approx 1,1 \quad \rightarrow N(1,1|0)$

$\quad g(0) = 3 - e^0 = 2 \quad \rightarrow S_y(0|2)$

b)

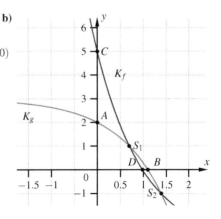

c) $\qquad f(x_S) = g(x_S)$

$\quad 8e^{-x_S} - 3 = 3 - e^{x_S}$

$\quad 8e^{-x_S} + e^{x_S} - 6 = 0 \quad | \cdot e^{x_S}$

$\quad 8 + e^{2x_S} - 6 \cdot e^{x_S} = 0 \quad |z = e^{x_S}$

$\qquad z^2 - 6z + 8 = 0$

$\qquad z_{1;2} = 3 \pm \sqrt{9 - 8}$

$\qquad z_1 = 2 = e^x \Rightarrow x_1 = \ln(2) \approx 0,69$

$\qquad z_2 = 4 = e^x \Rightarrow x_2 = \ln(4) \approx 1,39$

$\quad g(\ln(2)) = 3 - e^{\ln(2)} = 3 - 2 = 1 \Rightarrow S_1(0,69|1)$

$\quad g(\ln(4)) = 3 - e^{\ln(4)} = 3 - 4 = -1 \Rightarrow S_2(1,39|-1)$

8. a) $f(x) = 2 - 9 \cdot e^{-x_N} = 0$

$\qquad \Leftrightarrow \quad e^{-x_N} = \frac{2}{9}$

$\qquad \Rightarrow \quad x_N = -\ln(\frac{2}{9}) \approx 1,5 \quad \rightarrow N(1,5|0)$

$\quad f(0) = 2 - 9 \cdot e^{-0} = -7 \quad \rightarrow S_y(0|-7)$

$\quad g(x) = e^{x_N} - 4 = 0 \Rightarrow x_N = \ln(4) \approx 1,39 \quad \rightarrow N(1,39|0)$

$\quad g(0) = e^0 - 4 = -3 \quad \rightarrow S_y(0|-3)$

129

c)
$$f(x_S) = g(x_S)$$
$$2 - 9 \cdot e^{-x_S} = e^{x_S} - 4$$
$$6 - 9 \cdot e^{-x_S} - e^{x_S} = 0 \quad | \cdot e^{x_S}$$
$$6 \cdot e^{x_S} - 9 - e^{2x_S} = 0 \quad | z = e^x$$
$$-z^2 + 6z - 9 = 0 \quad | \cdot (-1)$$
$$z^2 - 6z + 9 = 0$$
$$(z - 3)^2 = 0$$
$$z_{1;2} = 3 = e^x \Rightarrow x_{1;2} = \ln(3)$$
$$x_{1;2} \approx 1,1 \text{ doppelte Schnittstelle}$$

Berührpunkt $\quad S_{1;2}(1,1 \,|\, -1)$

b)
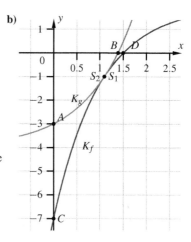

9. $f(t) = 2 \cdot e^{1,6094 \cdot t} = 8500 \Rightarrow t = \frac{\ln(4250)}{1,6094} \approx 5,19$ Tage

10. **a)** Da $k = -0,125 < 0$ ist, handelt es sich um einen Zerfallsprozess

    b) $f(10) \approx 28,65$ mg (WTR)

    c) Ansatz: $f(x) < 10$; $100e^{-0,125x} < 10 \Rightarrow x > \frac{\ln(\frac{1}{10})}{-0,125}$ bzw. $x > 18,421$ Tage

11. Da $\ln(\frac{1}{2}) = \ln(1) - \ln(2) = 0 - \ln(2) = -\ln(2)$ gilt, haben sowohl Jonny als auch Susi recht.

1.5.4 Modellierung von Wachstums- und Zerfallsprozessen

133

1. **a)** Kapital zu Beginn: $K(0) = K_0$; 4 % Verzinsung
   $$K(1) = 1,04 \cdot K_0 \Rightarrow 1,04 \cdot K_0 = K_0 \cdot e^{k \cdot 1} \Rightarrow k = \ln(1,04)$$
   Verdoppelungszeit: $K(t) = 2 \cdot K_0 \Rightarrow 2 \cdot K_0 = K_0 \cdot e^{\ln(1,04) \cdot t} \Rightarrow t = \frac{\ln(2)}{\ln(1,04)} \approx 17,67$ Jahre

   b) $f(10) = 20\,000 \Rightarrow 20\,000 = K_0 \cdot e^{\ln(1,04) \cdot 10} \Rightarrow K_0 = \frac{20\,000}{e^{\ln(1,04) \cdot 10}} \approx 13\,511,28 \,€$

2. Lösungen für Indien: $f(x)$ und für Nigeria: $g(x)$
   a) $f(x) = 1,22 \cdot 1,019^x$ bzw. $f(x) = 1,22 \cdot e^{\ln(1,019) \cdot x}$ [Mrd.]
   $g(x) = 167 \cdot 1,031^x$ bzw. $g(x) = 167 \cdot e^{\ln(1,031) \cdot x}$ [Mio.]

   b) 2015: $t = 2015 - 2012 = 3$, also: $f(3) \approx 1,291$ Mrd. und $g(3) \approx 183,017$ Mio.
   2020: $t = 2020 - 2012 = 8$, also: $f(8) \approx 1,418$ Mrd. und $g(8) \approx 213,199$ Mio.
   2030: $t = 2030 - 2012 = 18$, also: $f(18) \approx 1,712$ Mrd. und $g(18) \approx 289,316$ Mio.

   c) Verdoppelungszeit in Bezug auf 2012:
   Indien: $f(x) = 2 \cdot 1,22 = 2,44 = 1,22 \cdot 1,019^x \Rightarrow x = \frac{\ln(2)}{\ln(1,019)} \approx 36,83$ Jahre; Jahr: 2049
   Nigeria: $g(x) = 2 \cdot 167 = 34 = 167 \cdot 1,031^x \Rightarrow x = \frac{\ln(2)}{\ln(1,031)} \approx 22,70$ Jahre; Jahr: 2035

3. **a)** $f(2) = 22 + 178 \cdot e^{-k \cdot 2} = 160 \Leftrightarrow k = \frac{-\ln(\frac{138}{178})}{2} = 0,12726$

   b) $f(0) = 22 + 178 \cdot e^{-0,12726 \cdot 0} = 200 \,°C$

   c) $\lim\limits_{t \to \infty} f(t) = 22 + 178 \cdot 0 = 22 \,°C$.   Auf diese Temperatur kühlt sich die Herdplatte langfristig ab.

   d) $22 + 178 \cdot e^{-0,12726 \cdot t} = 45 \Rightarrow k = \frac{\ln(\frac{23}{178})}{-0,12726} = 16,1$ Minuten

4. a) $\frac{341}{500} = 0,682$ $\frac{233}{341} \approx 0,683$ $\frac{159}{233} \approx 0,682$

133

Der Quotient aufeinander folgender Tage bleibt konstant, also liegt ein exponentieller Zerfall vor.

b) $f(0) = 500$; $f(30) = 341$; also: $341 = 500 \cdot e^{k \cdot 30} \Rightarrow k = \frac{\ln\left(\frac{341}{500}\right)}{30} \approx -0,01276$

Funktionsgleichung: $f(t) = 500 \cdot e^{-0,01276 \cdot t}$

c) Nur noch die Hälfte vorhanden:

$f(t) = 250 \Rightarrow 250 = 500 \cdot e^{-0,01276 \cdot t}$

$\Rightarrow t = \frac{\ln(0,5)}{-0,01276} \approx 54,32$ Sekunden

Nur noch ein Prozent vorhanden:

$f(t) = 5 \Rightarrow 5 = 500 \cdot e^{-0,01276 \cdot t}$

$\Rightarrow t = \frac{\ln(0,01)}{-0,01276} \approx 360,91$ Sekunden

5. Halbwertszeit: 1600 Jahre; Anfangswert: a; t: Zeit in Jahren

$f(t) = a \cdot e^{k \cdot t}$ und $f(1600) = 0,5 \cdot a \Rightarrow 0,5 \cdot a = a \cdot e^{k \cdot 1600} \Rightarrow k = \frac{\ln(0,5)}{1600} \approx -0,000433$

Noch ein Achtel des Anfangswerts übrig:

$f(t) = 0,125 \cdot a \Rightarrow 0,125 \cdot a = a \cdot e^{-0,000433 \cdot t}$

$\Rightarrow t = \frac{\ln(0,125)}{-0,000433} \approx 4800$ Jahre (Dies entspricht der dreifachen Halbwertszeit.)

6. a) $H(0) = 0,25 \cdot e^{0,15 \cdot 0 - 0,35} = 0,1762$

Zu Beobachtungsbeginn am 0. Tag hat die Flechte eine Höhe von 0,18 mm.

b) $H(t) = 0,25 \cdot e^{0,15 \cdot t - 0,35} = 0,75 \Leftrightarrow t = 9,66$

Nach 9 Tagen, 15 Stunden und 50 Minuten hat die Flechte eine Höhe von 0,75 mm erreicht.

c) Die Exponentialfunktion H beschreibt nur für $t \geq 0$ und wie angegeben in den ersten zwölf Tagen das Wachstum der Flechte sinnvoll, also gilt: $0 \leq t \leq 12$.

7. t: Zeit nach dem Tod; $f(t)$: Restmenge an ^{14}C im Organismus

Ansatz: $f(t) = a \cdot e^{k \cdot t}$

Halbwertszeit: 5730 Jahre, also: $f(5730) = 0,5a = a \cdot e^{k \cdot 5730} \Rightarrow k = \frac{\ln(0,5)}{5730} \approx -0,000121$

Zerfallsfunktion: $f(t) = a \cdot e^{-0,000121 \cdot t}$

Zeitraum seit dem Tod: $f(t) = 0,53a = a \cdot e^{-0,000121 \cdot t} \Rightarrow t = \frac{\ln(0,53)}{-0,000121} \approx 5246,93$ Jahre

Übungen zu 1.5

1. a) $f(x) = e^x - 2e^{2x}$ gehört zu Schaubild 3 (da $S_y(0|-1)$ und Asymptote $y = 0$)

134

b) $g(x) = 3e^x + 1$ gehört zu Schaubild 1 (da $S_y(0|4)$ und Asymptote $y = 1$)

c) $h(x) = e^{-0,5x} + x - 1$ gehört zu Schaubild 2 (da $S_y(0|0)$ und Asymptote $y = x - 1$)

2. $f(x) = a \cdot e^{kx} + c$

Die Werte für k lassen sich nur abschätzen, indem man einen Punkt $P(x|y)$ auf dem Schaubild ungefähr abliest und damit dann k berechnet gemäß: $k = \frac{\ln\left(\frac{y-c}{a}\right)}{x}$

a) Asymptote: $y = 1$, also $c = 1$; $S_y(0|3)$, also: $a + c = 3$ bzw. $a + 1 = 3$ bzw. $a = 2$

$P(-2|1,3)$, also $k \approx \frac{\ln\left(\frac{1,3-1}{2}\right)}{-2} \approx 0,949$

b) Asymptote: $y = 1$, also $c = 1$; $S_y(0|2)$, also: $a + c = 2$ bzw. $a + 1 = 2$ bzw. $a = 1$

$P(2|1,2)$, also $k \approx \frac{\ln\left(\frac{1,2-1}{1}\right)}{2} \approx -0,8047$

134

c) Asymptote: $y = -1$, also: $c = -1$; $S_y(0|1)$, also: $a + c = 1$ bzw. $a - 1 = 1$ bzw. $a = 2$

$P(-2| -0,7)$, also: $k \approx \dfrac{\ln\left(\frac{-0,7-(-1)}{2}\right)}{-2} \approx 0,949$

d) Asymptote: $y = -2$, also: $c = -2$; $S_y(0|-1)$, also: $a + c = -1$ bzw. $a - 2 = -1$ bzw. $a = 1$

$P(-2| -1,8)$, also: $k \approx \dfrac{\ln\left(\frac{-1,8-(-2)}{1}\right)}{-2} \approx 0,8047$

3. a) $5e^x + 3e^{4x} = 0 \iff e^x(5 + 3e^{3x}) = 0 \iff 5 + 3e^{3x} = 0 \iff e^{3x} = -\frac{5}{3} \Rightarrow$ nicht lösbar

b) $x^2 \cdot e^{-2x} + 4 \cdot e^{-2x} = 3x \cdot e^{-2x} \iff e^{-2x}(x^2 + 4 - 3x) = 0 \iff x^2 - 3x + 4 = 0 \Rightarrow$ nicht lösbar (negative Diskriminante)

c) $(x^2 - 4)(e^{3x+9} - 0,5) = 0 \Rightarrow x^2 - 4 = 0$ oder $e^{3x+9} - 0,5 = 0$

$\Rightarrow x_1 = -2$ oder $x_2 = +2$ oder $x_3 = \frac{\ln(0,5)-9}{3} = \frac{1}{3}\ln(0,5) - 3$

4. a) Asymptote: $y = -e^2$ (gilt für $x \to -\infty$)

b) Asymptote: $y = x$ (gilt für $x \to \infty$)

c) Asymptote: $y = 2$ (gilt für $x \to -\infty$)

d) Asymptote: $y = -x$ (gilt für $x \to \infty$)

5. a)

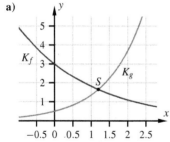

b) Schnittpunkt: $f(x_S) = g(x_S) \Rightarrow 3e^{-0,5x_S} = 0,5e^{x_S} \Rightarrow 6 = e^{1,5x_S} \Rightarrow x_S = \frac{\ln(6)}{1,5} \approx 1,195$

$f(1,195) = g(1,195) \approx 1,651$

$\Rightarrow S(1,195|1,651)$

6. a) $f(0) = 1,5 \Rightarrow S_y(0|1,5)$

b) Asymptote: $y = -2x + 1$ (gilt für $x \to -\infty$)

c)

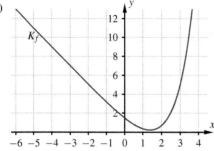

7. a) Am Funktionsterm erkennt man anhand von $k = -0,5 < 0$, dass es sich um einen Zerfallsprozess handelt. Am Schaubild erkennt man dies am Monotonieverhalten (monoton fallend).

134

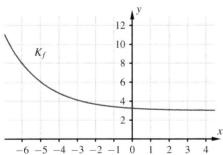

b) $f(0) = 3,25 \Rightarrow S_y(0|3,25)$

c) Asymptote: $y = 3$; dies gilt für $x \to \infty$.

8. a) Asymptote von $f(x)$: $y = 0$; gilt für $x \to \infty$.

Asymptote von $g(x)$: $y = -1$; gilt für $x \to -\infty$.

b) Schnittpunkt: $f(x_S) = g(x_S) \Rightarrow 6e^{-x_S} = e^{x_S} - 1 \Rightarrow 6 = e^{2x_S}$; $u = e^{x_S} \Rightarrow u^2 - u - 6 = 0$

$u_1 = 3 \Rightarrow x_{S_1} = \ln(u_1) = \ln(3) \Rightarrow f(\ln(3)) = g(\ln(3)) = e^{\ln(3)} - 1 = 2 \Rightarrow S(\ln(3)|2)$

$u_2 = -2 \Rightarrow x_{S_2} = \ln(u_2) = \ln(-2)$ nicht lösbar

9. *Hinweis:* Fehler im 1. Druck der 1. Auflage! Die Funktionsgleichung der Funktion g lautet:

$g(x) = (x - 2) \cdot e^x$

a) $f(0) = (2 - 0) \cdot e^0 = 2 \Rightarrow S_y(0|2)$; $f(x_N) = 0 \Rightarrow (2 - x_N) \cdot e^{x_N} = 0 \Rightarrow x_N = 2 \Rightarrow N(2|0)$

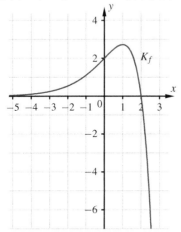

b) Da $g(x) = -f(x)$ ist, geht das Schaubild der Funktion g aus dem Schaubild der Funktion f durch Spiegelung an der x-Achse hervor.

135

10. a) $f(0) = 3 \Rightarrow a = 3$; $f(4) = 9 \Rightarrow 3 \cdot e^{k \cdot 4} = 9 \Rightarrow k = \frac{\ln(3)}{4} \approx 0,2747 \Rightarrow f(x) = 3 \cdot e^{0,2747 \cdot x}$

   b) $f(4) = 32 \Rightarrow a \cdot e^{4k} = 32$ und $f(7) = 15 \Rightarrow a \cdot e^{7k} = 15$, also: $\frac{32}{e^{4k}} = \frac{15}{e^{7k}}$

   $\Rightarrow e^{3k} = \frac{15}{32} \Rightarrow k = \frac{\ln\left(\frac{15}{32}\right)}{3} \approx -0,2526$

   $\Rightarrow a = \frac{32}{e^{4k}} = \frac{32}{e^{4 \cdot (-0,2526)}} \approx 87,89 \Rightarrow f(x) = 87,89 \cdot e^{-0,2526 \cdot x}$

11. a) $e^x + a = 0 \Rightarrow x = \ln(-a)$; nicht lösbar, wenn $-a \leq 0$ und damit für $a \geq 0$

   b) $a \cdot e^{-0,5x} + 1 = 0 \Rightarrow x = \frac{\ln\left(-\frac{1}{a}\right)}{-0,5} = \frac{-\ln(-a)}{-0,5} = 2 \cdot \ln(-a)$

   nicht lösbar, wenn $-a \leq 0$ und damit für $a \geq 0$

   c) $a \cdot e^x - e^x = 0 \Rightarrow e^x \cdot (a-1) = 0$; nicht lösbar, wenn $(a-1) \neq 0$ und damit für $a \neq 1$

   d) $a \cdot e^x = 3 \Rightarrow x = \ln(\frac{3}{a})$; nicht lösbar, wenn $\frac{3}{a} \leq 0$ und damit für $a \leq 0$

12. a) $e^{\ln(2)} - 0,5e + a = 0 \Rightarrow a = 0,5e - 2$

   b) $a \cdot e^{\ln(2)} - 4 = 0 \Rightarrow a = 2$

   c) $e^{-\ln(2)}(2+a) + 1 = 1 \Rightarrow \frac{1}{2}(2+a) = 0 \Rightarrow a = -2$

   d) $e^{-2 \cdot \ln(2)} + 0,75 = a \Rightarrow 2^{-2} + 0,75 = a \Rightarrow 0,25 + 0,75 = a \Rightarrow a = 1$

13. a) Die Populationsgröße wird durch eine Exponentialfunktion vom Typ $f(t) = a \cdot b^t$ beschrieben. Es gilt $f(t+2) = 5 \cdot f(t)$, also

   $a \cdot b^{t+2} = 5 \cdot a \cdot b^t \Leftrightarrow b^2 = 5 \Rightarrow b = \sqrt{5} \approx 2,236 \ (b > 0)$

   Der Funktionsterm lautet damit $f(t) = 125 \cdot \sqrt{5}^t$. Man erhält

   $f(4) = 3125$; $f(6) = 15\,625$; $f(10) = 390\,625$; $f(15) \approx 21\,836\,601$; $f(18,5) \approx 365\,075\,386$

   b) $f(-2) = 25$; $f(-3) = 11,18$; $f(-4) = 5$

   c) Nach diesem Modell könnte man beliebig weit zurückrechnen und für jeden noch so weit zurückliegenden Zeitpunkt eine Menge der Bakterien angeben (die dann allerdings ab einem genügend weit zurückliegenden Zeitpunkt zwischen 0 und 1 liegen würde).

14. a) Da $k = -0,000125 < 0$ ist, handelt es sich um einen exponentiellen Zerfallsprozess.

   b) $p(0) = 1000$ hPa

   c) $p(4808) \approx 548,26$ hPa

15. a) 1,8 % Inflationsverlust pro Jahr, also 98,2 % Restwert pro Jahr; t: Zeit in Jahren; $f(t)$: Restwert zum Zeitpunkt t

   Restwertfunktion: $f(t) = 100\,\% \cdot 0,982^t$

   $\Rightarrow f(10) \approx 83,39\,\%$

   Der Wertverlust beträgt nach 10 Jahren: $100\,\% - 83,39\,\% = 16,61\,\%$

   b) Halbierung des Geldwertes: $f(t) = 50\,\% = 0,5a \Rightarrow 50\,\% = 100\,\% \cdot 0,982^t$ bzw. $0,5a = a \cdot 0,982^t$

   $\Rightarrow t = \frac{\ln(0,5)}{\ln(0,982)} \approx 38,16$ Jahre

   c) 3,6 % Inflationsverlust pro Jahr, also 96,4 % Restwert pro Jahr; t: Zeit in Jahren; $g(t)$: Restwert zum Zeitpunkt t

   Restwertfunktion: $g(t) = 100\,\% \cdot 0,964^t$

   $\Rightarrow g(10) \approx 69,31\,\%$

   Der Wertverlust beträgt nach 10 Jahren: $100\,\% - 69,31\,\% = 30,69\,\%$

   Halbierung des Geldwertes: $g(t) = 50\,\%$, also: $50\,\% = 100\,\% \cdot 0,964^t \Rightarrow t = \frac{\ln(0,5)}{\ln(0,982)} \approx 18,91$ Jahre

16. a) Stündlicher Abbau von 50 %, also auch 50 % Restwert im Körper

t: Zeit in Stunden; $f(t)$: Restwert an Nikotin im Körper zum Zeitpunkt t

$f(t) = 100\% \cdot 0,5^t$

b) $f(\frac{1}{60}) \approx 98,85\%$ noch im Körper vorhanden, also: $100\% - 98,85\% = 1,15\%$ Abbau pro Minute; nach 20 Minuten noch im Körper vorhanden: $f(\frac{1}{3}) \approx 79,37\%$

c) 1. Zigarette: $f_1(t) = 1,55 \cdot 0,5^t$

30 Minuten nach der ersten Zigarette: $f_1(0,5) + 1,10$ mg

Neuer Anfangswert und es wird eine weitere Zigarette geraucht: $1,10 + 1,55 \approx 2,65$ mg

2. Zigarette: $f_2(t) \approx 2,65 \cdot 0,5^t$

30 Minuten nach der zweiten Zigarette: $f_2(0,5) \approx 1,87$ mg

Neuer Anfangswert und es wird eine weitere Zigarette geraucht: $1,87 + 1,55 \approx 3,42$ mg

3. Zigarette: $f_3(t) \approx 3,42 \cdot 0,5^t$

30 Minuten nach der dritten Zigarette: $f_3(0,5) \approx 2,42$ mg

Neuer Anfangswert und es wird eine weitere Zigarette geraucht: $2,42 + 1,55 \approx 3,97$ mg

4. Zigarette: $f_4(t) \approx 3,97 \cdot 0,5^t$

30 Minuten nach der vierten Zigarette: $f_4(0,5) \approx 2,81$ mg

Neuer Anfangswert und es wird eine weitere Zigarette geraucht: $2,81 + 1,55 \approx 4,36$ mg

5. Zigarette: $f_5(t) \approx 4,36 \cdot 0,5^t$

Also befinden sich direkt nach dem Rauchen der 5. Zigarette 4,36 mg Nikotin im Blut.

d) Geht man von der Situation von Teilaufgabe c) aus, so muss gelten: $f(t) = 0,0436$ mg

$0,0436 = 4,36 \cdot 0,5^t \Rightarrow 0,01 = 0,5^t \Rightarrow t = \frac{\ln(0,01)}{\ln(0,5)} \approx 6,644$ Stunden

17. a) Es muss $a < 0$ gelten, da der Grenzwert, also die Asymptote von $f(t)$, bei $19\,°C$ liegen muss und die Temperatur der Flüssigkeit nie diese Temperatur übersteigen wird. Es muss von 19 ein Wert subtrahiert werden, was bedeutet, dass $a < 0$ sein muss.

b) $f(7) = 12 \Rightarrow 19 + a \cdot e^{7k} = 12 \Rightarrow a \cdot e^{7k} = -7$

$f(20) = 17 \Rightarrow 19 + a \cdot e^{20k} = 17 \Rightarrow a \cdot e^{20k} = -2$

$\Rightarrow a = \frac{-7}{e^{7k}}$ und $a = \frac{-2}{e^{20k}}$; gleichsetzen führt auf: $e^{13k} = \frac{2}{7}$

$\Rightarrow k = \frac{\ln \frac{2}{7}}{13} \approx -0,09637$ und damit $a = \frac{-7}{e^{7 \cdot (-0,09637)}} \approx -13,743$

$f(t) = 19 - 13,743 \cdot e^{-0,09637 \cdot t}$

c) Kühlschranktemperatur: $f(0) = 19 - 13,743 = 5,257\,°C$

d) Asymptote: $y = 19$; gilt für $t \to \infty$

e) Nach einer halben Stunde: $f(30) = 18,24\,°C$ (WTR)

135

Test zu 1.5

137

1. x: Zeit in Jahren nach Beginn der Beobachtung

   a) (1) $g(x) = 1000 + 50x$

      (2) $g(x) = 1000 \cdot 1{,}05^x$

   b) (1) grüner Graph   (2) blauer Graph

   c) Das lineare Modell (1) ist kein gutes Modell für die tatsächliche Bevölkerungszahl vor Beobachtungsbeginn, da damit die Bevölkerung z.B. 20 Jahre vor Beobachtungsbeginn 0 und noch früher sogar negativ gewesen wäre, was der Realität widerspricht.

      Das exponentielle Modell (2) ist kein gutes Modell für die tatsächliche Bevölkerungszahl vor Beobachtungsbeginn, da sich damit die Bevölkerung asymptotisch gegen null annähern würde, was der Realität widerspricht.

2. a) $x = -5{,}27$ **b)** $x_{1;2} = \pm 3$ **c)** $x_1 = \ln(7)$; $x_2 = 2\ln(2)$

3. a) $f(0) = -1{,}5 \Rightarrow S_y(0|-1{,}5)$; $f(x_N) = 0 \Rightarrow e^{x_N} \cdot (\frac{1}{2}e^{x_N} \cdot 2) = 0 \Rightarrow x_N = \ln(4) \Rightarrow N(\ln(4)|0)$

   b)

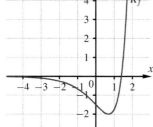

4. a)

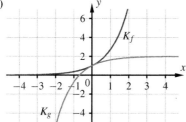

   b) Das Schaubild von g lässt sich aus dem Schaubild von f erhalten, indem dieses zunächst an der x-Achse gespiegelt, dann an der y-Achse gespiegelt und anschließend um 2 LE nach oben verschoben wird.

   c) K_f: Asymptote: $y = 0$, gilt für $x \to -\infty$

      K_g: Asymptote: $y = 2$, gilt für $x \to \infty$

   d) Schnittpunkt: $f(x_S) = g(x_S) \Rightarrow e^{x_S} = -e^{-x_S} + 2 \Rightarrow e^{2x_S} + 1 - 2e^{x_S} = 0$; $u = e^{x_S} \Rightarrow u^2 - 2u + 1 = 0$

      $(u-1)^2 = 0 \Rightarrow u_{1;2} = 1 \Rightarrow x_{S_{1;2}} = \ln(u_{1;2}) = \ln(1) = 0$ doppelte Lösung

      $f(0) = g(0) = 1 \Rightarrow S(0|1)$; es handelt sich um einen Berührpunkt (da doppelte Lösung).

   e) $h(x) = f(x) \cdot g(x) = e^x \cdot (-e^{-x} + 2) = -1 + 2e^x$

      $h(0) = -1 + 2 = 1 \Rightarrow S_y(0|1)$; $h(x_N) = 0 \Rightarrow x_N = \ln(\frac{1}{2}) = -\ln(2) \Rightarrow N(-\ln(2)|0)$

      Asymptote von K_h: $y = -1$, gilt für $x \to -\infty$

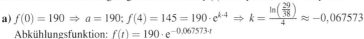

5. t: Zeit nach Beobachtungsbeginn in Minuten; $f(t)$: Temperatur der Herdplatte zum Zeitpunkt t in Minuten

a) $f(0) = 190 \Rightarrow a = 190$; $f(4) = 145 = 190 \cdot e^{k \cdot 4} \Rightarrow k = \dfrac{\ln\left(\frac{29}{38}\right)}{4} \approx -0,067573$

Abkühlungsfunktion: $f(t) = 190 \cdot e^{-0,067573 \cdot t}$

b) $f(t) = 22 \Rightarrow 22 = 190 \cdot e^{-0,067573 \cdot t} \Rightarrow t = \dfrac{\ln\left(\frac{11}{95}\right)}{-0,067573} \approx 31,91$ Minuten

Nach ca. 32 Minuten hat die Herdplatte eine Temperatur von $22\,°$C erreicht.

c)

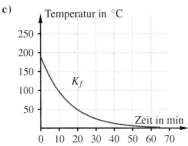

d) Langfristig nähert sich die Herdplatte der Temperatur $0\,°$C. Diese Funktion ist kein gutes Modell, da sich die Herdplatte nicht dem Wert $0\,°$C, sondern der Zimmertemperatur annähern wird.

6. a) t: Zeit in Stunden seit Beobachtungsbeginn; $f(t)$: Körpertemperatur zum Zeitpunkt t

$f(t) = 41 \cdot 0,95^t$

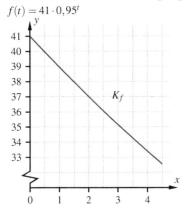

b) $f(t) = 37 \Rightarrow 41 \cdot 0,95^t = 37 \Rightarrow t = \dfrac{\ln\left(\frac{37}{41}\right)}{\ln(0,95)} \approx 2,001$ Stunden

Nach 2 Stunden ist die Körpertemperatur auf den Normalwert gesunken.

1.6   Trigonometrische Funktionen

138

1 Taschenrechnerfunktion

a)

x	0	5	10	15	20	25	30	35	40	45
cos(x)	1	0,996	0,985	0,966	0,94	0,906	0,866	0,819	0,766	0,707

x	50	55	60	65	70	75	80	85	90
cos(x)	0,643	0,574	0,5	0,423	0,342	0,259	0,174	0,087	0

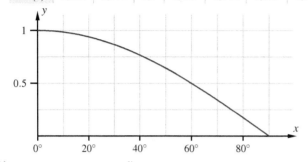

b)

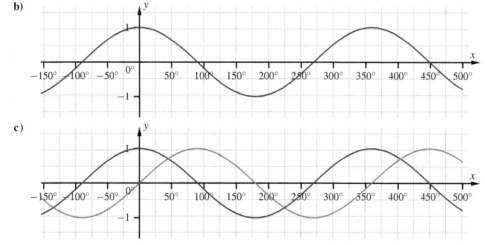

c)

Die Schaubilder verlaufen gleich, sie sind lediglich um 90° versetzt. (Verschiebung um 90 in x-Richtung.) Die Funktionswerte wiederholen sich jeweils nach 360°. Der Wertebereich ist jeweils [−1; 1].

2 Töne sichtbar machen

a) Als Schaubild entsteht eine Welle. Die Ausschläge werden dabei immer kleiner.

b) Individuelle Lösung

Richtig: Es handelt sich immer um Wellenbewegungen (Schallwellen). Die Ausschläge werden in allen Fällen mit der Zeit kleiner. Die unterschiedliche Tonhöhe zeigt sich in der unterschiedlichen „Ausdehnung der Welle" (Wellenlänge). Die unterschiedliche Lautstärke hängt auch damit zusammen, wie kräftig man die Gabel anschlägt, somit gibt die Höhe der Welle (Amplitude) die Lautstärke wieder.

c) Die Frequenz f ist definiert als $f = \frac{1}{T}$, wobei T die Wellenlänge, also die Zeit von einem Wellenberg bis zum nächsten, angibt. Je größer die Frequenz, desto höher ist der Ton. Also auch: Je kürzer die Wellenlänge, desto höher ist der Ton. Im Schaubild treten bei höheren Tönen mehr Wellen in der gleichen Zeit auf.

3 Federschwingung

a) Auslenkung von der Nulllage

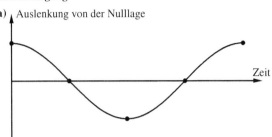

Vernachlässigt man Reibungseffekte, so würde sich diese Bewegung immer weiter wiederholen. Man spricht hierbei von einer **ungedämpften harmonischen Schwingung**.

b) Im Umkehrpunkt bewegt sich das Gewicht kaum (besser: kurzzeitig überhaupt nicht). Im Fallen wird das Gewicht zunächst immer schneller, bis es irgendwann, wenn die Feder gestreckt wird, wieder gebremst wird. Wenn die Feder noch nicht gestreckt ist, ist die Geschwindigkeit am größten. Im Steigen wird das Gewicht zunächst beschleunigt und vor dem Umkehrpunkt wieder gebremst. Wenn die Feder noch nicht gestaucht ist, ist die Geschwindigkeit am größten.

Folgen für a): Es kann sich nicht um eine konstante Bewegung handeln, in der Nähe des Umkehrpunktes wird sich die Auslenkung langsamer ändern als in der Nähe der Mittellinie. Das Schaubild ist im Umkehrpunkt flach und in der Nähe der Mittellinie steil.

c) Geschwindigkeit des Massestücks

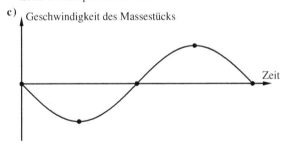

d) Für Auslenkung und Geschwindigkeit ergeben sich identische Schaubilder, die lediglich in x-Richtung verschoben sind. In beiden Fällen wiederholen sich die Vorgänge periodisch, wenn man die Reibung außer Acht lässt. Im Hochpunkt und im Tiefpunkt der Auslenkung hat die Geschwindigkeit eine Nullstelle. Ist die Auslenkung in Höhe der Mittellinie (also null), hat die Geschwindigkeit einen Hochpunkt bzw. einen Tiefpunkt.

139

4 GPS-Empfänger

a) Individuelle Lösungen

z.B. Freefall-Tower, Achterbahn, Riesenrad, ...

b) Das Riesenrad ist ca. 45 m hoch.

c)

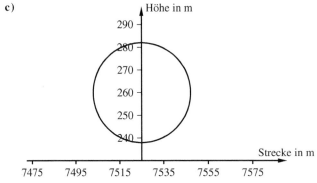

d)

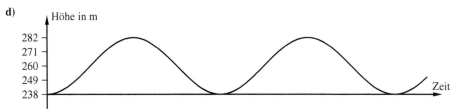

1.6.1　Sinus und Kosinus am Einheitskreis

143

1.

α	0°	15°	45°	60°	75°	90°	105°	135°
x	0	$\frac{\pi}{12}$	$\frac{\pi}{4}$	$\frac{\pi}{3}$	$\frac{5}{12}\pi$	$\frac{\pi}{2}$	$\frac{7}{12}\pi$	$\frac{3}{4}\pi$

α	180°	210°	270°	360°	720°	22,5°
x	π	$\frac{7}{6}\pi$	$\frac{3\pi}{2}$	2π	4π	$\frac{1}{8}\pi$

2.
a) 0,175　　**c)** 3,665　　**e)** $-0,175$　　**g)** 0,5236　　**i)** $-7,3304$
b) 1,745　　**d)** 7,330　　**f)** $-1,745$　　**h)** $-4,7123$

3.
a) 85,94°　　**c)** 42,97°　　**e)** $-180°$　　**g)** 60°　　**i)** 90°　　**k)** 270°
b) 240,64°　　**d)** 688,7°　　**f)** 372,42°　　**h)** 360°　　**j)** 45°　　**l)** $-90°$

4.
a) 0,866　　**c)** 0,407　　**e)** $-0,766$　　**g)** $\frac{\sqrt{2}}{2} \approx 0,707$　　**i)** 0,768
b) $-0,846$　　**d)** 0,5　　**f)** $-0,572$　　**h)** 0,804

5. Im Allgemeinen könnte stets zu dem Winkel die volle Periodenlänge von 2π addiert werden, um denselben Wert zu erzielen.

a) $\sin(0,2) = \sin(\pi - 0,2) = \sin(0,2 + 2\pi) \approx 0,199$

b) $\cos(\pi) = \cos(3\pi) = -1$

c) $\sin(\frac{2}{3}\pi) = \sin(\frac{1}{3}\pi) = \sin(2\frac{2}{3}\pi) = \frac{\sqrt{3}}{2} \approx 0,866$

d) $\sin(\frac{1}{4}\pi) = \sin(\frac{3}{4}\pi) = \sin(2,25\pi) = \frac{\sqrt{2}}{2} \approx 0,707$

e) $\cos(1) = \cos(-1) = \cos(-1 + 2\pi) \approx 0,540$

f) $\sin(-\pi) = \sin(\pi) = 0$

6. a) $-0,342 = \sin(-20°) = \sin(360° - 20°) = \sin(340°) \approx -0,342$

b) $-0,707 = \sin(-\frac{\pi}{4}) = \sin(2\pi - \frac{\pi}{4}) = \sin(\frac{7\pi}{4}) \approx -0,707$

c) $-1 = \sin(-90°) = \sin(360° - 90°) = \sin(270°) = -1$

d) $-0,932 \approx \sin(-1,2) = \sin(2\pi - 1,2) = \sin(5,083) \approx -0,932$

e) $0,423 \approx \cos(-65°) = \cos(360° - 65°) = \cos(295°) \approx 0,423$

f) $-1 = \cos(-\pi) = (2\pi - \pi) = \cos(\pi) = -1$

g) $0,940 \approx \cos(-340°) = \cos(360° - 340°) = \cos(20°) \approx 0,940$

h) $0 = \sin(-2\pi) = \sin(0) = 0$

i) $-0,342 \approx \cos(-380°) = \cos(-20°) = \cos(340°) \approx -0,342$

7. Weitere Lösungen ergeben sich durch die Addition einer vollen Umdrehung (2π bzw. $360°$), aber auch durch Symmetrieüberlegungen am Einheitskreis.

$x_1 \approx 0,775 \quad x_2 \approx \pi - 0,775 \approx 2,367 \quad x_3 \approx 2\pi + 0,775 \approx 7,058 \quad x_4 \approx 3\pi - 0,775 \approx 8,650$

8. Der Winkel $\frac{\pi}{4}$ entspricht einem Winkel von $45°$ im Gradmaß. Man sieht im Einheitskreis, dass bei diesem Winkel ein gleichschenkliges Dreieck entsteht. In diesem Dreieck sind die beiden Katheten gleich groß. Die Längen dieser Katheten sind die x- bzw. y-Koordinaten des Punktes auf dem Einheitskreis, über den die Sinus- und Kosinuswerte definiert wurden.

Für den Winkel $\frac{5}{4}\pi$ trifft dies wieder zu, in diesem Fall sind beide Werte negativ.

Für die Winkel $\frac{3}{4}\pi$ und $\frac{7}{4}\pi$ sind die Werte lediglich betragsmäßig gleich, unterscheiden sich jedoch jeweils im Vorzeichen.

9. *Hinweis:* Fehler im 1. Druck der 1. Auflage! Die Aufgabe soll lauten: „Eine Lösung der Gleichung $\cos(x) = 0,180$ ist ungefähr gleich 1,390."

Weitere Lösungen ergeben sich durch die Addition einer vollen Umdrehung (2π bzw. $360°$), aber auch durch Symmetrieüberlegungen am Einheitskreis.

$x_1 = 0,390 \quad x_2 = -0,390 \quad x_3 = -0,390 + 2\pi \approx 5,893 \quad x_4 = \frac{1}{3} + 2\pi \approx 6,673$

10. Die Leiter berührt die Wand in einer Höhe von ca. 4,53 m.

11. Nach 9 km hat das Flugzeug eine Höhe von ca. 471 m erreicht

143

12. a) Individuelle Lösung: die Formel stimmt.

b)

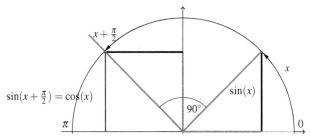

Die Addition von $\frac{\pi}{2}$ führt zu einer Addition eines rechten Winkels. Das ursprüngliche Dreieck wird um $90°$ gedreht. Die vorherige y-Koordinate (sin) wird zur neuen x-Koordinate (cos). Selbiges lässt sich auch für Winkel $x > \frac{\pi}{2}$ zeigen.

13. a) Es gibt 2 Möglichkeiten:

1. Satz des Pythagoras: Die Sinus- und Kosinuswerte entsprechen den Seitenlängen in einem rechtwinkligen Dreieck, dort gilt auch der Satz des Pythagoras:
$(\sin(x))^2 + (\cos(x))^2 = 1^2$ oder $(\sin(\alpha))^2 + (\cos(\alpha))^2 = 1^2$
Man kann also den Kosinus mithilfe des Sinus berechnen:
Es gilt: $\cos(x) = \sqrt{1 - (\sin(x))^2}$ oder $\cos(\alpha) = \sqrt{1 - (\sin(\alpha))^2}$.

2. Über Vergleich von Dreiecken: Jeder Kosinuswert entspricht der x-Koordinate eines Punktes auf dem Einheitskreis bzw. der Seitenlänge (unter Beachtung des Vorzeichens) in einem rechtwinkligen Dreieck im Einheitskreis. Ebenso entspricht jeder Sinuswert der y-Koordinate eines Punktes auf dem Einheitskreis bzw. der Seitenlänge (unter Beachtung des Vorzeichens) in einem rechtwinkligen Dreieck im Einheitskreis. Die Dreiecke lassen sich jeweils zu einem ähnlichen Dreieck, mit gleichen Winkelweiten mit lediglich vertauschten Seiten umformen. Somit findet sich zum Dreieck, mit dem der Kosinuswert festgelegt ist, ein ähnliches Dreieck, mit dem der Sinuswert festgelegt ist.
Es gilt z.B.: $\cos(20°) = \sin(70°)$, aber auch $\cos(20°) = \sin(110°)$
Oder: $\cos(100°) = \sin(-10°)$, aber auch $\cos(100°) = \sin(190°)$
Ganz allgemein gilt, dass die Dreiecke stets um $90°$ gedreht werden können, um die Sinus- in die Kosinuswerte zu überführen.
Es gilt also: $\sin(x + 90°) = \cos(x)$

b) $\cos(35°) \approx 0,8192;$ $\cos(75°) \approx 0,2588;$

1.6.2 Trigonometrische Standardfunktionen

147

1. a) 0,5   **c)** 0,5   **e)** 0,707

  b) 0,598   **d)** $-0,129$ **f)** 0,071

2. a) $f(\pi) = 0$ $f(0,5) = 0,8415$ $f(0,25) = 0,4794$ $f(-0,2) = -0,3894$
   $f(-2\pi) = 0$

  b) $f(\pi) = 0$ $f(0,5) = 0,9589$ $f(0,25) = 0,4948$ $f(-0,2) = -0,3973$
   $f(-2\pi) = 0$

  c) $f(\pi) = 0,9093$ $f(0,5) = 0,1411$ $f(0,25) = 0,5985$ $f(-0,2) = 0,9996$
   $f(-2\pi) = 0,9093$

  d) $f(\pi) = 0,5403$ $f(0,5) = 0,9490$ $f(0,25) = 0,9023$ $f(-0,2) = 0,7833$
   $f(-2\pi) = -0,8415$

  e) $f(\pi) = 1$ $f(0,5) = 0,5403$ $f(0,25) = 0,8776$ $f(-0,2) = 0,9211$
   $f(-2\pi) = 1$

  f) $f(\pi) = -2$ $f(0,5) = 1,7552$ $f(0,25) = 1,9378$ $f(-0,2) = 1,9601$
   $f(-2\pi) = 2$

  g) $f(\pi) = -0,4161$ $f(0,5) = -0,9900$ $f(0,25) = -0,8011$ $f(-0,2) = -0,0292$
   $f(-2\pi) = -0,4161$

  h) $f(\pi) = -0,8415$ $f(0,5) = 0,3153$ $f(0,25) = 0,4312$ $f(-0,2) = 0,6216$
   $f(-2\pi) = -0,5403$

3. Die folgenden Lösungen sind die Ergebnisse, die der Taschenrechner als Basislösung liefert. Aufgrund der Symmetrie und der Periodizität sind stets unendlich viele Lösungen möglich.

  a) $x = \frac{1}{6}\pi \approx 0,524$ **d)** $x = -0,253$ **g)** $x = 0$ **j)** $x \approx -1,12$

  b) $x = \frac{1}{2}\pi \approx 1,571$ **e)** $x = \frac{1}{4}\pi \approx 0,785$ **h)** $x = -\frac{1}{2}\pi \approx -1,571$ **k)** $x = -\frac{1}{3}\pi \approx -1,047$

  c) $x = 0,848$ **f)** $x = -\frac{1}{6}\pi \approx -0,524$ **i)** $x \approx 0,412$ **l)** $x \approx 0,991$

4. a), b)

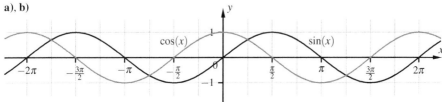

Die Schaubilder sind bis auf eine Verschiebung entlang der x-Achse um $\frac{\pi}{2}$ identisch.

147

5.

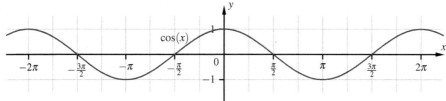

a) Es lässt sich erkennen, dass die Extremstellen stets genau zwischen 2 Nullstellen liegen. Außerdem ist der Abstand zwischen zwei Extremstellen stets π. Die Extremstelle zwischen $\frac{\pi}{2}$ und $\frac{3}{2}\pi$ liegt exakt bei π (noch schneller sichtbar wäre eine Extremstelle bei $x = 0$). Somit befinden sich alle Extremstellen bei $x_E = \pi + k \cdot \pi; k \in \mathbb{Z}$ (alternativ bei $x_E = k \cdot \pi; k \in \mathbb{Z}$).

b) Die Kosinusfunktion beginnt mit einem Hochpunkt auf der y-Achse, danach folgen immer abwechselnd Tief- und wieder Hochpunkte jeweils im Abstand 2π.

$x_H = k \cdot 2\pi; k \in \mathbb{Z}$

$x_T = \pi + k \cdot 2\pi; k \in \mathbb{Z}$

6.

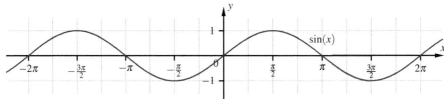

a) Die Sinusfunktion beginnt vom Ursprung aus betrachtet zunächst mit einem Hochpunkt bei $x = \frac{\pi}{2}$. Danach folgen immer abwechselnd Tief- und wieder Hochpunkte jeweils im Abstand 2π.

$x_H = \frac{\pi}{2} + k \cdot 2\pi; k \in \mathbb{Z}$

$x_T = \frac{3}{2}\pi + k \cdot 2\pi; k \in \mathbb{Z}$

b) Es lässt sich erkennen, dass die Nullstellen stets genau zwischen 2 Extremstellen liegen. Außerdem ist der Abstand zwischen zwei Nullstellen stets π. Die Nullstelle zwischen $\frac{\pi}{2}$ und $\frac{3}{2}\pi$ liegt exakt bei π (noch schneller sichtbar wäre eine Nullstelle bei $x = 0$). Somit befinden sich alle Nullstellen bei $x_N = \pi + k \cdot \pi; k \in \mathbb{Z}$ (alternativ bei $x_N = k \cdot \pi; k \in \mathbb{Z}$).

7. *Hinweis:* Fehler im 1. Druck der 1. Auflage! Im Fall des Wechselstromkreises mit Kondensator muss eine Phasenverschiebung vorliegen, sodass es sich nicht in beiden Fällen um eine Kosinusfunktion handelt, sondern die Stromstärke weiterhin eine Sinusfunktion ist, während die Spannung nun phasenverschoben zu einer Kosinusfunktion wird.

Wechselstrom ohne Kondensator: Wechselstrom mit Kondensator:

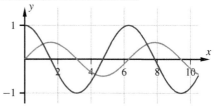

Bei beiden Kurven – sowohl im Fall ohne als auch im Fall mit Kondensator – lässt sich feststellen, dass die Spannung und die Stromstärke jeweils periodisch verlaufen. Die Periodenlänge liegt bei etwa 3 (also sehr wahrscheinlich bei π).

Im Fall **ohne Kondensator** verlaufen die Kurven so, dass sie in denselben Intervallen ansteigen, zeitgleich die Extremwerte erreichen und wieder zeitlich fallen.

Im Fall **mit Kondensator** fällt die Spannung über den gesamten Zeitraum mit positivem Stromfluss ab und wechselt auch schon ihre Polarisierung. Mit der Umkehrung der Stromrichtung (negative Stromstärke) beginnt auch bereits die Zunahme der Spannung (die negative Spannung wird wieder größer, betragsmäßig nimmt die Spannung auch hier zunächst wieder ab). Wiederum steigt die Spannung über die komplette Zeit, in der die Stromstärke negativ ist. Anschließend wiederholen sich die Vorgänge wieder.

Zwischen Stromstärke und Spannung ist eine Phasenverschiebung zu beobachten. Die Spannung ist um eine Viertel Periode vor der Stromstärke oder die Stromstärke ist eine Dreiviertel Periode vor der Spannung.

In beiden Fällen unterscheiden sich die Schaubilder zwar jeweils in der maximalen Auslenkung, da es sich bei dem Diagramm um eine doppelte Skalierung der y-Achse handelt, sind keine qualitativen Aussagen über die Ausschläge (Amplitude) der Funktionen zu machen. Die Einheit der Spannung ist Volt [V], die Einheit der Stromstärke ist Ampere [A], wobei gilt: $1A = \frac{1\,C}{1\,s}$ und 1 Volt lässt sich z.B. mithilfe des Widerstands R berechnen: $1V = 1\Omega \cdot 1A$

8. a) Auslenkung von der Nulllage

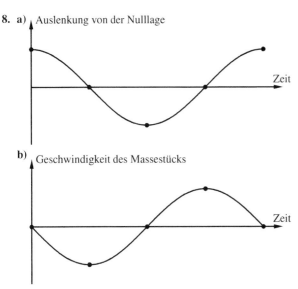

b) Geschwindigkeit des Massestücks

Das Massestück wird zunächst so lange beschleunigt, bis die Feder ihre ursprüngliche Länge erreicht hat (Nulllage). Die in der Feder gespeicherte Energie wird dabei auf das Massestück übertragen. Im Anschluss daran wird das Massestück langsamer, weil die Bewegungsenergie zurück auf die Feder übertragen wird. Wenn die Feder maximal ausgedehnt ist, ist die Geschwindigkeit des Massestücks gleich null. Anschließend zieht sich die Feder wieder zusammen und das Massestück bewegt sich in die entgegengesetzte Richtung zurück, bis es seine Ausgangsposition erreicht.

147 **9.**

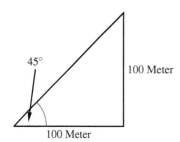

a) Eine 100%ige Steigung bedeutet, dass in einem gedachten Dreieck die Gegenkathete 100% der Ankathetenlänge annimmt. Somit handelt es sich um ein gleichschenklig-rechtwinkliges Dreieck, mit den beiden Basiswinkeln 45°. Der Steigungswinkel ist somit 45°.

b) $\tan(89°) \approx 57,290$

$\tan(90°)$ ist nicht berechenbar – $\tan(90°)$ bedeutet, dass das zugehörige Dreieck neben dem vorgeschriebenen rechten Winkel noch einen zweiten rechten Winkel besitzen soll, dies ist nicht möglich. Der Tangens wäre bei $\tan(90°)$ unendlich groß $(+\infty)$ oder unendlich klein $(-\infty)$, denn $\tan(91°)$ ist ein sehr kleiner (sehr negativer Wert): $\tan(91°) \approx -57,290$.

$\tan(-89°) \approx -57,290$

1.6.3   Die allgemeine Sinus- und Kosinusfunktion

151 **1. a)** $f(x) = 3 \cdot \sin(x)$

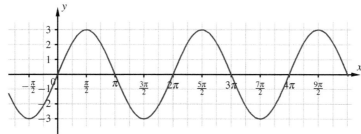

b) $f(x) = \sin(2 \cdot x)$

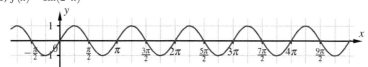

c) $f(x) = \cos(x) - 1$

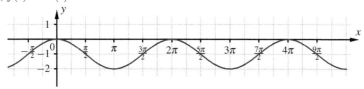

d) $f(x) = -3 \cdot \sin(x) - 1$

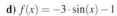

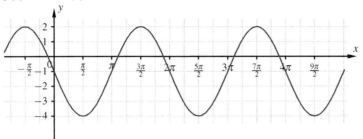

e) $f(x) = 2 \cdot \sin(0,5 \cdot x) - 1$

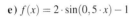

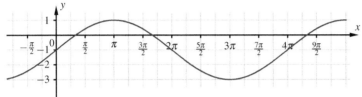

f) $f(x) = -3 \cdot \sin(\pi \cdot x) + 3$

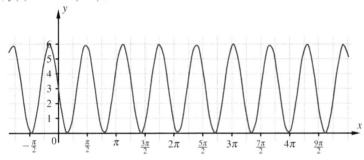

g) $f(x) = 2 \cdot \cos(x) + 0,5$

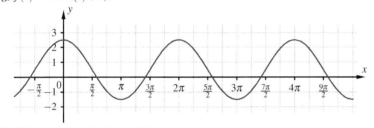

h) $f(x) = -0,5 \cdot \sin(0,5 \cdot x) + 0,5$

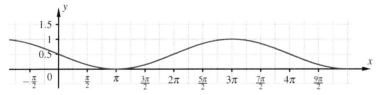

151

2. a) $f(x) = 2 \cdot \sin(3 \cdot x) + 1$ → 2   **c)** $h(x) = \cos(3 \cdot x) + 1$ → 4

   b) $g(x) = -2 \cdot \sin(2\pi \cdot x) - 1$ → 3   **d)** $i(x) = 3 \cdot \cos(2\pi \cdot x)$ → 1

3. Wir zeichnen die Mittellinie bei $y = 1$ ein. Aus $k = 1,5$ berechnet sich die Periode $p = \frac{4}{3}\pi$.
Schnittstellen mit der Mittellinie befinden sich bei $\frac{2}{3}\pi \left(\frac{p}{2}\right)$, $\frac{4}{3}\pi \ (p)$, $\frac{6}{3}\pi \left(\frac{3}{2}p\right)$ usw.
Jeweils zwischen diesen Schnittpunkten befinden sich die Extrempunkte. Wegen $a = -2$ beginnt die Sinusfunktion mit einem Tiefpunkt, es folgt ein Hochpunkt. Sie liegen 2 LE oberhalb bzw. unterhalb der Mittellinie.

4. a) Am Funktionsterm lässt sich ablesen, dass die Mittellinie bei $y = 1$ liegt und die Amplitude $\frac{2}{3}$ ist.
Somit liegen die möglichen y-Werte bei $1 \pm \frac{2}{3}$. Also ist der kleinste mögliche Funktionswert $\frac{1}{3}$ und
das Schaubild hat keine gemeinsamen Punkte mit der x-Achse (dort gilt $y = 0$).

   b) Berühren bedeutet, dass die Extrempunkte auf der Achse liegen, es muss also entweder der Hochpunkt oder der Tiefpunkt auf der Achse liegen. Damit die Extrempunkte auf der x-Achse liegen, muss die Mittellinie gleich der Amplitude sein.
   z.B. $f(x) = -2\sin(1,5x) + 2$ oder $g(x) = -2\sin(1,5x) - 2$ oder $h(x) = 2\sin(1,5x) + 2$

   c) Damit das Schaubild die x-Achse schneiden kann, dürfen die Extrempunkte nicht auf der x-Achse liegen. Der Hochpunkt muss folglich oberhalb- und der Tiefpunkt unterhalb der x-Achse liegen.
   z.B. $f(x) = -2\sin(1,5x) + 1,5$ oder $g(x) = -2\sin(1,5x) - 1,5$ oder $h(x) = 2\sin(1,5x) + 1,5$

5. a) Streckung (Amplitude verdreifacht).
   Periode 2π; Amplitude 3.

   b) Stauchung (Amplitude halbiert) sowie Spiegelung an der x-Achse.
   Periode 2π; Amplitude $0,5$

   c) Periode auf $\frac{2}{3}\pi$ verkürzt.
   Periode $\frac{2}{3}\pi$; Amplitude 1

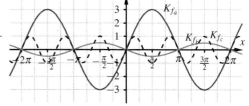

   d) Periode auf 6π verlängert.
   Periode 6π; Amplitude 1

   e) Periode auf π verkürzt und Verschiebung um 1 nach oben.
   Periode π; Amplitude 1

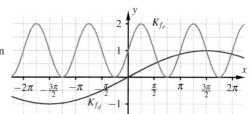

   f) An der Mittellinie gespiegelt und 0,5 nach oben verschoben.
   Periode 2π; Amplitude 1

   g) Mit dem Faktor 2 in y-Richtung gestreckt und mit dem Faktor $\frac{1}{4}$ in x-Richtung gestaucht.
   Periode $\frac{\pi}{2}$; Amplitude 2

   h) Um 2 nach oben verschoben und mit dem Faktor 2 in x-Richtung gestreckt.
   Periode 4π; Amplitude 1

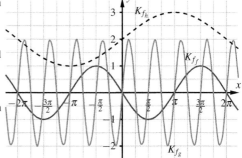

151

6. a) $a = 0,5$ $k = 2$ $(p = \pi)$ $b = 1$
   b) $a = -1$ $k = 1$ $(p = 2\pi)$ $b = -1$
   c) $a = 2$ $k = 1$ $(p = 2\pi)$ $b = 0$

7. a) $f(x) = 2\sin(x)$ oder $f(x) = -2\cos(x)$ ▶ Auch eine Verschiebung in y-Richtung wäre möglich.
   b) $f(x) = 0,5\sin(2x)$ oder $f(x) = -0,5\cos(2x)$ ▶ Verschiebung in y-Richtung möglich.
   c) $f(x) = 3\sin(\frac{2}{3}\pi x)$ oder $f(x) = -3\cos(\frac{2}{3}\pi x)$ ▶ Verschiebung in y-Richtung möglich.
   d) $f(x) = \sin(0,8x)$ oder $f(x) = -\cos(0,8x)$ ▶ Verschiebung in y-Richtung möglich.
   e) $f(x) = 0,5\sin(4\pi x)$ oder $f(x) = -0,5\cos(4\pi x)$ ▶ Verschiebung in y-Richtung möglich.

8. Aussage 1: Der Parameter b bestimmt die Lage der Mittellinie, hier $+1$. Bei einer Sinusfunktion der Form $a \cdot \sin(kc) + b$ beginnt die Kurve auf der y-Achse auf der Mittellinie. Somit gibt in diesem speziellen Fall der Parameter b den y-Wert des Schnittpunktes mit der y-Achse an, allerdings lässt sich die Aussage nicht verallgemeinern, z.B. bei $g(x) = 2 \cdot \cos(x) + 1$ oder $h(x) = 2 \cdot \sin(x - 1) + 1$ ist die Aussage falsch. Der Begriff y-Achsenabschnitt ist ein Fachbegriff für einen Parameter einer Geradengleichung und kann nur schwer auf einen anderen Funktionentyp übertragen werden.

Aussage 2: Der Parameter a bestimmt den Ausschlag von der Mittellinie, hier 3. Bei einer Kosinusfunktion der Form $a \cdot \cos(kx)$, also ohne den Parameter b, beginnt die Kurve auf der y-Achse im Abstand der Amplitude zur x-Achse, also genau beim Punkt $(0|a)$. Somit gibt in diesem speziellen Fall der Parameter a den y-Wert des Schnittpunktes mit der y-Achse an. Allerdings lässt sich auch diese Aussage nicht verallgemeinern, z.B. bei $g(x) = 3 \cdot \cos(x) - 1$ oder $h(x) = 3 \cdot \sin(x)$ ist die Aussage falsch. Der Begriff y-Achsenabschnitt ist ein Fachbegriff für einen Parameter einer Geradengleichung und kann nur schwer auf einen anderen Funktionentyp übertragen werden.

1.6.4   Trigonometrische Gleichungen

154

1. a) $\sin(2x) = 0,75$ $\Leftrightarrow$ $2x_1 = \sin^{-1}(0,75)$ $\Leftrightarrow$ $2x_1 \approx 0,848$
   $\Rightarrow$ $x_1 \approx 0,424$ $x_{k_1} \approx 0,424 + k \cdot \pi$ $x_2 = \frac{p}{2} - x_1 \approx \frac{\pi}{2} - 0,424 \approx 1,147$ $x_{k_2} \approx 1,147 + k \cdot \pi$
   b) $3\cos(x) = 0,5$ $\Leftrightarrow$ $x_1 = \cos^{-1}(\frac{1}{6})$
   $\Rightarrow$ $x_1 \approx 1,403$ $x_{k_1} \approx 1,403 + k \cdot 2\pi$ $x_2 \approx -1,403$ $x_{k_2} \approx -1,403 + k \cdot 2\pi$
   c) $0,5\sin(0,5x) = 0,5$ $\Leftrightarrow$ $0,5x_1 = \sin^{-1}(1)$ $\Leftrightarrow$ $0,5x_1 = \frac{\pi}{2}$
   $\Rightarrow$ $x_1 = \pi$ $x_k = \pi + k \cdot 4\pi$
   Beide Basislösungen sind identisch, da es sich um eine Extremstelle handelt.
   d) $\cos(-x) + 1 = 0,5$ $\Leftrightarrow$ $-x_1 = \cos^{-1}(-0,5)$ $\Leftrightarrow$ $-x_1 \approx 2,094$ $(\approx \frac{2}{3}\pi)$
   $\Rightarrow$ $x_1 \approx -2,094$ $(\approx -\frac{2}{3}\pi)$ $x_{k_1} = -\frac{2}{3}\pi + k \cdot 2\pi$ $x_2 \approx 2,094$ $(\approx \frac{2}{3}\pi)$ $x_{k_2} \approx \frac{2}{3}\pi + k \cdot 2\pi$
   e) $\sin(\pi x) = 0,5$ $\Leftrightarrow$ $\pi x_1 = \sin^{-1}(0,5)$
   $\Rightarrow$ $x_1 = \frac{1}{6}$ $x_{k_1} = \frac{1}{6} + k \cdot 2$ $x_2 = \frac{p}{2} - x_1 = 1 - \frac{1}{6} = \frac{5}{6}$ $x_{k_2} \approx \frac{5}{6} + k \cdot 2$
   f) $\cos(3x) + 2 = 0$
   Nicht lösbar. Der Wertebereich der Kosinusfunktion ist zwischen -1 und 1.

154

2. a) $f(x) = 2\sin(2x)$ $\qquad x_{k_1} = 0 + k \cdot \pi$ $\qquad x_{k_2} \approx \frac{\pi}{2} + k \cdot \pi$

b) $f(x) = 3\sin(2x) + 2,5$ $\qquad x_{k_1} = -0,985 + k \cdot 2\pi$ $\qquad x_{k_2} \approx 4,127 + k \cdot 2\pi$

c) $f(x) = -\cos(-x) + 1$ $\qquad x_k = 0 + k \cdot 2\pi$

d) $f(x) = 5 \cdot (\cos(3x) + 2)$ $\qquad x_k = 0 + k \cdot 2\pi$

3. a)

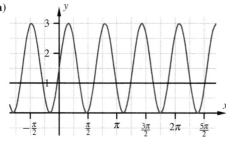

Die Lösungen lassen sich nun als die x-Werte der Schnittpunkte (mehr oder weniger genau) ablesen.

$x_1 \approx 1,1$ $\quad x_2 \approx 2,0$

Die weiteren Lösungen ergeben sich dann im Abstand einer Periodenlänge, hier 2.

$x_3 \approx 3,1$ $\quad x_4 \approx 2,0$

b)
$$\begin{aligned} 1,5\sin(\pi x) + 1,5 &= 1 &&| -1,5 \\ \Leftrightarrow \quad 1,5\sin(\pi x) &= -0,5 &&| : 1,5 \\ \Leftrightarrow \quad \sin(\pi x) &= -\tfrac{1}{3} &&| \sin^{-1} \\ \Leftrightarrow \quad \pi x_1 &\approx -0,340 &&| : \pi \\ \Leftrightarrow \quad x_1 &\approx -0,108 \end{aligned}$$

Die zweite Basislösung ergibt sich mit der Formel $x_2 = \frac{p}{2} - x_1$, also hier: $x_2 \approx \frac{2}{2} + 0,108 = 1,108$

Die weiteren Lösungen erhält man durch Addition der Periodenlänge:

$x_3 \approx 1,892$ $\quad x_4 \approx 3,108$ $\quad$ usw.

4. a)
$$\begin{aligned} 4\sin(3\pi x) &= 0 &&| : 4 \\ \sin(3\pi x) &= 0 &&| \sin^{-1} \\ 3\pi x &= 0 &&| : 3\pi \\ x_1 &= 0 \end{aligned}$$

Die zweite Basislösung ergibt sich mit der Formel $x_2 = \frac{p}{2} - x_1$, also hier: $x_2 \approx \frac{\frac{2}{3}}{2} - 0 = \frac{1}{3}$

Die weiteren Lösungen erhält man durch Addition der Periodenlänge:

$x_{k_1} = k \cdot \frac{2}{3}$ $\quad x_{k_2} = \frac{1}{3} + k \cdot \frac{2}{3}$ $\quad k \in \mathbb{Z}$

b)
$$\begin{aligned} 4\sin(3\pi x) &= 2 &&| : 4 \\ \sin(3\pi x) &= 0,5 &&| \sin^{-1} \\ 3\pi x_1 &= \tfrac{1}{6}\pi &&| : 3\pi \\ x_1 &= \tfrac{1}{18} \end{aligned}$$

Die zweite Basislösung ergibt sich mit der Formel $x_2 = \frac{p}{2} - x_1$, also hier: $x_2 \approx \frac{\frac{2}{3}}{2} - \frac{1}{18} = \frac{5}{18}$

Die weiteren Lösungen erhält man durch Addition der Periodenlänge:

$x_{k_1} = \frac{1}{18} + k \cdot \frac{2}{3}$ $\quad x_{k_2} = \frac{5}{18} + k \cdot \frac{2}{3}$ $\quad k \in \mathbb{Z}$

Der y-Wert aller Schnittpunkte ist 2.

$P_{k_1}\left(\frac{1}{18} + k \cdot \frac{2}{3} \mid 2\right)$ und $P_{k_2}\left(\frac{5}{18} + k \cdot \frac{2}{3} \mid 2\right)$ $\quad k \in \mathbb{Z}$

c) $-6\cos(x) - 3 = 0 \qquad | +3$

$\qquad -6\cos(x) = 3 \qquad | :(-6)$

$\qquad\quad \cos(x) = -\frac{1}{2} \qquad | \cos^{-1}$

$\qquad\qquad\quad x_1 = \frac{2}{3}\pi$

Die zweite Basislösung ergibt sich mit der Formel $x_2 = -x_1$, also hier: $x_2 \approx -\frac{2}{3}\pi$

Die weiteren Lösungen erhält man durch Addition der Periodenlänge:

$x_{k_1} = \frac{2}{3} + k \cdot 2\pi \quad x_{k_2} = -\frac{2}{3} + k \cdot 2\pi \quad k \in \mathbb{Z}$

5. a) $f(0) = -2\sin(0,5 \cdot 0) = -2\sin(0) = -2 \cdot 0 = 0$

b) $f(\pi) = -2\sin(0,5 \cdot \pi) = -2\sin(\frac{\pi}{2}) = -2 \cdot 1 = -2$

c) $f(2\pi) = -2\sin(0,5 \cdot 2\pi) = -2\sin(\pi) = -2 \cdot 0 = 0$

d) $f(\frac{\pi}{3}) = -2\sin(0,5 \cdot \frac{\pi}{3}) = -2\sin(\frac{\pi}{6}) = -2 \cdot 0,5 = -1$

e) $f(-\pi) = -2\sin(0,5 \cdot (-\pi)) = -2\sin(-\frac{\pi}{2}) = -2 \cdot (-1) = 2$

f) $f(\frac{3}{2}\pi) = -2\sin(0,5 \cdot (\frac{3}{2}\pi)) = -2\sin(\frac{3\pi}{4}) = -2\sin(\frac{1}{4}\pi) = -2 \cdot \frac{\sqrt{2}}{2} = -\sqrt{2}$

g) $f(-\frac{\pi}{2}) = -2\sin(0,5 \cdot (-\frac{\pi}{2})) = -2\sin(-\frac{\pi}{4}) = -2 \cdot (-\sin(\frac{1}{4}\pi)) = -2 \cdot (-\frac{\sqrt{2}}{2}) = \sqrt{2}$

h) $f(3\pi) = -2\sin(0,5 \cdot 3\pi) = -2\sin(1,5\pi) = -2 \cdot (-\sin(0,5\pi)) = -2 \cdot (-1) = 2$

6. a) $\sin(x) = 0,5 \qquad | \sin^{-1}$

$\qquad\quad x_1 = \frac{\pi}{6}$

Die zweite Basislösung ergibt sich mit der Formel $x_2 = \frac{p}{2} - x_1$, also hier: $x_2 = \frac{2\pi}{2} - \frac{\pi}{6} = \frac{5}{6}\pi$

Die weiteren Lösungen erhält man durch Addition der Periodenlänge:

$x_{k_1} = \frac{1}{6}\pi + k \cdot 2\pi \quad x_{k_2} = \frac{5}{6}\pi + k \cdot 2\pi \quad k \in \mathbb{Z}$

b) $\cos(x) = 1 \qquad | \cos^{-1}$

$\qquad\quad x_1 = 0$

Hier gibt es keine zweite Basislösung, da die Kosinusfunktion ihr Maximum nur einmal in jeder Periode erreicht. (Die Formel würde auch $x_2 = 0$ liefern.)

Die weiteren Lösungen ergeben sich durch Addition der Periodenlänge:

$x_k = 0 + k \cdot 2\pi = k \cdot 2\pi \quad k \in \mathbb{Z}$

c) $\sin(x) = -\frac{1}{2}\sqrt{2} \qquad$ da die Sinusfunktion punktsymmetrisch ist

$\quad \sin(-x) = \frac{1}{2}\sqrt{2} \qquad | \sin^{-1}$

$\qquad\quad -x_1 = \frac{\pi}{4}$

$\qquad\qquad x_1 = -\frac{\pi}{4}$

Die zweite Basislösung ergibt sich mit der Formel $x_2 = \frac{p}{2} - x_1$, also hier: $x_2 = \frac{2\pi}{2} + \frac{\pi}{4} = \frac{5}{4}\pi$

Die weiteren Lösungen erhält man durch Addition der Periodenlänge:

$x_{k_1} = -\frac{1}{4}\pi + k \cdot 2\pi \quad x_{k_2} = \frac{5}{4}\pi + k \cdot 2\pi \quad k \in \mathbb{Z}$

154

d) *Hinweis:* Fehler im 1. Druck der 1. Auflage! Die Gleichung muss lauten: $2(\cos(0,25x)+1)=0$.

$$2(\cos(0,25x)+1) = 0 \qquad |:2 \quad |-1$$

$\cos(0,25x) = -1$ Nach einer Viertel Periodenlänge nimmt der Kosinus negative Werte an, ausgehend von der halben Periodenlänge (der Standardfunktion) kann der bekannte x-Wert abgezogen werden.

$$\cos(\pi - 0,25x) = 1 \qquad |\cos^{-1}$$
$$\pi - 0,25x_1 = 0 \qquad |-\pi \quad |\cdot(-1)$$
$$0,25x_1 = \pi \qquad |\cdot 4$$
$$x_1 = 4\pi$$

Hier gibt es keine zweite Basislösung, da die Kosinusfunktion ihr Maximum nur einmal in jeder Periode erreicht. (Die Formel würde auch $x_2 = -4\pi$ liefern.)

Die weiteren Lösungen erhält man durch Addition der Periodenlänge:

$$x_k = 4\pi + k \cdot 8\pi \quad k \in \mathbb{Z}$$

e) $\sqrt{12}\cos(x) = 3 \qquad |:\sqrt{12}$

$\cos(x) = 3 : \sqrt{12}$ $\sqrt{12}$ kann umgeformt werden in $2 \cdot \sqrt{3}$.

$\cos(x) = \frac{3}{2\sqrt{3}}$ Es kann mit $\sqrt{3}$ gekürzt werden.

$\cos(x) = \frac{1}{2}\sqrt{3} \qquad |\cos^{-1}$

$x_1 = \frac{\pi}{6}$

Die zweite Basislösung ergibt sich mit der Formel $x_2 = -x_1$, also hier: $x_2 = -\frac{\pi}{6}$

Die weiteren Lösungen erhält man durch Addition der Periodenlänge:

$$x_k = \frac{1}{6}\pi + k \cdot 2\pi \quad x_{k_2} = -\frac{1}{6}\pi + k \cdot 2\pi \quad k \in \mathbb{Z}$$

f) $2\sin(2x) + 5 = 4 \qquad |-5$

$2\sin(2x) = -1 \qquad |:2$

$\sin(2x) = -0,5$ da die Sinusfunktion punktsymmetrisch ist

$\sin(-2x) = 0,5 \qquad |\sin^{-1}$

$-2x_1 = \frac{\pi}{6} \qquad |:(-2)$

$x_1 = -\frac{\pi}{12}$

Die zweite Basislösung ergibt sich mit der Formel $x_2 = \frac{p}{2} - x_1$, also hier: $x_2 = \frac{\pi}{2} + \frac{\pi}{12} = \frac{7}{12}\pi$

Die weiteren Lösungen erhält man durch Addition der Periodenlänge:

$$x_{k_1} = -\frac{1}{12}\pi + k \cdot \pi \quad x_{k_2} = \frac{7}{12}\pi + k \cdot \pi \quad k \in \mathbb{Z}$$

g) $\frac{1}{\sqrt{3}}\sin(0,5x) = \frac{1}{2} \qquad |\cdot\sqrt{3}$

$\sin(0,5x) = \frac{1}{2}\sqrt{3} \qquad |\sin^{-1}$

$0,5x_1 = \frac{\pi}{3} \qquad |\cdot 2$

$x_1 = \frac{2}{3}\pi$

Die zweite Basislösung ergibt sich mit der Formel $x_2 = \frac{p}{2} - x_1$, also hier: $x_2 = \frac{4\pi}{2} - \frac{2}{3}\pi = \frac{4}{3}\pi$

Die weiteren Lösungen erhält man durch Addition der Periodenlänge:

$$x_{k_1} = \frac{2}{3}\pi + k \cdot 4\pi \quad x_{k_2} = \frac{4}{3}\pi + k \cdot 4\pi \quad k \in \mathbb{Z}$$

h) $(2\sin(x))^2 = 2 \qquad |\sqrt{}$

$2\sin(x) = \sqrt{2} \qquad |:2$

$\sin(x) = \frac{1}{2}\sqrt{2} \qquad |\sin^{-1}$

$x_1 = \frac{1}{4}\pi$

Die zweite Basislösung ergibt sich mit der Formel $x_2 = \frac{p}{2} - x_1$, also hier: $x_2 = \frac{2\pi}{2} - \frac{1}{4}\pi = \frac{3}{4}\pi$

Die weiteren Lösungen erhält man durch Addition der Periodenlänge:

$$x_{k_1} = \frac{1}{4}\pi + k \cdot 2\pi \quad x_{k_2} = \frac{3}{4}\pi + k \cdot 2\pi \quad k \in \mathbb{Z}$$

1.6.5 Modellierung periodischer Prozesse

1. a) Ansatz: $f(x) = a \cdot \cos(k \cdot x) + b$ mit $a < 0$; $p = 24 \Rightarrow k = \frac{1}{12}\pi$

156

$f(0) = 0$ und $f(12) = 0,3 \Rightarrow b = 0,15 \qquad a = -0,15$

$f(x) = -0,15 \cdot \cos(\frac{1}{12}\pi \cdot x) + 0,15$

b) $f(x) = 0,1$ liefert: $x_1 = 4,7 \quad x_2 = 19,3$

Der Patient müsste um 4:42 Uhr geweckt werden und dürfte frühestens um 19:18 Uhr einschlafen.

2. a)

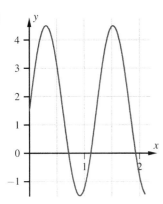

b) $p = \frac{2\pi}{10,3} = 0,61$

c) Das Modell liefert Werte zwischen $-1,5$ und $4,5$. Negative Noten sind nicht möglich.

d) $x_1 = 0,096 \quad x_2 = 0,209$

$(x_{z_1} = 0,096 + z \cdot 0,61 \quad x_{z_2} = 0,209 + z \cdot 0,61)$

$x_3 = 0,706 \quad x_4 = 0,819$

$x_5 = 1,316 \quad x_6 = 1,429 \quad x_7 = 1,926$

3. a)

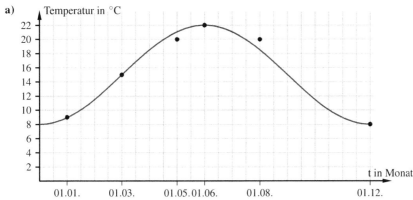

b) $p = 12$ Monate $\Rightarrow k = \frac{1}{6}\pi$

Maximum: $22\,°C$, Minimum: $8\,°C \Rightarrow a = 7 \Rightarrow b = 15$

Die Funktion beginnt sehr niedrig $\Rightarrow -\cos$

$T(t) = -7\cos(\frac{1}{6}\pi t) + 15$

c) $T(t) = 18$ für $t_1 = 3,8$ und $t_2 = 8,2 \Rightarrow$ ab April bis AnfangAugust

156

d)

Datum	01.01.	01.03.	01.05	01.06.	01.08.	01.12.
Temperatur in °C	9	15	20	22	20	8
Modell	8,9	15	21,1	22	18,5	8

Das Modell liefert an vielen Stellen sehr gute Ergebnisse. Allerdings ist es im Sommer etwas verschoben, für Mai sind die Temperaturen schon zu hoch, im August aber bereits wieder zu niedrig. (Deshalb ist das Ergebnis für die Badeempfehlung aus c) auch fragwürdig.)

4. a) $u(t) = u_0 \cdot \sin(\omega \cdot t + \varphi) \Rightarrow u(t) = 3\,\text{V} \cdot \sin(100\,\pi\,\text{s}^{-1} \cdot t)$

Die Stromstärke läuft der Spannung um $0{,}005$ s hinterher.

Für die Phasenverschiebung gilt also: $\varphi = 100\,\pi\,\text{s}^{-1} \cdot (-0{,}005\,\text{s}) = -\frac{\pi}{2}$

$i(t) = i_0 \cdot \sin(\omega \cdot t + \varphi) \Rightarrow i(t) = 5\,\text{mA} \cdot \sin\left(100\,\pi\,\text{s}^{-1} \cdot t - \frac{1}{200}\,\text{s}\right)$

b) In $0{,}1$ s werden jeweils 5 Schwingungen registriert, das sind 50 Schwingungen pro Sekunde. Stromstärke und Spannung schwingen mit derselben Frequenz.

Es gilt: $f = 50\,\text{Hz}$ (Frequenz) und $\omega = 2\,\pi f = 100\,\pi\,\text{s}^{-1} = 100\,\pi\,\text{Hz}$ (Kreisfrequenz).

Übungen zu 1.6

157

1. a) $\sin(\alpha) = \frac{h}{3\,\text{m}}$ mit $65° \le \alpha \le 75°$

$h_{\min} = 3\,\text{m} \cdot \sin(65°) \approx 2{,}72\,\text{m}$

$h_{\max} = 3\,\text{m} \cdot \sin(75°) \approx 2{,}90\,\text{m}$

b)

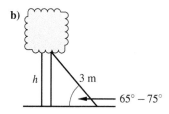

2.

α	0°	22,5°	70°	90°	180°	90°	10°	126,05°
x	0	$\frac{\pi}{8}$	1,22	$\frac{\pi}{2}$	π	$\frac{\pi}{2}$	0,17	2.2

3. a) $f(x) = 2 \cdot \sin(x)$ → 1 $a = 2$; $k = 1$; $b = 0$

   b) $f(x) = \sin(x) - 2$ → 4 $a = 1$; $k = 1$; $b = -2$

   c) $f(x) = \sin(2x)$ → 2 $a = 1$; $k = 2$; $b = 0$

   d) $f(x) = -\cos(x)$ → 3 $a = -1$; $k = 1$; $b = 0$

4. a) $f(x) = 0{,}5 \cdot \sin(x) - 1$

Das Schaubild ist um $0{,}5$ in y-Richtung gestreckt und um -1 in y-Richtung verschoben.

Amplitude: $0{,}5$; Periodenlänge: 2π

   b) $f(x) = 2 \cdot \sin(\frac{\pi}{2} \cdot x) + 3{,}5$

Das Schaubild ist um 2 in y-Richtung gestreckt, um $3{,}5$ in y-Richtung verschoben und um den Faktor $\frac{2}{\pi}$ in x-Richtung gestreckt.

Amplitude: 2; Periodenlänge: 4

   c) $f(x) = -\sin(4 \cdot x) - 2{,}5$

Das Schaubild ist um $2{,}5$ in negativer y-Richtung verschoben, um den Faktor $\frac{1}{4}$ in x-Richtung gestreckt und an der Geraden $y = -1$ gespiegelt.

Amplitude: 1; Periodenlänge: $\frac{\pi}{2}$

d) $f(x) = -3 \cdot \sin(2\pi \cdot x) + 1$

Das Schaubild ist um 3 in y-Richtung gestreckt, um 1 in y-Richtung verschoben, um den Faktor $\frac{1}{2\pi}$ in x-Richtung gestreckt und an der Geraden $y = 1$ gespiegelt.

Amplitude: 3; Periodenlänge: 1

e) $f(x) = \cos(x)$

Das Schaubild ist um $-\frac{\pi}{2}$ in x-Richtung verschoben.

Amplitude: 1; Periodenlänge: 2π

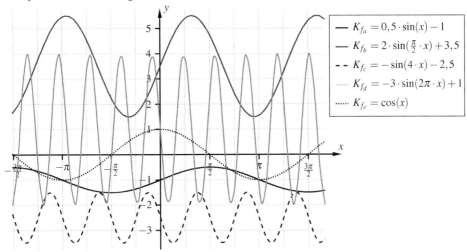

5. 1 $f(x) = 2\cos(0{,}5x) + 1$ 3 $1{,}5\sin(x) + 1$

   2 $f(x) = -2\sin(2x) + 1{,}5$ 4 $f(x) = 2{,}5\sin(x) - 0{,}5$

6. a)

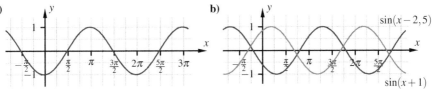

c) Der Parameter c verschiebt das Schaubild nach links $[\sin(x+c)]$ bzw. rechts $[\sin(x-c)]$.

d) $c = -\frac{\pi}{2}$, dann wäre das Schaubild um eine Viertelperiode nach links verschoben.

7. *Hinweis:* Fehler im 1. Druck der 1. Auflage! Die 1. Gleichung lautet: $2\cos(2x) + 4 = 8 \mid : 2$

Die Gleichung ist nicht lösbar. Trotzdem ist ein Fehler unterlaufen:

$2\cos(2x) + 4 = 8 \mid : 2$ ergibt $\cos(\mathbf{2}x) + 2 = 4$

Aber auch die Gleichung $\cos(2x) = 2$ wäre nicht lösbar.

157

8.
$$2\sin(x) - 0,5 = 0 \qquad | +0,5$$
$$2\sin(x) = 0,5 \qquad | :2$$
$$\sin(x) = 0,25 \qquad | \sin^{-1}$$
$$x_{N_1} \approx 0,2527$$

Die zweite Basislösung ergibt sich mit der Formel $x_{N_2} = \frac{p}{2} - x_{N_1}$, also hier: $x_{N_2} = \frac{2\pi}{2} - 0,2527 \approx 2,8889$

Die weiteren Lösungen erhält man durch Addition der Periodenlänge:

$$x_{N_3} \approx 0,2527 + k \cdot 2\pi \quad x_{N_4} \approx 2,8889 + k \cdot 2\pi \quad k \in \mathbb{Z}$$

9.
$$2\cos(x) - 1 = 0 \qquad | +1$$
$$2\cos(x) = 1 \qquad | :2$$
$$\cos(x) = 0,5 \qquad | \cos^{-1}$$
$$x_{N_1} \approx \frac{1}{3}\pi$$
$$\approx 1,0472$$

Die zweite Basislösung ergibt sich mit der Formel $x_{N_2} = -x_{N_1}$, also hier: $x_{N_2} = -\frac{1}{3}\pi$

Die weiteren Lösungen erhält man durch Addition der Periodenlänge:

$$x_{N_3} = \frac{1}{3}\pi + k \cdot 2\pi \quad x_{N_4} = -\frac{1}{3}\pi + k \cdot 2\pi \quad k \in \mathbb{Z}$$

10. $\cos(3x) + 1 = 2\cos(3x) \Leftrightarrow 1 = \cos(3x) \Rightarrow x_S = 0 + k \cdot \frac{2}{3}\pi$

$y_S = \cos(3(0 + k \cdot \frac{2}{3}\pi)) + 1 = \cos(k \cdot 2\pi) + 1 = 2$

$S(k \cdot \frac{2}{3}\pi | 2)$

158

11. Die Funktionsterme der Schaubilder müssen zur Berechnung der Schnittpunkte gleichgesetzt werden. Somit wird ein Kosinusterm mit einem linearen Term gleichgesetzt. Die x-Werte der Schnittpunkte sind die Lösungen der Gleichung.

$$3\cos(x) = 0,5x$$

12. **a)** 0,7852; 2,3563   **d)** 3,6652; 5,7596   **g)** 2,7925; 3,4906

      b) 0,5236; 2,6180   **e)** 0,3490; 5,9341   **h)** 2,0944; 4,1888

      c) 3,7699; 5,6548   **f)** 1,0472; 5,2360

13. **a)**
$$\pi\sin(2x) - \pi = 0 \qquad | +\pi$$
$$\pi\sin(2x) = \pi \qquad | :\pi$$
$$\sin(2x) = 1 \qquad | \sin^{-1}$$
$$2x_1 = \frac{1}{2}\pi \qquad | :2$$
$$x_1 = \frac{1}{4}\pi$$

Hier gibt es keine zweite Basislösung, da die Sinusfunktion ihr Maximum (1) nur einmal in jeder Periode erreicht. (Die Formel würde auch $x_2 = \frac{1}{4}\pi$ liefern.)

Die weiteren Nullstellen ergeben sich durch Addition der Periodenlänge:

allgemein: $x_k = \frac{1}{4}\pi + k \cdot \pi \quad k \in \mathbb{Z}$

im Intervall $[-\pi; 2\pi]$: $x_1 = \frac{1}{4}\pi \quad x_2 = \frac{5}{4}\pi \quad x_3 = -\frac{3}{4}\pi$

b) 158

$$\begin{aligned} 10\sin(-3x)+3 &= -2 && \mid -3 \\ 10\sin(-3x) &= -5 && \mid :10 \\ \sin(-3x) &= -0.5 && \text{wegen Punktsymmetrie} \\ \sin(3x) &= 0{,}5 && \mid \sin^{-1} \\ 3x_1 &= \tfrac{1}{6}\pi && \mid :3 \\ x_1 &= \tfrac{1}{18}\pi \end{aligned}$$

Die zweite Basislösung ergibt sich mit der Formel $x_2 = \frac{p}{2} - x_1$, also hier: $x_2 = \frac{\frac{2}{3}\pi}{2}\pi - \frac{1}{18}\pi = \frac{5}{18}\pi$
Die weiteren Lösungen erhält man durch Addition der Periodenlänge:
allgemein: $x_{k_1} = \frac{1}{18}\pi + k\cdot\frac{2}{3}\pi \quad x_{k_2} = \frac{5}{18}\pi + k\cdot\frac{2}{3}\pi \quad k\in\mathbb{Z}$
im Intervall $[-\pi;\ 2\pi]$: $x_1 = \frac{1}{18}\pi \quad x_2 = \frac{25}{18}\pi \quad x_3 = -\frac{11}{18}\pi$

$x_4 = \frac{5}{18}\pi \quad x_5 = \frac{17}{18}\pi \quad x_6 = \frac{29}{18}\pi$

c)

$$\begin{aligned} 6\cos(x) &= \sqrt{27} && \mid :6 \\ \cos(x) &= \tfrac{\sqrt{3}}{2} && \mid \cos^{-1} \\ x_1 &= \tfrac{1}{6}\pi \end{aligned}$$

Die zweite Basislösung ergibt sich mit der Formel $x_2 = -x_1$, also hier: $x_2 = -\frac{1}{6}\pi$
Die weiteren Lösungen erhält man durch Addition der Periodenlänge:
allgemein: $x_{k_1} = \frac{1}{6}\pi + k\cdot 2\pi \quad x_{k_2} = -\frac{1}{6}\pi + k\cdot 2\pi \quad k\in\mathbb{Z}$
im Intervall $[-\pi;\ 2\pi]$: $x_1 = \frac{1}{6}\pi \quad x_2 = -\frac{1}{6}\pi \quad x_3 = \frac{11}{6}\pi$

d)

$$\begin{aligned} \sqrt{2}\sin(0{,}5x) &= 1 && \mid :\sqrt{2} \\ \sin(x) &= \tfrac{1}{\sqrt{2}} && \mid \sin^{-1} \\ x_1 &= \tfrac{1}{2}\pi \end{aligned}$$

Die zweite Basislösung ergibt sich mit der Formel $x_2 = \frac{p}{2} - x_1$, also hier: $x_2 = \frac{4\pi}{2} - \frac{1}{2}\pi = \frac{3}{2}\pi$
Die weiteren Lösungen erhält man durch Addition der Periodenlänge (hier liegen diese allerdings nicht mehr im Intervall $[-\pi;\ 2\pi]$):
allgemein: $x_{k_1} = \frac{1}{2}\pi + k\cdot 4\pi \quad x_{k_2} = \frac{3}{2}\pi + k\cdot 4\pi \quad k\in\mathbb{Z}$

e)

$$\begin{aligned} x\sin(x)+2\sin(x) &= 0 && \mid :\sqrt{2} \\ \sin(x)(x+2) &= 0 && \text{Satz vom Nullprodukt} \\ x=-2 \text{ oder } \sin(x) &= 0 && \mid \sin^{-1} \\ x_1 &= 0 \end{aligned}$$

Die zweite Basislösung für die trigonometrische Gleichung ergibt sich mit der Formel $x_2 = \frac{p}{2} - x_1$, also hier: $x_2 = \frac{2\pi}{2} - 0 = \pi$
Die weiteren Nullstellen der trigonometrischen Gleichung erhält man durch Addition der Periodenlänge:
allgemein: $x_{k_1} = 0 + k\cdot 2\pi \quad x_{k_2} = \pi + k\cdot 2\pi \quad k\in\mathbb{Z}$
im Intervall $[-\pi;\ 2\pi]$: $x_1 = 0 \quad x_2 = 2\pi \quad x_3 = 2 \quad x_4 = \pi \quad x_5 = -\pi$

f)

$$\begin{aligned} 7\cos(4x)+7 &= 0 && \mid -7 \\ 7\cos(4x) &= -7 && \mid :7 \\ \cos(4x) &= -1 && \mid \cos^{-1} \\ 4x_1 &= \pi \\ x_1 &= \tfrac{\pi}{4} \end{aligned}$$

Die zweite Basislösung für die Gleichung ergibt sich mit der Formel $x_2 = -x_1$, also hier: $x_2 = -\frac{\pi}{4}$
Die weiteren Nullstellen erhält man durch Addition der Periodenlänge:
allgemein: $x_k = \frac{\pi}{4} + k\cdot 2\pi \quad k\in\mathbb{Z}$
im Intervall $[-\pi;\ 2\pi]$: $x_1 = \frac{\pi}{4} \quad x_2 = -\frac{\pi}{4}$

158

g) *Hinweis:* Im Allgemeinen sind Gleichungen mit quadratischen und trigonometrischen Anteilen mit den vorliegenden Mitteln nicht lösbar.

$$x^2 + \sin(\tfrac{1}{4}x) - 0,5 = x^2 \qquad | -x^2 + 0,5$$
$$\sin(\tfrac{1}{4}x) = 0,5 \qquad | \sin^{-1}$$
$$\tfrac{1}{4}x = \tfrac{1}{6}\pi \qquad | \cdot 4$$
$$x_1 = \tfrac{2}{3}\pi$$

Die zweite Basislösung für die Gleichung ergibt sich mit der Formel $x_2 = \frac{p}{2} - x_1$, also hier:
$x_2 = \tfrac{8}{2}\pi - \tfrac{2}{3}\pi = 3\tfrac{1}{3}\pi$

allgemein: $x_{k_1} = \tfrac{2}{3}\pi + k \cdot 8\pi \quad x_{k_2} = 3\tfrac{1}{3}\pi + k \cdot 8\pi \quad k \in \mathbb{Z}$

Im Intervall $[-\pi; 2\pi]$ gibt es nur die Nullstelle: $x_1 = \tfrac{2}{3}\pi$

h) $\quad (2\sin(x))^2 = 3 \qquad | : \sqrt{\ } \quad \blacktriangleright$ Achtung beim Wurzelziehen wegen $\pm$
$$2\sin(x) = \pm\sqrt{3} \qquad | : 2$$
$$\sin(x) = \pm\tfrac{\sqrt{3}}{2} \qquad \blacktriangleright \text{ wir betrachten die Gleichungen nun einzeln}$$
$$\sin(x) = \tfrac{\sqrt{3}}{2} \qquad | \sin^{-1}$$
$$x_1 = \tfrac{1}{3}\pi$$

oder

$$\sin(x) = -\tfrac{\sqrt{3}}{2} \qquad | \sin^{-1}$$
$$x_1^* = -\tfrac{1}{3}\pi$$

Die zweite Basislösung ergibt sich mit der Formel $x_2 = \frac{p}{2} - x_1$, also hier: $x_2 = \tfrac{2}{2}\pi - \tfrac{1}{3}\pi = \tfrac{2}{3}\pi \quad$ oder
$x_2^* = \tfrac{2}{2}\pi + \tfrac{1}{3}\pi = \tfrac{4}{3}\pi$

allgemein: $x_{k_1} = \tfrac{1}{3}\pi + k \cdot 2\pi \quad x_{k_2} = \tfrac{2}{3}\pi + k \cdot 2\pi \quad k \in \mathbb{Z} \quad$ oder
$\qquad\qquad x_{k_1}^* = -\tfrac{1}{3}\pi + k \cdot 2\pi \quad x_{k_2}^* = \tfrac{4}{3}\pi + k \cdot 2\pi \quad k \in \mathbb{Z}$
im Intervall $[-\pi; 2\pi]$: $x_1 = \tfrac{1}{3}\pi \quad x_2 = \tfrac{2}{3}\pi \quad x_1^* = -\tfrac{1}{3}\pi \quad x_2^* = \tfrac{4}{3}\pi \quad x_3^* = \tfrac{5}{3}\pi$

i) *Hinweis:* Im Allgemeinen sind Gleichungen mit quadratischen und trigonometrischen Anteilen mit den vorliegenden Mitteln nicht lösbar.

$$(x+7)^2 + 6 = x^2 + \sin(2x) + 7(2x+8)$$
$$x^2 + 14x + 49 + 6 = x^2 + \sin(2x) + 14x + 56 \qquad | -x^2 - 14x$$
$$55 = \sin(2x) + 56 \qquad | -56$$
$$-1 = \sin(2x) \qquad | \sin^{-1}$$
$$-\tfrac{\pi}{2} = 2x_1 \qquad | : 2$$
$$-\tfrac{\pi}{4} = x_1$$

Hier gibt es keine zweite Basislösung, da die Sinusfunktion ihr Minimum (-1) nur einmal in jeder Periode erreicht. (Die Formel würde auch $x_2 = -\tfrac{1}{4}\pi$ liefern.)

allgemein: $x_k = -\tfrac{1}{4}\pi + k \cdot 4\pi \quad k \in \mathbb{Z}$

im Intervall $[-\pi; 2\pi]$ gibt es nur die Nullstelle: $-\tfrac{1}{4}\pi$

j) $\quad 2\sin(x) = -3\sin(x) \qquad | + 3\sin(x)$
$$5\sin(x) = 0 \qquad | : 5$$
$$\sin(x) = 0 \qquad | \sin^{-1}$$
$$x_1 = 0$$

Die zweite Basislösung ergibt sich mit der Formel $x_2 = \frac{p}{2} - x_1$, also hier: $x_2 = \tfrac{2\pi}{2} - 0 = \pi$

allgemein: $x_{k_1} = 0 + k \cdot 2\pi \quad x_{k_2} = \pi + k \cdot 2\pi \quad k \in \mathbb{Z} \quad$ (lassen sich auch zu einer Lösung zusammen-
fassen: $x_k = k \cdot \pi$)

im Intervall $[-\pi; 2\pi]$: $x_1 = 0 \quad x_2 = \pi \quad x_3 = 2\pi \quad x_4 = -\pi$

14. Die Sinusfunktion ist punktsymmetrisch zum Ursprung, die Kosinusfunktion ist achsensymmetrisch zur y-Achse. Für die Sinusfunktion folgt aus der Punktsymmetrie direkt, dass $\sin(x) = -a$ dieselbe Lösung hat wie $\sin(-x) = +a$. Denn bei Punktsymmetrie gilt: $f(x) = -f(-x)$ oder $-f(x) = f(-x)$. Daraus folgt die obige Formel.

Und somit:

x	0	$\frac{\pi}{6}$	$\frac{\pi}{4}$	$\frac{\pi}{3}$	$\frac{\pi}{2}$	$-\frac{\pi}{6}$	$-\frac{\pi}{4}$	$-\frac{\pi}{3}$	$-\frac{\pi}{2}$
$\sin(x)$	0	$\frac{1}{2}$	$\frac{\sqrt{2}}{2}$	$\frac{\sqrt{3}}{2}$	1	$-\frac{1}{2}$	$-\frac{\sqrt{2}}{2}$	$-\frac{\sqrt{3}}{2}$	-1

Bei der Kosinusfunktion ist die Argumentation über die Achsensymmetrie nicht möglich. Es gilt aber außerdem, dass die Funktionswerte jeweils nach dem Wendepunkt (bzw. der Nullstelle) mit geändertem Vorzeichen und in umgekehrter Reihenfolge wieder auftreten. Die Nullstelle ist aus der Tabelle bekannt: $x_N = \frac{\pi}{2}$. Somit lässt sich die Tabelle für den Kosinus mit veränderten Vorzeichen und in umgekehrter Reihenfolge ergänzen:

Abstand zu $\frac{\pi}{2}$	$\frac{\pi}{2}$	$\frac{\pi}{3}$	$\frac{\pi}{4}$	$\frac{\pi}{6}$		$\frac{\pi}{6}$	$\frac{\pi}{4}$	$\frac{\pi}{3}$	$\frac{\pi}{2}$
x	0	$\frac{\pi}{6}$	$\frac{\pi}{4}$	$\frac{\pi}{3}$	$\frac{\pi}{2}$	$\frac{\pi}{2} + \frac{\pi}{6}$ $= \frac{2}{3}\pi$	$\frac{\pi}{2} + \frac{\pi}{4}$ $= \frac{3}{4}\pi$	$\frac{\pi}{2} + \frac{\pi}{3}$ $= \frac{5}{6}\pi$	$\frac{\pi}{2} + \frac{\pi}{2}$ $= \pi$
$\cos(x)$	0	$\frac{\sqrt{3}}{2}$	$\frac{\sqrt{2}}{2}$	$\frac{1}{2}$	1	$-\frac{1}{2}$	$-\frac{\sqrt{2}}{2}$	$-\frac{\sqrt{3}}{2}$	-1

15. a) $U(t) = 1{,}8 \cdot \cos(0{,}2 \cdot t)$; $\quad p = \frac{2\pi}{0{,}2} = 10\pi$

$f = \frac{1}{10}\pi \approx 0{,}032 \, \frac{1}{s}$ (Einheit Hertz)

$t = 2{,}5\pi$

b) $U(t) = 20 \cdot \sin(200 \cdot (t - 0{,}0025) + 30) = 20 \cdot \sin(200t + 29{,}5)$; $\quad p = \frac{2\pi}{200} = \frac{\pi}{100}$

$f = \frac{1}{\frac{\pi}{100}} = \frac{100}{\pi} \approx 31{,}83$

$t = 0$

16. Die Wendepunkte liegen auf die Mittellinie. Bei $p = 2\pi$ ist der Abstand zwischen den Wendepunkten $\frac{p}{2} = \pi$.

a) $W_1(\frac{\pi}{2}|1), W_2(-\frac{\pi}{2}|1)$ **b)** $W_1(-\pi|-2), W_2(0|-2), W_3(\pi|-2)$

17. $a = 3; k = 2 \Rightarrow p = \pi; b = 2$ $\quad f(x) = 3 \cdot \sin(2x) + 2$

18. a) Für $\underline{\alpha = 0°}$ ergibt sich kein Dreieck, die Sinus- und Kosinuswerte erhält man direkt aus der Definition über den zugehörigen Punkt auf dem Einheitskreis mit $(1|0)$.

Ebenso ergibt sich für $\underline{\alpha = 90°}$ der Punkt $(0|1)$.

Für $\underline{\alpha = 45°}$ ergibt sich ein gleichschenkliges Dreieck mit der Hypotenusenlänge 1. Mit dem Satz des Pythagoras erhält man $a^2 + b^2 = 1^2$, also $2a^2 = 1$ oder $a = \sqrt{\frac{1}{2}} = \frac{\sqrt{1}}{\sqrt{2}} = \frac{1}{\sqrt{2}}$ und erweitert mit $\sqrt{2}$: $a = \frac{1}{2}\sqrt{2}$. Also $\sin(45°) = \cos(45°) = \frac{1}{2}\sqrt{2}$.

Für $\underline{\alpha = 30°}$ ergibt sich ein Dreieck mit den Winkeln $\beta = 60°$ und $\gamma = 90°$. Dieses Dreieck lässt sich durch Spiegelung an der Ankathete zu einem gleichseitigen Dreieck ergänzen, in dem alle Seiten die Länge der Gegenkathete haben, also $\sin(30°)$. Im gleichseitigen Dreieck gilt außerdem: $h = \frac{a}{2}\sqrt{3}$. Folglich gilt hier mit $a = 1$: $h = \frac{1}{2}\sqrt{3}$ und, da $h = \cos(30°)$, gilt $\cos(30°) = \frac{1}{2}\sqrt{3}$. In der Grafik erkennt man außerdem, dass $2 \cdot \sin(30°) = 1$, also $\sin(30°) = 0{,}5$ gilt.

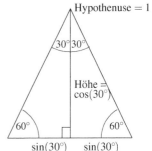

Für $\alpha = 60°$ ergibt sich dasselbe Dreieck mit vertauschten Rollen von sin und cos, also $\cos(60°) = 0,5$ und $\sin(60°) = \frac{1}{2}\sqrt{3}$.

b) Vgl. Argumentation bei $\alpha = 60°$, denn $\frac{\pi}{6}$ entspricht $30°$ und $\frac{\pi}{3}$ entspricht $60°$.

19. Temperaturverlauf eines Tages: $f(x) = 6 \cdot \sin(\frac{\pi}{12}x) + 15$

Dabei gibt x die Stunde nach Sonnenaufgang (6 Uhr) an, $f(x)$ ist die Temperatur in $°$C.

a) Periode: 24; Amplitude: 6; Verschiebung entlang der y-Achse: 15. Die mittlere Temperatur liegt bei $15\,°C \pm 6\,°$. Der Vorgang wiederholt sich täglich, deshalb $p = 24$ h.

b)

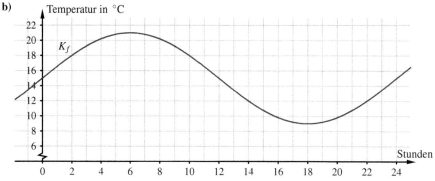

c) Das Modell nimmt für jeden Tag denselben Temperaturverlauf an, was sicherlich nicht realistisch ist. Allenfalls in ausgewählten Regionen in der Nähe des Äquators sind täglich so ähnliche Temperaturverläufe zu beobachten.

Außerdem geht das Modell davon aus, dass die Maximaltemperatur bereits um 6 Uhr erreicht wird und um 18 Uhr die tiefste Temperatur. Dies ist in der Realität auch höchst selten.

20. a)

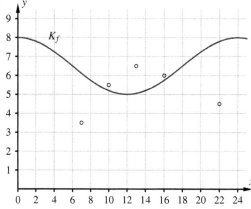

$f(x) = 1,5 \cdot \cos(\frac{\pi}{12}x) + 6,5$

b) pH-Werte zwischen 5 und 8 gelten für einen Erwachsenen als normal. Die Grafik rechts zeigt im hellgrauen Bereich die Schwankungen zu verschiedenen Tageszeiten des idealen pH-Wertes im Urin. Bei Alina liegen alle Werte unterhalb von 7, welches eine Übersäuerung des Körpers darstellt. Ein Besuch beim Arzt oder Heilpraktiker ist angesagt, falls sich dieses pH-Wert-Bild auch in den folgenden Tagen zeigt.

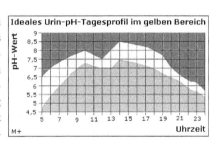

(Quelle: http://www.medizininfo.de/ernaehrung/saeuren-basen-haushalt/tagesprofil.gif; Stand Juni 2015)

158

Test zu 1.6

161

1.

x	0	$\frac{\pi}{2}$	$\frac{\pi}{2}$	$-\frac{\pi}{6}$	$-\frac{\pi}{4}$	$-\frac{\pi}{2}$
$\sin(x)$	0	1	1	$-0,5$	$-0,7071$	-1

x	0	$\frac{\pi}{2}$	0	$\frac{\pi}{4}$	$\frac{3\pi}{4}$	π
$\cos(x)$	1	0	1	$0,7071$	$-0,7071$	-1

2. **a)** $f(x) = \sin(2x) - 1$ $a = 1$ $k = 2;\ b = -1$
  b) $f(x) = \sin(4x)$ $a = 1$ $k = 4;\ b = 0$

3. **a)** $\cos(x) = 0,5$ $|\ \cos^{-1}$
  $x_1 = \frac{1}{3}\pi;$ $x_2 = -x_1 = -\frac{1}{3}\pi$
  b) $\sin(2x) = -0,7$ $|\ \sin^{-1}$
  $2x_1 \approx -0,7754$ $|:2$
  $x_1 \approx -0,3877$ (nicht im Intervall); $x_2 = \frac{p}{2} - x_1 \approx \frac{\pi}{2} + 0,3877 \approx 1,1831$
  $x_3 = x_1 + p = x_1 + \pi \approx 2,7539$

4. **a)** $a = 2$ $\Rightarrow a = 1:$ Stauchung mit Faktor 2 (oder Streckung mit Faktor $\frac{1}{2}$) in y-Richtung
        $k = \frac{1}{2}$ $\Rightarrow k = 2:$ $p = 4\pi \Rightarrow p = \pi:$ Stauchung mit Faktor 4 (Streckung mit Faktor $\frac{1}{4}$)
                            in x-Richtung
        $b = 0$ $\Rightarrow b = 1:$ Verschiebung um 1 nach oben
  b) $a = -1$ $\Rightarrow a = 1:$ Spiegelung an der x-Achse
        $k = 2$ $\Rightarrow k = -2:$ Periodenlänge unverändert: Spiegelung an der y-Achse, ohne Einfluss bei cos
        $b = +1$ $\Rightarrow b = -1:$ Verschiebung um 2 nach unten
  c) $a = 1$ $\Rightarrow a = 2:$ Streckung mit Faktor 2 in y-Richtung
        $k = 1$ $\Rightarrow k = 3:$ $p = 2\pi \Rightarrow p = \frac{2}{3}\pi:$ Stauchung mit Faktor 3 (Streckung mit Faktor $\frac{1}{3}$)
                            in x-Richtung

5. **a)** $p = \pi$ $a = 3$ $H(\frac{\pi}{4}|3)$ $T(\frac{3}{4}\pi|-3)$
  b) $p = 2\pi$ $a = 2$ $H(\frac{\pi}{2}|4)$ $T(\frac{3}{2}\pi|0)$
  c) $p = 2$ $a = 0,5$ $H(0,5|0,5)$ $T(1,5|-0,5)$
  d) $p = \pi$ $a = 2$ $H(0|2)$ $T(\frac{\pi}{2}|-2)$

161

6. Differenz der x-Werte: 2 = halbe Periodenlänge $\Rightarrow p = 4 \Rightarrow k = \frac{\pi}{2}$

Differenz der y-Werte: 8 = doppelte Amplitude $\Rightarrow a = 4$

Mitte zwischen den y-Werten: $2 = b$

7. $u(t) = u_0 \cdot \sin(\omega \cdot t + \varphi) \Rightarrow u(t) = 10{,}67\,\text{V} \cdot \sin(100\,\pi\,\text{s}^{-1} \cdot t)$

Die Stromstärke läuft der Spannung um $0{,}005$ s hinterher.

Für die Phasenverschiebung gilt also: $\varphi = 100\,\pi\,\text{s}^{-1} \cdot (-0{,}005\,\text{s}) = -\frac{\pi}{2}$.

$i(t) = i_0 \cdot \sin(\omega \cdot t + \varphi); \; i_0 = \frac{2{,}667\,\text{V}}{100\,\Omega} = 26{,}67\,\text{mA}; \; i(t) = 26{,}67\,\text{mA} \cdot \sin\left(100\,\pi\,\text{s}^{-1} \cdot \left(t - \frac{1}{200}\,\text{s}\right)\right)$

In $0{,}1$ s werden jeweils 5 Schwingungen registriert, das sind 50 Schwingungen pro Sekunde.

Stromstärke und Spannung schwingen mit derselben Frequenz.

Es gilt: $f = 50\,\text{Hz}$ (Frequenz) und $\omega = 2\,\pi f = 100\,\pi\,\text{s}^{-1} = 100\,\pi\,\text{Hz}$ (Kreisfrequenz).

Alternativ:

(1) 10 Kästchen $= 0{,}1$ s $\Rightarrow$ 1 Kästchen $= 0{,}01$ s

Periodenlänge: 2 Kästchen $\Rightarrow p = 0{,}02 \Rightarrow k = 100\pi$

Die Spannung schwankt zwischen -16 V und $+16$ V $\Rightarrow a = 16$ und $b = 0$

Spannung: $U(t) = 16\sin(100\pi x)$

(2) Für die Stromstärke I am Ohm'schen Widerstand gilt: $I = \frac{U}{R} = \frac{16\,\text{V}}{100\,\Omega} = 0{,}16\,A$

Da die Stromstärke im Tiefpunkt beginnt: $a = -0{,}16$. p wie oben $\Rightarrow k = 100\pi$

Stromstärke: $I(t) = -0{,}16\cos(100\pi x)$

2 Lineare Gleichungssysteme

2.1 Lösungsverfahren

1 Zahlenrätsel

164

a) Man wählt zuerst jeweils Zeilen/Spalten, in denen nur eine Zahl fehlt. Beispiel: erste Zeile: $6 + 3$ ergibt 9, die fehlende Zahl muss 1 sein; entsprechend braucht man für die erste Spalte die Zahl 6. Dadurch können dann weitere Zeilen/Spalten schrittweise vervollständigt werden.

b) Für jede Zeile und Spalte wird eine Gleichung aufgestellt, fehlende Zahlen werden dabei durch Variablen repräsentiert.

$3 + x_1 + 6 = 10$

$2 + x_2 + x_3 = 14$

$x_4 + 5 + 7 = x_5$

$3 + 2 + x_4 = 11$

$x_1 + x_2 + 5 = x_6$

$6 + x_3 + 7 = 21$

c) $3 + x_1 + 6 = 10 \; \Leftrightarrow \; x_1 = 1$

$2 + x_2 + x_3 = 14 \; \Leftrightarrow \; x_2 + x_3 = 12 \; \Rightarrow \; x_2 = 12 - 8 = 4$

$x_4 + 5 + 7 = x5 \; \Leftrightarrow \; x_5 - x_4 = 12 \; \Rightarrow \; x_5 = 12 + 6 = 18$

$3 + 2 + x_4 = 11 \; \Leftrightarrow \; x_4 = 6$

$x_1 + x_2 + 5 = x_6 \; \Leftrightarrow \; x_6 - x_1 - x_2 = 5 \; \Rightarrow \; x_6 = 5 + 1 + 4 = 10$

$6 + x_3 + 7 = 21 \; \Leftrightarrow \; x_3 = 8$

Lösung:

3	+	1	+	6	=	10
+		+		+		
2	+	4	+	8	=	14
+		+		+		
6	+	5	+	7	=	18
=		=		=		
11		10		21		

2 Produktionskapazität

a) Für ein *Renn Fast* braucht man: $2,5 + 0,7 = 3,2$ Stunden, also 320 Stunden für 100 *Renn Fast*.

Für ein *Renn Superfast*: $3,5 + 0,9 = 4,4$ Stunden, also 220 Stunden für 50 *Renn Superfast*.

b) Mit den gegebenen zeitlichen Rahmenbedingungen ergeben sich folgende Gleichungen:

$2,5 \, F + 3,5 \, S = 500$

$0,7 \, F + 0,9 \, S = 134$

Lösung: $F = 95, \quad S = 75$

165

3 Smartphone-Tarife

a) Zwei Unbekannte: AnzSMS und AnzMin

Sergej: AnzSMS $\cdot$ 0,07+ AnzMin $\cdot$ 0,06 + 8,5 $= 11,82$

Marisa: AnzSMS $\cdot$ 0,09+ AnzMin $\cdot$ 0,08 + 5 $= 9,36$

LGS mit 2 Unbekannten:

Lösung: (20; 32) d. h. 20 SMS und 32 Minuten.

b) Christopher: AnzSMS $\cdot$ 0,07+ AnzMin $\cdot$ 0,07 $+ 7 = 10,24$

Probe mit der Lösung aus a): $20 \cdot 0,07 + 32 \cdot 0,07 + 7 = 10,64 \neq 10,24$

Christopher hat einen Fehler gemacht.

4 Brückenbau

a) Je nachdem, welche Informationen bekannt sind, kann ein unterschiedlicher Ansatz für die Bestimmung der Parabelgleichung gewählt werden: Scheitelpunktform (Scheitelpunkt und weiterer Punkt), Linearfaktordarstellung (Nullstellen und weiterer Punkt) oder allgemeine Form (drei Punkte).

Da der Scheitelpunkt gegeben ist, würde es ausreichen, wenn nur ein weiterer Punkt gegeben wäre. Außerdem sind durch die Symmetrie der Parabel mittelbar auch die Koordinaten der Punkte B und D bekannt.

b) Der allgemeine Ansatz: $f(x) = ax^2 + bx + c$ führt zu folgendem LGS:

$$
\begin{array}{lrcrcrcr}
A(30|0): & 900\,a & + & 30\,b & + & c & = & 0 \\
S(150|57,6): & 22\,500\,a & + & 150\,b & + & c & = & 57,6 \\
C(0|-32,4): & & & & & c & = & -32,4
\end{array}
$$

c einsetzen und vereinfachen:

$900a + 30b - 32,4 = 0 \;\Leftrightarrow\; 900a + 30b = 32,4 \mid \cdot (-5) \;\Leftrightarrow\; -4500a - 150b = -162$

$22\,500a + 150b - 32,4 = 57,6 \;\Leftrightarrow\; 22\,500a + 150b = 90$

Addition der Gleichungen:

$18\,000a = -72 \;\Leftrightarrow\; a = -0,004$

Einsetzen in erste Gleichung:

$900 \cdot (-0,004) + 30b = 32,4 \;\Leftrightarrow\; b = 1,2$

$f(x) = -0,004x^2 + 1,2x - 32,4$

$D(300|-32,4)$ mit C und der Symmetrie;

$B(270|0)$ mit A und der Symmetrie

Entfernung von A zu B: $270 - 30 = 240$

Gleichung der Träger: Geradengleichung durch die Punkte C und S bzw. D und S mit Einschränkung des Definitionsbereichs (Beschreibung einer Strecke)

$CS: y = 0,6x - 32,4, \quad x \in [0; 150]$

$DS: y = -0,6x + 147,6, \quad x \in [150; 300]$

2.1.1 Aufstellen eines linearen Gleichungssystems

168

1. a) 3 Unbekannte:

$$\begin{aligned} -3a &+ b &- c &= 2 \\ 2a &+ & c &= -5 \\ &- b &+ 0,5c &= 0 \end{aligned}$$

b) 2 Unbekannte:

$$\begin{aligned} x &- y &= -3 \\ -2x &+ 2y &= -4 \\ 3x &+ y &= -1 \end{aligned}$$

2. a) f ist eine Polynomfunktion 4. Grades und ihr Schaubild ist symmetrisch zur y-Achse: $f(x) = ax^4 + cx^2 + e$.

$$\begin{array}{lllll} (1|4{,}5): & f(1) = a \cdot (1)^4 + c \cdot (1)^2 + e = 4{,}5 & \Leftrightarrow & a + c + e = 4{,}5 \\ (2|0): & f(2) = a \cdot (2)^4 + c \cdot (2)^2 + e = 0 & \Leftrightarrow & 16a + 4c + e = 0 \\ (0|8): & f(0) = a \cdot (0)^4 + c \cdot (0)^2 + e = 8 & \Leftrightarrow & e = 8 \end{array}$$

b) Paul hat Recht, denn das erhaltene LGS hat die 3 Variablen a, c und e.

Anna hat aber auch Recht: In der dritten Zeile sieht man, dass die Variable e den Wert 8 hat. Wenn man diesen Wert in die ersten beiden Zeilen einsetzt, hat man nur noch ein LGS mit 2 Variablen (a und c).

3. a) 3 Variablen, z.B.: L für links, M für Mitte und R für rechts.

$$\begin{array}{llll} L + M + R = 6 & & L + M + R = 6 \\ 2L = M + R & \Leftrightarrow & 2L - M - R = 0 \\ L + M = R & & L + M - R = 0 \end{array}$$

b) Mit 2 anfangen und mit 3 enden bedeutet $L = 2$ und $R = 3$:

$$\begin{array}{lllll} 2 + M + 3 = 6 & \Leftrightarrow & M = 1 \\ 4 - M - 3 = 0 & \Leftrightarrow & -M = -1 & \Leftrightarrow & M = 1 \\ 2 + M - 3 = 0 & \Leftrightarrow & M = 1 \end{array}$$

$\Rightarrow$ Ja, da bei allen Gleichungen $M = 1$ rauskommt. Die gesuchte Zahl ist 213.

4. a) Falsch (beliebige Anzahl Gleichungen)

b) Richtig

c) Falsch (Gegenbeispiel: Seitenwechsel der Variablen/Werte)

d) Richtig

e) Richtig

f) Richtig (z.B. 2 Gleichungen: $1 = 1, 2 = 3$)

g) Falsch (Es wäre keine lineare Gleichung mehr.)

h) Richtig

168

5. Für jede unbekannte Zahl wird eine Variable eingeführt, danach werden alle Gleichungen aufgeschrieben, die die Bedingungen beschreiben. Es sind 6 Unbekannte und 8 Gleichungen.

2	x_1	x_2
x_3	5	x_4
x_5	1	x_6

$$
\begin{aligned}
2 + x_1 + x_2 &= 15\\
x_3 + 5 + x_4 &= 15\\
x_5 + 1 + x_6 &= 15\\
2 + x_3 + x_5 &= 15\\
x_1 + 5 + 1 &= 15\\
x_2 + x_4 + x_6 &= 15\\
2 + 5 + x_6 &= 15\\
x_2 + 5 + x_5 &= 15
\end{aligned}
$$

Vereinfachung und Einsetzen in andere Gleichungen, alle Gleichungen sind zu überprüfen:

$$
\begin{aligned}
x_1 + x_2 &= 13 &\Rightarrow\quad x_2 &= 13 - 9 = 4\\
x_3 + x_4 &= 10 &\Rightarrow\quad x_4 &= 10 - 7 = 3\\
x_5 + x_6 &= 14 &\Rightarrow\quad x_5 &= 14 - 8 = 6\\
x_3 + x_5 &= 13 &\Rightarrow\quad x_3 &= 13 - 6 = 7\\
x_1 &= 9\\
x_2 + x_4 + x_6 &= 15 &\text{Probe}\quad 4 + 3 + 8 &= 15\ \text{(w)}\\
x_6 &= 8\\
x_2 + x_5 &= 10 &\text{Probe}\quad 4 + 6 &= 10\ \text{(w)}
\end{aligned}
$$

2	9	4
7	5	3
6	1	8

6. a) Die Variablen stehen für die Preise von Bier (x), Cola (y) und Wasser (z).

b)
$$
\begin{aligned}
3x + 2y + z &= 60\\
3x + y + 2z &= 55{,}50\\
3x + 3y + z &= 69{,}50
\end{aligned}
$$

7. V = Anzahl Vierbettzimmer, E = Anzahl Einzelbettzimmer und D = Anzahl Doppelzimmer

$$
\begin{aligned}
\text{(I)}\quad & E + 2D + 4V = 74\\
\text{(II)}\quad & V = 0{,}5E\\
\text{(III)}\quad & E = D + 8
\end{aligned}
$$

Überprüfung:

– $E = 16$ in (III): $D = E - 8 = 8$ in (II): $V = 0,5 \cdot 16 = 8$
in (I): $16 + 2 \cdot 8 + 4 \cdot 8 = 74 \Leftrightarrow 64 = 74$ (f)
Es gibt nicht 16 Einzelzimmer.

– $E = 26$ in (III): $D = E - 8 = 18$ in (II): $V = 0,5 \cdot 26 = 13$
in (I): $26 + 2 \cdot 18 + 4 \cdot 13 = 74 \Leftrightarrow 114 = 74$ (f)
Es gibt nicht 26 Einzelzimmer.

– $E = 18$ in (III): $D = E - 8 = 10$ in (II): $V = 0,5 \cdot 18 = 9$
in (I): $18 + 2 \cdot 10 + 4 \cdot 9 = 74 \Leftrightarrow 74 = 74$ (w)
Es gibt 18 Einzelzimmer, 10 Doppelzimmer und 9 Vierbettzimmer.

2.1.2 Elementare Lösungsverfahren und Gauß'scher Algorithmus

1. a) $L = \{(2; -3; 5)\}$ **d)** $L = \{(0; 3)\}$

   b) $L = \{(-11; 5; -3)\}$ **e)** $L = \{(0; 0,5; 0)\}$

   c) $L\{(-7; 7; 7)\}$ **f)** $L = \{(1; -2; -1; 4)\}$

174

2. a) $L = \{(1,5; 0)\}$ **c)** $L = \{(8; -2)\}$

   b) $L = \{(2; 2; -2)\}$ **d)** $L = \{(2,5; 0,6; -1)\}$

3. $f(x) = -x^2 + 2x + 2$

4. $L = \{(51; 19; -10; 2)\}$

175

5. a)
$$\begin{pmatrix} 2 & 8 & 6 & | & 9000 \\ 4 & 6 & 1 & | & 5200 \\ 7 & 0 & 2 & | & 5100 \end{pmatrix}$$
b)
$$\begin{pmatrix} 5 & 2 & 1 & | & 5 \\ -3 & 1 & -4 & | & -3 \\ 8 & -3 & 10 & | & 8 \end{pmatrix}$$
c)
$$\begin{pmatrix} -1 & 0 & 2 & | & -3 \\ 1 & 4 & 6 & | & -21 \\ 4 & -6 & 2 & | & 4 \end{pmatrix}$$

   $L = \{(500; 400; 800)\}$ $L = \{(1; 0; 0)\}$ $L = \{(-1; -2; -2)\}$

Übungen zu 2.1

1. An vielen Stellen steht eine Null. Dadurch können manche Werte einfach ermittelt werden und in andere Gleichungen eingesetzt werden.

   a)
$$\begin{array}{rcl} 2x + y & = & -1 \\ -y & = & -3 \\ -y + z & = & -8 \end{array}$$
$\Rightarrow 2x + 3 = -1 \Leftrightarrow x = -2$
$\Leftrightarrow y = 3$
$\Rightarrow -(3) + z = -8 \Leftrightarrow z = -5$ Lösung: $(-2; 3; -5)$

   b)
$$\begin{array}{rcl} x + z & = & 6,3 \\ 6x & = & 15 \\ x - y & = & -0,5 \end{array}$$
$\Rightarrow z = 6,3 - 2,5 = 3,8$
$\Leftrightarrow x = \frac{15}{6} = 2,5$
$\Rightarrow y = 2,5 + 0,5 = 3$ Lösung: $(2,5; 3,3; 8)$

   c)
$$\begin{array}{rcl} x & = & z \\ x + y & = & z \\ z - y & = & 3 \end{array}$$
in (II) einsetzen
$\Leftrightarrow z + y = z$ $\Leftrightarrow y = 0$
in (III): $z - 0 = 3 \Leftrightarrow z = 3 \Rightarrow x = z = 3$ Lösung: $(3; 0; 3)$

2. a) $L = \{(-1; 5)\}$ **c)** $L = \{(-1,05; -1,25; -2)\}$

   b) $L = \{(4; -3; 1)\}$ **d)** $L = \{(-0,5; 3; 2,5)\}$

3. a) (I) $f(1) = -5,5 \Leftrightarrow a + c = -5,5$

     (II) $f(-2) = -12,5 \Leftrightarrow 4a + c = -12,5$ $a = -\frac{7}{3}; c = -\frac{19}{6}$

   b) (I) $f(2) = 0 \Leftrightarrow 4a + c = 0$

     (II) $f(0) = 4 \Leftrightarrow c = 4$ $a = -1; c = 4$

175

4. **a)** $f(x) = x^2 - 2x - 2$

b) $f(x) = ax^2 + bx + c$

(I) $f(-2) = 6 \Leftrightarrow 4a - 2b + c = 6$

(II) $f(4) = 19 \Leftrightarrow 16a + 4b + c = 19$

(III) $f(6) = 38 \Leftrightarrow 36a + 6b + c = 38$ $L = \{(\frac{11}{12}; \frac{1}{3}; 3)\}$ $f(x) = \frac{11}{12}x^2 + \frac{1}{3}x + 3$

5. Individuelle Lösungen, z.B.

a) $\begin{pmatrix} 1 & 2 & -1 & | & 2 \\ 3 & 0 & 2 & | & -5 \\ 0 & -1 & 1 & | & -2 \end{pmatrix}$ **b)** $\begin{pmatrix} 0 & -1 & 5 & | & 0 \\ -2 & 1 & 1 & | & 2 \\ 0,5 & 0 & 2 & | & 3 \end{pmatrix}$ **c)** $\begin{pmatrix} 3 & 2 & 0 & | & 0 \\ -3 & 1 & 1 & | & 7 \\ 1 & 2 & 0 & | & 0 \end{pmatrix}$

6. a: Preis einer Feder in Euro b: Preis einer Filzplatte in Euro c: Preis einer Perle in Euro

LGS:

(I) $3a + 2b + c = 6$

(II) $3a + b + 2c = 5,5$

(III) $3a + 3b + c = 6,95$

$L \approx \{(1,22; 0,95; 0,45)\}$

Eine Feder kostet ca. 1,22 €, eine Filzplatte kostet 0,95 € und eine Perle kostet 0,45 €.

7. J: Alter von Jonas M: Alter der Mutter A: Abstand bis zur Volljährigkeit

$J + M = 52$ $\Rightarrow J = 52 - M$

$J + A = 18$ $\Rightarrow 52 - M + A = 18 \Leftrightarrow A = M - 34$

$M + A = \frac{1}{2}(100) = 50 \Rightarrow M + M - 34 = 50 \Leftrightarrow 2M = 84 \Leftrightarrow \mathbf{M = 42}$

Aus der 1. Zeile: $\mathbf{J} = 52 - 42 = \mathbf{10}$

Jonas ist 10 Jahre alt, seine Mutter 42.

8. „Geschickte" Punkte ablesen:

$A(0|-2); B(2|2); C(4|-2); D(-1|0,5)$

Ansatz: $f(x) = ax^3 + bx^2 + cx + d$

$A(0|-2)$ $f(0) = \mathbf{d} = \mathbf{-2}$ in die unteren Gleichungen einsetzen

$B(2|2)$ $f(2) = 8a + 4b + 2c + d = 2 \Leftrightarrow 8a + 4b + 2c = 2 + 2 = 4$

$C(4|-2)$ $f(4) = 64a + 16b + 4c + d = -2 \Leftrightarrow 64a + 16b + 4c = -2 + 2 = 0$

$D(-1|0,5)$ $f(-1) = -a + b - c + d = 0,5 \Leftrightarrow -a + b - c = 0,5 + 2 = 2,5$

Lösung: $L = \{(-0,5; 2,0; 0; -2)\}$

$f(x) = -0,5x^3 + 2x^2 - 2$

Test zu 2.1

177

1. Überprüfung der Lösungen und Änderung der LGS.

a) $-0,5 \cdot (-2) + 2 \cdot (1) - 1 \cdot (0) = 3 \Leftrightarrow 3 = 3 \,(w)$

$1 \cdot (-2) + 2 \cdot (1) + 0 \cdot (0) = 0 \Leftrightarrow 0 = 0 \,(w)$

$0 \cdot (-2) + 3 \cdot (1) + 0 \cdot (0) = 1 \Leftrightarrow 3 = 1 \,(f)$

geändertes LGS, z.B.:

$\begin{pmatrix} -0,5 & 2 & -1 & | & 3 \\ 1 & 2 & 0 & | & 0 \\ 0 & \mathbf{1} & 0 & | & 1 \end{pmatrix}$

b) $\begin{aligned} 1 \cdot (-7) &+ 0 \cdot (1) + 2 \cdot (2) = -3 &\Leftrightarrow& -3 = -3\,(w) \\ 0 \cdot (-7) &- 2 \cdot (1) + 1 \cdot (2) = 1 &\Leftrightarrow& 0 = 1\,(f) \\ 0 \cdot (-7) &+ 0 \cdot (1) + 1 \cdot (2) = 2 &\Leftrightarrow& 2 = 2\,(w) \end{aligned}$

geändertes LGS, z. B.:

$$\begin{pmatrix} 1 & 0 & 2 & | & -3 \\ 0 & -2 & 1 & | & \mathbf{0} \\ 0 & 0 & 1 & | & 2 \end{pmatrix}$$

2. Zahl: lr

(I) $l + r = 9$ (II) $l + 3r = 13$

(II) $-$ (I): $2r = 13 - 9 = 4 \;\Leftrightarrow\; \mathbf{\mathit{r} = 2}, \mathbf{\mathit{l}} = 9 - r = 9 - 2 = \mathbf{7}$

Die gesuchte Zahl ist 72.

3. a) $L = \{(3;\, 2)\}$ **b)** $L = \{(1;\, -1;\, 2)\}$ **c)** $L = \{(1;\, 2;\, -3)\}$

4. a) $f(x) = \frac{11}{14}x^2 - \frac{81}{14}x + 5$

    b) $f(x) = 2x^2 - 2$

    c) $f(x) = 0,5x^2 + 4x + 16$

5. $\begin{pmatrix} 1 & 3 & 2 & | & 560 \\ 2 & 2 & 3 & | & 590 \\ 4 & 3 & 1 & | & 810 \end{pmatrix} \;\Rightarrow\; L = \{(100;\, 120;\, 50)\}$

2.2 Lösungsvielfalt

Einstiegsseite

178 **1 Burgerpreise**

a) Premiumburger: 7,50 €   Veggieburger: 6 €

b)
$$
\begin{aligned}
2V &= L + 3{,}50 &\Leftrightarrow\quad 2V \;-\; L &= 3{,}50 \\
2P &= 3 + 2V &\Leftrightarrow\quad 2P \;-\; 2V &= 3
\end{aligned}
$$

Bei $L = 7$, ergibt sich:
$$
\begin{aligned}
2V &= 7 + 3{,}50 = 10{,}50 &\Leftrightarrow\quad V &= \mathbf{5{,}25\,€} \\
2P &= 3 + 10{,}5 &\Leftrightarrow\quad P &= \mathbf{6{,}75\,€}
\end{aligned}
$$

Bei $L = 9{,}75$, ergibt sich:
$$
\begin{aligned}
2V &= 9{,}75 + 3{,}50 = 13{,}25 &\Leftrightarrow\quad V &= \mathbf{6{,}625\,€} \\
2P &= 3 + 13{,}25 &\Leftrightarrow\quad P &= \mathbf{8{,}125\,€}
\end{aligned}
$$

c) $4V = P + 2L$ und $L = P + 2$

Für $L = 10\,€$ und $P = 8\,€$ gilt: $4V = 3 \cdot 8 + 4 = 28 \;\Leftrightarrow\; V = \mathbf{7\,€}$ und $10 = 8 + 2 = 10$ (w)

Aussage (1) ist wahr.

Für $L = 12\,€$ und $P = 10\,€$ gilt: $4V = 10 + 2 \cdot 12 = 34 \;\Leftrightarrow\; V = \mathbf{8{,}50\,€}$, die Aussage (2) ist falsch,

da $V = 10{,}50\,€ \neq 8{,}50\,€$.

$L = 12\,€$, $P = 10\,€$ und $V = 8{,}50\,€$ erfüllen die Gleichungen.

2 Parabeln

a) $f(x) = ax^2 + bx + c$
$$
\begin{aligned}
A(-1|0)\quad f(-1) &= a - b + c = 0 \Rightarrow a = b - 2 \\
B(0|2)\quad f(0) &= c = 2 \\
C(4|0)\quad f(4) &= 16a + 4b + c = 0 \Rightarrow 16(b-2) + 4b + 2 = 0 \;\Leftrightarrow\; 20b = 30 \;\Leftrightarrow\; b = 1{,}5 \\
D(3|2)\quad f(3) &= 9a + 3b + c = 2 \Rightarrow 9(b-2) + 3b + 2 = 2 \;\Leftrightarrow\; 12b = 18 \;\Leftrightarrow\; b = 1{,}5 \\
&\Rightarrow a = b - 2 = 1{,}5 - 2 = -0{,}5 \\
&f(x) = -0{,}5x^2 + 1{,}5x + 2
\end{aligned}
$$

b) Wenn $t \neq 2$ gilt, so gibt es keine Parabel 2. Ordnung, die durch die vier Punkte geht.

Durch die ersten 3 Punkte geht die Parabel mit $f(x) = -0{,}5x^2 + 1{,}5x + 2$ (siehe a)). Für $x = 3$ erhält man aber als Funktionswert 2, der y-Wert ist aber $t \neq 2$.

Das LGS hat also keine Lösung.

179 **3 Spezielle Punkte**

a) Es gibt unendlich viele Punkte, bei denen die Koordinaten gleich sind, z.B. $(-2|-2)$, $(0|0)$ und $(3|3)$.

b) Betrachtet man den Punkt $P(x|y)$, so sieht man, dass es zwei Unbekannte x und y gibt. Eine Gleichung reicht: $x = y \;\Leftrightarrow\; x - y = 0$. Lösungsmenge: $L = \{(r|r)\,|\, r \in \mathbb{R}\}$

c) Wir können beliebige Gleichungen hinzufügen, solange sich dadurch nichts an der Lösungsmenge ändert. Z.B.:
$$
\begin{aligned}
x - y &= 0 \\
-x + y &= 0 \\
0 &= 0
\end{aligned}
$$

4 Die richtige Mischung   `179`

    a) m: Gewicht Bircher-Müsli f: Gewicht getrocknete Früchte

    Bedingungen für die Mischung: 1000 g und 14 €

$$
\begin{aligned}
m + f &= 1000 &\Leftrightarrow&& m &= 1000 - f \\
\tfrac{9}{750}m + \tfrac{2,70}{45}f &= 14 &\Leftrightarrow&& \tfrac{9}{750}(1000 - f) + \tfrac{2,70}{45}f &= 14 \\
&&\Leftrightarrow&& \left(-\tfrac{9}{750} + \tfrac{2,70}{45}\right)f &= 14 - \tfrac{9}{750} \cdot 1000 \\
&&\Leftrightarrow&& 0,048f &= 2 \\
&&\Leftrightarrow&& \mathbf{f} &\approx \mathbf{41,7}
\end{aligned}
$$

    In einer 1000 g-Packung für 14 € gibt es etwa 40 g getrocknete Früchte.

    b) Bedingungen für die Mischung: g_w in Gramm und 14 €:

$$
\begin{aligned}
m + f &= g_w &\Leftrightarrow&& m &= g_w - f \\
\tfrac{9}{750}m + \tfrac{2,70}{45}f &= 14 &\Leftrightarrow&& \tfrac{9}{750}(g_w - f) + \tfrac{2,70}{45}f &= 14 \\
&&\Rightarrow&& \left(-\tfrac{9}{750} + \tfrac{2,70}{45}\right)f &= 14 - \tfrac{9}{750} \cdot g_w \\
&&\Leftrightarrow&& 0,048f &= 14 - \tfrac{9}{750} \cdot g_w \\
&&\Leftrightarrow&& f &\approx 291,67 - 0,25g_w
\end{aligned}
$$

    $m = g_w - f = g_w - (291,67 - 0,25g_w) = 1,25g_w - 291,67$

    $L = \{(1,25g_w - 291,67\,|\,291,67 - 0,25g_w\,|\,g_w)\,|\,g_w \in \{300, 400 \ldots 1900, 2000\}\}$

    c) Wenigstens 80 g getrocknete Früchte heißt:

    $f \approx 291,67 - 0,25g_w \geq 80 \Leftrightarrow 0,25g_w \leq 291,67 - 80 \Leftrightarrow g_w \leq 846,68$

    Mit einer 800 g-Packung (oder einer kleineren Packungsgröße) hat man mindestens 80 g getrocknete Früchte.

    d) Packung mit 1200 g: $g_w = 1200 \Rightarrow f = 291,67 - 0,25 \cdot 1200 = -8,33$

    Das Gewicht der getrockneten Früchte wäre negativ, was nicht sinnvoll ist. Um das Problem zu lösen, müsste man bereit sein, mehr zu bezahlen.

2.2.1   Lösbarkeit linearer Gleichungssysteme

1. a) Letzte Zeile durch (I) + (III) ersetzen $\Rightarrow \begin{pmatrix} 0 & 0 & 0 & | & 1 \end{pmatrix}$ (f) $\Rightarrow$ LGS unlösbar   `184`

    b) Letzte Zeile durch $3 \cdot$ (I) $-$ (II) ersetzen $\Rightarrow \begin{pmatrix} 1 & 3 & | & -1 \\ 0 & 1 & | & 0 \end{pmatrix} \Rightarrow$ LGS lösbar

    c) Erste Zeile ist falsche Aussage $\Rightarrow$ LGS unlösbar

    d) Letzte Zeile durch $2 \cdot$ (I) $+$ (III) ersetzen $\Rightarrow \begin{pmatrix} -0,5 & 1 & 3 & | & 1 \\ 0 & -1 & 0 & | & 3 \\ 0 & 0 & 12 & | & 0 \end{pmatrix} \Rightarrow$ LGS lösbar

2. a) $z = t, \quad t \in \mathbb{R}.$

    $y + 5z = 0,25 \Leftrightarrow y = 0,25 - 5t.$

    $2x - 3y = 4 \Leftrightarrow 2x = 4 + 3(0,25 - 5t)$

    $ \Leftrightarrow x = 2,375 - 7,5t.$

    $L = \{(2,375 - 7,5t;\ 0,25 - 5t;\ t)\,|\,t \in \mathbb{R}\}$

    b) $z = t, \quad t \in \mathbb{R}.$

    $2y = 1 \Leftrightarrow y = 0,5.$

    $-x + 2z = 0 \Leftrightarrow x = 2z = 2t$

    $L = \{(2t;\ 0,5;\ t)\,|\,t \in \mathbb{R}\}$

184

c) $L = \{(5 - 2,5t;\ t)\,|\,t \in \mathbb{R}\}$ oder $L = \{(u;\ 2 - 0,4u)\,|\,u \in \mathbb{R}\}$

d) Aus 2. Zeile: $0 = 3$ (f) $L = \{\ \}$

3. a) Unendlich viele Lösungen; $L = \{(2 + z;\ 4 - 2z;\ z)\,|\,z \in \mathbb{R}\}$

  b) Unendlich viele Lösungen; $L = \{(5 - 9y + 2z;\ y;\ z)\,|\,y, z \in \mathbb{R}\}$

  c) Unendlich viele Lösungen; $L = \{(2 + 4z;\ -\frac{3}{4} - \frac{5}{4}z;\ z)\,|\,z \in \mathbb{R}\}$

  d) Keine Lösung; $L = \{\ \}$

4. a) $\begin{pmatrix} -2 & 1 & | & 4 \\ 1 & -0,5 & | & \mathbf{2} \end{pmatrix}$

  b) $\begin{pmatrix} 3 & -1 & 2 & | & 0 \\ 0 & 1 & 2 & | & 8 \\ 0 & 0 & 0 & | & \mathbf{5} \end{pmatrix}$

5. a) Einsetzen:

$$5 - (3) = 2 \quad \text{(w)}$$
$$-(-2) + (3) = 1 \iff 5 = 1 \quad \text{(f)}$$
$$0 = 0 \quad \text{(w)}$$

  $\Rightarrow (5;\ -2;\ 3)$ ist nicht Lösung des LGS.

  b) 4 als 3. Koordinate, d. h. $z = 4$:

$$x - (4) = 2 \iff x = 2 + 4 = 6$$
$$-y + 4 = 1 \iff y = 4 - 1 = 3$$
$$0 = 0 \quad \text{(w)}$$

  $\Rightarrow (6;\ 3;\ 4)$ ist die gesuchte Lösung.

  c) 1 als 1. Koordinate, d. h. $x = 1$:

$$1 - z = 2 \iff z = 1 - 2 = -1$$
$$-y + (-1) = 1 \iff y = -1 - 1 = -2$$
$$0 = 0 \quad \text{(w)}$$

  $\Rightarrow (1;\ -2;\ -1)$ ist die gesuchte Lösung.

  d) Eine Variable ist frei wählbar z. B.: $z = t,\ t \in \mathbb{R}$:

  2. Zeile: $-y + z = 1 \iff -y + t = 1 \iff y = t - 1$

  1. Zeile: $x - z = 2 \iff x - t = 2 \iff x = t + 2$

  $\Rightarrow L = \{(t + 2;\ t - 1;\ t)\,|\,t \in \mathbb{R}\}$

6. a) $z = t,\quad t \in \mathbb{R}.$

  $y - 3z = 3 \iff y = 3 + 3t,\quad$ stimmt

  $x - 2y + z = 1 \iff x = 1 + 2(3 + 3t) - t \iff x = 1 + 6 + 6t - t = 7 + 5t$

  Beim Klammerauflösen hat Michael vergessen, 2 mit $3t$ zu multiplizieren.

  $L = \{(7 + 5t;\ 3 + 3t;\ t)\,|\,t \in \mathbb{R}\}.$

  b) $y = u,\quad u \in \mathbb{R}$

  $y - 3z = 3 \iff 3z = y - 3 \iff z = \frac{1}{3}u - 1$

  $x - 2y + z = 1 \iff x = 1 + 2u - (\frac{1}{3}u - 1) = 2 + \frac{5}{3}u$

  $L = \{(2 + \frac{5}{3}u;\ u;\ \frac{1}{3}u - 1)\,|\,u \in \mathbb{R}\}.$

  Oder $L = \{(v;\ -\frac{6}{5} + \frac{3}{5}v;\ -\frac{7}{5} + \frac{1}{5}v)\,|\,v \in \mathbb{R}\}.$

7. a) Nein, keine Lösung

   b) Nein, da die 3. Zeile eine falsche Aussage liefert.

   c) Nein, da die 3. Zeile eine falsche Aussage liefert.

   d) Ja, erste Variable beliebig; zweite Variable 4

8. a) $f(x) = ax^2 + bx + c$

$$P_2(0|1) \qquad f(0) = \qquad\qquad\qquad c = 1$$
$$P_1(-2|1) \quad f(-2) = 4a - 2b + \; c = 1 \;\Leftrightarrow\; 4a - 2b = 0 \;\Leftrightarrow\; 4a = 2b$$
$$P_3(2|1) \qquad f(2) = 4a + 2b + \; c = 1 \;\Leftrightarrow\; 4a + 2b = 0$$
$$\Rightarrow\; 2b + 2b = 0 \;\Rightarrow\; b = 0 \text{ und } a = 0$$

Also gibt es keine quadratische Funktion, dessen Schaubild durch die gegebenen Punkte geht.

b) $f(x) = ax^3 + bx^2 + cx + d$

$$P_2(0|1) \qquad f(0) = \qquad\qquad\qquad\qquad d = 1$$
$$P_1(-2|1) \quad f(-2) = -8a + 4b - 2c + \; d = 1 \;\Leftrightarrow\; -8a + 4b - 2c = 0$$
$$P_3(2|1) \qquad f(2) = \;\; 8a + 4b + 2c + \; d = 1 \;\Leftrightarrow\; \;\;8a + 4b + 2c = 0$$

$$\begin{pmatrix} -8 & 4 & -2 & | & 0 \\ 8 & 4 & 2 & | & 0 \\ 0 & 0 & 0 & | & 0 \end{pmatrix} \qquad \begin{pmatrix} -8 & 4 & -2 & | & 0 \\ 0 & 8 & 0 & | & 0 \\ 0 & 0 & 0 & | & 0 \end{pmatrix}$$

Es gibt unendlich viele ganzrationale Funktionen dritten Grades: $f(x) = ax^3 - 4ax + 1$, $a \in \mathbb{R}$.

c) Da alle drei Punkte auf einer Geraden liegen (parallel zur x-Achse), kann es gar keine quadratische Funktion geben, deren Schaubild durch diese Punkte geht.

Das Schaubild der Funktion $ax(x+2)(x-2)$, $a \in \mathbb{R}$ geht durch die Punkte $(0|0)$, $(-2|0)$ und $(2|0)$. Verschiebt man die Kurve um 1 nach oben, so geht die erhaltene Kurve durch $(0|1)$, $(-2|1)$ und $(2|1)$.

9. Dreistellige Zahl: LMR, L, M und R sind Zahlen zwischen 1 und 9 bzw. 0 und 9. Die „Übersetzung" der Bedingungen ergibt:

$$R = 2L$$
$$L + M = 9 \;\Leftrightarrow\; M = 9 - L$$

Ohne Berücksichtigung der Randbedingungen hätte man unendlich viele Lösungen (mit $L = t$):

$$L = \{(t; 9 - t; 2t) \,|\, t \in \mathbb{R}\}$$

Für L = t können aber nur ganze Zahlen im Bereich 1 bis 9 gewählt werden:

Bei $L = 1$ ist $M = 9 - 1 = 8$ und $R = 2 \cdot (1) = 2 \;\Rightarrow\; 182$

Bei $L = 2$ ist $M = 9 - 2 = 7$ und $R = 2 \cdot (2) = 4 \;\Rightarrow\; 274$

Bei $L = 3$ ist $M = 9 - 3 = 6$ und $R = 2 \cdot (3) = 6 \;\Rightarrow\; 366$

Bei $L = 4$ ist $M = 9 - 4 = 5$ und $R = 2 \cdot (4) = 8 \;\Rightarrow\; 458$

$L \geq 5$ geht nicht, da sonst $R \geq 10$ wäre.

2.2.2 Sonderfälle

188

1. Ansatz: $f(x) = ax^2 + bx + c$

   a) Nach Umformen ergibt sich folgendes überbestimmtes LGS:

   $$f(x) = ax^2 + bx + c$$

   $$
   \begin{array}{llrrrrr}
   P(-1|1) & f(-1) = & a & - & b & +c & = & 1 \\
   Q(0|-4) & f(0) = & & & & c & = & -4 \\
   R(1|-3) & f(1) = & a & + & b & +c & = & -3 \\
   S(3|16) & f(3) = 9a & & + & 3b & +c & = & 16
   \end{array}
   $$

   $$
   \left(\begin{array}{rrr|r}
   1 & -1 & 1 & 1 \\
   0 & 0 & 1 & -4 \\
   1 & 1 & 1 & -3 \\
   9 & 3 & 1 & 16
   \end{array}\right)
   \begin{array}{l}
   \Rightarrow \quad a = 1 + b - c \\
   \Rightarrow \quad a = 1 + b - c \\
   \Leftrightarrow -2b = 4 \Leftrightarrow b = -2
   \end{array}
   $$

   Die ersten drei Gleichungen haben genau eine Lösung: $(3; -2; -4)$
   Probe in (IV): $9 \cdot (3) + 3 \cdot (-2) + (-4) = 16 \Leftrightarrow 17 = 16$ (f)
   Es gibt keine Lösung, also auch keine Parabel, die durch alle vier Punkte geht.

   b) Wie bei a) erhält man die vorläufige Lösung $(3; -2; -4)$.
   Die 4. Gleichung zu $(3|17)$ lautet: $f(3) = 9a + 3b + c = 17$
   Probe: $9 \cdot (3) + 3 \cdot (-2) + (-4) = 16 \Leftrightarrow 16 = 16$ (w)
   Die gesuchte Parabel hat die Gleichung: $f(x) = 3x^2 - 2x - 4$.

   c) LGS:

   $$
   \left(\begin{array}{rrr|r}
   0 & 0 & 1 & 2 \\
   1 & 1 & 1 & 4
   \end{array}\right)
   $$

   Das LGS ist unterbestimmt. Als Hilfe kann eine Nullzeile eingefügt werden und die Zeilen können vertauscht werden.

   $$
   \left(\begin{array}{rrr|r}
   1 & 1 & 1 & 4 \\
   0 & 0 & 1 & 2 \\
   0 & 0 & 0 & 0
   \end{array}\right)
   \begin{array}{l}
   \Leftrightarrow \quad a = 4 - b - c = 4 - b - 2 = 2 - b \\
   \Leftrightarrow \quad c = 2 \quad \text{keine} \quad \text{(f)} \\
   \Rightarrow \quad\quad \text{unendlich viele Lösungen} \quad L = \{(2-t;\, t;\, 2) \,|\, t \in \mathbb{R},\, t \neq 2\}
   \end{array}
   $$

   z.B.: für $t = 1$: $(1;\, 1;\, 2)$ d.h. $f(x) = x^2 + x + 2$
   für $t = 4$: $(-2;\, 4;\, 2)$ d.h. $f(x) = -2x^2 + 4x + 2$

2. **a)** Eindeutige Lösung (erste und dritte Zeile vertauschen, zweite und dritte ergeben dann: $(0\ 0 \neq 0|\neq 0)$
   $L = \{0;\, \frac{1}{3};\, \frac{4}{3}\}$

   b) Keine Lösung, laut 2. Zeile wäre die 4. Variable 19, in der 4. Zeile müsste dann -38 statt 38 sein.
   $L = \{\ \}$

   c) Durch die zweite Spalte mit 0 gibt es entweder keine Lösung oder unendlich viele, y wäre beliebig.
   Die 3. Variable z hat laut 2. Zeile den Wert $-0{,}5$. Laut letzter Zeile ist $x = z = -0{,}5$.
   Überprüfen der 1. Zeile liefert: $2 \cdot (-0{,}5) + 0 + 4 \cdot (-0{,}5) = -3 \Leftrightarrow -3 = -3$ (w)
   $L = \{(-0{,}5;\, t;\, 0{,}5) \,|\, t \in \mathbb{R}\}$

   d) Durch die erste Spalte mit 0 gibt es entweder keine Lösung oder unendlich viele, x wäre beliebig.
   Laut 2. bzw. 3. Gleichung muss $z = 55$ und $t = 1$. Erste und letzte Zeile voneinander abziehen ergibt
   $y = 0$. Einsetzen dieser Werte in die erste Gleichung liefert: $-107 = 2$ (f). $L = \{\ \}$

3. a) überbestimmt, da 2 Variablen und 3 Zeilen

188

Dieses LGS hat genau eine Lösung.

Durch Streichen der 2. Zeile erhalten wir ein LGS mit unendlich viele Lösungen.

b) unterbestimmt, da 3 Variablen, aber nur 2 Zeilen

Das LGS hat unendlich viele Lösungen.

Fügt man z.B. die Zeile $(0\ 0\ 0\ 0|\ 8)$ ein, so hat das LGS keine Lösung.

c) Überbestimmt, da 3 Variablen, aber 4 Zeilen

Das LGS hat genau eine Lösung.

Streichen wir z.B. die 3. Zeile, so hat das erhaltene LGS unendlich viele Lösungen. Fügt man jedoch z.B. $(0\ 0\ 0|\ 9)$ ein, so hätte das LGS keine Lösung.

d) Unterbestimmt, da 2 Variablen, aber nur eine Zeile

Das LGS hat unendlich viele Lösungen.

Beim Einfügen von z.B. $(0\ 1|\ 7)$ hätte man genau eine Lösung bzw. von $(0\ 0|\ 7)$ keine Lösung.

Übungen zu 2.2

1. a) $L = \{(7;\ -4;\ 1)\}$

b) $L = \{(5,9 + 1,1t;\ -1,4 - 2,6t;\ t)|\ t \in \mathbb{R}\}$

c) $L = \{(-\frac{23}{11};\ -\frac{10}{11};\ -\frac{28}{11})\}$

d) $L = \{(t;\ 1 - 2t;\ t)|\ t \in \mathbb{R}\}$

2. Umformung ergibt z.B.:

$$\begin{pmatrix} 1 & 3 & 1 & | & 1 \\ 0 & 1 & 1 & | & 2 \\ 0 & 0 & 0 & | & 1 \end{pmatrix}$$

Aus der 3. Zeile ergibt sich eine falsche Aussage.

Das LGS hat keine Lösung.

3. a) $L = \{(-16;\ -5;\ 7)\}$

b) $L = \left\{ \left(-30 + \frac{56}{2+s};\ -12 + \frac{28}{2+s};\ \frac{28}{2+s} \right)|\ s \in \mathbb{R} \backslash \{-2\} \right\}$

Für $s = -2$ ist $L = \{\ \}$.

4. $L = \{(0;\ 0;\ 0)\}$ Überall (auch rechts) sind 0, außer in der Diagonalen. Die Lösungsmenge ergibt sich unmittelbar aus der Dreiecksform. Das LGS hat keine Lösung.

5. a) Das LGS kann nicht genau eine Lösung haben, weil es unterbestimmt ist.

b) Umformungen und Ergänzen einer Nullzeile ergibt z.B.:

$$\begin{pmatrix} 2 & 1 & 0 & 2 & | & 5 \\ 0 & -1 & 0 & 0 & | & -1 \\ 0 & 0 & -1 & 0 & | & -10 \\ 0 & 0 & 0 & 0 & | & 0 \end{pmatrix}$$

Es gibt unendlich viele Lösungen.

188

Eine Variable ist frei wählbar, z.B.: $r = t$, $t \in \mathbb{R}$

Dritte Zeile: $-z = -10 \iff z = 10$

Zweite Zeile: $-y = -1 \iff y = 1$

Erste Zeile: $2x + y + 2r = 5 \iff 2x = 5 - (1) - 2 \cdot (t) = 4 - 2t \iff x = 2 - t$

$L = \{(2 - t;\ 1;\ 10;\ t)|\ t \in \mathbb{R}\}$

Die 2. und die 3. Koordinate haben feste Werte (1 bzw. 10) d. h., sie sind bei jeder Lösung gleich, nur die erste und die vierte Koordinate verändern sich.

189

6. **a)** $P_1 = 20$, $P_2 = 10$, $P_3 = 5$, $P_4 = 15$

   b) $P_1 = 0$, $P_2 = 10$, $P_3 = 5$, $P_4 = 35$

   c) $P_1 = 30$, $P_2 = 0$, $P_3 = 10$, $P_4 = 20$

7. **a)** Hier passt $t \in \mathbb{R}$ nicht, denn man kann z.B. nicht 1,75 als rechte Ziffer nehmen.
   Außerdem ergeben sich aus den Termen für die anderen Koordinaten weitere Einschränkungen, z.B. hätte man bei $t = 9$ als linke Ziffer das Ergebnis 11.

   b) Für t kommen höchstens die Werte: 0 bis 9 in Frage, wobei 8 und 9 nicht passen (man hätte sonst 10 bzw. 11 als linke Ziffer). Die Ziffern 1, 3, 5 und 7 passen auch nicht, weil sonst die mittleren Ziffern nicht natürlich wären. Es bleiben folgende Möglichkeiten übrig:
   $t = 0 \Rightarrow 2350$ $t = 2 \Rightarrow 4442$ $t = 4 \Rightarrow 6534$ $t = 6 \Rightarrow 8626$

8. **a)** Mit allen drei Gleichungen gilt $L = \{(2;\ 2;\ 2)\}$
   Mit nur den ersten beiden gilt: $L = \{(t;\ -2 + 2t;\ t)|\ t \in \mathbb{R}\}$
   Mit nur einer Gleichung gilt: $L = \{(\frac{26}{25} + \frac{13}{25}r - \frac{1}{25}s;\ r;\ s)|\ r, s \in \mathbb{R}\}$

   b) Mit allen drei Gleichungen gilt $L = \{\ \}$ (Man erhält beispielsweise $0 = 48$ (f.).)
   Mit den ersten beiden Gleichungen hätte man unendlich viele Lösungen: Eine Variable ist frei wählbar, z.B.: $L = \{(-\frac{26}{11}t + \frac{118}{11};\ \frac{10}{11}t - \frac{53}{11};\ t)|\ t \in \mathbb{R}\}$
   Mit nur der ersten Gleichung hat man unendlich viele Lösungen, wobei zwei Variablen frei wählbar sind, z.B.: $L = \{(30 + 4r - 6s;\ r;\ s)|\ r, s \in \mathbb{R}\}$

   c)
   $$\begin{pmatrix} 7 & -14 & 7 & | & 21 \\ 0 & 56 & -28 & | & -84 \\ 0 & 0 & 0 & | & 0 \end{pmatrix}$$

   In allen drei Fällen gibt es unendlich viele Lösungen, die Lösungsmenge unterscheidet sich aber je nach Fall.
   Mit allen drei Gleichungen oder nur mit den ersten beiden ergibt sich z.B.:
   $L = \{(0;\ -1,5 + 0,5t;\ t)|\ t \in \mathbb{R}\}$
   Mit nur der ersten Gleichung hat das LGS auch unendlich viele Lösungen, allerdings sind zwei Variablen frei wählbar:
   $L = \{(3 + 2r - s;\ r;\ s)|\ r, s \in \mathbb{R}\}$

9. a) k: Anteil an Kirschsaft, b: Anteil an Bananensaft (jeweils in 100 ml)

Bei 1- bis 2-Jährigen ist der Bedarf an Vitamin C 60 mg und es sollen 200 ml zubereiten werden. Das sind 2-mal 100 ml, daher erhält man folgende Gleichungen:

$19k + 8b = 60$ und $k + b = 2$:

$$\begin{pmatrix} 19 & 8 & | & 60 \\ 1 & 1 & | & 2 \end{pmatrix} \Rightarrow \begin{pmatrix} 19 & 8 & | & 60 \\ 0 & -11 & | & 22 \end{pmatrix} \qquad \Leftrightarrow -11b = 22 \Leftrightarrow b = -2$$

Es gibt hier zwar theoretisch eine Lösung, die aber nicht passend ist, weil b negativ ist. Es existiert also keine passende Mischung.

b) Das LSG lautet ähnlich wie in a), nur dass 400 ml statt 200 ml zubereitet werden sollen.

$$\begin{pmatrix} 19 & 8 & | & 60 \\ 1 & 1 & | & 4 \end{pmatrix} \Rightarrow \begin{pmatrix} 19 & 8 & | & 60 \\ 0 & -11 & | & -16 \end{pmatrix}$$

$\Leftrightarrow -11b = -16 \Leftrightarrow b = \frac{16}{11} \approx 1,45 \Rightarrow$ 145 ml Bananensaft

$\Leftrightarrow 19k + 8b = 60 \Leftrightarrow k = \frac{28}{11} \approx 2,55 \Rightarrow$ 255 ml Kirschsaft

c)
$$\begin{pmatrix} 30 & 19 & 8 & | & 100 \\ 1 & 1 & 1 & | & 4 \end{pmatrix} \Rightarrow \begin{pmatrix} 30 & 19 & 8 & | & 100 \\ 0 & -11 & -22 & | & -20 \end{pmatrix}$$

$\Leftrightarrow -11k - 22b = -20 \Leftrightarrow k = -2b + \frac{20}{11}$

$\Leftrightarrow 30o + 19k + 8b = 100 \Leftrightarrow 30o = 100 - 19(-2b + \frac{20}{11}) - 8b = 30b + \frac{720}{11} \Leftrightarrow o = b + \frac{24}{11}$

Den kleinsten Wert an Orangensaft erhält man, wenn man gar keinen Bananensaft hat, also $b = 0$. Dann hat man $o = \frac{24}{11} \approx 2,182$ also 218 ml Orangensaft.

Wird b größer als $\frac{10}{11} \approx 0,909$, so wird k negativ, was nicht sein kann. Man kann also maximal 91 ml Bananensaft beimischen.

Test zu 2.2

1. a) Das LGS hat 4 Unbekannte.

   b) Beispielsweise mit $r = 1$: $L = \{(4; 3; 1; 0)\}$ und $r = 2$: $L = \{(-5; 3; -2; -3)\}$.

2. a) Unendlich viele Lösungen $L = \left\{ \left(\frac{8}{5}; \frac{1}{3} - \frac{1}{3}z; z \right) \middle| z \in \mathbb{R} \right\}$

   b) Keine Lösung $L = \{\ \}$

   c) Genau eine Lösungen $L = \{(0; -0,5; 1)\}$

   d) Unendlich viele Lösungen $L = \{(7 + 7y - 8z; y; z) \mid y \in \mathbb{R}, z \in \mathbb{R}\}$

3. a) Unendlich viele Lösungen $L = \left\{ \left(-\frac{3}{5} - d; \frac{4}{5} - 2d; \frac{1}{5} + 2d; d \right) \middle| d \in \mathbb{R} \right\}$

   b) Keine Lösung $L = \{\ \}$

4. a)
$$\begin{pmatrix} -5 & 0 & 2 & | & 1 \\ 0 & 0 & 0,5 & | & 2 \\ 0 & 0 & 2 & | & 6 \end{pmatrix} \qquad \begin{aligned} &\Leftrightarrow 0,5z = 2 \Leftrightarrow z = 4 \\ &\Leftrightarrow 2z = 6 \Leftrightarrow z = 3 \Rightarrow \text{Widerspruch, keine Lösung} \end{aligned}$$

   b) Umformung ergibt z. B.:
$$\begin{pmatrix} 0,25 & 3 & -1 & 2 & | & 1 \\ 0 & 1 & -2 & 3 & | & 0 \\ 0 & 0 & 0 & -1 & | & 5 \\ 0 & 0 & 0 & 0 & | & 0 \end{pmatrix}$$

Es gibt unendlich viele Lösungen.

189

191

191

c) Es gibt unendlich viele Lösungen: Die erste Variable kann frei gewählt werden, für die restlichen Variablen gibt es jeweils genau eine Lösung (man betrachte dazu die 4 Spalten rechts).

5. mögliche Lösungen:

$$\left(\begin{array}{cc|c} 1 & -2 & 4 \\ 0 & 4 & 6 \\ 0 & 0 & 0 \end{array}\right) \quad \text{oder} \quad \left(\begin{array}{cc|c} 1 & -2 & 4 \\ 0 & 4 & 6 \\ 0 & 4 & 6 \end{array}\right) \quad \text{oder} \quad \left(\begin{array}{cc|c} 1 & -2 & 4 \\ 0 & 4 & 6 \\ 0 & -2 & -3 \end{array}\right)$$

6. Letzte Zeile streichen:

$$\left(\begin{array}{cc|c} 3 & -1 & 0 \\ -1 & 1 & -1 \end{array}\right) \Rightarrow \left(\begin{array}{cc|c} 3 & -1 & 0 \\ 0 & 2 & -3 \end{array}\right)$$

Lösung: $(-0,5;\ -1,5)$

7. a) $f(x) = ax^2 + bx + c$

$f(3) = 9a + 3b + c = 3 \quad f(-1) = a - b + c = 5$

$$\left(\begin{array}{ccc|c} 9 & 3 & 1 & 3 \\ 1 & -1 & 1 & 5 \end{array}\right) \quad \cdot (-9)$$

Das LSG ist unterbestimmt, es kann um eine Nullzeile ergänzt werden:

$$\left(\begin{array}{ccc|c} 9 & 3 & 1 & 3 \\ 0 & 12 & -8 & -42 \\ 0 & 0 & 0 & 0 \end{array}\right)$$

Es gibt unendlich viele Lösungen. Wir wählen $c = t \in \mathbb{R}$.

(II) $\quad 12b - 8c = -42 \Leftrightarrow 12b = 8t - 42 \quad\quad\quad\quad\quad\quad\quad\quad\quad\quad \Leftrightarrow \quad b = \frac{2}{3}t - 3,5$

(I) $\quad 9a + 3b + c = 3 \Leftrightarrow 9a = -3(\frac{2}{3}t - 3,5) - t + 3 = -3t + 13,5 \Leftrightarrow a = -\frac{1}{3}t + 1,5$

Allgemeine Gleichung: $f(x) = (-\frac{1}{3}t + 1,5)x^2 + (\frac{2}{3}t - 3,5)x + t$

Die Parabel schneidet die y-Achse bei 3, d. h. $f(0) = t = 3$

$b = \frac{2}{3}t - 3,5 = \frac{2}{3} \cdot (3) - 3,5 = -1,5$

$a = -\frac{1}{3} \cdot (3) + 1,5 = 0,5 \Rightarrow f(x) = 0,5x^2 - 1,5x + 3$

Die Parabel hat den Streckungsfaktor 2, d. h. $a = 2$

$a = -\frac{1}{3}t + 1,5 = 2 \Leftrightarrow -0,5 = \frac{1}{3}t \Leftrightarrow t = -1,5$

$b = \frac{2}{3}t - 3,5 = \frac{2}{3} \cdot (-1,5) - 3,5 = -4,5$

$\Rightarrow f(x) = 2x^2 - 4,5x - 1,5$

3 Differenzialrechnung

3.1 Einführung in die Differenzialrechnung

1 Bungee-Jumping

192

a) $f(x) = ax^3 + bx^2 + cx + d$

$f(0) = 48 \Rightarrow d = 48$

$f(2) = \frac{300}{11} \Rightarrow 8a + 4b + 2c + d = \frac{300}{11}$

$f(4) = 0 \Rightarrow 64a + 16b + 4c + d = 0$

$f(5) = \frac{3}{11} \Rightarrow 125a + 25b + 5c + d = \frac{3}{11}$

Die Lösung dieses LGS liefert:

$a = \frac{12}{11} \quad b = -\frac{81}{11} \quad c = 0 \quad d = 48,$ also: $f(x) = \frac{12}{11}x^3 - \frac{81}{11}x^2 + 48$

b)

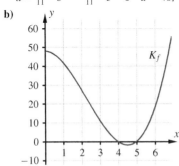

c) Die Durchschnittsgeschwindigkeit ergibt sich als Differenzenquotient der beiden Zeitpunkte, die mittlere Änderungsrate, da ja $v = \frac{\Delta s}{\Delta t}$ gilt (Sekantensteigung!).

d) Eintauchen ins Wasser: erste Nullstelle von $f(x)$, also $x = 4$ (vgl. Wertetabelle)

Somit gilt: $\bar{v} = \frac{\Delta s}{\Delta t} = \frac{s_0 - s_4}{t_0 - t_4} = \frac{48\,\text{m} - 0\,\text{m}}{0\,\text{s} - 4\,\text{s}} = -12\,\frac{\text{m}}{\text{s}}$

e) Die Momentangeschwindigkeit ist der Differenzialquotient, die momentane Änderungsrate, also die Tangentensteigung zum Zeitpunkt des Eintauchens, d. h. für $t = 4$ s.

$$v = \lim_{h \to 0} \frac{f(x+h) - f(x)}{h} = \lim_{h \to 0} \frac{\frac{12}{11}(x+h)^3 - \frac{81}{11}(x+h)^2 + 48 - \left(\frac{12}{11}x^3 - \frac{81}{11}x^2 + 48\right)}{h}$$

$$= \lim_{h \to 0} \frac{\frac{12}{11}(x^3 + 3x^2h + 3xh^2 + h^3) - \frac{81}{11}(x^2 + 2xh + h^2) - \frac{12}{11}x^3 + \frac{81}{11}x^2}{h}$$

$$= \lim_{h \to 0} \frac{\frac{36}{11}x^2h + \frac{36}{11}xh^2 + \frac{12}{11}h^3 - \frac{162}{11}xh - \frac{81}{11}h^2}{h}$$

$$= \lim_{h \to 0} \frac{h \cdot \left(\frac{36}{11}x^2 + \frac{36}{11}xh + \frac{12}{11}h^2 - \frac{162}{11}x - \frac{81}{11}h\right)}{h}$$

$$= \lim_{h \to 0} \left(\frac{36}{11}x^2 + \frac{36}{11}xh + \frac{12}{11}h^2 - \frac{162}{11}x - \frac{81}{11}h\right)$$

$$v = \frac{36}{11}x^2 - \frac{162}{11}x$$

also: $v(4) = -\frac{72}{11}\,\frac{\text{m}}{\text{s}} \hat{=} -23,56\,\frac{\text{km}}{\text{h}}$

f) Individuelle Lösung. Da die gesundheitlich ertragbare Geschwindigkeit größer ist als die im Eintauchmoment vorhandene Momentangeschwindigkeit, ist der Sprung ohne diesbezügliche gesundheitliche Bedenken möglich.

193

2 Boxenausfahrt

a)

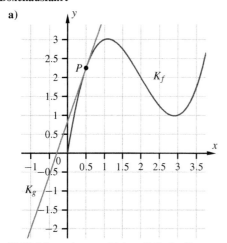

b) Gleichung des geradlinigen Teils der Boxenausfahrt: Tangente im Punkt P

$$m_t = \lim_{h \to 0} \frac{f(x+h)-f(x)}{h} = \lim_{h \to 0} \frac{\frac{2}{3} \cdot (x+h)^3 - 4 \cdot (x+h)^2 + \frac{19}{3} \cdot (x+h) - (\frac{2}{3}x^3 - 4x^2 + \frac{19}{3}x)}{h}$$

$$= \lim_{h \to 0} \frac{\frac{2}{3} \cdot (x^3 + 3x^2h + 3xh^2 + h^3) - 4 \cdot (x^2 + 2xh + h^2) + \frac{19}{3} \cdot (x+h) - \frac{2}{3}x^3 + 4x^2 - \frac{19}{3}x}{h}$$

$$= \lim_{h \to 0} \frac{2x^2h + 2xh^2 + \frac{2}{3}h^3 - 8xh - 4h^2 + \frac{19}{3}h}{h} = \lim_{h \to 0}(2x^2 + 2xh + \frac{2}{3}h^2 - 8x - 4h + \frac{19}{3})$$

$$m_t = 2x^2 - 8x + \frac{19}{3}$$

$$m_t(0,5) = 27 \cdot 0,5^2 - 8 \cdot 0,5 + \frac{19}{3} = \frac{17}{6}$$

$$P(0,5|2,25): \frac{9}{4} = \frac{17}{6} \cdot \frac{1}{2} + b \Rightarrow b = \frac{5}{6}$$

$g(x) = \frac{17}{6}x + \frac{5}{6}$ als Gleichung des geradlinigen Bereichs der Boxenausfahrt

Die in der Aufgabenstellung verlangte grafische Lösung ist naturgegeben ungenau und schülerspezifisch.

3 Umgehungsstraße

a)

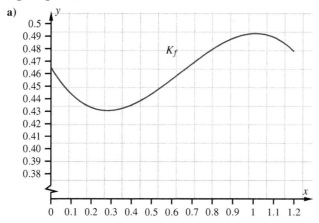

193

b) Individuelle Lösung

z.B.: Gleichung der Geraden durch die Punkte $P_1(0,6|f(0,6))$ und $P_2(0,7|f(0,7))$, also:

$P_1(0,6|0,455424)$ und $P_2(0,7|0,467982)$

$y = m \cdot x + b = \frac{\Delta y}{\Delta x} \cdot x + b = 0,12558 \cdot x + 0,380076$

c) Diese Gerade ist die Sekante des Schaubildes durch die Punkte P_1 und P_2. Diese stellt den Verlauf der Steigung der Straße nur unzulänglich dar. Je näher die beiden Punkte zusammenliegen, desto besser ist die Näherung an die Tangente in einem Punkt und damit desto genauer die Näherung an die Steigung der Straße.

d) Indem man den Abstand der beiden Punkte immer kleiner werden lässt, wird aus der Sekante letztlich die Tangente in einem Punkt P.

$$
\begin{aligned}
m_t &= \lim_{h \to 0} \frac{f(x+h) - f(x)}{h} \\
&= \lim_{h \to 0} \left[\frac{-0,316 \cdot (x+h)^3 + 0,613 \cdot (x+h)^2 - 0,27 \cdot (x+h) + 0,465}{h} \right. \\
&\qquad \left. - \frac{(-0,316x^3 + 0,613x^2 - 0,27x + 0,465)}{h} \right] \\
m_t &= -0,948x^2 + 1,226 - 0,27
\end{aligned}
$$

Individuelle Lösung je nach gewähltem Punkt P,

z.B.: $P_1(0,6|0,455424)$

$m_t(0,6) = -0,948 \cdot 0,6^2 + 1,226 \cdot 0,6 - 0,27 = 0,12432$

$0,455424 = 0,12432 \cdot 0,6 + b \Rightarrow b = 0,380832$

Also lautet die Gleichung der Tangente im Punkt P_1: $y = 0,12432 \cdot x + 0,380832$

3.1.1 Änderungsraten erfassen und beschreiben

197

1. a) 12   b) −62   c) 29   d) 26

2. a) In den ersten 14 Minuten steigt das Flugzeug gemächlich – mit zwei deutlich erkennbaren Unterbrechungen – auf eine Höhe von 250 m. In dieser Höhe bleibt es ca. 10 Minuten, um dann bis zur 40. Minute langsam eine Höhe von ca. 400 m zu erreichen. In den nächsten 11 Minuten steigt es schneller bis auf eine Höhe von ca. 650 m, wo es ca. 6 Minuten bleibt, um dann ein kleines Stück abzusinken.

   b) Durchschnittliche Steigung in $[10; 40]$: $\frac{200\,\text{m}}{30\,\text{min}} = 6\frac{2}{3}\,\frac{\text{m}}{\text{min}}$

   Durchschnittliche Steigung in $[30; 60]$: $\frac{300\,\text{m}}{30\,\text{min}} = 10\,\frac{\text{m}}{\text{min}}$

   c) Die errechneten durchschnittlichen Steigungen in b) stimmen mit den Aussagen in a) überein.

3. Berechnung der mittleren Änderungsraten:

Intervall	t	$s(1)$	t	$s(t)$	$s(t) - s(1)$	$t - 1$	$\frac{s(t)-s(1)}{t-1}$
$[1; 2]$	1	4	2	16	12	1	12
$[1; 1,5]$	1	4	1,5	9	5	0,5	10
$[1; 1,1]$	1	4	1,1	4,84	0,84	0,1	8,4
$[1; 1,01]$	1	4	1,01	4,0804	0,0804	0,01	8,04
$[1; 1,001]$	1	4	1,001	4,008004	0,008004	0,001	8,004

Es liegt die Vermutung nahe, dass die momentane Geschwindigkeit $8\,\frac{\text{m}}{\text{s}}$ zum Zeitpunkt $t = 1$ s beträgt.

197

4. **a)** Kurz vor Beginn des 3. Jahrzehnts und kurz darüber hinaus wird die höchste Zunahme von wirtschaftlich Abhängigen prognostiziert.

b) Ungefähre Änderungsrate (Prozentpunkte pro Jahr): $\frac{60-34}{2060-2010} = 0,52$

5. **a)**

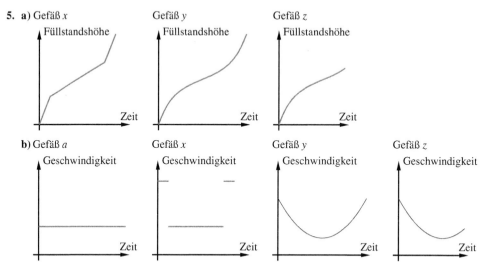

c) Die Geschwindigkeit ist die momentane Änderungsrate der Füllstandshöhe.

3.1.2 Steigung von Schaubildern von Funktionen

203

1. **a)** $m_t = \lim\limits_{x \to x_0} \frac{-2x^2 + 2x_0^2}{x - x_0} = \lim\limits_{x \to x_0} ((-2) \cdot (x + x_0)) = -4x_0$

$x_1 = -2 \Rightarrow m_t = 8 \qquad x_2 = 0 \Rightarrow m_t = 0 \qquad x_3 = 4 \Rightarrow m_t = -16$

b) $m_t = \lim\limits_{x \to x_0} \frac{3x^2 + 4 - (3x_0^2 + 4)}{x - x_0} = \lim\limits_{x \to x_0} (3 \cdot (x + x_0)) = 6x_0$

$x_1 = -2 \Rightarrow m_t = -12 \qquad x_2 = 0 \Rightarrow m_t = 0 \qquad x_3 = 4 \Rightarrow m_t = 24$

c) $m_t = \lim\limits_{x \to x_0} \frac{\frac{1}{3}x^2 - \frac{1}{3}x_0^2}{x - x_0} = \lim\limits_{x \to x_0} (\frac{1}{3} \cdot (x + x_0)) = \frac{2}{3}x_0$

$x_1 = -2 \Rightarrow m_t = -\frac{4}{3} \qquad x_2 = 0 \Rightarrow m_t = 0 \qquad x_3 = 4 \Rightarrow m_t = \frac{8}{3}$

2.

	$f(x) = 0,25x^2$	$g(x) = x^2 + 4x + 7$
a)	$m_t = \lim\limits_{x \to -2} \frac{0,25x^2 - 1}{x + 2}$	$m_t = \lim\limits_{x \to -2} \frac{x^2 + 4x + 7 - 3}{x + 2}$
	$= \lim\limits_{x \to -2} (0,25 \cdot (x - 2))$	$= \lim\limits_{x \to -2} (x + 2)$
	$= -1$	$= 0$
b)	$m_t = \lim\limits_{x \to x_0} \frac{0,25x^2 - 0,25x_0^2}{x - x_0}$	$m_t = \lim\limits_{x \to x_0} \frac{x^2 + 4x + 7 - (x_0^2 + 4x_0 + 7)}{x - x_0}$
	$= \lim\limits_{x \to x_0} (0,25 \cdot (x + x_0))$	$= \lim\limits_{x \to x_0} (x + x_0 + 4)$
	$= 0,5x_0$	$= 2x_0 + 4$
c)	$m_T = 0,5 \cdot 5 = 2,5$	$m_T = 2 \cdot 5 + 4 = 14$

3. *Hinweis:* Fehler im 1. Druck der 1. Auflage! Im Aufgabenteil b) muss die Funktionsgleichung lauten: $v(x) = \frac{291x^2 - 46394x + 3182000}{1372500}$, und die Frage: „Wie schnell wuchs die Pflanze am 10. und am 100. Tag?".

a) Berechnung des durchschnittlichen Wachstums:

$\frac{12-0}{10-0} = 1,2 \quad \frac{39-12}{25-10} = 1,8 \quad \frac{73-39}{50-25} = 1,36 \quad \frac{124-73}{100-50} = 1,02 \quad \frac{140-124}{125-100} = 0,64 \quad \frac{160-140}{150-125} = 0,8 \quad \frac{192-160}{200-150} = 0,64$

Zwischen dem 10. und 25. Tag wächst die Sonnenblume am schnellsten. Am langsamsten wächst sie zwischen dem 100. und 125. Tag bzw. zwischen dem 150. und 200. Tag.

b) $x = 10$:

$$m_t = \lim_{x \to 10} \left(\frac{1}{1372500} \cdot \frac{291x^2 - 46394x + 3182000 - 2747160}{x - 10} \right) = \lim_{x \to 10} \frac{291x - 43484}{1372500} \approx -0,02956$$

▶ Polynomdivision mithilfe eines digitalen mathematischen Werkzeugs

mit $v(10) = \frac{2747160}{1372500} \approx 2,00157$

$x = 100$:

$$m_t = \lim_{x \to 100} \left(\frac{1}{1372500} \cdot \frac{291x^2 - 46394x + 3182000 - 1452600}{x - 100} \right) - 1452600 = \lim_{x \to 100} \frac{291x - 17294}{1372500} \approx 0,0086$$

▶ Polynomdivision mithilfe eines digitalen mathematischen Werkzeugs

mit $v(100) = \frac{1452600}{1372500} \approx 1,0583607$

c) Die Ergebnisse aus Aufgabenteil b) geben die tatsächliche (lokale) Wachstumsrate wieder, während die Ergebnisse aus Aufgabenteil a) Durchschnittswerte darstellen und damit ungenauer sind.

4. a)

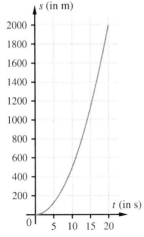

b) Für die Geschwindigkeit v (in $\frac{m}{s}$) gilt:

$$v(t_0) = \lim_{t \to t_0} \frac{5t^2 - 5t_0^2}{t - t_0} = \lim_{t \to t_0} (5 \cdot (t + t_0)) = 10t_0$$
$$v(2) = 20$$
$$v(5) = 50$$
$$v(10) = 100$$
$$v(20) = 200$$

c) Nach der Berechnung der Fallzeit t (in s) erfolgt die Berechnung der Fallgeschwindigkeit v (in $\frac{m}{s}$):

$$5 = 5t^2 \quad \Rightarrow \quad t = 1 \quad \Rightarrow \quad v(1) = 10$$
$$20 = 5t^2 \quad \Rightarrow \quad t = 2 \quad \Rightarrow \quad v(2) = 20$$
$$45 = 5t^2 \quad \Rightarrow \quad t = 3 \quad \Rightarrow \quad v(3) = 30$$
$$80 = 5t^2 \quad \Rightarrow \quad t = 4 \quad \Rightarrow \quad v(4) = 40$$
$$125 = 5t^2 \quad \Rightarrow \quad t = 5 \quad \Rightarrow \quad v(5) = 50$$

5. a) Für den in den ersten fünf Minuten zurückgelegten Weg s (in km) und die Zeit t (in min) gilt: $s(t) = 0,04t^2$.

Für die zweite Etappe ist das Tempo gleichmäßig, also ist das Schaubild von s_2 geradlinig. Seine Steigung entspricht der Geschwindigkeit, die nach fünf Minuten erreicht wurde.

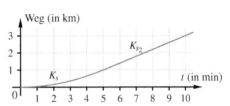

t	1	2	3	4	5
s	0,04	0,16	0,36	0,64	1

203

b) $v(5) = \lim\limits_{t \to 5} \frac{0{,}04t^2 - 1}{t - 5} = \lim\limits_{t \to 5}(0{,}04 \cdot (t + 5)) = 0{,}4$

Nach 5 Minuten beträgt die Geschwindigkeit $0{,}4\ \frac{\text{km}}{\text{min}}$ bzw. $24\ \frac{\text{km}}{\text{h}}$.

c) Zurückgelegte Gesamtstrecke:

$s(5) + (s_2(10) - s_2(5)) = 0{,}04 \cdot 5^2 + ((0{,}4 \cdot 10 - 1) - (0{,}4 \cdot 5 - 1)) = 3$

Die Rechnung bestätigt, dass in 10 Minuten 3 Kilometer zurückgelegt wurden.

d) Im Idealfall stimmt die individuelle Skizze mit den Ergebnissen aus b) und c) überein.

3.1.3 Ableitungsregeln

211

1. *Hinweis:* Fehler im 1. Druck der 1. Auflage! Die Teilaufgabe c) muss lauten: $f(x) = 0{,}5x^4$.

a) $f'(x) = 4x$　　**e)** $f'(x) = -\frac{7}{9}x^6 + \frac{4}{3}x$　**i)** $f'(x) = -x^2 + 2$

b) $f'(x) = 1{,}5x^2$　**f)** $f'(x) = 9x^2 + 6x$　**j)** $f'(x) = -x^2$

c) $f'(x) = 2x^3$　　**g)** $f'(x) = 5$　　　**k)** $f'(x) = \frac{8}{5}x^3 + 5x^4$

d) $f'(x) = 2{,}5x^2$　**h)** $f'(x) = 0$　　　**l)** $f'(x) = 12x^3 + x$

2. **a)** $f'(x) = \mathrm{e}^x$　　**d)** $f'(x) = -3\mathrm{e}^{-x}$　　**g)** $f'(x) = -0{,}2\mathrm{e}^{-x}$

b) $f'(x) = 5\mathrm{e}^x$　**e)** $f'(x) = -0{,}5\mathrm{e}^{0{,}5x}$　**h)** $f'(x) = \mathrm{e}^2\mathrm{e}^x$

c) $f'(x) = 2\mathrm{e}^x$　**f)** $f'(x) = 4\mathrm{e}^{-2x}$　　**i)** $f'(x) = 3\mathrm{e}^2\mathrm{e}^x$

3. *Hinweis:* Fehler im 1. Druck der 1. Auflage! Die Teilaufgabe f) muss lauten: $f(x) = \sin(\frac{\pi}{2}x) + 1$.

a) $f'(x) = -\sin(x)$　　**d)** $f'(x) = 5\cos(5x)$　**g)** $f'(x) = \pi^2\sin(\pi \cdot x)$

b) $f'(x) = 0{,}5\cos(0{,}5x)$　**e)** $f'(x) = -2\sin(\frac{x}{2})$　**h)** $f'(x) = 0$

c) $f'(x) = -\frac{1}{3}\sin(\frac{1}{3}x)$　**f)** $f'(x) = \frac{\pi}{2}\cos(\frac{\pi}{2}x)$　**i)** $f'(x) = \cos(0{,}5x) + 2\sin(2x) + 2x$

4. *Hinweis:* Fehler im 1. Druck der 1. Auflage! Die Teilaufgabe d) muss lauten: $f(x) = \sin(x) + \mathrm{e}^x$.

a) $f'(x) = 2\cos(2x) + 2\sin(x)$　　　**c)** $f'(x) = 8(2x + 5)^3$

b) $f'(x) = \cos(0{,}5x) + 2\sin(2x) + 2x$　**d)** $f'(x) = \cos(x) + \mathrm{e}^x$

5. **a)** $f'(x) = \frac{1}{3}\cos(x)$　　　$f'(\frac{\pi}{3}) = \frac{1}{6}$　　**e)** $f'(x) = \cos(x) + \frac{1}{2}x$　　$f'(0) = 1$

b) $f'(x) = \sqrt{3}\cos(x) + \sin(x)$　$f'(\frac{\pi}{3}) = \sqrt{3}$　**f)** $f'(x) = \frac{1}{4} - \sin(x)$　　$f'(\frac{2\pi}{3}) = \frac{1}{4} - \frac{\sqrt{3}}{2}$

c) $f'(x) = 6x^3$　　　　$f'(4) = 384$　　**g)** $f'(x) = 12{,}5x^4$　　$f'(1) = 12{,}5$

d) $f'(x) = 1{,}5x^2$　　　$f'(2) = 6$　　**h)** $f'(x) = -21x^6$　　$f'(3) = -15\,309$

6. *Hinweis:* Fehler im 1. Druck der 1. Auflage! Die Aufgabe soll lauten: „Geben Sie den exakten Wert der Steigung an der Stelle $x_0 = \frac{\pi}{4}$ an."

$f'(x) = \frac{3}{2}\sin(x);\quad f'(\frac{\pi}{4}) = \frac{3}{4} \cdot \sqrt{2}$

Der Wertebereich von f ist $W_f = [0{,}5;\ 3{,}5]$, da die Amplitude $1{,}5([-1{,}5;\ 1{,}5])$ ist und das Schaubild um 2 Einheiten nach oben verschoben wurde.

7. a) $f'(x) = 12,5x^4 + 12x^3$
$\quad f''(x) = 50x^3 + 36x^2$
$\quad f'''(x) = 150x^2 + 72x$
$\quad f^{(4)}(x) = 300x + 72$
$\quad f^{(5)}(x) = 300$

b) $f'(x) = 2x^7 + 4x^9$
$\quad f''(x) = 14x^6 + 36x^8$
$\quad f'''(x) = 84x^5 + 288x^7$
$\quad f^{(4)}(x) = 420x^4 + 2016x^6$
$\quad f^{(5)}(x) = 1680x^3 + 12\,096x^5$
$\quad f^{(6)}(x) = 5040x^2 + 60\,480x^4$
$\quad f^{(7)}(x) = 10\,080x + 241\,920x^3$
$\quad f^{(8)}(x) = 10\,080 + 725\,760x^2$
$\quad f^{(9)}(x) = 1\,451\,520x$
$\quad f^{(10)}(x) = 1\,451\,520$

c) $f'(x) = 21x^6 - 1,5x^2$
$\quad f''(x) = 126x^5 - 3x$
$\quad f'''(x) = 630x^4 - 3$
$\quad f^{(4)}(x) = 2520x^3$
$\quad f^{(5)}(x) = 7560x^2$
$\quad f^{(6)}(x) = 15\,120x$
$\quad f^{(7)}(x) = 15\,120$

d) $f'(x) = 3ax^2$
$\quad f''(x) = 6ax$
$\quad f'''(x) = 6a$

e) $f'(x) = 2\cos(2x)$
$\quad f''(x) = -4\sin(2x)$
$\quad f'''(x) = -8\cos(2x)$
$\quad f^{(4)}(x) = 16\sin(2x)$
Diese Funktion wird nie zur konstanten Funktion.

f) $f'(x) = e^{0,5x}$
$\quad f''(x) = 0,5e^{0,5x}$
$\quad f'''(x) = 0,25e^{0,5x}$
Auch diese Funktion wird nie zur konstanten Funktion.

8. Beispiele:

a) $f(x) = 5$

b) $f(x) = 2x + 1$

c) $f(x) = \pi \cdot x - 3$

d) $f(x) = -x^3 + 4,12x$

e) $f(x) = \frac{1}{8}x^4 - x^5 + 7$

f) $f(x) = -\frac{1}{81}x^9 + \frac{2}{9}x^3$

g) $f(x) = e^x$

h) $f(x) = -2\cos(x)$

i) $f(x) = -8e^{0,5x} + 2x$

9. $f'(x_0) = \lim\limits_{h \to 0} \frac{e^{x_0 + h} - e^{x_0}}{h} = \lim\limits_{h \to 0} \frac{e^{x_0} \cdot e^h - e^{x_0}}{h} = \lim\limits_{h \to 0} \frac{e^{x_0} \cdot (e^h - 1)}{h}$

$\quad = e^{x_0} \cdot \lim\limits_{h \to 0} \frac{e^h - e^0}{h} = e^{x_0} \cdot f'(0) = e^{x_0} \cdot 1 = e^{x_0}$

Oder: Wählt man an der Stelle $x = 0$ die Steigung 1 mit $\lim\limits_{h \to 0} \frac{e^h - 1}{h} = 1$ für $f(x) = e^x$, so gilt:

$\lim\limits_{h \to 0} \frac{e^{x_0 + h} - e^{x_0}}{h} = \lim\limits_{h \to 0} \frac{e^{x_0} \cdot e^h - e^{x_0}}{h} = \lim\limits_{h \to 0} e^{x_0} \cdot \frac{e^h - 1}{h} = e^{x_0} \cdot \lim\limits_{h \to 0} \frac{e^h - 1}{h} = e^{x_0}$

3.1.4   Tangenten und gegenseitige Lage zweier Schaubilder

216

1. Tangentengleichung: $t(x) = mx + b$

a) $P(1|1)$ $f'(x) = 2x$
$m = f'(1) = 2$
eingesetzt in die Tangentengleichung:
$1 = 2 \cdot 1 + b \Leftrightarrow b = -1$
$t(x) = 2x - 1$

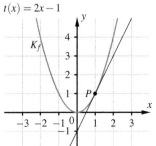

c) $P(0|-5)$ $f'(x) = 2,5x + 2,5$
$m = f'(0) = 2,5$
aus $P(0|-5)$ ergibt sich $b = -5$.
$t(x) = 2,5x - 5$

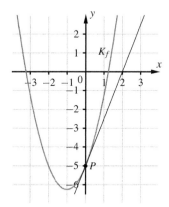

b) $P(3|3)$ $f'(x) = -2x + 4$
$m = f'(3) = -2$
eingesetzt in die Tangentengleichung:
$3 = -2 \cdot 3 + b \Leftrightarrow b = 9$
$t(x) = -2x + 9$

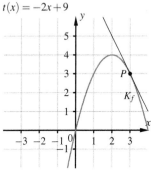

d) $P(0|1)$ $f'(x) = 2e^{2x}$
$m = f'(0) = 2$
aus $P(0|1)$ ergibt sich $b = 1$
$t(x) = 2x + 1$

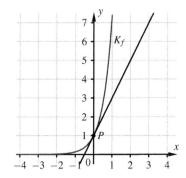

216

e) $P(0|0)$ $f'(x) = -\frac{3}{2}x^2 + 2x + 5$

$m = f'(0) = 5$

eingesetzt in die Tangentengleichung:

$0 = 5 \cdot 0 + b \Leftrightarrow b = 0$

$t(x) = 5x$

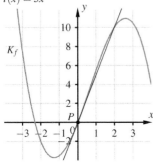

g) $P(2|0)$ $f'(x) = \frac{1}{2}\cos(\frac{\pi}{2}x)$

$m = f'(2) = -0,5$

eingesetzt in die Tangentengleichung:

$0 = -0,5 \cdot 2 + b \Leftrightarrow b = 1$

$t(x) = -0,5x + 1$

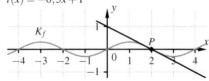

f) $P(-2|0)$ $f'(x) = -2x^3 + 2x$

$m = f'(-2) = 12$

eingesetzt in die Tangentengleichung:

$0 = 12 \cdot (-2) + b \Leftrightarrow b = 24$

$t(x) = 12x + 24$

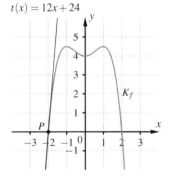

h) $P(2|2e-1)$ $f'(x) = e^{0,5x}$

$m = f'(2) = e^1 = e$

eingesetzt in die Tangentengleichung:

$2 \cdot e^1 - 1 = 2e + b \Leftrightarrow b = -1$

$t(x) = e \cdot x - 1$

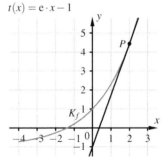

2. a) $f'(x) = -2x - 1$

Gesucht x_0, sodass gilt:

$-2x_0 - 2 = 0 \Leftrightarrow x_0 = -1 \to P_0(-1|4)$

Einsetzen in die allgemeine Tangentengleichung:

$4 = 0 \cdot (-1) + b \Leftrightarrow b = 4 \to t(x) = 4$

b) $f'(x) = \frac{1}{4}x - \frac{1}{4}$

Gesucht x_0, sodass gilt:

$\frac{1}{4}x_0 - \frac{1}{4} = 0,5 \Leftrightarrow x_0 = 3 \to P(3|-1,5)$

Einsetzen in die allgemeine Tangentengleichung:

$-1,5 = 0,5 \cdot 3 + b \Leftrightarrow b = -3 \to t(x) = 0,5x - 3$

c) $f'(x) = 2\cos(x)$

Gesucht x_0, sodass gilt:

$2\cos(x_0) = -2 \Leftrightarrow x_0 = \pi \to P(\pi|-1)$

Einsetzen in die allgemeine Tangentengleichung:

$-1 = -2\pi + b \Leftrightarrow b = -1 + 2\pi \to t(x) = -2x - 1 + 2\pi$

216

d) $f'(x) = x^2 - \frac{4}{3}$

Gesucht x_0, sodass gilt:

$x_0^2 - \frac{4}{3} = -\frac{1}{3} \Leftrightarrow x_0^2 = 1 \Leftrightarrow x_0 = -1 \vee x_0 = 1 \rightarrow P_0(-1|1); Q_0 = (1|-1)$

Einsetzen in die allgemeine Tangentengleichung:

$P_0: 1 = -\frac{1}{3} \cdot (-1) + b \Leftrightarrow b = \frac{2}{3} \rightarrow t_1(x) = -\frac{1}{3}x + \frac{2}{3}$

$Q_0: -1 = -\frac{1}{3} \cdot 1 + b \Leftrightarrow b = -\frac{2}{3} \rightarrow t_2(x) = -\frac{1}{3}x - \frac{2}{3}$

e) $f'(x) = 0,25\mathrm{e}^{0,5x}$

Gesucht x_0, sodass gilt:

$0,25\mathrm{e}^{0,5x_0} = \ln(4) \Leftrightarrow x_0 \approx 3,43 \rightarrow P(3,43|2,77)$

Einsetzen in die allgemeine Tangentengleichung:

$2,77 = \ln(4) \cdot 3,43 + b \Leftrightarrow b = -1,98 \rightarrow t(x) = 1,39x - 1,98$

f) $f'(x) = 0,18x^2 - 0,72x$

Gesucht x_0, sodass gilt:

$0,18x_0^2 - 0,72x_0 = 2,16 \Leftrightarrow x_0^2 - 4x_0 = 12 \Leftrightarrow (x_0 - 2)^2 = 16$

$\Leftrightarrow \ x_0 = -2 \vee x_0 = 6 \rightarrow P_0(-2|-1,92); Q_0(6|0)$

Einsetzen in die allgemeine Tangentengleichung:

$P_0: -1,92 = 2,16 \cdot (-2) + b \Leftrightarrow b = 2,4 \rightarrow t_1(x) = 2,16x + 2,4$

$Q_0: 0 = 2,16 \cdot 6 + b \Leftrightarrow b = -12,96 \rightarrow t_2(x) = 2,16x - 12,96$

g) $f'(x) = \frac{1}{9}x^3 - x^2 + 2x$

Gesucht x_0, sodass gilt:

$\frac{1}{9}x_0^3 - x_0^2 + 2x_0 = 0 \Leftrightarrow \frac{1}{9}x_0(x_0^2 - 9x_0 + 18) = 0$

$\Leftrightarrow x_0 = 0 \vee (x_0 - 4,5)^2 = 2,25 \Leftrightarrow x_0 = 0 \vee x_0 = 3 \vee x_0 = 6 \rightarrow P_0(0|2); Q_0(3|4,25); R_0(6|2)$

Wegen $m = 0$ ergeben sich unmittelbar die Tangentengleichungen:

$P_0: t(x) = 2$

$Q_0: t(x) = 4,25$

$R_0: t(x) = 2$

h) $f'(x) = \frac{1}{12}x^3 + \frac{1}{2}x^2 - \frac{8}{3}$

Gesucht x_0, sodass gilt:

$\frac{1}{12}x_0^3 + \frac{1}{2}x_0^2 - \frac{8}{3} = -\frac{8}{3} \Leftrightarrow \frac{1}{12}x_0^2(x_0 + 6) = 0 \Leftrightarrow x_0 = 0 \vee x_0 = 0 \vee x_0 = -6 \rightarrow P_0(0|-\frac{16}{3}); Q_0(-6|\frac{5}{3})$

Einsetzen in die allgemeine Tangentengleichung:

$P_0: b = -\frac{16}{3} \rightarrow t(x) = -\frac{8}{3}x - \frac{16}{3}$

$Q_0: \frac{5}{3} = -\frac{8}{3} \cdot (-6) + b \Leftrightarrow b = -\frac{43}{3} \rightarrow t(x) = -\frac{8}{3}x - \frac{43}{3}$

216

3. Ausmultiplizieren des Terms: $f(x) = x^4 + 6x^3 + 8x^2$
Die Ableitung ist: $f'(x) = 4x^3 + 18x^2 + 16x$

a) Tangente an der Stelle $x_1 = -2$: $y_1 = 4x + 8$
Tangente an der Stelle $x_2 = -1$: $y_2 = -x + 0,5$
b) $y_1 = y_2$ ergibt den Schnittpunkt $S(-1,5|2)$.

c)

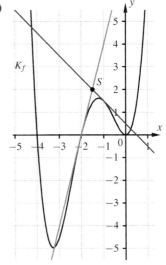

4. $f'(x) = 3x^2 - 3$
a) Stellen mit waagrechter Tangente sind $x_1 = -1$ und $x_2 = 1$, denn es gilt $f'(-1) = 0$ und $f'(1) = 0$.

b) Die Tangente t an der Stelle $x = -2$ lautet $t(x) = 9x + 18$.
$f'(x) = 9 \Rightarrow 3x^2 - 3 = 9 \Leftrightarrow x^2 = 4 \Rightarrow x_1 = 2 \vee x_2 = -2$
Das Schaubild hat an der Stelle $x = 2$ ebenfalls die Steigung $m = 9$: Die parallele Tangente zu t lautet
$y = 9x - 14$.

5. Die 2.Winkelhalbierende ist $g(x) = -x$ mit $m_1 = -1$. Eine Gerade, die orthogonal (senkrecht) zu m_1 ist,
hat die Steigung $m_2 = -\frac{1}{m_1}$ mit $m_1 \neq 0$. Gesucht ist die Stelle x der Funktion f, für die $m_2 = 1$ gilt, also
$f'(x) = m_2 = 1$ ist.
$f'(x) = -4x^3 + 1$
$f'(x) = 1 \Leftrightarrow -4x^3 + 1 = 1 \Leftrightarrow x^3 = 0 \Rightarrow x = 0$; $f(0) = 2$
Die Tangentengleichung im Punkt $P(0|2)$ ist $t(x) = x + 2$.

6. An einer Berührstelle gilt: I. $f(x_S) = g(x_S)$ und II. $f'(x_S) = g'(x_S)$
a) $f(x) = \frac{1}{4}x^2$; $f'(x) = \frac{1}{2}x$
$g(x) = -\frac{1}{8}x^2 + \frac{3}{2}x + 2 - 1,5$; $x > 0$; $g'(x) = -\frac{1}{4}x + \frac{3}{2}$
I. $\frac{1}{4}x_S^2 = -\frac{1}{8}x_S^2 + \frac{3}{2}x_S$
$\Leftrightarrow \frac{3}{8}x_S^2 + \frac{3}{2}x_S + \frac{3}{2} = 0$
$\Leftrightarrow x_S^2 - 4x_S + 4 = 0$
$\Leftrightarrow (x_S - 2)^2 = 0 \Rightarrow x_S = 2$
$f(2) = 1$; $g(2) = 1 \Rightarrow$ I. ist erfüllt.

II. $f'(2) = 1$; $g'(2) = 1 \Rightarrow$ II. ist erfüllt.
Der Berührpunkt von f und g liegt bei $B(2|1)$.

216

b) $f(x) = 0,5x^2$; $f'(x) = x$

$g(x) = -0,25x^3 + 2x^2$; $g'(x) = -0,75x^2 + 4x$

I. $0,5x^2 = -0,25x^3 + 2x^2$ $| -2x^2$ $| +0,25x^3$

    $\Leftrightarrow$ $0,25x^3 - 1,5x^2 = 0$ | Ausklammern

    $\Leftrightarrow$ $x^2(0,25x - 1,5)$ | Satz vom Nullprodukt

    $\Rightarrow$ $x_{1;2} = 0 \vee x_3 = 6$

    $f(0) = 0$; $g(0) = 0 \Rightarrow$ I. ist erfüllt.

    $f(6) = 18$; $g(6) = 18 \Rightarrow$ I. ist erfüllt.

II. $f'(0) = 0$; $g'(0) = 0 \Rightarrow$ II. ist erfüllt.

    $f'(6) = 6$; $g'(6) = -3 \Rightarrow$ II. ist nicht erfüllt.

Der Berührpunkt von f und g liegt bei $B(0|0)$. (Es lässt sich auch ein Schnittpunkt finden bei $S(6|18)$.)

c) $f(x) = 2e^x - 1$; $f'(x) = 2e^x$

$g(x) = e^{2x}$; $g'(x) = 2e^{2x}$

I. $2e^x - 1 = e^{2x} \Leftrightarrow 2e^x - e^{2x} = 1 \Leftrightarrow 0 = e^{2x} - 2e^x + 1$ | Substitution $e^x = u$

    $\Leftrightarrow$ $0 = u^2 - 2u + 1$

    $\Leftrightarrow$ $u_{1;2} = \frac{2 \pm \sqrt{4 - 4 \cdot 1 \cdot 1}}{2} = 1 = e^x$

    $\Rightarrow$ $x = 0$

    Oder: Lösung mithilfe der Wertetabelle ermitteln.

    $\Rightarrow$ $x = 0$

    $f(0) = 1$; $g(0) = 1 \Rightarrow$ I. ist erfüllt.

II. $f'(0) = 1$; $g'(0) = 1 \Rightarrow$ II. ist erfüllt.

Der Berührpunkt von f und g ist $B(0|1)$.

7.   *Hinweis:* Fehler im 1. Druck der 1. Auflage! Es muss heißen: „Zeigen Sie, ob sich die Schaubilder von f und g senkrecht schneiden oder berühren. ..."

   a) $f(x_S) = g(x_S) \Leftrightarrow \frac{1}{4}x_S^2 + 1,5x_S - 4 = 0 \Rightarrow x_{S_1} = 2 \vee x_{S_2} = -8$, da für die Funktion g $x > 0$ gilt, ist nur x_{S_1} relevant.

    Der Schnittpunkt ist $(2|0)$, da $f(2) = 0 = g(2)$.

    Zu zeigen: Die Schaubilder schneiden sich senkrecht.

    $f'(x) = x$; $g'(x) = 0,5x - 1,5$

    $f'(2) = 2$; $g'(2) = -0,5$

    Es gilt: $f'(2) \cdot g'(2) = -1$. Somit schneiden sich die zwei Schaubilder in $(2|0)$ orthogonal (senkrecht).

   b) $f(x_S) = g(x_S) \Leftrightarrow \sin(\frac{\pi}{2}x_S) + \cos(\frac{\pi}{4}x_S) = 0 \Rightarrow x_{S_1} = 2$ mit $0 \leq x \leq 3$.

    Lösung mithilfe der Wertetabelle ermitteln:

    $f(2) = 0 = g(2)$. Der Schnittpunkt ist $(2|0)$.

    Zu zeigen: Die Schaubilder schneiden sich senkrecht.

    $f'(x) = \frac{\pi}{2} \cdot \cos(\frac{\pi}{2}x)$; $g'(x) = \frac{\pi}{4}\sin(\frac{\pi}{4}x)$

    $f'(2) = -\frac{\pi}{2}$; $g'(2) = \frac{\pi}{4}$

    Es gilt: $f'(2) \cdot g'(2) \neq -1$. Die Schaubilder von f und g schneiden sich in $(2|0)$ nicht senkrecht.

   c) $f(x_S) = g(x_S) \Leftrightarrow e^{x_S} = \cos(x_S) + x_S$

    Lösung mithilfe der Wertetabelle ermitteln:

    Der Schnittpunkt ist $(0|1)$, da $f(0) = 1 = g(0)$.

    $f'(x) = e^x$; $g'(x) = -\sin(x) + 1$

    $f'(0) = 1$; $g'(0) = 1$

    Es gilt: $f'(0) \cdot g'(0) \neq -1$. Die Schaubilder von f und g schneiden sich in $(0|1)$ nicht senkrecht.

    Beide Schaubilder haben in $(0|1)$ die gleiche Steigung. Somit berühren sie sich.

8. $f(\frac{3}{4}\pi) = \frac{\sqrt{2}}{2}$ und $g(\frac{3}{4}\pi) = \frac{\sqrt{2}}{2}$

Somit ist der gemeinsame Punkt $(\frac{3}{4}\pi | \frac{\sqrt{2}}{2})$.

Zu zeigen, ob an dieser Stelle die gleiche Steigung vorliegt:

$f'(x) = \cos(x)$; $g'(x) = -\sin(x)$

$f'(\frac{3}{4}\pi) = -\frac{\sqrt{2}}{2}$; $g'(\frac{3}{4}\pi) = -\frac{\sqrt{2}}{2}$

Die beiden Schaubilder berühren sich im Punkt $(\frac{3}{4}\pi | \frac{\sqrt{2}}{2})$.

9. *Hinweis:* Fehler im 1. Druck der 1. Auflage! Es muss heißen: „Prüfen Sie rechnerisch, ob die Gerade G das Schaubild K_f bei $x = 0$ senkrecht schneidet. ...“

$f'(x) = -3x^2 + 2x + 3 \Rightarrow f'(0) = 3$

$g(x) = x$; $g'(x) = 1 \Rightarrow g'(0) = 1$

Die Steigung von K_f an der Stelle $x = 0$ ist 3 und G hat die Steigung 1.

Somit ist $f'(0) \cdot g'(0) \neq -1$ und die Schaubilder schneiden sich nicht senkrecht.

Übungen zu 3.1

1. a) mittlere Änderungsrate in $[1; 1,5]$ ist $-0,375$. Sekantengleichung: $y = -0,375x + 0,625$

mittlere Änderungsrate in $[-4; -2,5]$ ist $-2,9375$. Sekantengleichung: $y = -2,9375x - 1,5$

mittlere Änderungsrate in $[2; 3]$ ist $0,25$. Sekantengleichung: $y = 0,25x - 0,5$

b) Die momentane Änderungsrate an der Stelle $x_0 = 1$ ist $-0,5$.

Die momentane Änderungsrate an der Stelle $x_0 = -4$ ist -3.

Die momentane Änderungsrate an der Stelle $x_0 = 0$ ist 0.

2. a)

Entfernungen		Benötigte Fahrzeit in min	Durchschnittsgeschwindigkeit in km/h
Frankfurt – Mannheim	87 km	38	137,4
Mannheim – Karlsruhe	62 km	23	161,7
Karlsruhe – Baden-Baden	29 km	15	116,0
Baden-Baden – Freiburg	103 km	43	143,7
Freiburg – Basel	66 km	33	120,0
Summe:	347 km	152	137

b) Tatsächliche Geschwindigkeiten von ICEs liegen auf geraden Strecken z.B. in der Rheinebene bei Mannheim und Karlsruhe etc. über den errechneten Werten. Aufgrund der langsameren Fahrt in den Bahnhöfen kommt es zur errechneten Durchschnittsgeschwindigkeit. (ICE-Höchstgeschwindigkeiten liegen bei über 300 km/h.)

3. a) $f'(x) = 2x$; $f''(x) = 2$

b) $f'(x) = 3x^2 - 4x$; $f''(x) = 6x - 4$

c) $f'(x) = \cos(\frac{1}{3}x) + 1$; $f''(x) = -\frac{1}{3}\sin(\frac{1}{3}x)$

d) $f'(x) = 2 \cdot e^{2x} + 2\cos(2x) + 2$; $f''(x) = 4 \cdot e^{2x} - 4\sin(2x)$

e) $f'(x) = \pi \cdot e^{\pi x} + e$; $f''(x) = \pi^2 \cdot e^{\pi x}$

f) $f'(x) = -\sin(x) + 1$; $f''(x) = -\cos(x)$

216

217

217

g) $f'(x) = 2\cos(2x)$; $f''(x) = -4\sin(2x)$

h) $f'(x) = e^x$; $f''(x) = e^x$

i) $f'(x) = 6\cos(3x) + 2\sin(\frac{x}{2})$; $f''(x) = -18\sin(3x) + \cos(\frac{x}{2})$

j) $f'(x) = \pi \cdot \cos(\pi \cdot x) + 2 \cdot e^{2x} - 1$; $f''(x) = -\pi^2 \cdot \sin(\pi \cdot x) + 4 \cdot e^{2x}$

k) $f'(x) = 0$; $f''(x) = 0$

4. $f(x) = c \qquad f'(x_0) = \lim\limits_{x \to x_0} \dfrac{f(x) - f(x_0)}{x - x_0} = \lim\limits_{x \to x_0} \dfrac{c - c}{x - x_0} = 0 \qquad f'(x) = 0$

5. $v(t) = s'(t) = \begin{cases} 5t & \text{für } t \in [0;\,6] \\ 30 & \text{für } t \in\,]6;\,\infty[\end{cases}$

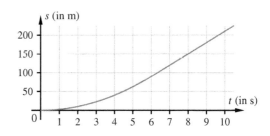

a) $v(5) = 25$

$v(7) = 30$

b) $v(6) = 5 \cdot 6 = 30$

6. Zu zeigen ist jeweils, dass der Punkt auf der ausgewählten Tangente liegt und dass das Schaubild in dem Punkt dieselbe Steigung hat wie die ausgewählte Tangente. Letzteres zeigt man mithilfe der Ableitung:
$f'(x) = 0,12x^3 - 1,32x^2 + 2,88x$

$P(-2|9,76)$ und $t_3(x) = -12x - 14,24$:
$9,76 = -12 \cdot (-2) - 14,24 \Leftrightarrow 9,76 = 9,76 \to$ Punktprobe erfüllt
$f'(-2) = -12 \to$ Steigungen stimmen überein

$Q(3|3,51)$ und $t_7(x) = 3,51$:
$3,51 = 0 \cdot 3 + 3,51 \Leftrightarrow 3,51 = 3,51 \to$ Punktprobe erfüllt
$f'(3) = 0 \to$ Steigungen stimmen überein

$R(-1|1,91)$ und $t_4(x) = -4,32x - 2,41$:
$1,91 = -4,32 \cdot (-1) - 2,41 \Leftrightarrow 1,91 = 1,91 \to$ Punktprobe erfüllt
$f'(-1) = -4,32 \to$ Steigungen stimmen überein

$S(9|-7,29)$ und $t_6(x) = 6,48x - 65,61$:
$-7,29 = 6,48 \cdot 9 - 65,61 \Leftrightarrow -7,29 = -7,29 \to$ Punktprobe erfüllt
$f'(9) = 6,48 \to$ Steigungen stimmen überein

$T(8|-10,24)$ und $t_5(x) = -10,24$:
$-10,24 = 0 \cdot 8 - 10,24 \Leftrightarrow -10,24 = -10,24 \to$ Punktprobe erfüllt
$f'(8) = 0 \to$ Steigungen stimmen überein

$U(5|-0,25)$ und $t_8(x) = -3,6x + 17,75$
$-0,25 = -3,6 \cdot 5 + 17,75 \Leftrightarrow -0,25 = -0,25 \to$ Punktprobe erfüllt
$f'(5) = -3,6 \to$ Steigungen stimmen überein

217

$V(2|2,72)$ und $t_2(x) = 1,44x - 0,16$:

$2,72 = 1,44 \cdot 2 - 0,16 \Leftrightarrow 2,72 = 2,72 \to$ Punktprobe erfüllt

$f'(2) = 1,44 \to$ Steigungen stimmen überein

$W(6| - 4,32)$ und $t_1(x) = -4,32x + 21,6$:

$-4,32 = -4,32 \cdot 6 + 21,6 \Leftrightarrow -4,32 = -4,32 \to$ Punktprobe erfüllt

$f'(6) = -4,32 \to$ Steigungen stimmen überein

7. Individuelle Lösungen

218

8. a) $f(x) = 5x^2 - 2x + 3$ **b)** $k(x) = 3x^3 - 3x^2 - 12x + 12$ **c)** $h(x) = -2x^3 + 5x$ **d)** $g(x) = -2x^2 + 5$

$\begin{array}{llll} f'(x) = 10x - 2 & k'(x) = 9x^2 - 6x - 12 & h'(x) = -6x^2 + 5 & g'(x) = -4x \\ f'(-1,4) = -16 & k'(-1,4) = 14,04 & h'(-1,4) = -6,76 & g'(-1,4) = 5,6 \\ f'(-1) = -12 & k'(-1) = 3 & h'(-1) = -1 & g'(-1) = 4 \\ f'(0) = -2 & k'(0) = -12 & h'(0) = 5 & g'(0) = 0 \\ f'(0,5) = 3 & k'(0,5) = -12,75 & h'(0,5) = 3,5 & g'(0,5) = -2 \end{array}$

9. *Hinweis:* Fehler im 1. Druck der 1. Auflage! Es muss heißen: „Zeichnen Sie das Schaubild von f und die Tangente im Intervall $[-2; 6,5]$. ► Die Skalierung in x-Richtung kann in 1er-Schritten und die Skalierung in y-Richtung sollte in 10er-Schritten erfolgen.

Die Tangente im Punkt $(2| - 16)$ lautet $y = -12x + 8$ mit $f'(x) = 3x^2 - 12x$.

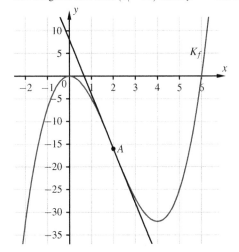

10. *Hinweis:* Fehler im 1. Druck der 1. Auflage! Teilaufgabe b) muss lauten: „Ermitteln Sie die Tangenten-gleichung am Schaubild von f an der Stelle $x_0 = 0$."

$f'(x) = 1 - 0,5e^{-0,5x}$

a) $f'(x) = 0 \leftrightarrow 1 - 0,5e^{-0,5x} = 0$

$\Leftrightarrow x = -2\ln(2)$

In $x = -2\ln(2)$ hat das Schaubild eine waagrechte Tangente.

218

b) An der Stelle $x_0 = 0$ lautet die Tangentengleichung $y = 0,5x + 1$.

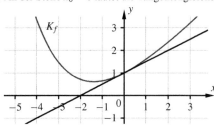

11. a) $y = 4x$; $A(1|4)$

b) Normale: $y = -0,25x + 4,25$

c) Grundseite $= 17$ LE; Höhe $= 4$ LE; Fläche $= 34$ FE

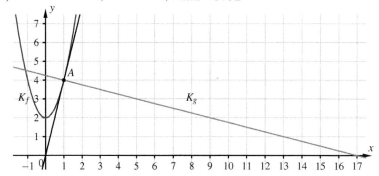

12. a) Bei $(2|0)$ ist eine doppelte Nullstelle und bei $(-1|0)$ eine einfache.
$\Leftrightarrow a = 2$ und $b = -1$ $\Leftrightarrow$ $f(x) = 0,5(x-2)^2(x+1)$

b) $N_1(-1|0)$, $N_2(2|0)$ und $S_y(0|2)$

c) g hat die Gleichung $y = -x + 2$. Gesucht ist $f'(x) = -1$
$f(x) = 0,5x^3 - 1,5x^2 + 2$; $f'(x) = 1,5x^2 - 3x$
$1,5x^2 - 3x = -1$ $\Leftrightarrow$ $x_{1;2} = 1 \pm \frac{1}{3} \cdot \sqrt{3} \to t_1: y = -x + 1,81$; $t_2: y = -x + 2,19$
Koordinaten der Berührpunkte: $P_1(1,58|0,23)$; $P_2(0,42|1,77)$

d) g: $m = -1 = \tan(\alpha)$ $\Rightarrow$ $\alpha = 45°$
$f'(-1) = 4,5 = \tan(\alpha)$ $\Rightarrow$ $\alpha \approx 77,5°$
g schneidet die x-Achse in $(2|0)$ mit $45°$ und K_f schneidet die x-Achse in $(-1|0)$ mit $77,5°$.

219

13. a) Die Funktion f beschreibt den Benzinstand in ℓ. Dann gibt die Funktion g mit $g(x) = \frac{1}{1500}x^2$ den Verbrauch (in ℓ) für die ersten x Kilometer wieder.
Der Verbrauch für die ersten 150 km beträgt $15\,\ell$, also im Durchschnitt $10\,\ell$ pro 100 km.

b) $g'(x) = \frac{1}{750}x$ $g'(50) = \frac{1}{15}$
Der lokale Benzinverbrauch an der Stelle 50 km beträgt $\frac{1}{15}\,\ell$ pro km, also ca. $6,7\,\ell$ pro 100 km.

c), d) Der hohe Durchschnittsverbrauch könnte daraus resultieren, dass der PKW nach den ersten 50 km sehr viel schneller fährt. So ist z. B. der lokale Verbrauch an der Stelle 150 km bereits auf $g'(150) = 0,2\,\ell$ pro km, also auf $20\,\ell$ pro 100 km gestiegen.

14. Die Beantwortung der Frage hängt natürlich davon ab, wie viele Mengeneinheiten im letzten Jahr produziert wurden und wie die Situation auf dem Verkaufsmarkt war bzw. jetzt ist. Geht man aber allein von der Produktionsseite aus, dann können anhand des Verlaufs der Schaubilder der Gesamtkostenfunktionen, der Grenzkostenfunktionen und der Stückkostenfunktionen auch einige Aussagen getroffen werden.

$$K_1 = 0{,}02x^3 - 1{,}5x^2 + 50x + 400 \qquad K_1' = 0{,}06x^2 - 3x + 50 \qquad k_1 = 0{,}02x^2 - 1{,}5x + 50 + \frac{400}{x}$$
$$K_2 = 0{,}05x^3 - 1{,}5x^2 + 30x + 400 \qquad K_2' = 0{,}15x^2 - 3x + 30 \qquad k_2 = 0{,}05x^2 - 1{,}5x + 30 + \frac{400}{x}$$

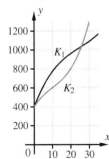 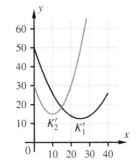 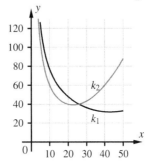

Eine Ausweitung der Produktion mindestens bis zur Wendestelle von K_1 (bei 25 ME) wäre sinnvoll gewesen, da bis dorthin die Grenzkosten abgenommen hätten.

Aber auch mit zunehmenden Grenzkosten – bei einer Produktion über 25 ME hinaus – hätte es durchaus Sinn ergeben, die Produktion bis zum Betriebsoptimum (bei ca. 42 ME) auszudehnen.

Im neuen Jahr ist die Kostensituation, was die oben angesprochenen Punkte betrifft, in jedem Fall schlechter: Die Grenzkosten steigen schon ab 10 ME und das Betriebsoptimum wird viel früher bei ca. 22 ME erreicht. Deshalb wäre es besser gewesen, die Produktion schon im abgelaufenen Jahr zu erhöhen.

Günstiger als im letzten Jahr liegt man bei den Kosten im neuen Jahr, wenn man von der absoluten Kostenhöhe ausgeht: Bis zu einer Produktion von ca. 26 ME liegen bei gleicher Produktionsmenge die Gesamtkosten im neuen Jahr unter denen im alten Jahr.

Die Entscheidung des Unternehmens kann also ohne Kenntnis seiner Gewinnsituation – und damit seiner Erlössituation – nicht bewertet werden.

219   **15. a)**

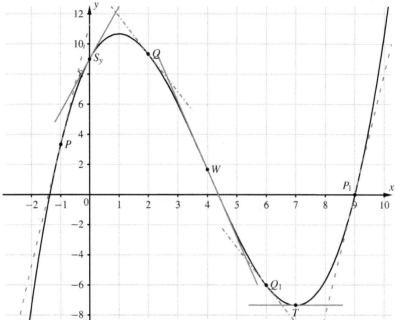

b) Bestimmung der y-Koordinaten der Punkte P und Q: $f(-1) = \frac{10}{3} \to P(-1|\frac{10}{3})$; $f(2) = \frac{28}{3} \to Q(2|\frac{28}{3})$

Bestimmung der Steigung m mit der Ableitung $f'(x) = \frac{1}{2}x^2 - 4x + \frac{7}{2}$:

Tangente in P: $f'(-1) = 8 \to m = 8$; Tangente in Q: $f'(2) = -2,5 \to m = -2,5$

Bestimmung des y-Achsenabschnitts b durch Einsetzen des Steigungswerts und der Koordinaten des Punktes in die allgemeine Gleichung $y = mx + b$:

Tangente in P: $\frac{10}{3} = 8 \cdot (-1) + b \Leftrightarrow b = \frac{34}{3} \to t_P(x) = 8x + \frac{34}{3}$

Tangente in Q: $\frac{28}{3} = -2,5 \cdot 2 + b \Leftrightarrow b = \frac{43}{3} \to t_Q(x) = -\frac{5}{2}x + \frac{43}{3}$

c) Gesucht sind die Punkte $B(x_B|f(x_B))$, in denen das Schaubild von f dieselbe Steigung hat wie in P bzw. Q. Zu bestimmen sind also die Stellen x_B, an denen die Ableitung den Wert 8 bzw. $-2,5$ hat:

$f'(x_B) = 8 \Leftrightarrow \frac{1}{2}x_B^2 - 4x_B + \frac{7}{2} = 8 \Leftrightarrow x_B^2 - 8x_B = 9 \Leftrightarrow (x_B - 4)^2 = 25 \Leftrightarrow x_B = -1 \vee x_B = 9$

$f'(x_B) = -2,5 \Leftrightarrow \frac{1}{2}x_B^2 - 4x_B + \frac{7}{2} = -2,5 \Leftrightarrow x_B^2 - 8x_B = -12 \Leftrightarrow (x_B - 4)^2 = 4 \Leftrightarrow x_B = 2 \vee x_B = 6$

Durch Einsetzen in die Gleichung von f erhält man außer den bereits bekannten Punkten P und Q die Punkte P_1 und Q_1:

$f(9) = 0 \to P_1(9|0)$; $f(6) = -6 \to Q_1(6|-6)$

Bestimmung des y-Achsenabschnitts b durch Einsetzen des Steigungswerts und der Koordinaten des Punktes in die allgemeine Gleichung $y = mx + b$:

Tangente in P_1: $0 = 8 \cdot 9 + b \Leftrightarrow b = -72 \to t_{P_1}(x) = 8x - 72$

Tangente in Q_1: $-6 = -2,5 \cdot 6 + b \Leftrightarrow b = 9 \to t_{Q_1}(x) = -2,5x + 9$

d) Gesucht sind die Punkte $B(x_B|f(x_B))$, in denen das Schaubild von f jeweils die Steigung der angegebenen Geraden hat. Zu bestimmen sind also die Stellen x_B, an denen die Ableitung den Wert 3,5 bzw. 0 oder 8 hat:

$f'(x_B) = 3,5 \Leftrightarrow \frac{1}{2}x_B^2 - 4x_B + \frac{7}{2} = 3,5 \Leftrightarrow x_B^2 - 8x_B = 0 \Leftrightarrow x_B(x_B - 8) = 0 \Leftrightarrow x_B = 0 \vee x_B = 8$

$f'(x_B) = 0 \Leftrightarrow \frac{1}{2}x_B^2 - 4x_B + \frac{7}{2} = 0 \Leftrightarrow x_B^2 - 8x_B = -7 \Leftrightarrow (x_B - 4)^2 = 9 \Leftrightarrow x_B = 1 \vee x_B = 7$

$f'(x_B) = 8 \Leftrightarrow x_B = -1 \vee x_B = 9$ (siehe c)

Mit der Gleichung von f erhält man die zugehörigen y-Koordinaten und durch Einsetzen des jeweiligen Steigungswerts und der Koordinaten des Punktes in die allgemeine Gleichung $y = mx + b$ den y-Achsenabschnitt der zugehörigen Tangentenfunktion:

$x_B = 0$: $f(0) = 9 \rightarrow S_y(0|9) \rightarrow b = 9 \rightarrow t(x) = 3,5x + 9$

Damit ist gezeigt, dass die erste angegebene Gerade Tangente an das Schaubild im y-Achsenschnittpunkt $S_y(0|9)$ ist. Daher erübrigt sich die Betrachtung der Stelle $x_B = 8$.

$x_B = 7$: $f(7) = -\frac{22}{3} \rightarrow T(7|-\frac{22}{3}) \rightarrow b = -\frac{22}{3} \rightarrow t_T(x) = -\frac{22}{3}$

Damit ist gezeigt, dass die zweite angegebene Gerade Tangente an das Schaubild im Tiefpunkt $T(7|-\frac{22}{3})$ ist. Daher erübrigt sich die Betrachtung der Stelle $x_B = 1$.

$x_B = -1$; $x_B = 9$: Die zugehörigen Punkte und Tangenten wurden in Teil c) bereits bestimmt. Keine der beiden Tangentengleichungen stimmt mit der Gleichung der dritten gegebenen Geraden überein. Folglich ist diese Gerade nicht Tangente an das Schaubild von f.

e) Man erkennt, dass die Tangente in einem Punkt B des Schaubilds und die Tangente in dem durch Punktspiegelung am Wendepunkt erzeugten Punkt B^* parallel sind, also dieselbe Steigung haben. Folglich ist die Tangente im Wendepunkt die einzige, zu der es keine parallele Tangente gibt. Der Zeichnung ist die x-Koordinate des Wendepunkts zu entnehmen: $x_W = 4$. Mit der Gleichung von f erhält man $f(4) = \frac{5}{3} \rightarrow W(4|\frac{5}{3})$.

Mit der Ableitung erhält man die Steigung der Tangente: $f'(4) = -\frac{9}{2} \rightarrow m = -\frac{9}{2}$. Durch Einsetzen in die allgemeine Gleichung $y = mx + b$ erhält man b:

$\frac{5}{3} = -\frac{9}{2} \cdot 4 + b \Leftrightarrow b = \frac{59}{3} \rightarrow t_W(x) = -\frac{9}{2}x + \frac{59}{3}$

f) Gesucht sind die Punkte $B(x_B|f(x_B))$, in denen das Schaubild von f die Steigung -5 hat. Zu bestimmen sind also die Stellen x_B, an denen die Ableitung den Wert -5 hat:

$f'(x_B) = -5 \Leftrightarrow \frac{1}{2}x_B^2 - 4x_B + \frac{7}{2} = -5 \Leftrightarrow x_B^2 - 8x_B = -17 \Leftrightarrow (x_B - 4)^2 = -1$

Die Gleichung hat keine reelle Lösung, d.h., es gibt keine Stellen, an denen die Ableitung den Wert -5 hat, folglich auch keine Punkte, in denen das Schaubild und damit die Tangente die Steigung -5 hat.

16. Die Randbedingungen $h(0) = 50$ und $h(5) = 0$ stimmen mit dem Experiment überein:

Zum Zeitpunkt 0 ist die Wanne bis zu einer Höhe von 50 cm gefüllt, nach 5 Minuten ist sie leer. Da der Druck mit der Höhe abnimmt, wird auch die Abflussgeschwindigkeit geringer. Im Laufe der Zeit wird also der Wasserstand immer langsamer sinken, weil die Abflussgeschwindigkeit kleiner wird. Die Veränderung des Wasserstands wird durch die 1. Ableitung der Funktion h ausgedrückt. Diese ist mit $h'(t) = 4t - 20$ negativ für t aus $[0; 5]$.

Mit der Funktion h könnte also der Wasserstand und seine Veränderung modelliert werden.

Test zu 3.1

221

1. a)

Baulandpreise	1990: 95	2010: 114	Durchschnittliche Änderungsrate: $\frac{19}{20} \approx 0,95$
Baukosten	1990: 85	2010: 115	Durchschnittliche Änderungsrate: $\frac{30}{20} \approx 1,5$
Mieten	1990: 68	2010: 107	Durchschnittliche Änderungsrate: $\frac{39}{20} \approx 1,95$
Lebenshaltung	1990: 74	2010: 108	Durchschnittliche Änderungsrate: $\frac{34}{20} \approx 1,7$

b) Steilster Anstieg ist zwischen 2012: 123 und 2013: 135 mit 12.

c) Abgenommen haben die Baulandpreise zwischen 1993 und 1996 sowie zwischen 1999 und 2005.

d) Bei linearen Kurvenverläufen sind die mittleren Änderungsraten aussagekräftig. Dies trifft z.B. zu für die Mieten zwischen 1990 und 1995 sowie zwischen 1995 und 2014 oder für die Lebenshaltungskosten im gesamten Zeitraum.

2. *Hinweis:* Fehler im 1. Druck der 1. Auflage! Die Funktionsgleichung für k muss lauten: $k(x) = -\frac{6}{\pi}\cos(\pi x)$.

a) $f'(x) = -2x + 6$; $g'(x) = 1,5x^2$

$h'(x) = \frac{1}{2}e^{2x}$; $k'(x) = 6 \cdot \sin(\pi x)$.

b) $f'(-2) = 10$; $g'(-2) = 6$

$h'(-2) = \frac{1}{2}e^{-4} = \frac{1}{2e^4} \approx 0,0091578194$; $k'(2) = 6 \cdot \sin(-2\pi) = 0$

c) Die Funktion f hat im Punkt $P(0|0)$ die Steigung 6. Die Funktion g hat in den Punkten $Q_1(-2|-8)$ und $Q_2(2|0)$ jeweils die Steigung 6.

$h'(x) = 6 \Leftrightarrow x = \frac{\ln(12)}{2}$; $k'(x) = 6 \Leftrightarrow x = 0,5 + k \cdot 2$; $k \in \mathbb{Z}$

Die Funktion h hat im Punkt $R(\frac{\ln(12)}{2}|3)$ die Steigung 6.

Die Funktion k hat im Punkt $T(0,5|-1,9)$ die Steigung 6.

3. a) $f'(x) = -2x + 8$; $g'(x) = x^2$

b) Gesucht x_0, sodass gilt: $f'(x_0) = g'(x_0)$

$-2x_0 + 8 = x_0^2 \Leftrightarrow x_0^2 + 2x_0 = 8 \Leftrightarrow (x_0 + 1)^2 = 9 \Leftrightarrow x_0 = -4 \vee x_0 = 2$

Das Schaubild von f hat im Punkt $P_1(-4|f(-4))$ dieselbe Steigung wie das Schaubild von g in $P_2(-4|g(-4))$. Die Tangente an das Schaubild von f im Punkt P_1 ist parallel zur Tangente an das Schaubild von g im Punkt P_2. Ebenso hat das Schaubild von f im Punkt $Q_1(2|f(2))$ dieselbe Steigung wie das Schaubild von g im Punkt $Q_2(2|g(2))$. Die Tangente an das Schaubild von f in Q_1 ist parallel zur Tangente an das Schaubild von g in Q_2.

c) Die Steigungen werden mithilfe der Ableitungen bestimmt.

$f'(3) = 2 \rightarrow$ Das Schaubild von f hat in $A(3|f(3))$ die Steigung 2.

$g'(3) = 9 \rightarrow$ Das Schaubild von g hat in $B(3|g(3))$ die Steigung 9.

d) Gesucht ist x_0, sodass $f'(x_0) = 0$ bzw. $g'(x_0) = 0$ gilt.

$f'(x_0) = 0 \Leftrightarrow -2x_0 + 8 = 0 \Leftrightarrow x_0 = 4$

$f(4) = 16 \rightarrow$ Im Punkt $H(4|16)$ hat das Schaubild von f eine waagrechte Tangente.

$g'(x_0) = 0 \Leftrightarrow x_0^2 = 0 \Leftrightarrow x_0 = 0$ (doppelte Lösung)

$g(0) = 0 \rightarrow$ Im Punkt $O(0|0)$ hat das Schaubild von g eine waagrechte Tangente.

4. $f(x) = x^2$; $f'(x) = 2x$

$f(1,5) = 1,5^2 = 2,25$; $f'(1,5) = 2 \cdot 1,5 = 3$

$t: y = 3x - 2,25$;

$n: y = -\frac{1}{3}x + 2,75$

$t \cap x\text{-Achse} \iff A(0,75|0)$

$n \cap x\text{-Achse} \iff C(8,25|0)$

$A(\text{Dreieck}) = 0,5 \cdot \text{Grundseite} \cdot \text{Höhe} = 0,5 \cdot (8,25 - 0,75) \cdot 2,25 = 8,4375$ FE

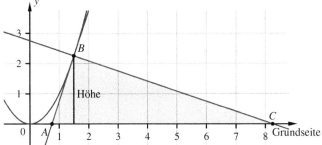

3.2   Untersuchung von Funktionen

222 **1 Quadfahrt**

a) Höchster Punkt: Waagrechte Tangente

$f'(x) = -\frac{3}{1000}x^2 + \frac{1}{10}x \overset{!}{=} 0 \Rightarrow x(-\frac{3}{1000}x + \frac{1}{10}) = 0 \Rightarrow x_1 = 0;\ x_2 = \frac{100}{3} \approx 33,33$ m

Vorzeichenwechsel der ersten Ableitung von $+$ nach $-$ bei einem Hochpunkt:

$\left.\begin{array}{l} f'(-1) < 0 \\ f'(+1) > 0 \end{array}\right\}$ kein Hochpunkt an der Stelle 0

$\left.\begin{array}{l} f'(33) > 0 \\ f'(34) < 0 \end{array}\right\}$ also Hochpunkt an der Stelle $\frac{100}{3}$

alternativ: y-Werte berechnen und damit entscheiden, ob ein Hochpunkt oder Tiefpunkt vorliegt.

$f(0) = 0$

$f(\frac{100}{3}) = \frac{500}{27} \Rightarrow H(\frac{100}{3}|\frac{500}{27})$ bzw. $H(33,33|18,52)$

b) Das Anfahren ist am steilsten Punkt des Hanges am schwierigsten. Dieser Punkt ist der Extrempunkt der Steigung, also der Hochpunkt der ersten Ableitung.

$f''(x) = -\frac{3}{500}x + \frac{1}{10} = 0 \Rightarrow x = \frac{50}{3} \approx 16,67$

$f(\frac{50}{3}) = \frac{250}{27} \approx 9,26$ also: $W(\frac{50}{3}|\frac{250}{27})$ bzw. $W(16,67|9,26)$

Da der tiefste Punkt bei $(0|0)$ liegt und der höchste bei $(33,33|18,52)$, befindet sich der gesuchte Punkt genau in der Mitte zwischen diesen beiden Punkten.

c) Maximaler Steigungswinkel des Hügels: $f'(\frac{50}{3}) = \frac{5}{6}$

Es gilt: $m = \tan(\alpha) = \frac{5}{6} \Rightarrow \alpha = 39,81°$

Da der Mountain-Climber Steigungen von $40°$ aus dem Stand schafft, kann er an jedem Punkt des Testhügels aus dem Stand heraus starten.

2 Straßenverlauf

Hinweis: Fehler im 1. Druck der 1. Auflage! Die modellhafte Darstellung des Straßenverlaufs gibt die folgende Abbildung wieder.

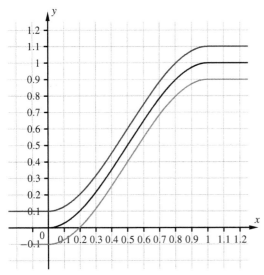

a) $f'(x) = -6x^2 + 6x$

$f'(0) = 0$ und $f'(1) = 0$

Die Steigung an den Übergangsstellen ist jeweils null.

b) Von 0 bis 0,5 muss nach links gelenkt werden (Linkskurve) und von 0,5 bis 1 muss nach rechts gelenkt werden (Rechtskurve). Im Übergangspunkt an der Stelle 0,5 ist der Lenkausschlag neutral.

c) $f'(x) = -6x^2 + 6x$

$f''(x) = -12x + 6$

Schaubild der ersten Ableitungsfunktion:

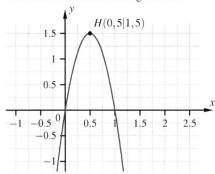

$f''(0,5) = 0$: Die Tangentensteigung ist im Hochpunkt null. Also handelt es sich genau um den „Neutralpunkt" der Lenkradstellung.

3 Hochseil

a) Definitionsbereich: Breite der Schlucht unter Berücksichtigung, dass der Koordinatenursprung in der Mitte der Schlucht liegt: $-210 \leq x \leq +210$

b) Der Koordinatenursprung liegt in der Mitte der Schlucht im tiefsten Punkt:

$f(-210) = f(+210) = 450$ m ist die Tiefe der Schlucht.

c) Der maximale Durchhang des Seils wird durch den y-Abstand von der Mitte bis an einen der Randpunkte wiedergegeben:

$f(-210) = f(+210) = 450$; also: maximaler Durchhang $= 450 - 400 = 50$ m

d) Am linken bzw. rechten Rand ist der Steigungswinkel des Seils maximal:

$f'(x) = \frac{1}{441}x \quad f'(-210) = -\frac{10}{21} \quad f'(+210) = +\frac{10}{21}$

$\tan(\alpha) = f'(x) = m \Rightarrow \alpha_{max} = \arctan(\pm\frac{10}{21}) \approx 25,46°$

e) Ansatz: $g(0) = 400$: $400 = \frac{k}{2} \cdot (e^{\frac{0}{k}} + e^{-\frac{0}{k}}) \Rightarrow 400 = \frac{k}{2} \cdot (1+1) \Rightarrow k = 400$

f) Tiefe der Schlucht: $g(-210) = g(210) = 456,40$ m

maximaler Seildurchhang: $g(-210) - g(0) = 456,40 - 400 = 56,40$ m

g) Maximaler Steigungswinkel: Steigung der Tangente an einem der beiden Randpunkte:

$g'(x) = \frac{k}{2} \cdot (\frac{1}{k} \cdot e^{\frac{x}{k}} + (-\frac{1}{k}) \cdot e^{-\frac{x}{k}}) = \frac{1}{2} \cdot (e^{\frac{x}{k}} - e^{-\frac{x}{k}})$

$\left.\begin{array}{l} g'(-210) \approx -0,5495 \\ g'(+210) \approx 0,5495 \end{array}\right\} \quad \tan(\alpha) = g'(x) = m_t \Rightarrow \alpha_{max} = \arctan(\pm0,5495) \approx \pm28,79°$

222

223

223

h) Die beiden Schaubilder haben für kleine x-Werte nur geringe Abweichungen.

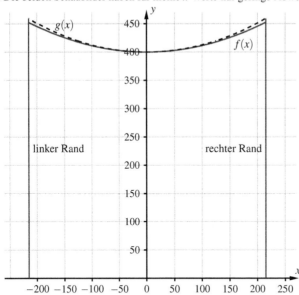

3.2.1   Monotonie und Extrempunkte

234

1. a) Richtig ist das 3. rote Schaubild, da die Steigung bei f für $x < 0$ negativ und $x > 0$ positiv ist.

Das 1. rote Schaubild setzt voraus, dass das Schaubild von f zunächst fällt, dann steigt und anschließend wieder fällt. Das 2. rote Schaubild setzt eine nach unten geöffnete Parabel voraus.

b) Richtig ist das 1. rote Schaubild, da die Steigung bei f nicht negativ ist.

Das 2. rote Schaubild und das 3. rote Schaubild können das Steigungsverhalten des Schaubilds von f nicht wiedergeben, da die Steigung sonst auch negativ sein müsste.

2. a)

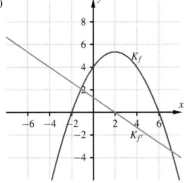

b)

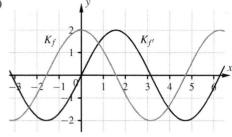

c)
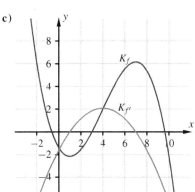

e)
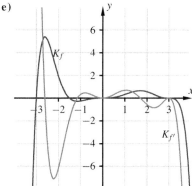

234

d)
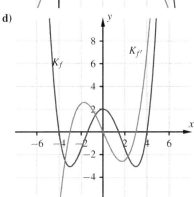

f)
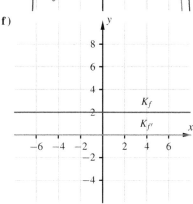

3. f: Schaubild 2 — die fallende Ursprungsgerade.

g: Schaubild 3 — die Parallele zur x-Achse.

h: Schaubild 1 — die nach oben geöffnete Parabel.

4. *Hinweis:* Fehler im 1. Druck der 1. Auflage! In Teilaufgabe i) muss das Intervall $[0; 8]$ lauten.

a) $f'(x) = 2x - 3$; $f'(x) = 0 \Leftrightarrow x_1 - 1,5$

b) $f'(x) = 24x^2 - 6x$; $f'(x) = 0 \Leftrightarrow x_1 = 0 \lor x_2 = 0,25$

c) $f'(x) = e^x - 2$; $f'(x) = 0 \Leftrightarrow x_1 = \ln(2)$

d) $f'(x) = 6x^2 - 18x + 7,5$; $f'(x) = 0 \Leftrightarrow x_1 = 0,5 \lor x_2 = 2,5$

e) $f'(x) = -1,5\sin(\frac{1}{2}x)$; $f'(x) = 0 \Leftrightarrow x_1 = 0$

f) $f'(x) = 4x^3 - 48x^2$; $f'(x) = 0 \Leftrightarrow x_1 = 0 \lor x_2 = 16$

g) $f'(x) = -0,5e^{-x} + 1$; $f'(x) = 0 \Leftrightarrow x_1 = -\ln(2)$

h) $f'(x) = 0,5e^{0,25x}$; $f'(x) = 0 \Leftrightarrow$ keine Lösung

i) $f'(x) = \frac{\pi}{8}\cos(\frac{\pi}{8}x)$; $f'(x) = 0 \Leftrightarrow x_1 = 4$

235

5. a) $f'(x) = 4x + 8$ $f''(x) = 4$

$f'(x_E) = 0 \Leftrightarrow x_E = -2$

$f'(-2) = 0 \wedge f''(-2) = 4 > 0 \Rightarrow -2$ ist Minimalstelle.

$f(-2) = -11$ $T(-2|-11)$

-11 ist lokales und globales Minimum von f.

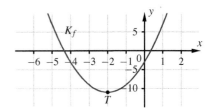

b) $f'(x) = x - 4$ $f''(x) = 1$

$f'(x_E) = 0 \Leftrightarrow x_E = 4$

$f'(4) = 0 \wedge f''(4) = 1 > 0 \Rightarrow 4$ ist Minimalstelle.

$f(4) = -8$ $T(4|-8)$

-8 ist lokales und globales Minimum von f.

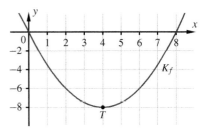

c) $f'(x) = x^2 - 1$ $f''(x) = 2x$

$f'(x_E) = 0 \Leftrightarrow x_E^2 = 1 \Leftrightarrow x_E = -1 \vee x_E = 1$

$f'(-1) = 0 \wedge f''(-1) = -2 < 0 \Rightarrow -1$ ist Maximalstelle.

$f(-1) = \frac{2}{3}$ $H(-1|\frac{2}{3})$

$\frac{2}{3}$ ist nur lokales Maximum von f.

$f'(1) = 0 \wedge f''(1) = 2 > 0 \Rightarrow 1$ ist Minimalstelle.

$f(1) = -\frac{2}{3}$ $T(1|-\frac{2}{3})$

$-\frac{2}{3}$ ist nur lokales Minimum von f.

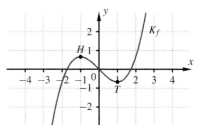

d) $f'(x) = 3x^2 - 6x + 3 = 3(x-1)^2$

$f''(x) = 6x - 6$

$f'(x_E) = 0 \Leftrightarrow 3(x_E - 1)^2 = 0;\ x_E = 1$ (doppelte Lösung)

$f'(1) = 0 \wedge f''(1) = 0$

Die hinreichende Bedingung ist nicht erfüllt.

$f'(x) > 0$ sowohl für $x < 1$ als auch für $x > 1$, d. h. kein VZW bei 1, also ist 1 keine Extremstelle.

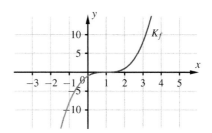

e) $f'(x) = \frac{1}{4}x^3 - 3x$; $f''(x) = \frac{3}{4}x^2 - 3$

$f'(x_E) = 0 \Leftrightarrow x_{E_1} = -2\sqrt{3} \vee x_{E_2} = 0$
$\vee x_{E_3} = 2\sqrt{3}$

$f'(x_{E_1}) = 0 \wedge f''(x_{E_1}) = 6 > 0$
$\Leftrightarrow$ Tiefpunkt $(-2\sqrt{3}|-4)$

$f'(x_{E_2}) = 0 \wedge f''(x_{E_2}) = -3 < 0$
$\Leftrightarrow$ Hochpunkt $(0|5)$

$f'(x_{E_3}) = 0 \wedge f''(x_{E_3}) = 6 > 0$
$\Leftrightarrow$ Tiefpunkt $(2\sqrt{3}|-4)$

Die beiden Tiefpunkte besitzen wegen der Symmetrie des Schaubilds denselben y-Wert. Somit liegen keine globalen Extrempunkte vor.

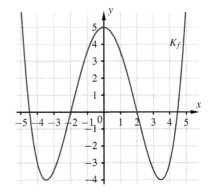

f) $f'(x) = 4x^3 + 2x$ $\quad$ $f''(x) = 12x^2 + 2$

$f'(x_E) = 0$ $\Leftrightarrow$ $4x_E(x_E^2 + 0{,}5) = 0$ $\Leftrightarrow$ $x_E = 0$

$f''(0) = 2 > 0 \Rightarrow 0$ ist Minimalstelle.

$f(0) = 0$ $\quad$ $T(0|0)$

0 ist lokales und globales Minimum von f.

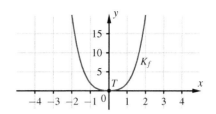

g) Die Periode des Schaubilds ist π und die Amplitude ist 3. Somit hat dieses Schaubild im angegeben Intervall zwei lokale Hoch- bzw. Tiefpunkte:

$T_1(-\frac{\pi}{4}|-3)$, $H_1(\frac{3\pi}{4}|3)$, $T_2(\frac{4\pi}{4}|-3)$, $H_2(\frac{5\pi}{4}|3)$

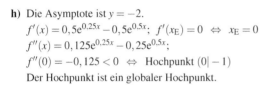

h) Die Asymptote ist $y = -2$.

$f'(x) = 0{,}5\mathrm{e}^{0{,}25x} - 0{,}5\mathrm{e}^{0{,}5x}$; $f'(x_E) = 0$ $\Leftrightarrow$ $x_E = 0$

$f''(x) = 0{,}125\mathrm{e}^{0{,}25x} - 0{,}25\mathrm{e}^{0{,}5x}$;

$f''(0) = -0{,}125 < 0$ $\Leftrightarrow$ Hochpunkt $(0|-1)$

Der Hochpunkt ist ein globaler Hochpunkt.

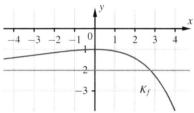

i) Die Asymptote ist $y = -x - 2$.

$f'(x) = 0{,}75\mathrm{e}^{0{,}75x} - 1$; $\quad$ $f'(x_E) = 0$

$\Leftrightarrow$ $x_E = \frac{4}{3}\ln(\frac{4}{3}) \approx 0{,}384$

$f''(x) = 0{,}562\mathrm{e}^{0{,}75x}$; $\quad$ $f''(0{,}384) = \frac{4}{3} > 0$

$\Leftrightarrow$ Tiefpunkt $(0{,}384|-1{,}05)$

Es handelt sich um einen globalen Tiefpunkt.

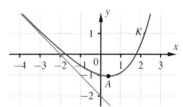

j) Die Asymptote ist $y = -x$.

$f'(x) = \mathrm{e}^x - 1$; $\quad$ $f'(x_E) = 0$ $\Leftrightarrow$ $x_E = 0$

$f''(x) = \mathrm{e}^x$; $f''(0) = 1 > 0$ $\Leftrightarrow$ Tiefpunkt $(0|1)$

Es handelt sich um einen globalen Tiefpunkt.

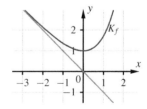

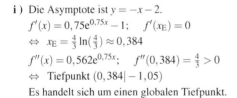
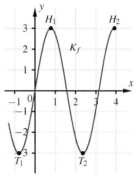

235

235

k) $f'(x) = e^x - e^{-x};\quad f'(x_E) = 0 \Leftrightarrow x_E = 0$

$f''(x) = e^x + e^{-x};\ f''(0) = 2 > 0$

$\Leftrightarrow$ Tiefpunkt $(0|1)$

Es handelt sich um einen globalen Tiefpunkt.

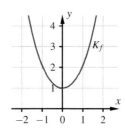

l) Die Asymptote ist $y = ex$.

$f'(x) = e - e^x;\quad f'(x_E) = 0 \Leftrightarrow x_E = 1$

$f''(x) = -e^x;\ f''(1) = -e < 0$

$\Leftrightarrow$ Hochpunkt $(1|0)$

Es handelt sich um einen globalen Hochpunkt.

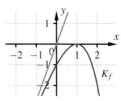

6. a) $f'(3) = 0 \wedge f''(3) = -1 < 0 \rightarrow 3$ ist Maximalstelle.

f ist monoton steigend für $x < 3$ und monoton fallend für $x > 3$.

b) $f'(-2) = 0 \wedge f''(-2) = 0{,}6 > 0 \rightarrow -2$ ist Minimalstelle.

f ist monoton steigend für $x > -2$ und monoton fallend für $x < -2$.

c) $f'(-4) = 0 \wedge f''(-4) = -2 < 0 \rightarrow -4$ ist Maximalstelle.

$f'(2) = 0 \wedge f''(2) = 2 > 0 \rightarrow 2$ ist Minimalstelle.

f ist monoton steigend für $x < -4$ oder $x > 2$ und monoton fallend für $-4 < x < 2$.

d) $f'(-1) = 0 \wedge f''(-1) = 0$

Die hinreichende Bedingung für Extremstellen ist nicht erfüllt. Da es bei f' keinen Vorzeichenwechsel an der Stelle -1 gibt, ist -1 keine Extremstelle.

f ist nur monoton fallend.

e) keine Nullstelle bei $f' \rightarrow$ keine Extremstelle bei f

f ist nur monoton steigend.

f) $f'(0) = 0 \wedge f''(0) = 3{,}6 > 0 \rightarrow 0$ ist Minimalstelle.

$f'(3) = 0 \wedge f''(3) = -1{,}8 < 0 \rightarrow 3$ ist Maximalstelle.

$f'(6) = 0 \wedge f''(6) = 3{,}6 > 0 \rightarrow 6$ ist Minimalstelle.

f ist monoton steigend für $0 < x < 3$ oder $x > 6$ und monoton fallend für $x < 0$ oder $3 < x < 6$.

g) f hat in $x = 1$ einen Hochpunkt.

f ist monoton steigend für $x < 1$ und monoton fallend für $x > 1$.

h) f hat in $x = 0$ einen Tiefpunkt.

f ist monoton steigend für $x > 0$ und monoton fallend für $x < 0$.

i) f hat in $x = 0,5$ einen Tiefpunkt.

f ist monoton steigend für $x > 0,5$ und monoton fallend für $x < 0,5$.

7. a) $f'(x) = 3x^2 + 1;$ $f'(x_E) = 0 \Leftrightarrow 3x_E^2 = -1$

hat keine Lösung

b) $f'(x) = \frac{\pi}{2}\cos(\frac{\pi}{4}x)$

Der Definitionsbereich von -1 bis 1 liegt im Bereich zwischen dem Minimum bei $(-2|-1)$ und dem Maximum bei $(2|3)$. Somit hat das definierte Funktionsstück nur ein Randminimum bei $x = -1$ und ein Randmaximum bei $x = 1$.

c) Die Gerade $3x + 1$ hat keine Extrempunkte.

d) $f'(x) = e^{2x} \neq 0$, somit liegt hier auch kein Extrempunkt vor.

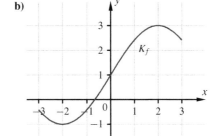

8. *Hinweis:* Fehler im 1. Druck der 1. Auflage! Die Funktionsgleichung der Funktion f muss lauten:

$f(x) = -0,5 \cdot x^3 + 1,5x^2 - 2$

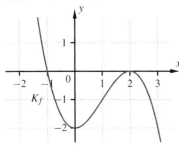

$f'(x) = -1,5x^2 + 3x;$ $f'(x_E) = 0 \Leftrightarrow x_{E_1} = 0 \vee x_{E_2} = 2$

a) $f''(x) = -3x + 3;$ $f''(0) = 3 > 0 \Leftrightarrow$ Tiefpunkt $(0|2)$

b) $f''(2) = -3 < 0 \Leftrightarrow$ Hochpunkt $(2|0)$

c) Da bei $(2|0)$ ein Hochpunkt vorliegt, ist die x-Achse die Tangente und das Schaubild berührt nur im Hochpunkt die x-Achse.

9. $f'(x) = -\frac{1}{4}x^2 + 2bx$

Da bei $x = 2$ ein Extremum liegt, ist $f'(2) = 0 \Leftrightarrow -1 + 4b = 0 \Leftrightarrow b = 0,25$.

Mit $f''(x) = -\frac{1}{2}x + 0,5$ ist $f''(2) = -0,5 < 0 \Leftrightarrow$ Hochpunkt $(2|\frac{4}{3})$

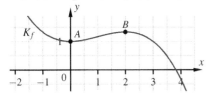

3.2.2   Krümmung und Wendepunkte

242

1. a) $W(2|2)$ kein Sattelpunkt

b) $W_1(0|2)$ Sattelpunkt

$W_2(3|-1,4)$ kein Sattelpunkt

c) $W_1(0,3|0)$ kein Sattelpunkt

$W_2(3,7|0)$ kein Sattelpunkt

2. a) $f'(x) = 3x^2 + 6x$

$f''(x) = 6x + 6$

$f'''(x) = 6$

$f''(x_w) = 0 \iff x_w = -1$

$f''(-1) = 0 \wedge f'''(-1) = 6 \neq 0 \Rightarrow -1$ ist Wendestelle.

$f'(-1) = -3 \to -1$ ist nicht Sattelstelle.

$f(-1) = 2 \to W(-1|2)$

b) $f'(x) = -0,9x^2$

$f''(x) = -1,8x$

$f'''(x) = -1,8$

$f''(x_w) = 0 \iff x_w = 0$

$f''(0) = 0 \wedge f'''(0) = -1,8 \neq 0 \Rightarrow 0$ ist Wendestelle.

$f'(0) = 0 \to 0$ ist Sattelstelle.

$f(0) = 8,1 \to W(0|8,1)$ (Sattelpunkt)

c) $f'(x) = x^2 - 4$

$f''(x) = 2x$

$f'''(x) = 2$

$f''(x_w) = 0 \iff x_w = 0$

$f''(0) = 0 \wedge f'''(0) = 2 \neq 0 \Rightarrow 0$ ist Wendestelle.

$f'(0) = -4 \to 0$ ist nicht Sattelstelle.

$f(0) = 0 \to W(0|0)$

d) $f'(x) = -\frac{1}{3}x^2 - 2x$

$f''(x) = -\frac{2}{3}x - 2$

$f'''(x) = -\frac{2}{3}$

$f''(x_w) = 0 \iff x_w = -3$

$f''(-3) = 0 \wedge f'''(-3) = -\frac{2}{3} \neq 0 \Rightarrow -3$ ist Wendestelle.

$f'(-3) = 3 \to -3$ ist nicht Sattelstelle.

$f(-3) = -6 \to W(-3|-6)$

e) $f'(x) = 3x^2 - 18x + 27$

$f''(x) = 6x - 18$

$f'''(x) = 6$

$f''(x_w) = 0 \iff x_w = 3$

$f''(3) = 0 \wedge f'''(3) = 6 \neq 0 \Rightarrow 3$ ist Wendestelle.

$f'(3) = 0 \to 3$ ist Sattelstelle.

$f(3) = 8 \to W(3|8)$ (Sattelpunkt)

f) $f'(x) = -0,6x^2 + 6x - 9,6$

$\quad f''(x) = -1,2x + 6$

$\quad f'''(x) = -1,2$

$\quad f''(x_{\mathrm{w}}) = 0 \Leftrightarrow x_{\mathrm{w}} = 5$

$\quad f''(5) = 0 \wedge f'''(5) = -1,2 \neq 0 \Rightarrow 5$ ist Wendestelle.

$\quad f'(5) = 5,4 \to 5$ ist nicht Sattelstelle.

$\quad f(5) = 2 \to W(5|2)$

g) $f'(x) = \frac{1}{2}x^3 - 6x$

$\quad f''(x) = \frac{3}{2}x^2 - 6$

$\quad f'''(x) = 3x$

$\quad f''(x_{\mathrm{w}}) = 0 \Leftrightarrow x_{\mathrm{w}} = -2 \vee x_{\mathrm{w}} = 2$

$\quad f''(-2) = 0 \wedge f'''(-2) = -6 \neq 0 \Rightarrow -2$ ist Wendestelle.

$\quad f'(-2) = 8 \to -2$ ist nicht Sattelstelle.

$\quad f(-2) = -10 \to W_1(-2|-10)$

$\quad f''(2) = 0 \wedge f'''(2) = 6 \neq 0 \Rightarrow 2$ ist Wendestelle.

$\quad f'(2) = -8 \to 2$ ist nicht Sattelstelle.

$\quad f(2) = -10 \to W_2(2|-10)$

h) $f'(x) = x^3 - 6x^2 + 9x$

$\quad f''(x) = 3x^2 - 12x + 9$

$\quad f'''(x) = 6x - 12$

$\quad f''(x_{\mathrm{w}}) = 0 \Leftrightarrow x_{\mathrm{w}} = 1 \vee x_{\mathrm{w}} = 3$

$\quad f''(1) = 0 \wedge f'''(1) = -6 \neq 0 \Rightarrow 1$ ist Wendestelle.

$\quad f'(1) = 4 \to 1$ ist nicht Sattelstelle.

$\quad f(1) = 2,75 \to W_1(1|2,75)$

$\quad f''(3) = 0 \wedge f'''(3) = 6 \neq 0 \Rightarrow 3$ ist Wendestelle.

$\quad f'(3) = 0 \to 3$ ist Sattelstelle.

$\quad f(3) = 6,75 \to W_2(3|6,75)$

i) $W_1(-1|1), W_2(1|1), W_3(3|1)$, keine Sattelpunkte

j) $W_1(-2,5|0), W_2(-1,5|0), W_3(-0,5|0), W_4(0,5|0), W_5(1,5|0)$, keine Sattelpunkte

k) $W_1(-\pi|\frac{\pi}{2}), W_2(0|0), W_3(\pi|-\frac{\pi}{2})$, nur W_2 ist Sattelpunkt

l) $W_1(\ln(0,25)|-0,375)$, kein Sattelpunkt

m) kein Wendepunkt

n) kein Wendepunkt

242

242

3. Krümmungsverhalten:

a) $f'''(-1) > 0 \to$ R-L-Übergang

b) $f'''(0) < 0 \to$ L-R-Übergang

c) $f'''(0) > 0 \to$ R-L-Übergang

d) $f'''(-3) < 0 \to$ L-R-Übergang

e) $f'''(3) > 0 \to$ R-L-Übergang

f) $f'''(5) < 0 \to$ L-R-Übergang

g) $f'''(-2) < 0 \to$ L-R-Übergang
$\quad f'''(2) < 0 \to$ R-L-Übergang

h) $f'''(1) < 0 \to$ L-R-Übergang
$\quad f'''(3) > 0 \to$ R-L-Übergang

i) linksgekrümmt in $[-2; -1]$ und $[1; 3]$ und rechtsgekrümmt in $[-1; 1]$ und $[3; 4]$

j) linksgekrümmt in $[-3; -2,5]$, $[-1,5; -0,5]$ und $[0,5; 1,5]$ und rechtsgekrümmt in $[-2,5; -1,5]$, $[-0,5; 0,5]$ und $[1,5; 2]$

k) linksgekrümmt in $[-\pi; 0]$ und $[\pi; 6]$ und rechtsgekrümmt in $[-4; -\pi]$ und $[0; \pi]$

l) linksgekrümmt in $[\ln(0,25); \infty[$ und rechtsgekrümmt in $]-\infty; \ln(0,25)]$

m) im gesamten Definitionsbereich rechtsgekrümmt

n) im gesamten Definitionsbereich linksgekrümmt

Schaubilder:

a)

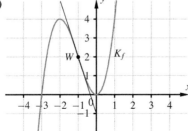

c)

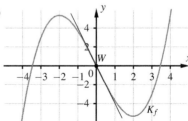

b)

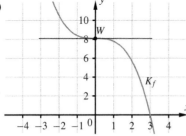

d)

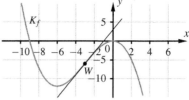

e)

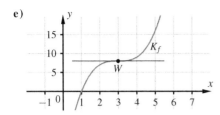

i)

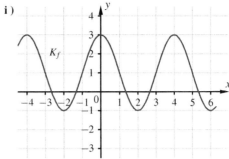

f)

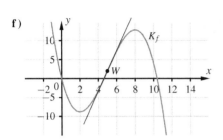

j)

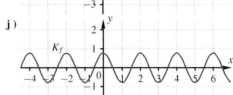

g)

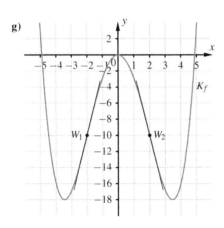

k)

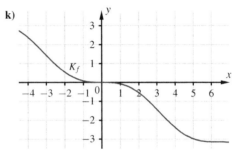

h)

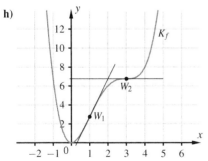

l)

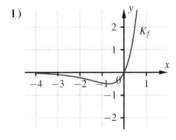

242

m) 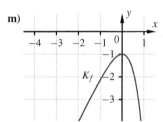   n)

243

4. *Hinweis:* Fehler im 1. Druck der 1. Auflage! Die Aufgabe muss lauten: „Bestimmen Sie die Intervalle, in denen das Schaubild der Funktion f rechtsgekrümmt bzw. linksgekrümmt ist."

a) linksgekrümmt für $x < -2$ oder $x > 2$ und rechtsgekrümmt in $[-2; 2]$

b) rechtsgekrümmt in $[-\frac{\pi}{2} + k \cdot 2\pi; \frac{\pi}{2} + k \cdot 2\pi]$ und linkgekrümmt in $[\frac{\pi}{2} + k \cdot 2\pi; \frac{3\pi}{2} + k \cdot 2\pi]$ mit $k \in \mathbb{Z}$

c) Das Schaubild ist im gesamten Definitionsbereich linksgekrümmt.

5. a) (1) $f''(1) = 0 \wedge f'''(1) = -\frac{2}{3} \neq 0 \rightarrow 1$ ist Wendestelle.

(2) $m_t = f'(1) = 3$

(3) $f'(1) \neq 0 \rightarrow 1$ ist keine Sattelstelle.

b) (1) $f''(-2) = 0 \wedge f'''(-2) = 1{,}5 \neq 0 \rightarrow -2$ ist Wendestelle.

(2) $m_t = f'(-2) = 0$

(3) $f'(-2) = 0 \rightarrow -2$ ist Sattelstelle.

c) $x_w = -2\sqrt{3}:$ 　　(1) $f''(-2\sqrt{3}) = 0 \wedge f'''(-2\sqrt{3}) > 0 \rightarrow -2\sqrt{3}$ ist Wendestelle.

　　　　　　　　(2) $m_t = f'(-2\sqrt{3}) = -6$

　　　　　　　　(3) $f'(-2\sqrt{3}) \neq 0 \rightarrow -2\sqrt{3}$ ist nicht Sattelstelle.

$x_w = 0:$ 　　　(1) $f''(0) = 0 \wedge f'''(0) < 0 \rightarrow 0$ ist Wendestelle.

　　　　　　　　(2) $m_t = f'(0) = 0$

　　　　　　　　(3) $f'(0) = 0 \rightarrow 0$ ist Sattelstelle.

$x_w = 2\sqrt{3}:$ 　　(1) $f''(2\sqrt{3}) = 0 \wedge f'''(2\sqrt{3}) > 0 \rightarrow 2\sqrt{3}$ ist Wendestelle.

　　　　　　　　(2) $m_t = f'(2\sqrt{3}) = -6$

　　　　　　　　(3) $f'(2\sqrt{3}) \neq 0 \rightarrow 2\sqrt{3}$ ist nicht Sattelstelle.

6. $f(x)$ ist aus $g(x) = 2\sin(0{,}5x)$ durch Verschiebung in y-Richtung um -1 entstanden.

Im Schaubild der ursprünglichen Funktion liegen alle Wendepunkte auf der x-Achse. Somit liegen alle Wendepunkte von $f(x)$ auf der Geraden $y = -1$, die parallel zur x-Achse verläuft.

7. Zur Bestimmung eines Wendepunktes bilden wir zunächst Ableitungen und setzten die 2. Ableitung null.

$f'(x) = x^2 - 2x$; $f''(x) = 2x - 2$; $f'''(x) = 2 \neq 0$ ist Wendepunktbedingung

$f''(x_w) = 0$ ergibt $x_w = 1$ mit $f'''(1) \neq 0$ liegt eine Wendepunkt vor mit $(1|\frac{1}{3})$.

Die Steigung im Wendepunkt ist $f'(1) = -1$. Somit lautet die Tangente $y = -x + \frac{4}{3}$. Was zu beweisen war.

8. Zeichnungen zu a) und h): siehe Aufgabe 3

a) $t(x) = -3x - 1$

b) $t(x) = 8,1$

c) $t(x) = -4x$

d) $t(x) = 3x + 3$

e) $t(x) = 8$

f) $t(x) = 5,4x - 25$

g) $t_1(x) = 8x + 6$ $t_2(x) = -8x + 6$

h) $t_1(x) = 4x - 1,25$ $t_2(x) = 6,75$

i) $W_1(-1|1)$, $t_1(x) = \pi x + \pi + 1$
       $W_2(1|1)$, $t_2(x) = -\pi x + \pi + 1$
       $W_3(3|1)$, $t_3(x) = \pi x - 3\pi + 1$

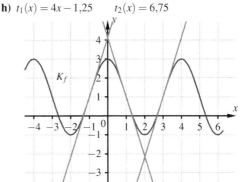

j) $W_1(-2,5|0)$, $t_1(x) = 2,47x + 6,17$
       $W_2(-1,5|0)$, $t_2(x) = -2,47x - 3,7$
       $W_3(-0,5|0)$, $t_3(x) = 2,47x + 1,23$
       $W_4(0,5|0)$, $t_4(x) = -2,47x + 1,23$
       $W_5(1,5|0)$, $t_5(x) = 2,47x - 3,7$

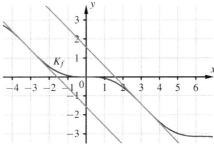

k) $W_1(-\pi|\frac{\pi}{2})$, $t_1(x) = -x - \frac{\pi}{2}$
       $W_2(0|0)$, $t_2(x) = 0$
       $W_3(\pi|-\frac{\pi}{2})$, $t_3(x) = -x + \frac{\pi}{2}$

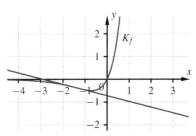

l) $W(\ln(0,25)| - 0,375)$, $t(x) = -0,25x - 0,72$

m) kein Wendepunkt

n) kein Wendepunkt

243

9. $f(x) = \frac{1}{10}x^3 - \frac{3}{10}x^2 + \frac{3}{10}x - \frac{9}{10}$

$f'(x) = \frac{3}{10}x^2 - \frac{3}{5}x + \frac{3}{10}$

$f''(x) = \frac{3}{5}x - \frac{3}{5}$

$f'''(x) = \frac{3}{5}$

Mit $f''(x_w) = 0$ ist $x_w = 1$ und $f'''(1) \neq 0$ liegt ein Wendepunkt vor. $W(1|-\frac{4}{5})$ hat die Steigung $f'(1) = 0$. Somit hat der Wendepunkt eine waagrechte Tangente. Es handelt sich um einen Sattelpunkt.

10. *Hinweis:* Fehler im 1. Druck der 1. Auflage! Es muss heißen: „Gegeben ist die Funktion f mit $f(x) = -\frac{1}{6}x^4 + x^2 + 1.$"

$f'(x) = -\frac{2}{3}x^3 + 2x \quad f''(x) = -2x^2 + 2 \quad f'''(x) = -4x$

a) $f''(x_w) = 0 \rightarrow x_{w_1} = 1; \ f'''(1) \neq 0 \rightarrow 1$ ist Wendestelle; $W_1(1|\frac{11}{6})$

b) Da die Funktionsgleichung nur gerade Exponenten hat, ist das Schaubild symmetrisch zur y-Achse und es gibt genau einen weiteren Wendepunkt $W_2(-1|\frac{11}{6})$.

c) $f'(1) = \frac{4}{3} \rightarrow t_1(x) = \frac{4}{3}x + 0,5; \ t_2(x) = -\frac{4}{3}x + 0,5$

d) Die Schnittpunkte der Tangenten mit der x-Achse sind $N_{1;2}(\pm 0,375|0)$. Sie schneiden sich auf der y-Achse bei $y = 0,5$. Der Flächeninhalt des Dreiecks ist $0,5 \cdot 2 \cdot 0,375 \cdot 0,5 = 0,1875$ FE.

11. Die Nullstelle $(0,5|0)$ der Ableitungsfunktion f' hat einen VZW von $-$ nach $+$. Somit hat das Schaubild von f einen Tiefpunkt an dieser Stelle. Der Hochpunkt des Schaubildes der Ableitungsfunktion entsteht aus einer Wendestelle im Schaubild von f. Die Nullstelle $(2|0)$ der Ableitungsfunktion f' hat einen VZW von $+$ nach $-$. Somit hat das Schaubild von f einen Hochpunkt an dieser Stelle.

12. Wendestellen einer ganzrationalen Funktion f sind stets Nullstellen der 2. Ableitung von f. Ist f eine Funktion n-ten Grades, so ist f'' eine Funktion vom Grad $n-2$, da beim Ableiten stets ein Grad „verloren geht". Da f'' als Funktion vom Grad $n-2$ höchstens $n-2$ Nullstellen hat, hat die Funktion f demzufolge höchstens $n-2$ Wendestellen.

Außerdem gilt: Ist der Grad einer ganzrationalen Funktion eine gerade Zahl, so ist auch die Anzahl der Nullstellen, gemäß ihrer Vielfachheit gezählt, gerade. Ist dagegen der Grad einer ganzrationalen Funktion eine ungerade Zahl, so hat die Funktion auch eine ungerade Anzahl an Nullstellen, wenn man sie gemäß ihrer Vielfachheit zählt. Daraus ergibt sich, dass eine ganzrationale Funktion mit geradzahligem Grad stets eine gerade und eine ganzrationale Funktion mit ungeradzahligem Grad stets eine ungerade Anzahl an Wendestellen hat.

3.2.3   Beispiele zur Kurvenuntersuchung

1. a) Symmetrie: punktsymmetrisch zum Ursprung (nur ungerade
Exponenten)
Globalverhalten: vom 3. Quadranten zum
1. Quadranten
Schnittpunkte mit den Koordinatenachsen:
$N_1(-\sqrt{3}|0)$, $N_2(0|0)$, $N_3(\sqrt{3}|0)$; $S_y(0|0)$
Extrempunkte: $H(-1|\frac{2}{3})$, $T(1|-\frac{2}{3})$
Wendepunkt: $W(0|0)$

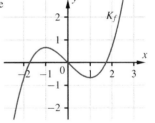

b) Symmetrie: punktsymmetrisch zum Wendepunkt
Globalverhalten: vom 3. Quadranten zum
1. Quadranten
Schnittpunkte mit den Koordinatenachsen:
$N(0|0)$; $S_y(0|0)$
Extrempunkte: keine
Wendepunkt: $W(-2|-\frac{4}{3})$ ist Sattelpunkt

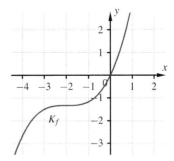

c) Symmetrie: achsensymmetrisch zur y-Achse
(nur gerade Exponenten)
Globalverhalten: vom 2. Quadranten zum
1. Quadranten
Schnittpunkte mit den Koordinatenachsen:
$N_1(-2|0)$, $N_2(2|0)$; $S_y(0|-20)$
Extrempunkte: $T(0|-20)$
Wendepunkte: keine

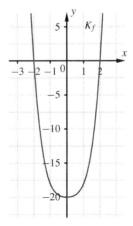

d) Symmetrie: punktsymmetrisch zum Wendepunkt
Globalverhalten: vom 3. Quadranten zum
1. Quadranten
Schnittpunkte mit den Koordinatenachsen:
$N_1(-3,24|0)$, $N_2(-2|0)$, $N_3(1,24|0)$; $S_y(0|-2)$
Extrempunkte: $H(-\frac{8}{3}|\frac{10}{27})$, $T(0|-2)$
Wendepunkt: $W(-\frac{4}{3}|-\frac{22}{27})$

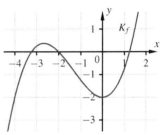

255

255

e) Symmetrie: achsensymmetrisch zur y-Achse (nur gerade Exponenten)

Globalverhalten: vom 3. Quadranten zum 4. Quadranten

Schnittpunkte mit den Koordinatenachsen:
$N_1(-2,45|0)$, $N_2(0|0)$, $N_3(2,45|0)$; $S_y(0|0)$

Extrempunkte: $H_1(-1,73|4,6)$, $H_2(1,73|4,6)$, $T(0|0)$

Wendepunkte: $W_1(-1|2,5)$, $W_2(1|2,5)$

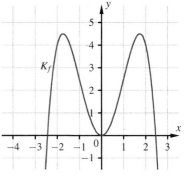

f) Symmetrie: keine Symmetrie

Globalverhalten: vom 3. Quadranten zum 1. Quadranten, Asymptote $y = 0$ für $x \to -\infty$

Schnittpunkte mit den Koordinatenachsen:
$N(0|0)$; $S_y(0|0)$

Extrempunkt: $T(\ln(0,5)|-0,25)$

Wendepunkt: $W(\ln(0,25)|-0,1875)$

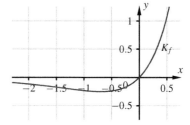

g) Symmetrie: keine Symmetrie

Globalverhalten: vom 2. Quadranten zum 1. Quadranten, Asymptote $y = x$ für $x \to \infty$

Schnittpunkt mit den Koordinatenachsen: $S_y(0|1)$

Extrempunkt: $T(0,35|0,85)$

Wendepunkte: keine

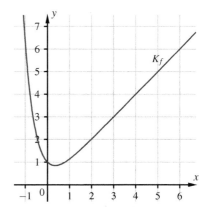

h) Symmetrie: keine Symmetrie

Globalverhalten: vom 2. Quadranten zum 4. Quadranten, Asymptote $y = 0$ für $x \to -\infty$

Schnittpunkte mit den Koordinatenachsen:
$N(\ln(2)|0)$; $S_y(0|1)$

Extrempunkt: $H(0|1)$

Wendepunkt: $W(\ln(0,5)|0,75)$

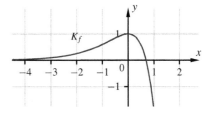

i) Symmetrie: punktsymmetrisch zum Wendepunkt
$W_1(0|1,5)$; Periode 2π
Globalverhalten: periodisch;
Wertebereich $[-0,5; 3,5]$
Schnittpunkte mit den Koordinatenachsen:
$N_1(-2,29|0)$, $N_2(-0,85|0)$, $N_3(3,99|0)$,
$N_4(5,44|0)$; $S_y(0|1,5)$
Extrempunkte: $H(\frac{\pi}{2}|3,5)$, $T_1(-\frac{\pi}{2}|-1,5)$,
$T_2(\frac{3\pi}{2}|-1,5)$
Wendepunkte: $W_1(0|1,5)$, $W_2(\pi|1,5)$

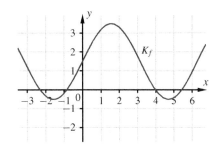

j) Symmetrie: keine
Globalverhalten: vom 2. Quadranten zum
4. Quadranten
Schnittpunkte mit den Koordinatenachsen:
$N(0|0)$; $S_y(0|0)$
Extrempunkte: keine
Wendepunkte: $W_1(-\frac{\pi}{2}|0,57)$, $W_2(\frac{\pi}{2}|-2,57)$,
Wendepunkte sind Sattelpunkte

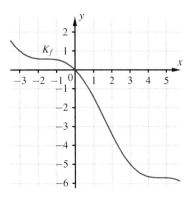

k) Symmetrie: punktsymmetrisch zum Wende-
punkt $W_2(0|1)$; Periode 2
Globalverhalten: vom 2. Quadranten zum
1. Quadranten; Wertebereich $[0; 2]$
Schnittpunkte mit den Koordinatenachsen:
$N_1(0,5|0)$, $N_2(2,5|0)$; $S_y(0|1)$
Extrempunkte: $H_1(-0,5|2)$, $T_1(0,5|0)$,
$H_2(1,5|2)$, $T_2(2,5|0)$
Wendepunkte: $W_1(-1|1)$, $W_2(0|1)$,
$W_3(1|1)$, $W_4(3|1)$

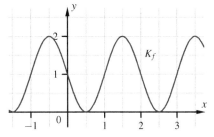

2. Wendepunkte: $W_1(-1|-\frac{5}{8})$, $W_2(1|-\frac{5}{8})$
Wendetangenten: $t_1(x) = x + \frac{3}{8}$ und $t_2(x) = -x + \frac{3}{8}$
Die Steigungen $m_1 = 1$ und $m_2 = -1$ bedeuten, dass
die Tangenten orthogonal sind, denn $m_1 \cdot m_2 = -1$.

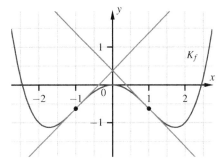

255

3. a) Globalverhalten: vom 2. Quadranten zum 4. Quadranten

b) $f'(x) = -24x^2 + 12x$

$f''(x) = -48x + 12$

$f'''(x) = -48$

Ermittlung der Extremstellen durch

$f'(x) = 0 \rightarrow x_1 = 0 \vee x_2 = 0,5$

$f''(0) = 12 > 0 \rightarrow$ Tiefpunkt $T(0|-1)$

$f''(0,5) = -24 < 0 \rightarrow$ Hochpunkt $H(0,5|-0,5)$

Da die beiden Extrempunkte unterhalb der x-Achse liegen, hat das Schaubild nur eine Nullstelle im Intervall $[-0,5;\ 0]$.

c) Zwischen den Extrempunkten liegt der Wendepunkt $W(0,25|-0,75)$. Das Schaubild ist im Bereich des Tiefpunktes linksgekrümmt, und zwar im Intervall $]-\infty;\ 0,25]$.

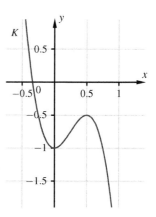

4. Einfache Nullstellen: $N_1(-5|0)$, $N_2(6|0)$ und eine doppelte Nullstelle $N_{3;\,4}(0|0)$

Wendepunkte sind $W_1(-2|3,2)$ und $W_2(2,5|5,47)$.

Linksgekrümmt ist das Schaubild zwischen den Wendepunkten in $[-2;\ 2,5]$.

Die Schnittpunkte mit der Normalparabel sind $S_1(0|0)$ und $S_2(1|1)$.

Da $f(0,5) \approx 0,25208333 > 0,25 = g(0,5)$ ist, verläuft die Normalparabel in den Intervallen $]-\infty;\ 0[$ oder $]1;\ \infty[$ über dem Schaubild von f.

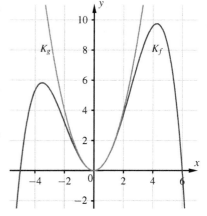

5. $f'(x) = \cos(x) - 1$; $f''(x) = -\sin(x)$; $f'''(x) = -\cos(x)$

$f'(x) = 0$ liefert im Definitionsbereich die Nullstellen $x_1 = 0$ und $x_2 = 2\pi$. An den beiden Stellen ist die zweite Ableitung null und die dritte Ableitung $\neq$ null. Somit liegen keine Extremstellen, sondern Wendepunkte mit waagerechter Tangente vor. Es handelt sich um Sattelpunkte mit folgenden Koordinaten: $W_1(0|-1)$ und $W_2(2\pi|-2\pi-1)$.

Da der Verlauf des Schaubilds vom 2. Quadranten zum 4. Quadranten verläuft, hat das Schaubild nur eine Nullstelle im Intervall $[-2;\ -1]$. Sie liegt außerhalb des Definitionsbereichs.

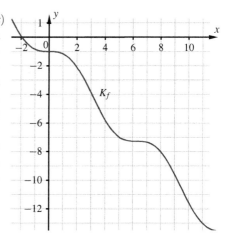

6. $f'(x) = \frac{1}{2}e^{2x} - 2e^x$; $f''(x) = e^{2x} - 2e^x$; $f'''(x) = 2e^{2x} - 2e^x$

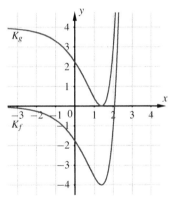

a) Das Schaubild besitzt nur einen Tiefpunkt bei $T(\ln(4)|-4+c)$.

Damit der Tiefpunkt die x-Achse berührt, muss der y-Wert null sein: $-4+c = 0 \Leftrightarrow c = 4$.

b) Die Wendestelle des Schaubilds liegt bei $x = \ln(2) > 0$. Somit hat das Schaubild eine Linkskrümmung im Intervall $[\ln(2); \infty[$. Folglich ist die Aussage falsch, dass die Kurve linksgekrümmt ist für alle $x > 0$ unabhängig von c. c verschiebt das Schaubild nur entlang der y-Achse.

7. a) Da die Ableitungsfunktion zwei Extrempunkte besitzt, hat das Schaubild von f zwei Wendepunkte. Aussage ist richtig.

b) Der Schnittpunkt mit der x-Achse an der Stelle $x = 2$ führt zum Tiefpunkt im Schaubild f, da es hier einen VZW von $-$ nach $+$ gibt. Der Berührpunkt an der Stelle $x = -2$ führt zu einem Sattelpunkt im Schaubild f. Somit ist diese Aussage falsch.

c) Da das Schaubild von f entlang der y-Achse verschoben sein kann, kann man keine Aussage über die Nullstellen machen. Das Schaubild von f ist eine ganzrationale Funktion 4. Grades. Der Verlauf führt vom 2. Quadranten zum 1. Quadranten. Somit hat das Schaubild keine oder zwei oder drei Nullstellen, aber nicht eine Nullstelle. Also ist diese Aussage falsch.

d) Diese Aussage ist falsch. Siehe Antwort b).

e) Das abgebildete Schaubild hat zwischen den Extremstellen einen Wendepunkt. In der zweiten Ableitung wird daraus ein Extrempunkt. Somit ist diese Aussage richtig.

8. a) Das Wachstum verläuft in den ersten 6 Monaten annähernd linear, danach wird es schwächer, bis es bei 9 Monaten fast aufhört.

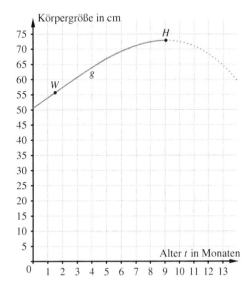

b) $g'(t) = -0,06t^2 + 0,18t + 3,285$

$g''(t) = -0,12t + 0,18 \qquad g'''(t) = -0,12$

$g'(t_E) = 0 \Leftrightarrow t_E^2 - 3t_E - 54,75 = 0$

$t_{E_1} = 1,5 - \sqrt{57} \approx -6,05;$

$t_{E_2} = 1,5 + \sqrt{57} \approx 9,05$

$g'(1,5 - \sqrt{57}) = 0$

$\wedge g''(1,5 - \sqrt{57}) = 0,12\sqrt{57} > 0$

$\Rightarrow 1,5 - \sqrt{57}$ ist Minimalstelle.

$g(-6,05) \approx 38,5$

$T(\sim -6,05| \sim 38,5)$ (nicht relevant)

$g'(1,5 + \sqrt{57}) = 0$

$\wedge g''(1,5 + \sqrt{57}) = -0,12\sqrt{57} < 0$

$\Rightarrow 1,5 + \sqrt{57}$ ist Maximalstelle.

$g(1,5 + \sqrt{57}) \approx 72,9 \qquad H(\sim 9,05| \sim 72,9)$

$g''(t_W) = -0,12t_W + 0,18 \Leftrightarrow t_W = 1,5$

$g''(1,5) = 0 \wedge g'''(1,5) = -0,12 < 0 \rightarrow 1,5$ ist L-R-Wendestelle.

$f(1,5) \approx 55,7 \qquad W(1,5| \sim 55,7)$

255

c) Im Wendepunkt hat das Schaubild die größte Steigung. Das bedeutet, dass das Wachstum des Kindes während der ersten 9 Monate bei 1,5 Monaten am höchsten ist.

d) Für $t > 9{,}05$ hat das Schaubild negative Steigungswerte. Das würde bedeuten, dass die Körpergröße des Kindes nach 9 Monaten wieder abnimmt.

Übungen zu 3.2

256

1.

	K_1	K_2
a)	nicht erfüllt	erfüllt
b)	erfüllt	nicht erfüllt
c)	nicht erfüllt	erfüllt
d)	nicht erfüllt	erfüllt
e)	erfüllt	nicht erfüllt
f)	erfüllt	erfüllt
g)	erfüllt	nicht erfüllt
h)	erfüllt	erfüllt
i)	nicht erfüllt	erfüllt
j)	erfüllt	nicht erfüllt
k)	nicht erfüllt	erfüllt

2. a) wahre Aussage

Für eine Wendestelle ist die Bedingung $f''(x_W) = 0$ notwendig. Bei einer quadratischen Funktion mit $f(x) = ax^2 + bx + c$ und $f'(x) = 2ax + b$ sowie $f''(x) = 2a$ müsste also $2a = 0$ erfüllt sein. Das wäre nur für $a = 0$ möglich. Für $a = 0$ ist f jedoch keine quadratische Funktion.

b) falsche Aussage

Für die Extremstellen bzw. Sattelstellen einer Funktion gilt notwendig $f'(x_E) = 0$. Bei einer Funktion 3. Grades ist f' eine quadratische Funktion. Diese hat entweder zwei verschiedene Nullstellen (Fall 1), eine doppelte Nullstelle (Fall 2) oder keine Nullstelle (Fall 3). Im Fall 1 hat f zwei Extremstellen, im Fall 2 eine Sattelstelle und im Fall 3 weder Extremstellen noch Sattelstellen.

Gegenbeispiel: $f(x) = x^3 + x$ $f'(x) = 3x^2 + 1$

Die Gleichung $f'(x_E) = 0$ hat keine Lösung, d. h., f hat weder Extremstellen noch Sattelstellen.

c) falsche Aussage

Für die Extremstellen einer Funktion gilt notwendig $f'(x_E) = 0$. Wenn f eine Funktion 4. Grades ist, ist f' eine Funktion 3. Grades und hat entweder drei Nullstellen oder eine Nullstelle. Falls f' nur eine einzige Nullstelle hat, kann f auch nur eine einzige Extremstelle und das Schaubild nur einen einzigen Extrempunkt haben.

Gegenbeispiel: $f(x) = x^4$ $f'(x) = 4x^3$

Die Gleichung $f'(x_E) = 0$ hat nur die Lösung $x_E = 0$ und das Schaubild von f nur den Extrempunkt $T(0|0)$.

256

d) wahre Aussage

Da ein Hochpunkt stets in einer Rechtskurve und ein Tiefpunkt immer in einer Linkskurve liegt, muss das Schaubild zwischen beiden Punkten sein Krümmungsverhalten ändern, also einen Wendepunkt haben. Darüber hinaus ist zu berücksichtigen, dass zwischen zwei Hochpunkten stets ein Tiefpunkt und zwischen zwei Tiefpunkten stets ein Hochpunkt liegt.

e) falsche Aussage

f) wahre Aussage

Die notwendige Bedingung $f'(x_E) = 0$ bedeutet, dass die Steigung an der Stelle x_E gleich 0 ist. Wenn dies nicht der Fall ist, handelt es sich nicht um eine Extremstelle.

g) falsche Aussage

Gegenbeispiel: $f(x) = x^4 \qquad f'(x) = 4x^3 \qquad f''(x) = 12x^2$

Mit $f'(0) = 0$ und $f''(0) = 0$ ist die hinreichende Bedingung nicht erfüllt. Da das VZW-Kriterium erfüllt ist, ist ersichtlich, dass 0 Extremstelle von f ist.

h) wahre Aussage

Ist das VZW-Kriterium nicht erfüllt, so bedeutet dies, dass das Schaubild von f sowohl links als auch rechts von der Stelle x_E positive Steigungswerte oder aber sowohl links als auch rechts von der Stelle x_E negative Steigungswerte hat. Beides schließt einen Extrempunkt an der Stelle x_E aus.

3. a) Der Punkt liegt auf dem Schaubild, da $f(-2) = -1,6$. Die Aussage ist wahr.

b) An der Stelle $x = -1$ ist $f(-1) = 0$ und $f'(-1) = 0$. Somit liegt bei $(-1|0)$ ein Extrempunkt vor. Mit $f''(-1) = -2,4 < 0$ handelt es sich um einen Hochpunkt. Die Aussage ist wahr.

c) Da das Schaubild einen Hochpunkt besitzt (siehe b), kann das Schaubild nicht nur monoton steigend sein. Die Aussage ist falsch.

d) Wie in b) gezeigt, liegt bei $(-1|0)$ ein Hochpunkt vor. Die Aussage ist wahr.

e) An der Stelle $x = 1$ hat das Schaubild die Steigung null: $f'(1) = 0$.

Da $f''(1) = 2,4 > 0$, liegt hier ein Tiefpunkt vor: $T(1|f(1))$. Somit besitzt das Schaubild einen Hochpunkt und einen Tiefpunkt. Die Aussage ist wahr.

f) Am Hochpunkt $(-1|0)$ liegt bereits eine doppelte Nullstelle vor. Des Weiteren ist die Nullstelle $(2|0)$ gegeben. Somit liegen bereits drei Nullstellen vor. Die Aussage ist falsch.

4. Ablesbare Punkte mit den Koordinatenachsen sind: $N_1(-2|0)$, $N_2(2|0)$, $N_3(4|0)$, $S_y(0|4)$.

Die Nullstellen werden für x_1, x_2 und x_3 in die Produktform der Funktionsgleichung eingesetzt. Mit S_y wird dann eine Punktprobe durchgeführt, um a zu ermitteln.

$f(x) = \frac{1}{4}(x+2) \cdot (x-2) \cdot (x-4)$

Die Extrempunkte sind: $H(-0,43|4,23), T(3,1|-1,26)$

5. Für $d = 0$ hat das Schaubild von f die folgenden Extrempunkte: $H(\frac{1}{6}|\frac{1}{9})$ und $T(-\frac{1}{6}|-\frac{1}{9})$.

a) Damit das Minimum auf der x-Achse liegt, muss $d = \frac{1}{9}$ sein.

b) Damit das Maximum auf der x-Achse liegt, muss $d = -\frac{1}{9}$ sein.

256

6. Extremstellen von f sind $T_1(-1|0)$, $H(0|1)$ und $T_2(1|0)$.
Mit $g(-1) = 0$, $g(0) = 1$ und $g(1) = 0$ liegen die Extrempunkte auf $g(x)$.
Die Steigung im Hochpunkt ist bei beiden Schaubildern null, somit berühren sie sich im Hochpunkt. Die Steigung in den Tiefpunkten ist bei der Parabel > 0 bzw. < 0. Somit liegt an den Tiefpunkten des Schaubildes von f nur jeweils ein Schnittpunkt mit dem Schaubild von g vor.

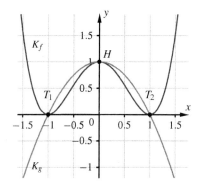

257

7. **a)** Wendepunkte sind $W_1(0|0)$ mit der Tangente $t_1(x) = 0$ und $W_2(2|4)$ mit $t_2(x) = 4x - 4$. Der Schnittpunkt der Tangenten ist $S(1|0)$.

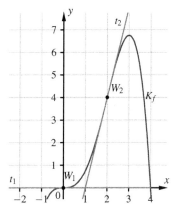

b) Die Sekante durch die Wendepunkte lautet: $y = 2x$.
Die weiteren Schnittpunkte der Sekante mit dem Schaubild werden durch Punktprobe mit der Sekantengleichung $y = 2x$ sowie mit der Funktionsgleichung von f überprüft:
$S_1(1 + \sqrt{5}|2 + 2\sqrt{5})$: $2 \cdot (1 + \sqrt{5}) = 2 + 2\sqrt{5}$ und $f(1 + \sqrt{5}) = 2 + 2\sqrt{5}$
$S_2(1 - \sqrt{5}|2 - 2\sqrt{5})$: $2 \cdot (1 - \sqrt{5}) = 2 - 2\sqrt{5}$ und $f(1 - \sqrt{5}) = 2 - 2\sqrt{5}$

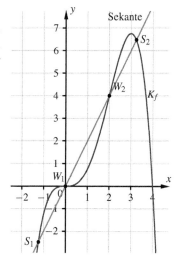

8. *Hinweis:* Fehler im 1. Druck der 1. Auflage! Es muss folgender Tipp ergänzt werden:
Für das Lösen der Polynomfunktionen vom Grad 3 und 4 in den Teilaufgaben a) und e) können die Polynome in die Produktform umgewandelt werden. Zur Kontrolle:

a) $f'(x) = -2x^3 + 9x^2 - 12x + 4 = -(x-2)^2(2x-1)$

e) $-\frac{1}{2}x^4 + 3x^3 - 6x^2 + 4x - (-x+1,5) = -\frac{1}{2}(x-3)(x-1)^3$

Ableitungen:
$$f(x) = -\frac{1}{2}x^4 + 3x^3 - 6x^2 + 4x$$
$$f'(x) = -2x^3 + 9x^2 - 12x + 4$$
$$f''(x) = -6x^2 + 18x - 12$$
$$f'''(x) = -12x + 18$$

a) Hochpunkt $H(0,5|0,84375)$

b) Wendepunkte sind $W_1(1|0,5)$ und $W_2(2|0)$. In W_1 ist die Steigung -1 und die Gleichung der Wendetangente g lautet: $g(x) = -x + 1,5$

d) $A(x) = 0,5 \cdot 1,5 \cdot 1,5 = 1,125$ FE

e) $f(x) - t(x) = -\frac{1}{2}x^4 + 3x^3 - 6x^2 + 4x$
$$-(-x+1,5)$$
$$= -\frac{1}{2}(x-3)(x-1)^3$$
$S(3|-1,5)$

c)

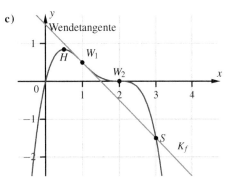

9. **a)** K_1 hat an der Stelle $x = 0$ einen Tiefpunkt, somit hat die Ableitungsfunktion an dieser Stelle eine Nullstelle mit dem VZW von $-$ nach $+$. K_2 hat sowohl eine Nullstelle als auch diesen VZW.
Somit ist K_1 das Schaubild von f und K_2 das Schaubild der Ableitungsfunktion von f.

b) Erklärung grafisch siehe a)
Mit $f(0) = 0$ und $f'(0) = 0$ (mit $f'(x) = -e^{-0,5x} + 1$) und $f''(0) = 0,5 > 0$ (mit $f''(x) = 0,5 \cdot e^{-0,5x}$) liegt an der Stelle $(0|0)$ ein Tiefpunkt und somit berührt das Schaubild von f die x-Achse.

c) Da $f''(x) = 0,5 \cdot e^{-0,5x}$ immer größer als null ist, ist das Schaubild von f im gesamten Definitionsbereich linksgekrümmt.

10. **a)** $f'(x) = -4\sin(2x)$; die Periode ist π. Das Schaubild von f ist symmetrisch zur y-Achse.
$H_{1;2}(\pm\pi|3)$, $H_3(0|3)$, $T_{1;2}(\pm\frac{\pi}{2}|-1)$

b) $W_{1;2}(\pm\frac{\pi}{4}|1)$, $W_{3;4}(\pm\frac{3\pi}{4}|1)$
Da das Schaubild symmetrisch zur y-Achse ist, schneiden sich die Wendetangenten in demselben y-Achsenabschnitt.
$t_{1;2}(x) = \pm 4x + 1 + \pi$ bzw. $t_{3;4}(x) = \pm 4x + 1 + 3\pi$.

c) Die Steigung der Wendetangenten lautet $m_{1;2} = \pm 4$. Die Tangenten stehen nicht senkrecht aufeinander, da $-4 \cdot 4 \neq -1$ ist.

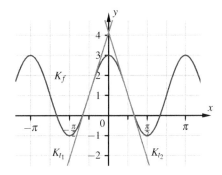

257

11. Da der Funktionsterm nur geradzahlige Exponenten enthält, ist das Schaubild von f punktsymmetrisch zum Ursprung.

$f'(x) = 6x^2 - 15x^4$

$f''(x) = 12x - 60x^3$

$f'''(x) = 12 - 180x^2$

Extremstellen:

$T\left(-\sqrt{\frac{2}{5}}\Big|-\frac{8}{25}\sqrt{\frac{2}{5}}\right) \approx T(-0,63|-0,2)$ und $H\left(\sqrt{\frac{2}{5}}\Big|\frac{8}{25}\sqrt{\frac{2}{5}}\right) \approx H(0,63|0,2)$

Wendepunkte:

$W_1\left(\sqrt{\frac{1}{5}}\Big|\frac{7}{25}\sqrt{\frac{1}{5}}\right) \approx W_1(0,447|0,125)$, $W_2\left(-\sqrt{\frac{1}{5}}\Big|-\frac{7}{25}\sqrt{\frac{1}{5}}\right) \approx W_2(-0,447|-0,125)$ und $W_3(0|0)$

Sattelpunkt.

Wendetangenten:

$t_1(x) = \frac{3}{5}x + \frac{8}{25}\sqrt{\frac{1}{5}}$ oder $t_1(x) = 0,6x + 0,143$ und $t_2(x) = \frac{3}{5}x - \frac{8}{25}\sqrt{\frac{1}{5}}$ oder $t_2(x) = 0,6x - 0,143$

Zur Berechnung des Abstandes muss die kürzeste Verbindung berechnet werden. Die Senkrechte zu den Tangenten durch den Ursprung lautet $y = -\frac{5}{3}x$.

Die Schnittpunkte der Senkrechten mit den Tangenten lauten:

$A\left(\frac{12}{85}\sqrt{\frac{1}{5}}\Big|-\frac{4}{17}\sqrt{\frac{1}{5}}\right) \approx A(0,063|-0,105)$

$B\left(-\frac{12}{85}\sqrt{\frac{1}{5}}\Big|\frac{4}{17}\sqrt{\frac{1}{5}}\right) \approx B(-0,063|0,105)$.

Mithilfe des Satzes des Pythagoras erhält man für den Abstand den Wert 0,2454 $\left(\text{exakt } 2 \cdot \sqrt{\frac{32}{2125}}\right)$.

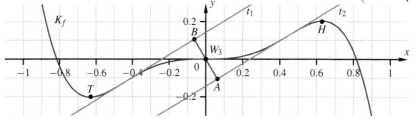

12. $f'(x) = 1,5x^2 - 1,5$

$f''(x) = 3x$

a), b) Für $P(-1|2)$ gilt:

$f'(-1) = 0$ und $f''(-1) = -3 < 0 \rightarrow$ Hochpunkt.

Für $Q(1|0)$ gilt:

$f'(1) = 0$ und $f''(1) = 3 > 0 \rightarrow$ Tiefpunkt.

c) Im Wendepunkt $W(0|1)$ wechselt das Krümmungsverhalten des Schaubildes von rechtsgekrümmt nach linksgekrümmt. Für $x < 0$ ist das Schaubild rechtsgekrümmt und für $x > 0$ linksgekrümmt.

d) Nullstellen sind $N_1(-2|0)$ (einfach) und $N_{2;3}(1|0) = Q(1|0)$ (doppelt); $a = 0,5$: $f(x) = 0,5 \cdot (x+2) \cdot (x-1)^2$

e) Wenn man das Schaubild z.B. um 1 LE nach unten verschiebt, ergeben sich drei einfache Nullstellen (K_g).

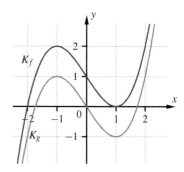

13. a) e^x ist immer größer null, somit ist $f(x)$ immer kleiner null und besitzt keine Nullstellen.

b) $f(-x) = f(x)$, somit ist das Schaubild symmetrisch zur y-Achse.

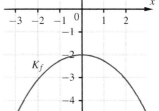

c) $f'(x) = -\frac{1}{2}e^{\frac{1}{2}x} + \frac{1}{2}e^{-\frac{1}{2}x}$

$f''(x) = -\frac{1}{4}e^{\frac{1}{2}x} - \frac{1}{4}e^{-\frac{1}{2}x}$

$f'(x) = 0$ ergibt $x = 0$ und $f''(0) = -\frac{1}{2} < 0 \to$ Hochpunkt $H(0|-2)$

d) Da laut c) das Schaubild nur einen Hochpunkt besitzt, ist das Schaubild rechtsgekrümmt. $f''(x)$ ist immer kleiner null, somit ist das Schaubild rechtsgekrümmt.

14. b)

$$v(t) = s'(t) = \begin{cases} t & \text{für } 0 \leq t \leq 12 \\ 0,4(t+18) & \text{für } 12 < t \leq 35 \\ 21,2 & \text{für } 35 < t \leq 38 \\ -0,96(t-60) & \text{für } 38 < t \leq 60 \end{cases}$$

a)

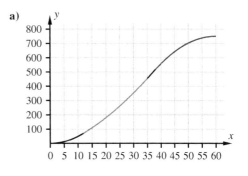

$$a(t) = v'(t) = s''(t) = \begin{cases} 1 & \text{für } 0 \leq t \leq 12 \\ 0,4 & \text{für } 12 < t \leq 35 \\ 0 & \text{für } 35 < t \leq 38 \\ -0,96 & \text{für } 38 < t \leq 60 \end{cases}$$

Größte Geschwindigkeit ist $21,2 \frac{m}{s^2}$ im Intervall $]35; 38]$.

Die größte Beschleunigung erfolgt am Anfang mit $1 \frac{m}{s^2}$ bis zum Zeitpunkt $t \leq 12$.

Test zu 3.2

1. a)

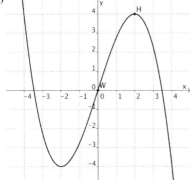

b)

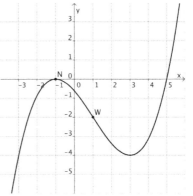

c) Ist das Schaubild einer ganzrationalen Funktion punksymmetrisch zum Ursprung, so liegt der Wendepunkt im Ursprung. Ebenso gilt: Ist $W(4|3)$ der Wendepunkt des Schaubilds einer ganzrationalen Funktion dritten Grades, so ist das Schaubild nicht punktsymmetrisch zum Ursprung. Bei Punktsymmetrie zum Ursprung wäre dann auch $W^*(-4|-3)$ ein Wendepunkt des Schaubilds. Das wiederum steht im Widerspruch dazu, dass eine ganzrationale Funktion dritten Grades genau eine Wendestelle hat.

259

d)

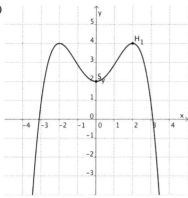

e) $f(0) = -2$ und $f(\pi) = 0$ ergibt z.B.

$$f(x) = 2\sin\left(\tfrac{\pi}{2}x\right) - 2$$

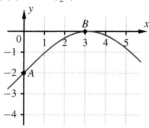

2. a)

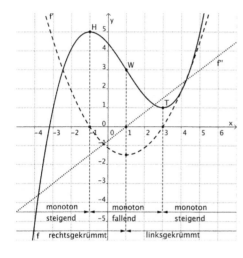

b)

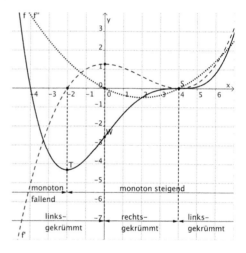

3. $f(x) = -8(x^2 - 0,25)(x - 1,5) = -8x^3 + 12x^2 + 2x - 3$

$f'(x) = -24x^2 + 24x + 2$

$f''(x) = -48x + 24$

$f'''(x) = -48$

a) Extrempunkte:

$T\left(\tfrac{3-2\sqrt{3}}{6}\,\middle|\, -\tfrac{16\sqrt{3}}{9}\right) \approx T(-0,07735\,|\,-3,0792)$; $H\left(\tfrac{3+2\sqrt{3}}{6}\,\middle|\, \tfrac{16\sqrt{3}}{9}\right) \approx H(1,07735\,|\,3,0792)$

b) Wendepunkt $W(0,5\,|\,0)$

c) Wendetangente: $t(x) = 8x - 4$; Fläche: $0,5 \cdot 0,5 \cdot 4 = 1$ FE

4. $f'(x) = -e^{-0,5x}; \quad f''(x) = 0,5e^{-0,5x}$

a) Da $f'(x) > 0$ und $f''(x) > 0$, besitzt das Schaubild keine Extrem- und Wendepunkte.

b) Die Asymptote ist $y = -2$.

c) Mit $-1 = f'(x) \to x = 0$. An der Stelle $x = 0$ hat das Schaubild die Steigung -1.

5. $f'(x) = \frac{2}{3}\sin(\frac{2}{3}x); \quad f''(x) = \frac{4}{9}\cos(\frac{2}{3}x);$ die Periode ist 3π.

a) Das Schaubild ist an der x-Achse gespiegelt und um eins nach oben verschoben. Da $f'(x) = 0$ an der Stelle $x = 0$ und $f(0) = 0$, liegt im Ursprung ein Berührpunkt vor.

b) Die größte Steigung liegt im Wendepunkt $W(\frac{3}{4}\pi|1)$ mit der Steigung $\frac{2}{3}$.
Die Tangentengleichung lautet: $t(x) = \frac{2}{3}x + 1 - \frac{\pi}{2}$.

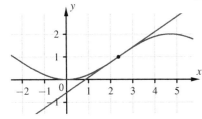

3.3   Anwendungen der Differenzialrechnung

260

1 Skisprungschanze

a) $f(x) = ax^3 + bx^2 + cx + d;$ $f'(x) = 3ax^2 + 2bx + c$

b)

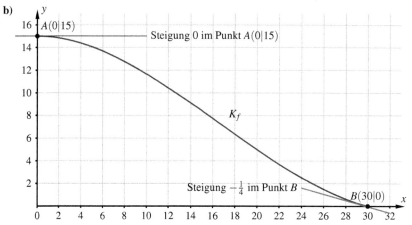

c) Tabelle aller relevanten Informationen:

Nr.	Informationen im Text	Bedingung in mathematischer Schreibweise	Resultierende Gleichung
I	Punkt $A(0|15)$	$f(0) = 15$	$d = 15$
II	Punkt $B(30|0)$ auf der x-Achse (Schanzentisch)	$f(30) = 0$	$27\,000a + 900b + 30c + d = 0$
III	Steigung im Punkt A ist 0	$f'(0) = 0$	$c = 0$
IV	Steigung im Punkt B (Schanzentisch) ist $-\frac{1}{4}$	$f'(30) = -\frac{1}{4}$	$2700a + 60b + c = -\frac{1}{4}$

(II) $27\,000a + 900b = -15$ $|\cdot(-1)$ $\Bigr]+$

(IV) $2700a + 60b = -\frac{1}{4}$ $|\cdot 10$

(II) $27\,000a + 900b = -15$

(V) $-300b = \frac{25}{2}$

Aus (V) folgt: $-300b = \frac{25}{2} \Leftrightarrow b = -\frac{1}{24}$

$b = -\frac{1}{24}$ in (II):

$27\,000a + 900 \cdot (-\frac{1}{24}) = -15 \Leftrightarrow a = \frac{1}{1200}$

$f(x) = \frac{1}{1200}x^3 - \frac{1}{24}x^2 + 15$

2 Brückenbogen

a) Der Verlauf des Brückenbogens ist parabelförmig.

Eine günstige Wahl des Koordinatensystems besteht z.B. darin, die x-Achse auf Höhe der Auflager-
punkte rechts und links anzuordnen und die y-Achse in die Mitte der Konstruktion zu platzieren.

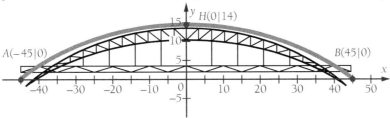

b) Wenn man das Koordinatensystem wie in a) ausgeführt anordnet, hat die Parabel eine Gleichung der
Form $f(x) = ax^2 + c$ mit $a < 0$ und $c > 0$ (Hochpunkt auf der y-Achse).

c) Tabelle der relevanten Informationen:

Nr.	Informationen im Text	Bedingung in mathematischer Schreibweise	Resultierende Gleichung
I	$H(0\|14)$	$f(0) = 14$	$c = 14$
II	H an der Stelle 0	$f'(0) = 0$	$0a = 0$ (nicht anwendbar)
III	$P(45\|0)$ bzw. $Q(-45\|0)$	$f(45) = 0$ bzw $f(-45) = 0$	$2025a + c = 0$

(I) in (III) einsetzen: $\quad 2025a + 14 = 0 \Rightarrow a = -\frac{14}{2025}$

Gleichung des Parabelbogens: $\quad f(x) = -\frac{14}{2025}x^2 + 14$

3 Schafsgehege

a) Skizze des Sachverhaltes

$A(x) = x \cdot l = x \cdot (500 - 2x) = -2x^2 + 500x$; Definitionsbereich: $0 \le x \le 250$

b) Da es sich beim Schaubild der Funktion $A(x)$ um eine Parabel handelt, muss man, um den maximalen Flächeninhalt zu berechnen, den Scheitelpunkt dieser Parabel berechnen. Dies kann z.B. durch
quadratische Ergänzung erfolgen:

$A(x) = -2 \cdot (x^2 - 250x + 125^2 - 125^2) = -2 \cdot (x - 125)^2 + 31\,250$, also: Scheitelpunkt $S(125\|31\,250)$.
Die maximale Fläche, die der Schäfer umzäunen kann, ist dann $31\,250$ m² groß. Der Schäfer erreicht
diese maximale Fläche, wenn er den Zaun 125 m breit macht.

261 **4 Fußballstadion**

a)

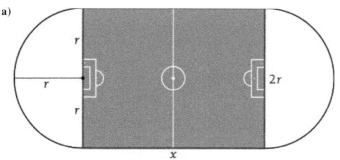

b) Funktionsgleichung des Flächeninhaltes des rechteckigen Spielfeldes:

$A(x) = x \cdot 2r$

c) Einschränkende Bedingungen:

Um den Flächeninhalt durch eine Funktion mit nur einer Variablen darzustellen, benötigen wir eine Nebenbedingung für r und x. Dabei hilft die Angabe, dass die Innenlaufbahn 400 m lang ist:

Länge + Länge + Kreisumfang = 400 m.

Also: $2x + 2r\pi = 400\text{m} \Rightarrow 2r = \frac{400}{\pi} - \frac{2}{\pi}x$

3.3.1   Bestimmen von Funktionsgleichungen

266 **1. a)** $f(x) = ax^2 + bx + c$ $f'(x) = 2ax + b$

    (I)   Punkt P: $f(-1) = 4 \Leftrightarrow a - b + c = 4$

    (II)   Punkt N: $f(3) = 0 \Leftrightarrow 9a + 3b + c = 0$

    (III)   Tangentensteigung bei N: $f'(3) = 2 \Leftrightarrow 6a + b \quad = 2$

    $f(x) = 0,75x^2 - 2,5x + 0,75$

b) $f(x) = ax^3 + bx^2 + cx + d$ $f'(x) = 3ax^2 + 2bx + c$

    (I)   Punkt T: $f(0) = -1 \Leftrightarrow \qquad\qquad d = -1$

    (II) T Tiefpunkt: $f'(0) = 0 \quad \Leftrightarrow \qquad c \quad = 0$

    (III)   Punkt P: $f(1) = 1 \quad \Leftrightarrow a + b + c + d = 1$

    (IV)   Tangentensteigung bei P: $f'(1) = 4,5 \Leftrightarrow 3a + 2b + c \quad = 4,5$

    $f(x) = 0,5x^3 + 1,5x^2 - 1$

c) $f(x) = ax^4 + bx^3 + cx^2 + dx + e$ $f'(x) = 4ax^3 + 3bx^2 + 2cx + d$ $f''(x) = 12ax^2 + 6bx + 2c$

    (I)   Punkt S: $f(0) = 0 \Leftrightarrow \qquad\qquad e = 0$

    (II) S Sattelpunkt: $f'(0) = 0 \Leftrightarrow \qquad\qquad d \quad = 0$

    (III) S Sattelpunkt: $f''(0) = 0 \Leftrightarrow \qquad c \quad = 0$

    (IV)   Punkt W: $f(3) = 3 \Leftrightarrow 81a + 27b + 9c + 3d + e = 3$

    (V) W Wendepunkt: $f''(3) = 0 \Leftrightarrow 108a + 18b + 2c \quad = 0$

    $f(x) = -\frac{1}{27}x^4 + \frac{2}{9}x^3$

2. a) $f(x) = ax^2 + bx + c \qquad f'(x) = 2ax + b$

(I) $\quad f(0) = 5 \qquad \Leftrightarrow \qquad\qquad\qquad c = 5$

(II) $\quad f(1) = 2 \qquad \Leftrightarrow \quad a + b + c = 2$

(III) $f'(1) = -4 \Leftrightarrow 2a + b \qquad = -4 \qquad f(x) = -x^2 - 2x + 5$

b) $f(x) = ax^2 + bx + c \qquad f'(x) = 2ax + b$

(I) $\quad f(-4) = -18 \Leftrightarrow 16a - 4b + c = -18$

(II) $\quad f(2) = 9 \qquad \Leftrightarrow \quad 4a + 2b + c = 9$

(III) $f'(2) = 0 \qquad \Leftrightarrow \quad 4a + \ b \qquad = 0 \qquad f(x) = -0{,}75x^2 + 3x + 6$

c) $f(x) = ax^2 + bx + c \qquad f'(x) = 2ax + b$

(I) $\quad f(2) = 0 \qquad \Leftrightarrow 4a + 2b + c = 0$

(II) $\quad f'(2) = 0 \qquad \Leftrightarrow 4a + \ b \qquad = 0$

(III) $f(-1) = 11{,}25 \Leftrightarrow \quad a - \ b + c = 11{,}25 \qquad f(x) = 1{,}25x^2 - 5x + 5$

d) $f(x) = ax^2 + bx + c \qquad f'(x) = 2ax + b$

(I) $\quad f'(3) = 0 \qquad \Leftrightarrow 6a + b \qquad = 0$

(II) $\quad f(1) = 4{,}5 \qquad \Leftrightarrow \quad a + b + c = 4{,}5$

(III) $f'(1) = 2 \qquad \Leftrightarrow 2a + b \qquad = 2 \qquad f(x) = -0{,}5x^2 + 3x + 2$

e) $f(x) = ax^2 + bx + c \qquad$ Symmetrie zur y-Achse $\rightarrow b = 0$

$f(x) = ax^2 + c \qquad f'(x) = 2ax$

(I) $\quad f(-4) = 2 \Leftrightarrow 16a + c = 2$

(II) $\quad f'(-4) = 1 \Leftrightarrow -8a \qquad = 1 \qquad f(x) = -\frac{1}{8}x^2 + 4$

f) $f(x) = ax^2 + bx + c \qquad f'(x) = 2ax + b \qquad g'(x) = 2x$

(I) wegen $g(1) = 1$: $\qquad f(1) = 1 \qquad \Leftrightarrow \quad a + \ b + c = 1$

(II) wegen $g(-2) = 4$: $f(-2) = 4 \qquad \Leftrightarrow \quad 4a - 2b + c = 4$

(III) wegen $g'(1) = 2$: $f'(1) = -\frac{1}{2} \Leftrightarrow 2a + \ b \qquad = -\frac{1}{2} \qquad f(x) = \frac{1}{6}x^2 - \frac{5}{6}x + \frac{5}{3}$

g) $f(x) = ax^3 + bx^2 + cx + d \qquad$ Symmetrie zum Ursprung $\rightarrow b = 0; \ d = 0$

$f(x) = ax^3 + cx \qquad f'(x) = 3ax^2 + c$

(I) $\quad f(2) = -4 \Leftrightarrow \quad 8a + 2c = -4$

(II) $f'(2) = 0 \qquad \Leftrightarrow 12a + \ c = 0 \qquad\qquad f(x) = 0{,}25x^3 - 3x$

h) $f(x) = ax^3 + bx^2 + cx + d \qquad f'(x) = 3ax^2 + 2bx + c \qquad f''(x) = 6ax + 2b$

(I) $\quad f(0) = 0 \qquad \Leftrightarrow \qquad\qquad\qquad d = 0$

(II) $\quad f'(2) = 0 \qquad \Leftrightarrow \quad 12a + 4b + c \quad = 0$

(III) $f''(4) = 0 \qquad \Leftrightarrow 24a + 2b \qquad = 0$

(IV) $f'(4) = -4 \Leftrightarrow 48a + 8b + c \quad = -4 \qquad f(x) = \frac{1}{3}x^3 - 4x^2 + 12x$

i) $f(x) = ax^3 + bx^2 + cx + d \qquad f'(x) = 3ax^2 + 2bx + c$

(I) $\quad f(0) = 7{,}2 \Leftrightarrow \qquad\qquad\qquad d = 7{,}2$

(II) $\quad f'(0) = 0 \qquad \Leftrightarrow \qquad\qquad c \quad = 0$

(III) $f(-2) = 0 \qquad \Leftrightarrow -8a + 4b - 2c + d = 0$

(IV) $\quad f(3) = 0 \qquad \Leftrightarrow 27a + 9b + 3c + d = 0 \qquad f(x) = 0{,}2x^3 - 1{,}4x^2 + 7{,}2$

266

j) $f(x) = ax^3 + bx^2 + cx + d$ $\quad f'(x) = 3ax^2 + 2bx + c$ $\quad f''(x) = 6ax + 2b$

(I) $\quad f(0) = 0 \Leftrightarrow \quad\quad\quad\quad\quad\quad\quad d = 0$

(II) $\quad f(1) = 2 \Leftrightarrow \quad a + \; b + c + d = 2$

(III) $\; f'(1) = 0 \Leftrightarrow \quad 3a + 2b + c \quad\quad = 0$

(IV) $f''(1) = 0 \Leftrightarrow \quad 6a + 2b \quad\quad\quad = 0$ $\quad f(x) = 2x^3 - 6x^2 + 6x$

k) $f(x) = ax^4 + bx^3 + cx^2 + dx + e$ $\quad$ Symmetrie zur y-Achse $\rightarrow b = 0; \, d = 0$

$f(x) = ax^4 + cx^2 + e$ $\quad f'(x) = 4ax^3 + 2cx$

(I) $\quad f(-2) = 0 \quad \Leftrightarrow \quad 16a + 4c + e = 0$

(II) $\quad\; f(1) = -3 \Leftrightarrow \quad a + \; c + e = -3$

(III) $\; f'(1) = -1 \Leftrightarrow \quad 4a + 2c \quad = -1$ $\quad f(x) = 0{,}5x^4 - 1{,}5x^2 - 2$

l) $f(x) = ax^3 + bx^2 + cx + d$ $\quad f'(x) = 3ax^2 + 2bx + c$

(I) $\quad\quad f(0) = 0 \quad \Leftrightarrow \quad\quad\quad\quad\quad\quad d = 0$

(II) $\;\; f(-3) = 0 \quad \Leftrightarrow \quad -27a + 9b - 3c + d = 0$

(III) $\;\; f'(3) = 0 \quad \Leftrightarrow \quad 27a + 6b + \; c \quad\quad = 0$

(IV) $\quad f(3) = -6 \Leftrightarrow \quad 27a + 9b + 3c + d = -6$ $\quad f(x) = \frac{1}{6}x^3 - \frac{1}{3}x^2 - \frac{5}{2}x$

m) $f(x) = ax^3 + bx^2 + cx + d$ $\quad f'(x) = 3ax^2 + 2bx + c$ $\quad f''(x) = 6ax + 2b$

(I) $\quad\quad\quad f(4) = 0 \quad \Leftrightarrow \quad 64a + 16b + 4c + d = 0$

(II) $\quad\quad f'(4) = 0 \quad \Leftrightarrow \quad 48a + \; 8b + \; c \quad\quad = 0$

(III) $\; f''\left(\frac{8}{3}\right) = 0 \quad \Leftrightarrow \quad 16a + \; 2b \quad\quad\quad = 0$

(IV) $\; f'\left(\frac{8}{3}\right) = -\frac{4}{3} \Leftrightarrow \quad \frac{64}{3}a + \frac{16}{3}b + \; c \quad\quad = -\frac{4}{3}$ $\quad f(x) = 0{,}25x^3 - 2x^2 + 4x$

n) $f(x) = ax^4 + bx^3 + cx^2 + dx + e$ $\quad f'(x) = 4ax^3 + 3bx^2 + 2cx + d$ $\quad f''(x) = 12ax^2 + 6bx + 2c$

(I) $\quad\; f(-1) = 0 \quad \Leftrightarrow \quad a - \quad b + \; c - \; d + e = 0$

(II) $\quad f'(-1) = 0 \quad \Leftrightarrow \quad -4a + \; 3b - 2c + \; d \quad\quad = 0$

(III) $\quad\; f'(2) = 0 \quad \Leftrightarrow \quad 32a + 12b + 4c + \; d \quad\quad = 0$

(IV) $\quad f''(2) = 0 \quad \Leftrightarrow \quad 48a + 12b + 2c \quad\quad\quad = 0$

(V) $\quad\; f(2) = 6{,}75 \Leftrightarrow \quad 16a + \; 8b + 4c + 2d + e = 6{,}75$ $\quad f(x) = 0{,}25x^4 - x^3 + 4x + 2{,}75$

267

3. Individuelle Lösungen

4. a) Achsenschnittpunkte: An der Stelle $x = 0$ beträgt der Funktionswert $f(x) = 1$. Folglich liegt der Schnittpunkt mit der y-Achse bei $S_y(0|1)$. Der Tabelle lässt sich zudem entnehmen, dass es mindestens zwei Nullstellen geben muss, da die Funktionswerte mit steigenden x-Werten von positiven Werten zu negativen Werten und wieder zurück zu positiven Werten gehen. Für die x-Werte der Nullstellen gilt $1 < x_{N_1} < 2$ bzw. $3 < x_{N_2} < 4$.

Es gibt einen Extrempunkt bei $x_E = 3$. Da die 1. Ableitung an dieser Stelle gleich null ist und die 2. Ableitung größer null, handelt es sich um einen Tiefpunkt $T(3|-5{,}75)$. Potenzielle Wendestellen liegen bei $x = 0$ und $x = 2$, da in diesen Stellen der Funktionswert der 2. Ableitung gleich null ist. Da es sich um eine Funktion 4. Grades handelt, ist bei der 3. Ableitung noch der Term x mit einem möglichen Faktor vorhanden. Für die Stelle $x = 0$ ist der Funktionswert der 3. Ableitung somit 0. Gleiches gilt für den Funktionswert der 1. Ableitung, der aus der Tabelle abgelesen werden kann. Hier liegt ein Sattelpunkt $S(0|1)$. Der Funktionswert der 3. Ableitung an der Stelle $x = 2$ ist ungleich null. Hier liegt ein Wendepunkt $W(2|-3)$.

b) $f(x) = 0{,}25x^4 - x^3 + 1$. Es sind verschiedene Lösungsansätze möglich, je nachdem welche Werte der Tabelle entnommen werden und welcher Funktionsansatz verwendet wird.

5. $f(x) = ae^{0,5x} + b \rightarrow f'(x) = 0,5ae^{0,5x}$

aus $P(0|3) \rightarrow f(0) = ae^0 + b = 3$ und $f'(0) = -2 \rightarrow 0,5ae^0 = -2 \Leftrightarrow a = -4 \rightarrow b = 7$

$f(x) = -4e^{0,5x} + 7$

6. $g(x) = b + a \cdot e^{-0,5ax}$; $g'(x) = -0,5a^2 \cdot e^{-0,5ax}$

   (I) Punkt $P(0|3)$: $3 = b + a \cdot e^{-0,5 \cdot a \cdot 0} = b + a$

  (II) Steigung von -2: $-2 = -0,5a^2 \cdot e^{-0,5a \cdot 0} = -0,5a^2 \Rightarrow a_1 = +2,\ a_2 = -2$

Einsetzen in (I) $3 = b + 2 \Rightarrow b_1 = 1$ bzw. $3 = b - 2 \Rightarrow b_2 = 5$

$g_1(x) = 1 + 2e^{-x}$ und $g_2(x) = 5 - 2 \cdot e^x$

7. $f'(x) = -ae^{-x+1} + b$ $p(x) = -x^2 + 3x \rightarrow p'(x) = -2x + 3$

Berührpunkt bei $x = 1$

$p(1) = 2 \Rightarrow p(1) = f(1) \Leftrightarrow 2 = ae^0 + b \Rightarrow b = 2 - a$

$p'(1) = f'(1) \Leftrightarrow 1 = -ae^0 + b \Rightarrow 1 = -a + (2-a) \Rightarrow a = 0,5; \quad b = 1,5$

$f(x) = 0,5 \cdot e^{-x+1} + 1,5x$

8. $P(\ln(4)|-0,5)$: $f(\ln(4)) = 4a + 0,25b - 3 = -0,5$

$Q(\ln(2)|-1)$: $f(\ln(2)) = 2a + 0,5b - 3 = -1 \Rightarrow a = 0,5; \quad b = 2$

$f(x) = 0,5 \cdot e^x + 2e^{-x} - 3$

9. $f'(x) = -2b \cdot \cos(2x)$

$P(\frac{\pi}{2}|2)$: $f(\frac{\pi}{2}) = a - b \cdot \sin(\pi) = a - 0 = 2 \Rightarrow a = 2$

$y = -x + 1 \rightarrow f'(\frac{\pi}{2}) = -1 \rightarrow -1 = -2b \cdot (-1) = 2b \Rightarrow -1 = 2b \Rightarrow b = -\frac{1}{2}$

$f(x) = 2 + \frac{1}{2} \cdot \sin(2x)$

10. $f(x) = ax^3 + bx^2 + cx + d \rightarrow f'(x) = 3ax^2 + 2bx + c$

$f'(-1) = 3a - 2b + c = 0$

$f'(2) = 12a + 4b + c = 0$

$f(1) = a + b + c + d = 2$

$f'(-2) = 12a - 4b + c = 2 \qquad a = \frac{1}{6},\ b = -\frac{1}{4},\ c = -1,\ d = \frac{37}{12}$

$f(x) = \frac{1}{6}x^3 - \frac{1}{4}x^2 - x + \frac{37}{12}$

11. $m_n = 0,5 \Rightarrow m_t = -\frac{1}{0,5} = -2$

$f'(x) - -2ae^{-2x}$

$f'(0) = -2 \Leftrightarrow -2a \cdot 1 = -2 \Leftrightarrow a = 1$

$f(0) = 2 \Leftrightarrow 1 \cdot 1 + b = 2 \Leftrightarrow b = 1$

$\Rightarrow f(x) = e^{-2x} + 1$

3.3.2   Optimierungsprobleme

274

1. Hauptbedingung: $O(a, h) = 2a^2 + 4ah$

Nebenbedingung: $\quad V = a^2 \cdot h \qquad \blacktriangleright V = 1$

$\qquad\qquad\qquad \Leftrightarrow \; 1 = a^2 \cdot h$

$\qquad\qquad\qquad \Leftrightarrow \; h = \frac{1}{a^2}$

Zielfunktion: $\quad O(a) = 2a^2 + 4a \cdot \frac{1}{a^2}$

$\qquad\qquad\qquad\; = 2a^2 + \frac{4}{a}$

$\qquad\qquad O'(a) = 4a - \frac{4}{a^2}; \quad O''(a) = 4 + \frac{8}{a^3}$

Notwendige Bedingung: $O'(a_E) = 0$

$\quad 4a_E - \frac{4}{a_E^2} = 0 \qquad \blacktriangleright a_E \neq 0$

$\Leftrightarrow \; 4a_E^3 - 4 = 0$

$\qquad \Leftrightarrow \; a_E^3 = 1 \; \Leftrightarrow \; a_E = 1$

Hinreichende Bedingung: $O'(a_E) = 0 \wedge O''(a_E) \neq 0$

$O'(1) = 0 \wedge O''(1) = 12 > 0 \rightarrow$ Minimum

$O(1) = 2 \cdot 1^2 + \frac{4}{1} = 6$

$h = \frac{1}{a^2} \Rightarrow h = 1$

Die Milchtüte mit dem geringsten Materialverbrauch hat die Form eines Würfels mit der Kantenlänge
1 dm = 10 cm.

2. a)

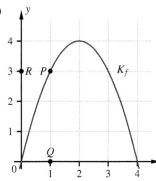

b) Hauptbedingung: $A = u \cdot f(u)$

Nebenbedingung: $f(u) = -u^2 + 4u$

Zielfunktion: $\quad A(u) = -u^3 + 4u^2$

$\qquad\qquad A'(u) = -3u^2 + 8u; \quad A''(u) = -6u + 8$

Notwendige Bedingung: $\qquad\qquad A'(u_E) = 0$

$\qquad\qquad\qquad\qquad\qquad -3u_E^2 + 8u_E = 0$

$\qquad\qquad\qquad\qquad \Leftrightarrow \; u_E(-3u_E + 8) = 0$

$\qquad\qquad\qquad\qquad\qquad \Leftrightarrow \; u_E = 0 \; \wedge \; u_E = \frac{8}{3}$

$u_E = 0$ kommt nicht in Frage, da das Rechteck sonst
entartet wäre.

Hinreichende Bedingung: $A''(u_E) < 0$

$A''(\frac{8}{3}) = -6 \cdot \frac{8}{3} + 8 = -8 < 0 \Rightarrow$ Maximum

$f(\frac{8}{3}) = \frac{32}{9}$

Für $P(\frac{8}{3} | \frac{32}{9})$ ist der Flächeninhalt von $OQPR$ maximal.

c) Hauptbedingung: $U = 2u + 2f(u)$

Nebenbedingung: $f(u) = -u^2 + 4u$

Zielfunktion: $U(u) = -2u^2 + 10u$

$\qquad\qquad\quad U'(u) = -4u + 10; \; U''(u) = -4$

Notwendige Bedingung: $U'(u_E) = 0$

$\qquad\qquad\qquad\qquad\quad -4u_E + 10 = 0$

$\qquad\qquad\qquad\qquad\qquad \Leftrightarrow u_E = 2,5$

Hinreichende Bedingung: $U''(u_E) < 0$

$U''(u_E) = -4 < 0 \Rightarrow$ Maximum

$f(2,5) = 3,75$

Für $P(2,5|3,75)$ ist der Umfang von $OQPR$ maximal.

274

3. a)

275

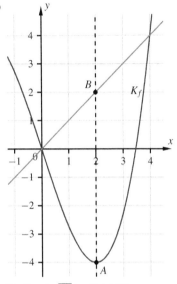

Die Strecke $\overline{AB}$ beträgt 6 LE.

b) Hauptbedingung für die Länge l der Strecke $\overline{AB}$: $l = g(u) - f(u)$

Nebenbedingungen: $f(u) = 0,25u(u^2 - 12)$; $g(u) = u$

Zielfunktion: $l(u) = -0,25u^3 + 4u$

$\qquad\qquad\quad l'(u) = -0,75u^2 + 4; \; l''(u) = -1,5u$

Notwendige Bedingung: $l'(u_E) = 0$

$\qquad\qquad -0,75u_E^2 + 4 = 0 \;\Leftrightarrow\; u_E^2 = \tfrac{16}{3} \;\Leftrightarrow\; u_E \approx \pm 2,31$

$\qquad\qquad$ Es kommt nur die positive Lösung in Frage.

Hinreichende Bedingung: $l''(u_E) \neq 0$

$\qquad\qquad\qquad l''(2,31) \approx -3,47 < 0 \Rightarrow$ Maximum

275   **4. a)**

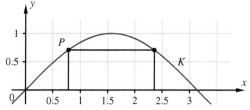

b) Hauptbedingung: $U = 2 \cdot (f(u) + (\pi - 2u))$ (für $u \in [0; \frac{\pi}{2}]$)

Nebenbedingung: $f(u) = \sin(u)$

Zielfunktion: $U(u) = 2\sin(u) + 2\pi - 4u$

$$U'(u) = 2\cos(u) - 4;\ U''(u) = -2\sin(u)$$

Notwendige Bedingung: $U'(u_E) = 0$

$$2\cos(u_E) - 4 = 0 \ \Leftrightarrow \ \cos(u_E) = 2 \text{ hat keine Lösung.}$$

Wenn wir die Randwerte bestimmen, erhalten wir $U(0) = 2\pi$ und $U(\frac{\pi}{2}) = 2$. Das Randmaximum liegt also bei $u = 0$, was aber einem entarteten Rechteck entspräche. Also gibt es kein Rechteck mit maximalem Umfang.

c) Hauptbedingung: $A = (\pi - 2u) \cdot f(u)$ (für $u \in [0; \frac{\pi}{2}]$)

Nebenbedingung: $f(u) = \sin(u)$

Zielfunktion: $A(u) = (\pi - 2u) \cdot \sin(u)$

Mithilfe eines digitalen mathematischen Werkzeugs ergibt sich $u_E \approx 0,71$ und damit der maximale Flächeninhalt von $A_{max} \approx 1,12$ [FE].

5. a) Hauptbedingung: $A(a,b,c) = a \cdot b \cdot c$

Nebenbedingungen: (I) $a = 60 - 2c$

                     (II) $b = 40 - 2c$

Zielfunktion: $\begin{aligned} A(c) &= (60 - 2c)(40 - 2c) \cdot c \\ &= (2400 - 200c + 4c^2) \cdot c \\ &= 4c^3 - 200c^2 + 2400c \end{aligned}$

Definitionsbereich: $D_A = [0; 20]$

b) Ableitungen: $A'(c) = 12c^2 - 400c + 2400$; $A''(c) = 24c - 400$

Extremstellen: $\begin{aligned} A'(c_E) = 0 \ &\Leftrightarrow \ c_E^2 - \tfrac{100}{3}c_E = -200 \\ &\Leftrightarrow \ (c_E - \tfrac{50}{3})^2 = \tfrac{700}{9} \\ &\Leftrightarrow \ c_E - \tfrac{50}{3} = -\tfrac{10\sqrt{7}}{3} \lor c_E - \tfrac{50}{3} = \tfrac{10\sqrt{7}}{3} \\ &\Leftrightarrow \ c_E = \tfrac{50 - 10\sqrt{7}}{3} \lor c_E = \tfrac{50 + 10\sqrt{7}}{3} \end{aligned}$ ▶ $\tfrac{50+10\sqrt{7}}{3} \approx 25,49 \notin D_A$

$$A'\left(\tfrac{50-10\sqrt{7}}{3}\right) = 0 \ \wedge \ A''\left(\tfrac{50-10\sqrt{7}}{3}\right) \approx -211,66 < 0$$

$$\Rightarrow \ \tfrac{50-10\sqrt{7}}{3} \approx 7,85 \text{ ist Maximalstelle.}$$

$$A\left(\tfrac{50-10\sqrt{7}}{3}\right) \approx 8450,45$$

Randwerte: $A(0) = 0$ und $A(20) = 0 \Rightarrow 8450,45$ ist das globale Maximum von A in D_A.

275

Übrige Größen:

$$a = 60 - 2c \quad |c \approx 7,85$$
$$\Rightarrow a \approx 44,3$$
$$b = 40 - 2c \quad |c \approx 7,85$$
$$\Rightarrow b \approx 24,3$$

Bei einer Länge von ca. 44,3 cm, einer Breite von ca. 24,3 cm und einer Höhe von ca. 7,85 cm wird das Fassungsvermögen der Kiste maximal und beträgt ca. 8450,45 cm³.

c) Bei $c = 0$ und $c = 20$, d.h. an den Rändern des Definitionsbereichs, hat die Zielfunktion jeweils eine Nullstelle. Für $c = 0$ ist die Höhe und damit auch das Volumen gleich 0. Für $c = 20$ ist die Breite und damit das Volumen gleich 0.

Bis zur Stelle $c = 7,85$ wachsen die Funktionswerte, d.h., mit zunehmender Höhe wird auch das Fassungsvermögen der Kiste größer.

In $H(7,85|8450,45)$ hat das Schaubild seinen Hochpunkt. Folglich wird bei einer Höhe von 7,85 cm das größte

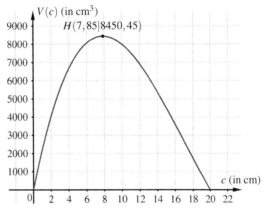

Fassungsvermögen erreicht. Es wird durch die y-Koordinate angegeben und beträgt also 8450,45 cm³.

Für $7,85 < c < 20$ fällt das Schaubild, d.h., mit zunehmender Höhe wird das Fassungsvermögen der Kiste kleiner.

6.

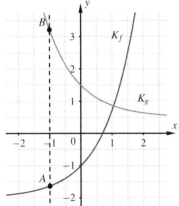

Hauptbedingung: $l = g(u) - f(u)$

Nebenbedingungen: $f(x) = e^x - 2;\ g(x) = e^{-x} + 0,5$

Zielfunktion: $l(u) = e^{-u} - e^u + 2,5$

$$l'(u) = -e^{-u} - e^u;\ l''(u) = e^{-u} - e^u$$

Notwendige Bedingung:
$$l'(u_E) = 0$$
$$-e^{-u_E} - e^{u_E} = 0$$
$$\Leftrightarrow\ -e^{u_E} \cdot (e^{-2u_E} + 1) = 0$$
$$\Rightarrow\ e^{-2u_E} = -1$$
$$\Rightarrow\ \text{keine Lösung}$$

Als Randwerte ergeben sich $l(1) = 0$ und $l(-1) \approx 4,85$. Das Maximum liegt also bei $u = -1$ am Rand des betrachteten Intervalls.

275

7. *Hinweis:* Fehler im 1. Druck der 1. Auflage! Die Geradengleichung lautet $y = -8$.

a)

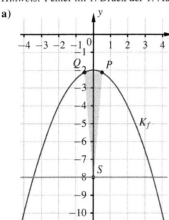

b) Hauptbedingung: $A = \frac{1}{2} \cdot g \cdot h$

Nebenbedingungen: $g = 2u$; $h = 8 + g(u)$

Zielfunktion: $A(u) = 8u + u \cdot (-0,5u^2 - 2) = -0,5u^3 + 6u$

$\qquad\qquad A'(u) = -1,5u^2 + 6; \; A''(u) = -3u$

Notwendige Bedingung: $\qquad A'(u_E) = 0$

$\qquad\qquad\qquad\qquad\qquad -1,5u_E^2 + 6 = 0 \Rightarrow u_E = 2$ die negative Lösung fällt im Sachzusammen-

$\qquad\qquad\qquad\qquad\qquad\qquad\qquad\qquad$ hang weg)

Hinreichende Bedingung: $A''(2) = -6 < 0 \Rightarrow$ Maximum (gleichzeitig Randmaximum)

$A(2) = 8$. Das größtmögliche Dreieck hat den Flächeninhalt 8 FE.

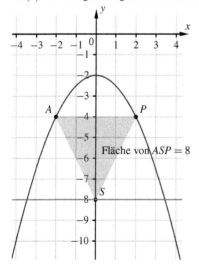

Fläche von $ASP = 8$

275

8. a)

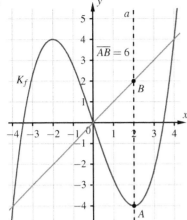

b) $l(u) = -0,25u^3 + 4u \rightarrow l'(u) = -0,75u^2 + 4$ und $l''(u) = -1,5u < 0$ für alle Werte für u, d. h., es existiert eine Maximalstelle.

$l'(u) = 0 \Rightarrow u = \pm 2,31 \rightarrow l''(2,31) < 0 \rightarrow$ Maximalstelle

$l''(-2,31) > 0$ wäre auch eine Maximalstelle.

9. $G(x) = E(x) - K(x) = -x^3 + 7x^2 - 4x - 12$

$G'(x) = -3x^2 + 14x - 4; \; G''(x) = -6x + 14$

$G'(x) = 0 \Leftrightarrow -3x^2 + 14x - 4 = 0 \Leftrightarrow x_1 \approx 4,36 \vee x_2 \approx 0,31$

$G''(4,36) < 0 \rightarrow H(4,36|20,75)$

Übungen zu 3.3

276

1. Ansatz: $f(x) = ax^3 + bx^2 + cx + d$

Ableitungen: $f'(x) = 3ax^2 + 2bx + c; \quad f''(x) = 6ax + b$

Gegeben:

$H(0|4) \Rightarrow f(0) = 4$ (I); $\quad f'(0) = 0$ (II)

Schnittpunkt x-Achse bei $x = 1 \Rightarrow f(1) = 0$ (III)

$C(-1|2) \Rightarrow f(-1) = 2$ (IV)

Lineares Gleichungssystem:

(I)				d	$=$	4
(II)			c		$=$	0
(III)	a	$+\; b$	$+\; c$	$+\; d$	$=$	0
(IV)	$-a$	$+\; b$	$-\; c$	$+\; d$	$=$	2

$\Rightarrow a = -1; b = -3; c = 0; d = 4; \quad f(x) = -x^3 - 3x^2 + 4$

2. a) Ansatz: $f(x) = ax^3 + bx^2 + cx + d$

Ableitungen: $f'(x) = 3ax^2 + 2bx + c; \; f''(x) = 6ax + b$

Gegeben:

Nullstellen $x_{N_1} = -2; x_{N_2} = 0; x_{N_3} = 2 \Rightarrow f(-2) = 0$ (I); $\quad f(0) = 0$ (II); $\quad f(2) = 0$ (III)

Steigung von -16 im Ursprung $\Rightarrow f'(0) = -16$ (IV)

276

$$\begin{aligned}
\text{(I)} \quad & -8a + 4b - 2c + d = 0 \\
\text{(II)} \quad & d = 0 \\
\text{(III)} \quad & 8a + 4b + 2c + d = 0 \\
\text{(IV)} \quad & c = -16
\end{aligned}$$

$\Rightarrow a = 4;\ b = 0;\ c = -16;\ d = 0;\quad f(x) = 4x^3 - 16x$

b) Punksymmetrie zu O

3. a) Das Schaubild der Funktion f ist achsensymmetrisch zur y-Achse und hat einen Hochpunkt und zwei Wendepunkte. Somit ist es keine lineare, quadratische oder kubische Funktion. Es handelt sich um eine Funktion 4. Grades.

b) Individuelle Lösungen je nach Wahl der Punkte und des Lösungsansatzes sind möglich:

$f(x) = x^4 - 6x^2 + 1$

4. $f(x) = ax^4 + bx^3 + cx^2 + dx + e$

Ableitungen: $f'(x) = 4ax^3 + 3bx^2 + 2cx + d$; $f''(x) = 12ax^2 + 6bx + 2c$

Gegeben:

symmetrisch zur y-Achse (I) $\Rightarrow$ nur gerade Exponenten;

$P(0|2) \Rightarrow f(0) = 2$ (II);

schneidet y-Achse in P rechtwinklig $\Rightarrow f'(0) = 0$ (III);

$W\left(\sqrt{\tfrac{4}{3}}\,\middle|\,-\tfrac{2}{9}\right) \Rightarrow f\left(\sqrt{\tfrac{4}{3}}\right) = -\tfrac{2}{9}$ (IV), $f''\left(\sqrt{\tfrac{4}{3}}\right) = 0$ (V)

Lineares Gleichungssystem:

$$\begin{aligned}
\text{(I)} \quad & b = 0; \quad && d = 0 \\
\text{(II)} \quad & && e = 2 \\
\text{(III)} \quad & && d = 0, \quad \text{da } b = 0 \text{ und } c = 0 \\
\text{(IV)} \quad & \tfrac{16}{9}a + \tfrac{4}{3}c && + e = -\tfrac{2}{9} \\
\text{(IV)} \quad & 16a + 2c && = 0
\end{aligned}$$

$\Rightarrow a = 0,25;\ b = 0;\ c = -2;\ d = 0;\ e = 2;\quad f(x) = 0,25x^4 - 2x^2 + 2$

5. $g(x) = ax + \sin(bx)$

Ableitungen: $g'(x) = a + b \cdot \cos(bx)$; $g''(x) = -b^2 \cdot \sin(bx)$

Gegeben: Steigung von $\pi + 1$ für $x = 0$ (I);

Wendepunkt bei $x = 1$ (II)

$$\begin{aligned}
\text{(I)} \quad & g'(0) = 1 + \pi && \Rightarrow && a + b = 1 + \pi \\
\text{(II)} \quad & g''(1) = 0 && \Rightarrow && -b^2 \cdot \sin(b) = 0
\end{aligned}$$

Aus (II) folgt $b = 0$ oder $\sin(b) = 0$ (Satz vom Nullprodukt). Da $b = 0$ keine sinnvolle Lösung ist, da sonst der Sinusterm ganz wegfallen würde bei $g(x)$, muss gelten $\sin(b) = 0$ und damit zum Beispiel $b = \pi$. Aus (I) folgt dann $a = 1$.

6. $f(x) = 2a \cdot e^{ax} - ax - b$

Ableitungen: $f'(x) = 2a^2 \cdot e^{ax} - a$

Gegeben: $T(0|-3) \Rightarrow f(0) = -3$ (I); $f'(0) = 0$ (II)

Lineares Gleichungssystem:

$$\begin{aligned}
\text{(I)} \quad & 2a - b = -3 \\
\text{(II)} \quad & 2a^2 - a = 0 \quad \Leftrightarrow \quad a^2 - \tfrac{1}{2}a = 0 \Rightarrow a = \tfrac{1}{2} \quad (a = 0 \text{ ist nicht zugelassen})
\end{aligned}$$

mit $a = \tfrac{1}{2}$ in (I) folgt $b = 4$

$\Rightarrow a = \tfrac{1}{2};\ b = 4$

7. Für $a \cdot \pi \cdot x$ wählen wir die Variable u. Für ein positives u gilt $\sin(u) = -1$ erstmalig für $u = \frac{3}{2} \cdot \pi$. Aus $u = a \cdot \pi \cdot x = \frac{3}{2} \cdot \pi$ und $x = 1$ folgt $a = \frac{3}{2}$. Daher liegt bei $a = \frac{3}{2}$ die kleinste positive Nullstelle.

8. a)

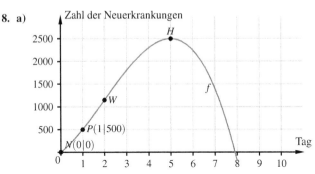

b) Zahl der Neuerkrankungen: $f(x) = ax^3 + bx^2 + cx + d$ ▶ $x = $ Tag

$f'(x) = 3ax^2 + 2bx + c; \quad f''(x) = 6ax + 2b$

(I) $f(1) = 500 \Leftrightarrow \quad a + \quad b + c + d = 500$

(II) $f(0) = 0 \quad \Leftrightarrow \quad\quad\quad\quad\quad\quad d = 0$

(III) $f''(2) = 0 \Leftrightarrow 12a + \;2b \quad\quad\quad = 0$

(IV) $f'(5) = 0 \Leftrightarrow 75a + 10b + c \quad\quad = 0 \quad \Rightarrow f(x) = -25x^3 + 150x^2 + 375x$

c) $f'(x) = -75x^2 + 300x + 375; \quad f''(x) = -150x + 300; \quad f'''(x) = -150$

$f(1) = 500 \rightarrow$ am 1. Tag 500 Neuerkrankungen

$f(0) = 0 \rightarrow$ am Tag zuvor keine Meldung von Krankheitsfällen

$f''(2) = 0 \wedge f'''(2) < 0 \rightarrow$ L-R-Wendestelle, d. h., am 2. Tag größter Anstieg der Neuerkrankungen

$f'(5) = 0 \wedge f''(5) < 0 \rightarrow$ Maximalstelle, d. h., am 5. Tag die meisten Neuerkrankungen

d) $f(5) = 2\,500$. Die Höchstzahl der Neuerkrankungen an einem Tag betrug $2\,500$.

e) $f'(2) = 675$. Die maximale Zunahme der Neuerkrankungen an einem Tag betrug 675 pro Tag.

f) $f(x_N) = 0 \Leftrightarrow -25x_N(x_N^2 - 6x_N - 15) = 0$

$x_{N_1} = 3 - \sqrt{24} \approx -1,90; \; x_{N_2} = 0; \; x_{N_3} = 3 + \sqrt{24} \approx 7,90$

Vom 8. Tag an war nicht mehr mit Neuerkrankungen zu rechnen.

9. *Hinweis:* Fehler im 1. Druck der 1. Auflage! Die Funktionsgleichung lautet $f(x) = -2x^2 + 6,125$.

$U(u) = 2 \cdot 2u + 2 \cdot f(u) = -4u^2 + 4u + 12,25$

$\Rightarrow U'(u) = -8u + 4 \Rightarrow U''(u) = -8 < 0 \rightarrow$ Maximalstelle

$U(u)' = 0 \Rightarrow u = 0,5 \rightarrow U(0,5) = 13,25$ LE

Randwerte: $U(0) = 12,25$

$ U(\sqrt{2}) = 9,91$ LE

276

10. a)

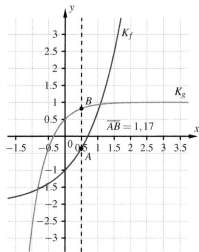

b) $l(u) = g(u) - f(u) = -\frac{1}{2}e^{-2u} - e^u + 3;$

$l'(u) = e^{-2u} - e^u$

$l'(u) = 0 \Leftrightarrow e^u \cdot (e^{-3u} - 1) = 0 \Leftrightarrow (e^{-3u} - 1) = 0$

$\Leftrightarrow e^{-3u} = +1 > 0 \quad | \ln$

$\leftrightarrow u = 0$

$l(0) = g(0) - f(0) = 1,5$

Randmaximum existiert nicht.

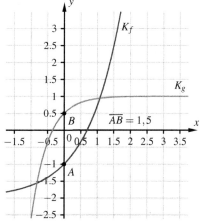

c) Rechnung siehe b), aber: Randwerte

$l(-1) = f(-1) - g(-1) = 1,06$

$l(2) = f(2) - g(2) = 4,4$ ist Randmaximum

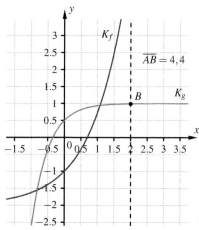

277

11. Hauptbedingung: $U(a) = 2 \cdot a + 2 \cdot f(a)$

Nebenbedingungen: $a = x$; $\quad f(a) = f(x)$; $\quad f(x) = 1 + \cos(x)$

Zielfunktion: $U(a) = 2a + 2(1 + \cos(a)) = 2a + 2 + 2\cos(a)$

$0 \leq a \leq 1{,}6$; $f(a) \geq 0$, da die Seitenlängen eines Rechtecks nicht negativ sein können bzw. Vorgabe der Aufgabe.

$U'(a) = 2 - 2\sin(a)$; $\quad U''(a) = -2\cos(a)$

Extremstellen: $U'(a_E) = 0 \Rightarrow a_E = \frac{1}{2}\pi$

$\qquad\qquad U''(\frac{1}{2}\pi) = 0$

Da zudem $U'''(a) = 2\sin(a)$ zeigt, dass $U'''(\frac{1}{2}\pi) \neq 0$ ist, liegt bei a_E eine Sattelstelle vor. Es gibt also kein lokales Maximum.

Randwerte: $U(0) = 4$; $U(1{,}6) \approx 7{,}2$. Der Umfang wird also für $a = 1{,}6$ maximal groß.

12. a) Hauptbedingung: $A(u,v) = u \cdot v$

Nebenbedingung: $v = f(u) = -\frac{1}{4}u^3 + \frac{27}{8}$

Zielfunktion: $A(u) = u \cdot \left(-\frac{1}{4}u^3 + \frac{27}{8}\right) = -\frac{1}{4}u^4 + \frac{27}{8}u$

$\qquad D_A = \left[0; \frac{3}{\sqrt[3]{2}}\right]$ ▶ $\frac{3}{\sqrt[3]{2}} \approx 2{,}38$ ist die Nullstelle von f

$\qquad A'(u) = -u^3 + \frac{27}{8}$; $\quad A''(u) = -3u^2$

Extremstellen: $A'(u_E) = 0 \Leftrightarrow u_E^3 = \frac{27}{8} \Leftrightarrow u_E = 1{,}5$

$\qquad\qquad A''(1{,}5) = -6{,}75 < 0 \to 1{,}5$ ist Maximalstelle. $\quad A(1{,}5) = \frac{243}{64} \approx 3{,}80$

Randwerte: $A(0) = 0$; $A\left(\frac{3}{\sqrt[3]{2}}\right) = 0$

Das globale Maximum von A in D_A liegt bei $H_A(1{,}5 \mid \approx 3{,}80)$.

$v = f(1{,}5) = \frac{81}{32} = 2{,}53125$

Der Flächeninhalt des Rechtecks wird maximal für $u = 1{,}5$ und $v = 2{,}53125$.

b) Der maximale Flächeninhalt beträgt ca. 3,80 FE.

c) Hauptbedingung: $l(u,v) = 2u + 2v$

Nebenbedingung: $v = f(u) = -\frac{1}{4}u^3 + \frac{27}{8}$

Zielfunktion: $l(u) = 2u + 2 \cdot \left(-\frac{1}{4}u^3 + \frac{27}{8}\right) = -\frac{1}{2}u^3 + 2u + \frac{27}{4}$

$\qquad D_l = \left[0; \frac{3}{\sqrt[3]{2}}\right]$

$\qquad l'(u) = -\frac{3}{2}u^2 + 2$; $\quad l''(u) = -3u$

Extremstellen: $l'(u_E) = 0 \Leftrightarrow u_E^2 = \frac{4}{3} \Leftrightarrow u_E = \frac{2}{\sqrt{3}}\ (\approx 1{,}15) \lor u_E = -\frac{2}{\sqrt{3}}\ (\notin D_l)$

$\qquad\qquad l''\left(\frac{2}{\sqrt{3}}\right) = \frac{6}{\sqrt{3}} < 0 \to \frac{2}{\sqrt{3}}$ ist Maximalstelle von l. $\quad l\left(\frac{2}{\sqrt{3}}\right) = \frac{8}{3\sqrt{3}} + \frac{27}{4} \approx 8{,}29$

Randwerte: $l(0) = 6{,}75$; $l\left(\frac{3}{\sqrt[3]{2}}\right) = \frac{6}{\sqrt[3]{2}} \approx 4{,}76$

Das globale Maximum von l in D_l liegt bei $H_l(\approx 1{,}15 \mid \approx 8{,}29)$.

$v = f\left(\frac{2}{\sqrt{3}}\right) - \frac{2}{3\sqrt{3}} + \frac{27}{8} \approx 2{,}99$

Der Umfang des Rechtecks wird maximal für $u \approx 1{,}15$ und $v \approx 2{,}99$.

Die Funktion l hat keine Minimalstelle in D_l. Folglich liegt das globale Minimum von l in D_l an der rechten Randstelle $\frac{3}{\sqrt[3]{2}} \approx 2{,}38$ und somit bei $R_l(\approx 2{,}38 \mid \approx 4{,}76)$.

$v = f\left(\frac{3}{\sqrt[3]{2}}\right) = 0$

Der Umfang des Rechtecks wird minimal für $u \approx 2{,}38$ und $v = 0$.

277

d) Der maximale Umfang beträgt ca. 8,29 LE, der minimale Umfang ca. 4,76 LE.

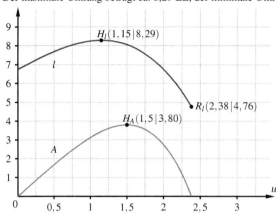

13. Es wird bei der Lösung davon ausgegangen, dass die Lage des
Dreiecks so ist, wie es in der rechten Skizze dargestellt ist.
$A(x) = \frac{x \cdot f(x)}{2} = -0,5x^3 + 2x^2$ $A'(x) = -1,5x^2 + 4x$
$A'(x_E) = 0 \Rightarrow x_{E_1} = 0$ (nicht sinnvoll)
$\Rightarrow x_{E_2} = \frac{8}{3}$ $A''\left(\frac{8}{3}\right) = -4 \,(< 0;\ \text{Maximum})$
Randwerte: $A(0) = A(4) = 0$
$f\left(\frac{8}{3}\right) = \frac{32}{9}$
Der maximale Flächeninhalt beträgt ca. 4,74 FE und wird bei
einer Länge der Katheten von $\frac{8}{3}$ LE und $3\frac{5}{9}$ LE erreicht.

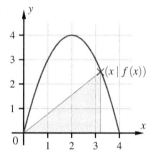

14. a) Hauptbedingung: $A(a, b) = a \cdot b$

Nebenbedingung: $\frac{\frac{a}{2}}{\frac{3}{2}} = \frac{4-b}{4}$ ▶ nach dem 2. Strahlensatz

$\Leftrightarrow\ a = \frac{3}{4} \cdot (4 - b)$

Zielfunktion: $A(b) = \frac{3}{4} \cdot (4 - b) \cdot b = -\frac{3}{4}b^2 + 3b$
Definitionsbereich: $D_A = [0;\, 4]$
Ableitungen: $A'(b) = -\frac{3}{2}b + 3$ $A''(b) = -\frac{3}{2}$
Extremstellen: $A'(b_E) = 0\ \Leftrightarrow\ b_E = 2$
$A'(2) = 0 \wedge A''(2) = -\frac{3}{2} < 0 \Rightarrow 2$ ist Maximalstelle.
$A(2) = 3\ \rightarrow H(2|3)$
Randwerte: $A(0) = 0;\ A(4) = 0$ **b)**
Also ist 3 globales Maximum von A in D_A.
Übrige Größen:
$a = \frac{3}{4} \cdot (4 - b)\ \mid b = 2$
$\rightarrow a = 1,5$

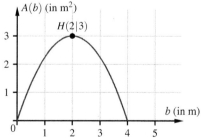

Wandfläche in m^2: $A_W = \frac{1}{2}g \cdot h = \frac{1}{2} \cdot 3 \cdot 4 = 6$
Schrankfläche in m^2: $A_S = 1,5 \cdot 2 = 3$
Verhältnis: $A_S : A_W = 1 : 2$

Bei einer Höhe von 2 m und einer Breite von 1,5 m wird die Schrankfläche maximal. Sie beträgt
3 m^2 und füllt damit 50 % der Wandfläche aus.

15. a)

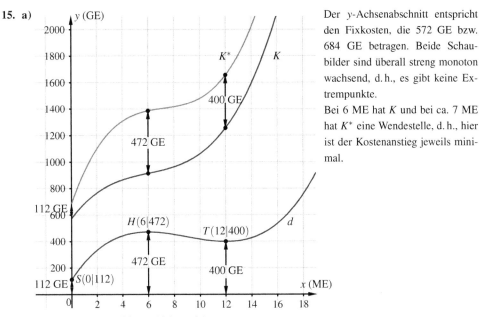

Der y-Achsenabschnitt entspricht den Fixkosten, die 572 GE bzw. 684 GE betragen. Beide Schaubilder sind überall streng monoton wachsend, d. h., es gibt keine Extrempunkte.

Bei 6 ME hat K und bei ca. 7 ME hat K^* eine Wendestelle, d. h., hier ist der Kostenanstieg jeweils minimal.

b) Hauptbedingung: $d(x) = K^*(x) - K(x)$

Nebenbedingungen: (I) $K(x) = x^3 - 18x^2 + 129x + 572$

$\quad\quad\quad\quad\quad\quad$ (II) $K^*(x) = \frac{5}{3}x^3 - 36x^2 + 273x + 684$

Zielfunktion: $d(x) = \frac{2}{3}x^3 - 18x^2 + 144x + 112$

Definitionsbereich: $D_d = [0;\ 15]$

Ableitungen: $d'(x) = 2x^2 - 36x + 144;\quad\quad d''(x) = 4x - 36$

Extremstellen: $d'(x_E) = 0 \;\Leftrightarrow\; x_E^2 - 18x_E = -72$

$\quad\quad\quad\quad\quad\quad \Leftrightarrow\; (x_E - 9)^2 = 9$

$\quad\quad\quad\quad\quad\quad \Leftrightarrow\; x_E - 9 = -3 \;\vee\; x_E - 9 = 3$

$\quad\quad\quad\quad\quad\quad \Leftrightarrow\; x_E = 6 \;\vee\; x_E = 12$

$\quad\quad d'(6) = 0 \;\wedge\; d''(6) = -12 < 0 \;\Rightarrow\; 6$ ist Maximalstelle.

$\quad\quad d(6) = 472 \;\rightarrow\; H(6|472)$

$\quad\quad d'(12) = 0 \;\wedge\; d''(12) = 12 > 0 \;\Rightarrow\; 12$ ist Minimalstelle.

$\quad\quad d(12) = 400 \;\rightarrow\; T(12|400)$

Randwerte: $d(0) = 112$ und $d(15) = 472$

Also ist 472 das globale Maximum von d in D_d. Es wird bei $x = 6$ und bei $x = 15$ (am rechten Rand von D_d) angenommen.

400 ist nur ein lokales Minimum, denn der absolut kleinste Wert von d liegt bei $x = 0$ (am linken Rand von D_d) vor. Er beträgt 112 GE.

Innerhalb des ökonomischen Definitionsbereichs ist der Kostenunterschied maximal bei den Ausbringungsmengen 6 ME und 15 ME. Er beträgt dort jeweils 472 GE. Mit 400 GE ist der Kostenunterschied bei der Ausbringungsmenge von 12 ME lokal minimal.

Der geringste Kostenunterschied liegt mit 112 GE bei der Ausbringungsmenge 0 ME vor.

Test zu 3.3

279

1. a) $f(x) = -\frac{1}{3}x^3(x-3)$

   b) $f(x) = 0,5 \cdot \sin(\pi \cdot x) + 1$

2. $f(x) = e^{-2x} + ax + b;$ $f'(x) = -2e^{-2x} + a$

Berührpunkt im Ursprung $\Rightarrow$ (I) $f(0) = 0$ und (II) $f'(0) = 0$

(I) $f(0) = 0 \Leftrightarrow 0 = 1 + b \Rightarrow b = -1$

(II) $f'(0) = 0 \Leftrightarrow 0 = -2 + a \Rightarrow a = 2$

$\Rightarrow f(x) = e^{-2x} + 2x - 1$

3. $f(x) = ax^5 + bx^3 + cx$ ▶ Punktsymmetrie zum Ursprung

$f'(x) = 5ax^4 + 3bx^2 + c;$ $f''(x) = 20ax^3 + 6bx$

Wendepunkt bei $(1 \mid 1) \Rightarrow f(1) = a + b + c = 1$ (I) und $f''(1) = 20a + 6b = 0$ (II)

Wendetangente: $f'(1) = 5a + 3b + c = -9$ (III)

Die Lösung des LGS mit drei Unbekannten liefert: $f(x) = \frac{15}{4}x^5 - \frac{25}{2}x^3 + \frac{39}{4}$

4. Hauptbedingung: $A(a,b) = a \cdot b$

Nebenbedingungen: (I) Für $b \neq 0$ gilt: $c \cdot \frac{b}{2} = (a-c) \cdot b \Leftrightarrow \frac{c}{2} = a - c \Leftrightarrow a = \frac{3c}{2}$

(II) $2a + 3b + c = 24 \Leftrightarrow b = 8 - \frac{c}{3} - \frac{2a}{3}$ | (I) einsetzen

$\Rightarrow b = 8 - \frac{c}{3} - c$

$\Leftrightarrow b = 8 - \frac{4c}{3}$

Zielfunktion: $A(c) = \frac{3c}{2} \cdot (8 - \frac{4}{3}c) = 12c - 2c^2$

Definitionsbereich: $D_A = [0; 6[$ ($c = 6$ muss ausgeschlossen werden, sonst wäre nach (II) $b = 0$, im Widerspruch zur Voraussetzung in (I).)

Ableitungen: $A'(c) = -4c + 12;$ $A''(c) = -4$

Extremstellen: $A'(c_E) = 0 \Leftrightarrow c_E = 3$

$A'(3) = 0 \wedge A''(3) = -4 < 0 \Rightarrow 3$ ist Maximalstelle.

$A(3) = 18$

Randwerte: $A(0) = 0$ und $A(c) \to 0$ für $c \to 6$.

Also ist 18 das globale Maximum von A in D_A.

Übrige Größen:

$a = \frac{3c}{2}$ $|c = 3$

$\Rightarrow a = 4,5$

$b = 8 - \frac{4c}{3}$ $|c = 3$

$\to b = 4$

Für $a = 4,5$ [m], $b = 4$ [m] und $c = 3$ [m] wird der Flächeninhalt der eingezäunten Fläche maximal und beträgt 18 m².

5. $f(x) = 2e^x - 3$; $g(x) = x$

Wir berechnen die Differenzfunktion: $d(x) = g(x) - f(x) = x - 2e^x + 3$

Ableitungen bilden: $d'(x) = 1 - 2e^x$; $d''(x) = -2e^x$

Extremum bestimmen:

$d'(x_E) = 0 \Leftrightarrow 1 - 2e^{x_E} = 0 \Rightarrow x_E = \ln(0,5)$

$d''(\ln(0,5)) = -1 \rightarrow$ Maximalstelle

$x_E = \ln(0,5) \approx -0,69$ liegt im angegebenen Intervall, der maximale Abstand beträgt somit $d(\ln(0,5)) \approx 1,31$.

6. Der Flächeninhalt eines Dreiecks beträgt $A = \frac{1}{2} \cdot g \cdot h$ mit den Variablen g für Grundseite und h für Höhe. Die Länge der Grundseite beträgt $g = 2u$, da das Dreieck symmetrisch zur y-Achse ist. Die Höhe berechnet sich als $h = 1 + f(u)$.

$A(u) = \frac{1}{2} \cdot 2u \cdot (0,5u^4 - 2u^2 + 3) = \frac{1}{2}u^5 - 2u^3 + 3u$.

$A'(u) = \frac{5}{2}u^4 - 6u^2 + 3$; $A''(u) = 10u^3 - 12u$

Extremstellen: $A'(u_E) = 0 \Rightarrow u_{E_1} = -1,3$; $u_{E_2} = -0,84$; $u_{E_3} = 0,84$; $u_{E_4} = 1,3$

$\qquad\qquad A''(-1,3) < 0 \Rightarrow$ Maximalstelle, aber nicht im Definitionsbereich

$\qquad\qquad A''(-0,84) > 0$

$\qquad\qquad A''(0,84) < 0 \Rightarrow 0,84$ ist Maximalstelle mit $A(0,84) \approx 1,54$.

$\qquad\qquad A''(1,3) > 0$

Randwerte: $A(0) = 0$; $A(\sqrt{2}) = \sqrt{2} \approx 1,41$

Das globale Maximum von A in D_A liegt bei $H_A(\approx 0,84 | \approx 1,54)$. Der Flächeninhalt des Dreiecks wird maximal für $u \approx 0,84$ und beträgt dann $\approx 1,54$ FE.

4   Integralrechnung

4.1   Einführung in die Integralrechnung

280

1 Reißfestigkeit

a) Die Größe der Fläche kann mithilfe der Kästchen geschätzt werden. Beim Zählen ergaben sich je nach Zähl- und Schätzweise ca. 200 Kästchen.
Das bedeutet, man erhält für die Fläche eine Maßzahl von $200 \cdot \frac{5}{600} \approx 1,67$ FE.

b) Durch Rechnung: Unterteilung in 3 Rechtecke und 3 Dreiecke:
3 Rechtecke: $0,85 \cdot 1 + 0,75 \cdot \frac{2}{3} + 0,5 \cdot \frac{1}{2} = \frac{8}{5} = 1,6$
3 Dreiecke: $\frac{1}{2} \cdot 0,1 \cdot 1 + \frac{1}{2} \cdot 0,1 \cdot \frac{2}{3} + \frac{1}{2} \cdot 0,25 \cdot 0,5 = \frac{7}{48} \approx 0,15$
Gesamtfläche: 1,75 FE

c) Individuelle Lösungen

2 Flächengrößen

a) Die Form, die grün ausgemalt wird, ist ein Trapez.
Die rote und die blaue Form zusammen ergeben eine Parabel. Einzeln kann die blaue Fläche als Dreieck aufgefasst werden. Die rote Fläche könnte als ein Teil eines Ovals aufgefasst werden. (Die Berechnung wäre hierbei jedoch sehr aufwendig.)

b) Es handelt sich um ein Trapez. Für den Flächeninhalt gilt:
$A_{\text{Trapez}} = \frac{a+c}{2} \cdot h$
Hier: $a \approx 11\,\text{m}$ $c \approx 3\,\text{m}$ $h = 2\,\text{m}$
$\Rightarrow A_{\text{Trapez}} \approx 14\,\text{m}^2$

c) Die blaue und die rote Fläche haben gekrümmte Seiten, die sie begrenzen. Wir kennen für solche Figuren keine Formel zur Berechnung.

d) Wir legen ein Quadrat über die Parabel, sodass die überstehenden Flächen oben etwa so groß sind wie die abgeschnittenen Flächen unten.
Mit $a \approx 2\,\text{m}$ $h \approx 0,5\,\text{m}$ $A \approx 1\,\text{m}^2$

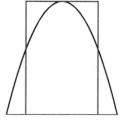

e) Individuelle Lösungen

281

3 Von der Geschwindigkeit zum Weg

a) Die vier Sektoren I – IV lassen sich mit den angegebenen Formeln berechnen:
- (annähernd) konstante Geschwindigkeit: Sektoren II und III

  Sektor II: $t = 1,5\,\text{min}$ $\bar{v} = 500\,\text{m/min}$ $\Rightarrow s = 750\,\text{m}$
  Sektor III: $t = 2\,\text{min}$ $\bar{v} = 800\,\text{m/min}$ $\Rightarrow s = 1600\,\text{m}$

- (annähernd) konstante Beschleunigung: Sektoren I und IV

  Sektor I: $t = 0,5\,\text{min}$ $v_{\text{end}} = 500\,\text{m/min}$ $\Rightarrow s = 125\,\text{m}$
  Sektor IV: $t = 0,25\,\text{min}$ $v_{\text{end}} = 500\,\text{m/min}$ $\Rightarrow s = 62,5\,\text{m}$

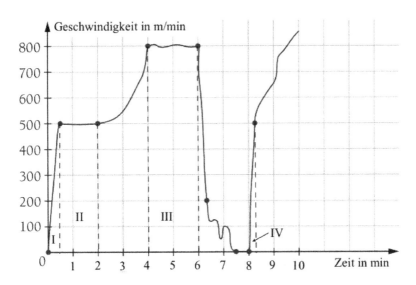

b) Die Sektoren II und III (konstante Geschwindigkeit) haben die Form eines Rechtecks. Die Seitenlängen des Rechtecks entsprechen den Angaben der Formel.

Die Sektoren I und IV (konstante Beschleunigung) haben die Form eines rechtwinkligen Dreiecks. Die Kathetenlängen entsprechen den Angaben der Formel.

c) Intervall [2; 4]:   2 min · 500 m/min + 150 m = 1150 m (Rechteck + ca 1,5 Kästchen (geschätzt))

Intervall [6; 7,5]:   200 m (ca. 2 Kästchen)

Intervall [8,25; 10]:   1,75 min· 500 m/min + $\frac{1}{2}$·1,75 min · 350 m/min = 875 m + 306,25 m $\approx$ 1200 m

4 Tafeldienst

$$f(x) = \mathbf{3x+4} \qquad\qquad f(x) = \sin(\mathbf{0,5x}) + 3$$
$$f'(x) = 3 \qquad\qquad\quad f'(x) = 0,5\cos(0,5x)$$
$$f(x) = 2\mathbf{cos(x)} \cdot (-1) \qquad f(x) = \mathbf{e}^{2x+3}$$
$$f'(x) = 2\sin(x) \qquad\qquad f'(x) = 2e^{2x+3}$$

4.1.1   Stammfunktionen und unbestimmte Integrale

1. Beispiele:

a) $F_1(x) = -1,5x^2 + 8x$; $F_2(x) = -1,5x^2 + 8x - 1$

b) $F_1(x) = 0,4x^5 - 0,5x^2$; $F_2(x) = 0,4x^5 - 0,5x^2 + 7$

c) $F_1(x) = \frac{1}{3}e^{3x}$; $F_2(x) = \frac{1}{3}e^{3x} + 6$

d) $F_1(x) = 3e^x$; $F_2(x) = 3e^x + 8$

e) $F_1(x) = \frac{1}{7}\sin(7x)$; $F_2(x) = \frac{1}{7}\sin(7x) + 1$

f) $F_1(x) = \frac{1}{2}\cos(-2x)$; $F_2(x) = \frac{1}{2}\cos(-2x) + 1$

286

2. a) $F(x) = \frac{1}{6}x^3 + x^2 + C$ ▶ Potenzregel, Faktorregel, Summenregel

b) $F(x) = x - x^4 + C$ ▶ Potenzregel, Faktorregel, Summenregel

c) $F(x) = 4x + C$ ▶ Potenzregel, Faktorregel

d) $F(x) = -\frac{1}{5}x^4 + 5x^2 + C$ ▶ Potenzregel, Faktorregel, Summenregel

e) $F(x) = -\frac{1}{5}x^5 - 2x^3 + 8x + C$ ▶ Potenzregel, Faktorregel, Summenregel

f) $F(x) = -\frac{1}{18}x^3 + 81x + C$ ▶ Potenzregel, Faktorregel, Summenregel

3. a) $\int (x + 5)dx = 0,5x^2 + 5x + C$

b) $\int 5x\,dx = 2,5x^2 + C$

c) $\int x^5\,dx = \frac{1}{6}x^6 + C$

d) $\int (2,7x^2 - 6x)dx = 0,9x^3 - 3x^2 + C$

e) $\int (3,5x - 4,8x^3)dx = 1,75x^2 - 1,2x^4 + C$

f) $\int (2,5x^4 - 12x^2 + 4)dx = 0,5x^5 - 4x^3 + 4x + C$

g) $\int (\frac{1}{8}x^3 - \frac{1}{2}x^2 - 6x)dx = \frac{1}{32}x^4 - \frac{1}{6}x^3 - 3x^2 + C$

h) $\int (1 - e^x)dx = x - e^x + C$

i) $\int 0,1e^{2x}dx = 0,05e^{2x} + C$

j) $\int (\cos(-6x) + 4)dx = -\frac{1}{6}\sin(-6x) + 4x + C$

k) $\int (-\sin(-2x) + 5x)dx = -\frac{1}{2}\cos(-2x) + \frac{5}{2}x^2 + C$

l) $\int (\cos(x) + \sin(x))dx = \sin(x) - \cos(x) + C$

m) $\int (-\cos(\frac{1}{3}x) + 2\sin(-\frac{1}{2}x) - 1)dx = -3\sin(\frac{1}{3}x) + 4\cos(-\frac{1}{2}x) - x + C$

n) $\int (e^{7x} + \sin(7x))dx = \frac{1}{7}e^{7x} - \frac{1}{7}\cos(7x) + C$

o) $\int (x^9 - \sin(x) + e^{-x})dx = \frac{1}{10}x^{10} + \cos(x) - e^{-x} + C$

4. a) $f(x) = 8x^3 + \frac{1}{2}x^1;\ F(x) = 2x^4 + \frac{1}{4}x^2$ **d)** $f(x) = -4\sin(\frac{1}{2}x);\ F(x) = 8 \cdot \cos(\frac{1}{2}x)$

b) $f(x) = 1e^{2x} + 4e;\ F(x) = \frac{1}{2}e^{2x} + 4ex$ **e)** mehrere Lösungen möglich

c) $f(x) = 9x^2 + 6x;\ F(x) = 3x^3 + 3x^2 + 3$ z.B. $f(x) = \frac{1}{\pi}\cos(\pi x);\ F(x) = \frac{1}{\pi^2}\sin(\pi x)$

5. Ist F eine Stammfunktion von f, so gilt $F'(x) = f(x)$. Da eine additive Konstante beim Ableiten 0 wird, kann man dem Funktionsterm $F(x)$ eine beliebige additive Konstante hinzufügen, ohne dass sich die Ableitung ändert, d. h., es gilt weiterhin $F'(x) = f(x)$. Also ist jede solche ergänzte Funktion Stammfunktion von f.

6. z.B.

$f(x) = 3x^2 - 4x + 8;$ $g(x) = -3x^2 + 4x - 6$

$\int (3x^2 - 4x + 8)dx + \int (-3x^2 + 4x - 6)dx = \int (3x^2 - 4x + 8 - 3x^2 + 4x - 6)dx = \int 2dx$

7. a) $3\int (x^3 + 2x^2 + x)dx$ **c)** $9\int (2x^3 + 9x)dx$ **e)** $4a\int (ax^2 + 4x)dx$

b) $7\int (2x^2 + 7x)dx$ **d)** $a\int (3x^3 + 2x)dx$ **f)** $3a\int (3x + 2)dx$

8. a) $F(x) = \frac{1}{3}x^3 - \pi x + C$

$F(0) = 0 \quad \Rightarrow F(x) = \frac{1}{3}x^3 - \pi x$

b) $F(x) = e^x - x + C$

$F(0) = 0 \quad \Rightarrow F(x) = e^x - x - 1$

286

c) $F(x) = 3e^x + C$

$F(0) = 0 \quad \Rightarrow F(x) = 3e^x - 3$

d) $F(x) = \frac{1}{9}e^{3x} + C$

$F(0) = 0 \quad \Rightarrow F(x) = \frac{1}{9} \cdot (e^{3x} - 1)$

e) $F(x) = -0,5\cos(2x) + e^{-x} + C$

$F(0) = 0 \quad \Rightarrow F(x) = -0,5\cos(2x) + e^{-x} - 0,5$

f) $F(x) = -0,5e^{-2x} + \sin(x) + x^2 + C$

$F(0) = 0 \quad \Rightarrow F(x) = -0,5e^{-2x} + \sin(x) + x^2 + 0,5$

9. $F(x) = 1,5x^2 - 5x + C$

$F(0) = 0 \quad \Rightarrow F(x) = 1,5x^2 - 5x$

Die Stammfunktion F ist eine nach oben geöffnete Parabel. Wir bestimmen den Scheitelpunkt S. Dieser liegt bei $S(\frac{5}{3} | -\frac{25}{6})$. Verschieben wir die Parabel also um mehr als $\frac{25}{6}$ nach oben, so liegt die Stammfunktion oberhalb der x-Achse.

z.B. $F(x) = 1,5x^2 - 5x + 10$

10. $\int f'(x)dx = \frac{1}{5}x^5 + \sin(x) + C$

$f(0) = 2 \quad \Rightarrow f(x) = \frac{1}{5}x^5 + \sin(x) + 2$

11. $\int f(x)dx = -\frac{1}{12}x^4 + ax + C$

$F(0) = 0 \quad \Rightarrow C = 0$

$F(-6) = 0 \Rightarrow a = -18$ und $F(x) = -\frac{1}{12}x^4 - 18x$

12. $f'(x) = 2x^3 + e^x + C$

$f'(1) = 2 \Rightarrow C = -e \quad \Rightarrow f'(x) = 2x^3 + e^x - e$

$f(x) = 0,5x^4 + e^x - e \cdot x + D$

$f(1) = 0 \Rightarrow D = -0,5 \quad \Rightarrow f(x) = 0,5x^4 + e^x - e \cdot x - 0,5$

4.1.2   Zusammenhang zwischen den Schaubildern von F und f

289

1. a) Wahr, da F an der Stelle -3 monoton fallend ist.

b) Wahr, da F bei $-4,1$ und $1,3$ Extremstellen hat und bei -1 eine Sattelstelle.

c) Falsch, da F drei Wendestellen hat und f somit drei Extremstellen.

d) Wahr, da F im Intervall $[-4,1; +1,3]$ monoton fallend ist und außerhalb monoton steigend.

2. (1) **a)** $F(x) = -\frac{1}{32}x^4 + \frac{1}{4}x^3$ **e)** $f(x) = -0,125x^3 + 0,75x^2$

    i) $f'(x) = -0,375x^2 + 1,5x$

 (2) **b)** $F(x) = -\frac{1}{40}x^5 + 0,25x^4 + \frac{1}{3}x^3 - 6x^2$ **f)** $f(x) = -0,125x^4 + x^3 + x^2 - 12x$

    g) $f'(x) = -0,5x^3 + 3x^2 + 2x - 12$

 (3) **c)** $F(x) = \frac{1}{16}x^4 - \frac{1}{6}x^3 - \frac{7}{8}x^2$ **d)** $f(x) = 0,25x^3 - 0,5x^2 - 1,75x$

    h) $f'(x) = 0,75x^2 - x - 1,75$

Die Extremstellen des Schaubilds von K_F sind die Nullstellen des Schaubilds von K_f. Die Extremstellen des Schaubilds von K_f sind die Nullstellen des Schaubilds von $K_{f'}$. Folglich gehören die Schaubilder a), e) und i), die Schaubilder b), f), g) und die Schaubilder c), d) und h) zusammen.

289

3. **a)**

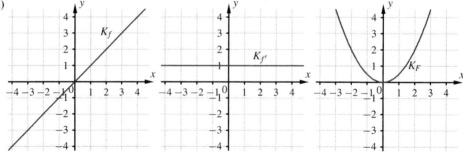

b)

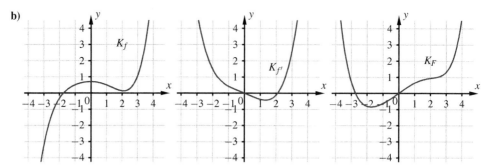

c)

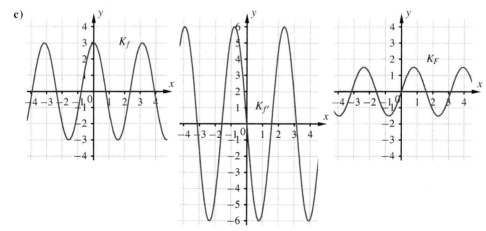

4.1.3 Flächeninhalt und bestimmtes Integral

1. a) Scheitelpunkt: x-Koordinate durch $f'(x) = 0$ bestimmen. $-2x + 4 = 0$, also $x = 2$ $S(2|4)$

293

b), c) siehe Skizze

d) $A \approx (1 \cdot 3 + 1 \cdot 4 + 1 \cdot 4 + 1 \cdot 3) - (1 \cdot 3 + 1 \cdot 3) = 10$

Die Fläche beträgt 10 FE.

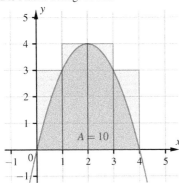

2. a)

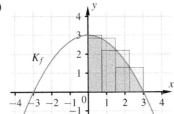

b) $n = 4$

$O_4 = \frac{3}{4}\left(f(0) + f\left(\frac{3}{4}\right) + f\left(\frac{3}{2}\right) + f\left(\frac{9}{4}\right)\right)$

$O_4 = \frac{3}{4}\left(3 + \frac{45}{16} + \frac{9}{4} + \frac{21}{16}\right)$

$O_4 = \frac{225}{32}$

$U_4 = \frac{225}{32} - 3 = \frac{129}{32}$

3. a)

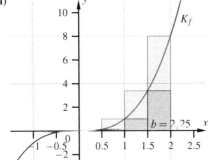

b) $O_4 = 0{,}5(f(0{,}5) + f(1) + f(1{,}5) + f(2)) = 6{,}25$

$U_4 = O_4 - 0{,}5 \cdot f(2) = 2{,}25$

293

c) $U_n = \frac{2}{n} \cdot (\frac{2}{n})^3 + \frac{2}{n} \cdot (\frac{4}{n})^3 + \cdots + \frac{2}{n} \cdot (\frac{2n-1}{n})$

$\quad = \frac{16}{n^4} + \frac{16}{n^4} \cdot 8 + \cdots + (n-1)^3 \cdot \frac{16}{n^4}$

$\quad = \frac{16}{n^4} \cdot (1 + 8 + 27 + \cdots + (n-1)^3)$

$U_n = \frac{16}{n^4} \cdot \frac{(n-1)^2 \cdot n^2}{4} = \frac{4(n^2 - 2n + 1)}{n^2}$

$\quad = 4 - \frac{8}{n} + \frac{4}{n^2}$

Für die Obersumme gilt dementsprechend:

$O_n = \frac{2}{n} \cdot (\frac{2}{n})^3 + \frac{2}{n} \cdot (\frac{4}{n})^3 + \cdots + \frac{2}{n} \cdot (\frac{2n}{n})^3$

$\quad = \frac{16}{n^4} + \frac{16}{n^4} \cdot 8 + \cdots + (n^3 \cdot \frac{16}{n^4})$

$\quad = \frac{16}{n^4} \cdot (1 + 8 + 27 + \cdots + n^3)$

$O_n = \frac{16}{n^4} \cdot \frac{(n+1)^2 \cdot n^2}{4} = \frac{4(n^2 + 2n + 1)}{n^2}$

$\quad = 4 + \frac{8}{n} + \frac{4}{n^2}$

Für $n \to \infty$ geht $4 - \frac{8}{n} + \frac{4}{n^2} \to 4$ und $4 + \frac{8}{n} + \frac{4}{n^2} \to 4$.

4. Es ist auch möglich, Trapeze statt Rechtecke zu wählen.

4.1.4 Zusammenhang zwischen Flächeninhalt und Stammfunktion

298

1. a) f: $A(x) = 0,5(1,5x \cdot x) = 0,75x^2$ h: $A(x) = 0,5(0,5x) \cdot x + 1x = 0,25x^2 + x$

$\quad g$: $A(x) = 2x$ i: $A(x) = 0,5(0,5x) \cdot x + 2x = 0,25x^2 + 2x$

b)

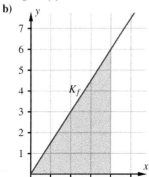

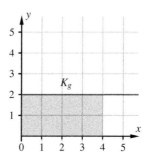

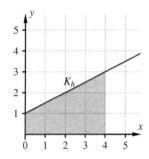

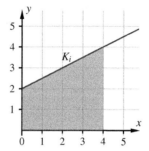

K_f: $A = 12$ FE K_g: $A = 8$ FE K_h: $A = 8$ FE K_i: $A = 12$ FE

2. a) $\int_0^4 (x^2+3)dx$ **b)** $\int_1^6 (t^3+2t)dt$ **c)** $\int_{-1}^1 (x^3+2t)dx$

298

3. Integral über $x^2 dx$ von 2 bis 5

4. a) $\left[\frac{1}{3}x^3 + x^2\right]_0^2 = \frac{20}{3}$ **d)** $5 \cdot \left[0,5x^2 - 2x\right]_3^4 = 7,5$ **g)** $\left[e^x + 2e^{-x}\right]_0^{\ln(4)} = 1,5$

b) $\left[\frac{1}{4}x^4 + \frac{7}{3}x^3\right]_0^5 = \frac{5375}{12}$ **e)** $3 \cdot \left[\frac{2}{3}x^3 + 0,5x^2\right]_2^4 = 130$ **h)** $\left[4\cos(\frac{1}{2}x)\right]_{-\pi}^{\pi} = 0$

c) $2 \cdot \left[\frac{1}{2}x^4 + \frac{5}{3}x^3\right]_0^3 = 342$ **f)** $\left[\frac{1}{4}x^4 + \frac{1}{2}x^2\right]_1^5 = 168$

5. a) $\left[\frac{1}{2}x^4 + \frac{4}{3}x^3\right]_1^7 = 1656$ **d)** $2 \cdot \left[\sin(x)\right]_0^{0,5\pi} = 2$

b) $\left[\frac{1}{5}x^5 + \frac{1}{4}x^4 + \frac{1}{2}x^2 + x\right]_0^4 = \frac{1404}{5}$ **e)** $\left[x^2 + e^x\right]_{\ln(2)}^{\ln(4)} = (\ln(4))^2 + 4 - ((\ln(2))^2 + 2) \approx 3,44$

c) $-13 \cdot \left[\frac{1}{2}e^{2x} + \frac{1}{2}x^2 + x\right]_0^1 \approx -61,03$

6. a)

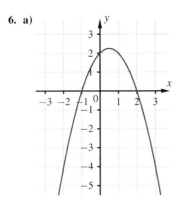

b)

$$\begin{aligned} A(x) &= \int_{-1}^0 (-x^2+x+2)dx + \int_0^2 (-x^2+x+2)dx \\ &= \left[-\frac{1}{3}x^3 + \frac{1}{2}x^2 + 2x\right]_{-1}^0 + \left[-\frac{1}{3}x^3 + \frac{1}{2}x^2 + 2x\right]_0^2 \\ &= \left(-\frac{1}{3} - \frac{1}{2} + 2\right) + \left(-\frac{1}{3} \cdot 8 + \frac{1}{2} \cdot 4 + 2 \cdot 2\right) \\ &= \frac{14}{3} \ [\text{FE}] \end{aligned}$$

7.

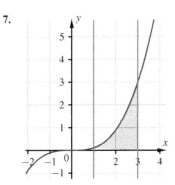

$$\begin{aligned} A(x) &= \int_1^3 \frac{1}{9}x^3 dx = \left[\frac{1}{36}x^4\right]_1^3 = \frac{81}{36} - \frac{1}{36} = \frac{80}{36} \\ &= \frac{20}{9} \ [\text{FE}] \end{aligned}$$

298

8. a) $A = \int\limits_{1}^{4} \frac{2}{3}x^2 dx$

$ = \left[\frac{2}{9}x^3\right]_{1}^{4} = 14$

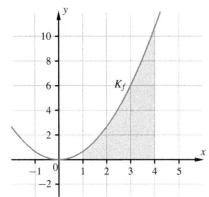

d) $A = \int\limits_{0}^{3} (2x^3 - 2x^2 + 4x + 4)dx$

$ = \left[\frac{1}{2}x^4 - \frac{2}{3}x^3 + 2x^2 + 4x\right]_{0}^{3} = 52,2$

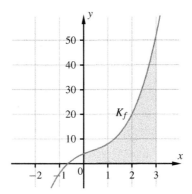

b) $A = \int\limits_{-3}^{3} (-x^2 + x + 20)dx$

$ = \left[-\frac{1}{3}x^3 + \frac{1}{2}x^2 + 20x\right]_{-3}^{3} = 102$

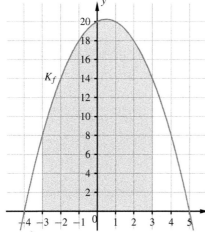

e) $A = \int\limits_{-2}^{-1} \left(\frac{1}{3}x^3 - 3x\right) dx$

$ = \left[\frac{1}{12}x^4 + \frac{3}{2}x^2\right]_{-2}^{-1} = 3,25$

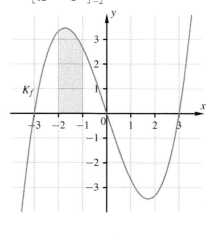

c) $A = \int\limits_{-1}^{2} (-2x^2 + 2x + 6)dx$

$ = \left[-\frac{2}{3}x^3 + x^2 + 6x\right]_{-1}^{2} = 15$

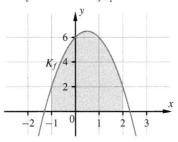

f) $A = \int\limits_{-1}^{3} e^x dx = [e^x]_{-1}^{3}$

$ = e^3 - e^{-1} \approx 19,72$

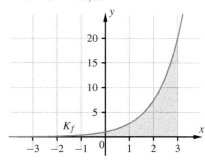

g) $A = \int\limits_{-2}^{1} e^{1,5x}dx = \left[\frac{1}{1,5}e^{1,5x}\right]_{-2}^{1}$

$= \frac{2}{3}\left(e^{1,5} - e^{-3}\right) \approx 2,95$

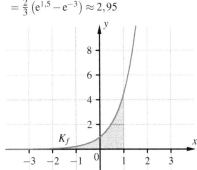

h) $A = \int\limits_{-2}^{2} e^{-0,75x}dx = \left[-\frac{1}{0,75}e^{-0,75x}\right]_{-2}^{2}$

$= -\frac{4}{3}\left(e^{-1,5} - e^{1,5}\right) \approx 5,68$

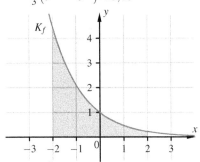

i) $2 \cdot [\sin(x)]_{0}^{\frac{\pi}{4}} \approx 1,41$

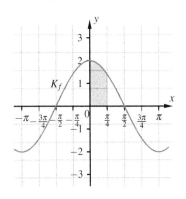

j) $2 \cdot [\sin(x)]_{0}^{1} \approx 1,68$

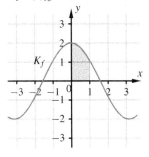

k) $[\sin(x) - \frac{1}{2}x^2]_{-2}^{0} \approx 2,91$

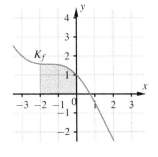

l) $[\frac{1}{9}\sin(3x)]_{-\frac{\pi}{6}}^{\frac{\pi}{6}} = \frac{2}{9}$

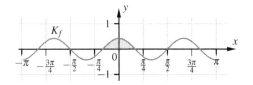

298

9. I: $f(x) = -x + 3$　　II: $g(x) = 1$　　III: $h(x) = 3x - 11$　　IV: $i(x) = -4x + 24$

　I $A = \left[-\frac{1}{2}x^2 + 3x\right]_0^2 = 4$　　　　　III $A = [1,5x^2 - 11x]_4^5 = 2,5$

　II $A = 2$　　　　　　　　　　　　　　IV $A = [-2x^2 + 24x]_5^6 = 2$

10. $\int\limits_0^{\ln(2)} 0,5e^{2x} = [0,25e^{2x}]_0^{\ln(2)} = 0,25e^{2\cdot\ln(2)} - 0,25e^{2\cdot0} = 0,75$

11. a)

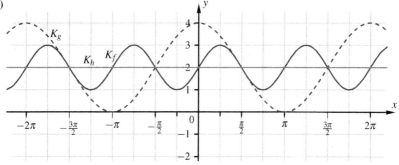

b) $\int\limits_0^\pi (\sin(2x) + 2)dx = [-0,5\cos(2x) + 2x]_0^\pi = 2\pi \approx 6,28$

　　$\int\limits_0^\pi (2\cos(x) + 2)dx = [2\sin(x) + 2x]_0^\pi = 2\pi \approx 6,28$

　　$\int\limits_0^\pi 2dx = [2x]_0^\pi = 2\pi \approx 6,28$

12. a) $x_N = \ln(3)$

　　b) $\int\limits_0^{\ln(3)} (3 - e^x)dx = [3x - e^x]_0^{\ln(3)} = 3\ln(3) - 3 - (-1) \approx 1,30$

13. a) $\begin{aligned} f(x) &= a(x - 3)(x - 5) \\ 8 &= a(1 - 3)(1 - 5) \\ &\Leftrightarrow 8 = a(-2)(-4) \Leftrightarrow a = 1 \\ f(x) &= x^2 - 8x + 15 \end{aligned}$

　c) $A = \left[\frac{1}{3}x^3 - 4x^2 + 15x\right]_0^3 = 9 - 36 + 45 = 18$

b)

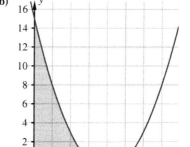

14. $34,5 = \left[\frac{m}{2}x^2 + 4x\right]_1^4 \Leftrightarrow 8m + 16 - 0,5m - 4 = 34,5 \Leftrightarrow m = 3$

299

15. $\frac{16}{3} = \left[\frac{1}{6}x^3 - 2x\right]_2^b \;\Leftrightarrow\; \frac{16}{3} = \frac{b^3}{6} - 2b - \frac{8}{6} + 4 \;\Leftrightarrow\; b^3 - 12b - 16 = 0$

$b = 4$ ▶ durch Ausprobieren

Polynomdivision liefert Restpolynom $b^2 + 4b + 4 = 0$. Also liegt eine weitere doppelte Nullstelle bei $b = -2$.

16. Individuelle Lösungen

17. Bei einem unbestimmten Integral sind keine Integrationsgrenzen vorhanden. Das unbestimmte Integral ist die Menge aller Stammfunktionen. Bei einem bestimmten Integral sind Integrationsgrenzen vorhanden. Das bestimmte Integral lässt sich daher berechnen. Es erhält als Lösung einen Zahlenwert.

Übungen zu 4.1

300

1. a) $F(x) = \frac{1}{6}x^3 + 1,5x^2 + C$ **c)** $F(x) = \frac{1}{12}x^4 + \frac{2}{3}x^3 + 2,5x^2 + 6x + C$

   b) $F(x) = e^x + C$ **d)** $F(x) = \frac{1}{2}x^4 + \frac{1}{12}x^3 + \pi x + C$

2. *Hinweis:* Fehler im 1. Druck! Die Funktionsgleichung in Teilaufgabe c) soll lauten:

$f(x) = 0,5x^3 - 3x^2 + 4x$

   a) K_F ist monoton steigend im Intervall $[0; 2]$ sowie für alle $x \geq 4$, sonst monoton fallend.

     Die Extremstellen von K_F sind 0, 2 und 4.

     Die Wendestellen von K_F sind 0,8 und 3,1.

   b), d)

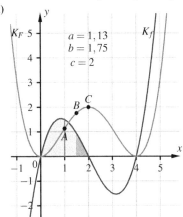

   c) $\int_0^1 (0,5x^3 - 3x^2 + 4x)dx = [0,125x^4 - x^3 + 2x^2]_0^1 = 1,125 \approx 1,13$

     $\int_0^{1,5} (0,5x^3 - 3x^2 + 4x)dx = [0,125x^4 - x^3 + 2x^2]_0^{1,5} \approx 1,76$

     $\int_0^2 (0,5x^3 - 3x^2 + 4x)dx = [0,125x^4 - x^3 + 2x^2]_0^2 = 2$

3. Die Extremstellen des Schaubilds von K_f sind die Nullstellen des Schaubilds von $K_{f'}$. Die Extremstellen des Schaubilds von K_F sind die Nullstellen des Schaubilds von K_f. Folglich gehört das Schaubild K_3 zur Ableitungsfunktion f', das Schaubild K_2 zur Funktion f und das Schaubild K_4 zur Stammfunktion F. Das Schaubild K_1 gehört zur Funktion g. Die Nullstelle liegt bei ungefähr $-0,6$. Es gibt bei den anderen Schaubildern kein Extremum an dieser Stelle. Auch hat das Schaubild zur Funktion g keine Extremstellen, die bei einer abgeleiteten Funktion Nullstellen werden könnten.

300

4. a) Das Schaubild der Funktion f ist eine nach unten verschobene und gestreckte Kosinusfunktion. Sie hat – da sie nicht entlang der x-Achse verschoben ist – einen Hochpunkt auf der y-Achse. Also muss das Schaubild von F einen Wendepunkt auf der y-Achse haben. Damit kann K_2 nicht das Schaubild sein. K_1 ist das Schaubild einer Stammfunktion.

b) Wir leiten die Funktion F ab: $F'(x) = 2\pi \cos(\pi x) - 0,5$. $F'(x) \neq f(x)$. Somit ist F keine Stammfunktion von f.

5. a)

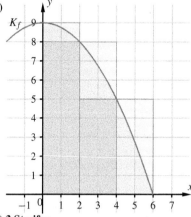 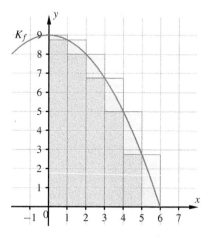

b) 3 Streifen

Obersumme: $O_3 = 2 \cdot f(0) + 2 \cdot f(2) + 2 \cdot f(4) = 2 \cdot (9 + 8 + 5) = 44$

Untersumme: $U_3 = 2 \cdot f(2) + 2 \cdot f(4) + 2 \cdot f(6) = 2 \cdot (8 + 5 + 0) = 26$

$\rightarrow 26 < A < 44$

6 Streifen

Obersumme: $O_6 = 1 \cdot f(0) + 1 \cdot f(1) + 1 \cdot f(2) + 1 \cdot f(3) + 1 \cdot f(4) + 1 \cdot f(5)$
$= 9 + 8,75 + 8 + 6,75 + 5 + 2,75 = 40,25$

Untersumme: $U_6 = 1 \cdot f(1) + 1 \cdot f(2) + 1 \cdot f(3) + 1 \cdot f(4) + 1 \cdot f(5) + 1 \cdot f(6)$
$= 8,75 + 8 + 6,75 + 5 + 2,75 + 0 = 31,25$

$\rightarrow 31,25 < A < 40,25$

Durch Halbierung der Streifenbreite konnte das Intervall, in dem der gesuchte Flächeninhalt A liegt, halbiert werden.

c) $O_n = \frac{6}{n} \cdot f\left(0 \cdot \frac{6}{n}\right) + \frac{6}{n} \cdot f\left(1 \cdot \frac{6}{n}\right) + \ldots + \frac{6}{n} \cdot f\left((n-1) \cdot \frac{6}{n}\right)$

$= \frac{6}{n}\left[9 - 0,25 \cdot 0^2 \cdot \left(\frac{6}{n}\right)^2 + 9 - 0,25 \cdot 1^2 \cdot \left(\frac{6}{n}\right)^2 + \ldots + 9 - 0,25 \cdot (n-1)^2 \cdot \left(\frac{6}{n}\right)^2\right]$

$= \frac{6}{n}\left[9n - 0,25 \cdot \left(\frac{6}{n}\right)^2 \cdot \left(0^2 + 1^2 + \ldots + (n-1)^2\right)\right]$

$= \frac{6}{n}\left[9n - 0,25 \cdot \left(\frac{6}{n}\right)^2 \cdot \frac{1}{6} \cdot (n-1) \cdot n \cdot (2(n-1)+1)\right]$

$= 54 - 0,25 \cdot \left(\frac{6}{n}\right)^3 \cdot \frac{1}{6} \cdot (n-1) \cdot n \cdot (2n-1)$

$= 54 - \frac{9}{n^3} \cdot (2n^3 - 3n^2 + n) = 54 - \left(18 - \frac{27}{n} + \frac{9}{n^2}\right) = 36 + \frac{27}{n} - \frac{9}{n^2}$

$$U_n = \frac{6}{n} \cdot f\left(1 \cdot \frac{6}{n}\right) + \frac{6}{n} \cdot f\left(2 \cdot \frac{6}{n}\right) + \ldots + \frac{6}{n} \cdot f\left(n \cdot \frac{6}{n}\right)$$

$$= \frac{6}{n}\left[9 - 0{,}25 \cdot 1^2 \cdot \left(\frac{6}{n}\right)^2 + 9 - 0{,}25 \cdot 2^2 \cdot \left(\frac{6}{n}\right)^2 + \ldots + 9 - 0{,}25 \cdot n^2 \cdot \left(\frac{6}{n}\right)^2\right]$$

$$= \frac{6}{n}\left[9n - 0{,}25 \cdot \left(\frac{6}{n}\right)^2 \cdot (1^2 + 2^2 + \ldots + n^2)\right]$$

$$= \frac{6}{n}\left[9n - 0{,}25 \cdot \left(\frac{6}{n}\right)^2 \cdot \frac{1}{6} \cdot n \cdot (n+1) \cdot (2n+1)\right]$$

$$= 54 - 0{,}25 \cdot \left(\frac{6}{n}\right)^3 \cdot \frac{1}{6} \cdot n \cdot (n+1) \cdot (2n+1)$$

$$= 54 - \frac{9}{n^3} \cdot (2n^3 + 3n^2 + n) = 54 - \left(18 + \frac{27}{n} + \frac{9}{n^2}\right) = 36 - \frac{27}{n} - \frac{9}{n^2}$$

$$\lim_{n \to \infty} O_n = \lim_{n \to \infty}\left(36 + \frac{27}{n} - \frac{9}{n^2}\right) = 36 \qquad \lim_{n \to \infty} U_n = \lim_{n \to \infty}\left(36 - \frac{27}{n} - \frac{9}{n^2}\right) = 36$$

6. a)
$$24 \cdot \int_{-2}^{2} (x^4 - 3x^2 + 2)\,dx = 24 \cdot \left[\tfrac{1}{5}x^5 - x^3 + 2x\right]_{-2}^{2}$$

$$= 24 \cdot \left(\tfrac{32}{5} - 8 + 4 - \left(-\tfrac{32}{5} + 8 - 4\right)\right)$$

$$= 48 \cdot \left(\tfrac{32}{5} - 4\right) = 115{,}2$$

b) $\int_{-\pi}^{\pi} (3x^2 + \cos(x))\,dx = [x^3 + \sin(x)]_{-\pi}^{\pi} = \pi^3 - (-\pi)^3 = 2\pi^3$

c) $\int_0^1 (ex - e^{-x})\,dx = [\tfrac{e}{2}x^2 + e^{-x}]_0^1 = \tfrac{e}{2} + e^{-1} - 1 \approx 0{,}73$

d) $[-\cos(2x) - \tfrac{1}{3}\sin(3x)]_0^{\frac{\pi}{2}} = 1 + \tfrac{1}{3} - (-1 - 0) = \tfrac{7}{3}$

7. a) $f(x_N) = 0 \Leftrightarrow x_N(4 - x_N) = 0$
$$\Leftrightarrow x_N = 0 \lor x_N = 4$$

$$A = \int_0^4 (4x - x^2)\,dx$$

$$= \left[2x^2 - \tfrac{1}{3}x^3\right]_0^4 \approx 10{,}67$$

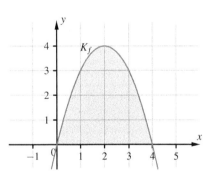

b) $f(x_N) = 0 \Leftrightarrow x_N^2(-x_N + 2) = 0$
$$\Leftrightarrow x_N = 0 \lor x_N = 2$$

$$A = \int_0^2 (-x^3 + 2x^2)\,dx$$

$$= \left[-\tfrac{1}{4}x^4 + \tfrac{2}{3}x^3\right]_0^2 = \tfrac{4}{3} \approx 1{,}33$$

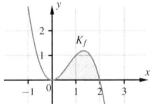

300

c) $f(x_N) = 0 \iff \frac{3}{2}x_N(x_N - 2)^2 = 0$

$\iff x_N = 0 \vee x_N = 2$

$A = \int\limits_0^2 \left(\frac{3}{2}x^3 - 6x^2 + 6x\right) dx$

$= \left[\frac{3}{8}x^4 - 2x^3 + 3x^2\right]_0^2 = 2$

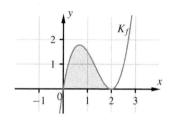

d) $f(x_N) = 0 \iff \frac{1}{3}x_N^2(x_N - 3)^2 = 0$

$\iff x_N = 0 \vee x_N = 3$

$A = \int\limits_0^3 \left(\frac{1}{3}x^4 - 2x^3 + 3x^2\right) dx$

$= \left[\frac{1}{15}x^5 - \frac{1}{2}x^4 + x^3\right]_0^3 = 2{,}7$

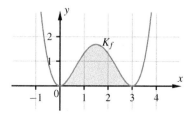

301

8. a) Für das Schaubild von g gilt: Zeichnet man eine Parallele zur x-Achse durch $S_y(0|1)$, so zerfällt die zu bestimmende Fläche A_2 in ein Rechteck mit dem Flächeninhalt $4\,\text{LE} \cdot 1\,\text{LE} = 4\,\text{FE}$ und ein krummlinig begrenztes Flächenstück, das dieselbe Größe hat wie die von der x-Achse und dem Schaubild von f umschlossene Fläche A_1. A_2 ist also um 4 FE größer als A_1.

Für das Schaubild von h gilt: Zeichnet man eine Parallele zur x-Achse durch $S_y(0|3)$, so zerfällt die zu bestimmende Fläche A_3 in ein Rechteck mit dem Flächeninhalt $4\,\text{LE} \cdot 3\,\text{LE} = 12\,\text{FE}$ und ein krummlinig begrenztes Flächenstück, das dieselbe Größe hat wie die von der x-Achse und dem Schaubild von f umschlossene Fläche A_1. A_3 ist also um 12 FE größer als A_1.

b) Schaubild von f: $A_1 = \int\limits_0^4 \left(-0{,}25x^3 + x^2\right) dx = \left[-\frac{1}{16}x^4 + \frac{1}{3}x^3\right]_0^4 = \frac{16}{3} \approx 5{,}33$

Schaubild von g: $A_2 = \int\limits_0^4 \left(-0{,}25x^3 + x^2 + 1\right) dx = \left[-\frac{1}{16}x^4 + \frac{1}{3}x^3 + x\right]_0^4 = \frac{28}{3} \approx 9{,}33$ oder

$A_2 = \int\limits_0^4 \left(-0{,}25x^3 + x^2\right) dx + \int\limits_0^4 1\,dx = \frac{16}{3} + 4 = \frac{28}{3} \approx 9{,}33$

Schaubild von h: $A_3 = \int\limits_0^4 \left(-0{,}25x^3 + x^2 + 3\right) dx = \left[-\frac{1}{16}x^4 + \frac{1}{3}x^3 + 3x\right]_0^4 = \frac{52}{3} \approx 17{,}33$ oder

$A_3 = \int\limits_0^4 \left(-0{,}25x^3 + x^2\right) dx + \int\limits_0^4 3\,dx = \frac{16}{3} + 12 = \frac{52}{3} \approx 17{,}33$

9. a) $N(1|0)$ und $S_y(0|3{,}10)$

b) $\int\limits_0^1 f(x)dx = \int_0^1 (-\frac{1}{2}e^{2x} + \frac{1}{2}e^2)dx = [-\frac{1}{4}e^{2x} + \frac{1}{2}e^2 x]_0^1 \approx 2{,}10$

10. a) $f(x) = 0,8x^3 - 8x^2 + 20x$

Nullstellen: $x_N = 0$; $x_N = 5$ (doppelt)   ▶ $f(x) = 0,8x^3 - 8x^2 + 20x = 0$ oder Produktregel anwenden

Extremstellen: $f'(x) = 2,4x^2 - 16x + 20$; $f''(x) = 4,8x - 16$

$$0 = x_E^2 - \tfrac{20}{3}x_E + \tfrac{25}{3}$$

$$0 = (x_E - 5)(x_E - \tfrac{5}{3}) \Leftrightarrow x_{E_1} = 5; \; x_{E_2} = \tfrac{5}{3}$$

$$f''(5) = 8 > 0 \to 5 \text{ ist Minimalstelle.}$$

$$f''(\tfrac{5}{3}) = -8 < 0 \to \tfrac{5}{3} \text{ ist Maximalstelle.}$$

$$H(\tfrac{5}{3} \mid \tfrac{400}{27}); \; T(5 \mid 0)$$

b), c), d)

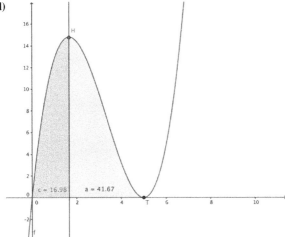

d)
$$\int_0^5 (0,8x^3 - 8x^2 + 20x)\,dx = \left[0,2x^4 - \tfrac{8}{3}x^3 + 10x^2\right]_0^5 = \tfrac{125}{3} \text{ [FE]}$$

$$\int_0^{\frac{5}{3}} (0,8x^3 - 8x^2 + 20x)\,dx = \left[0,2x^4 - \tfrac{8}{3}x^3 + 10x^2\right]_0^{\frac{5}{3}} = \tfrac{1375}{81} \text{ [FE]}$$

$$\tfrac{2000}{81} : \tfrac{1375}{81} = \tfrac{16}{11}$$

Die Gerade teilt die Fläche im Verhältnis 16 : 11.

11. a) $[2x + 4\cos(0,5x)]_0^\pi = 2\pi - 4 \approx 2,28$ [FE]

b) $[2x + 4\cos(0,5x)]_0^1 \approx 1,51$ [FE]. Somit ist die linke Teilfläche größer als die rechte.

c) Der Flächeninhalt vergrößert sich um 2π auf rund 8,56 FE.

12. $f(x) = ax^2 + c$

Liegt der Koordinatenursprung in der Mitte der unteren Flächenseite und beträgt die Längeneinheit 1 m, gilt:

(I) $f(0) = 6 \Leftrightarrow \quad c = 6$

(II) $f(3) = 0 \Leftrightarrow 9a + c = 0 \quad a = -\tfrac{2}{3}; \; c = 6 \quad f(x) = -\tfrac{2}{3}x^2 + 6$

$$A = \int_{-3}^{3} \left(-\tfrac{2}{3}x^2 + 6\right) dx = \left[-\tfrac{2}{9}x^3 + 6x\right]_{-3}^{3} = 24$$

Volumen der Saatschicht in m³: $V = 24 \cdot 0,1 = 2,4$

Es werden 2,4 m³ Saaterde benötigt.

301

13. Funktionsgleichung der Parabel: $f(x) = ax^2 + c$

Liegt der Koordinatenursprung in der Mitte der Grundkante und beträgt die Längeneinheit 1 m, so gilt:

- **bei Grundkante 2 m:**

(I) $f(0) = 3 \Leftrightarrow c = 3$

(II) $f(1) = 0 \Leftrightarrow a + c = 0 \qquad a = -3; c = 3 \qquad f(x) = -3x^2 + 3$

Spiegelfläche in m^2: $A = \int\limits_{-1}^{1} \left(-3x^2 + 3\right) dx = \left[-x^3 + 3x\right]_{-1}^{1} = 4$

Verschnitt in m^2: $A = 2 \cdot 3 - 4 = 2$

- **bei Grundkante 3 m:**

(I) $f(0) = 2 \Leftrightarrow c = 2$

(II) $f(1,5) = 0 \Leftrightarrow 2,25a + c = 0 \qquad a = -\frac{8}{9}; c = 2 \qquad f(x) = -\frac{8}{9}x^2 + 2$

Spiegelfläche in m^2: $A = \int\limits_{-1,5}^{1,5} \left(-\frac{8}{9}x^2 + 2\right) dx = \left[-\frac{8}{27}x^3 + 2x\right]_{-1,5}^{1,5} = 4$

Verschnitt in m^2: $A = 2 \cdot 3 - 4 = 2$

In beiden Fällen ist die Spiegelfläche 4 m^2 groß und der Verschnitt beträgt 2 m^2.

Test zu 4.1

303

1. **a)** $F(x) = -\frac{1}{6}x^3 + x + C$ **c)** $F(x) = -\frac{2}{\pi}\cos(\pi x) + x + C$ **e)** $F(x) = \frac{a}{n+2}x^{n+2} - \frac{b}{n+1}x^{n+1} + C$

     b) $F(x) = x^4 + \frac{2}{3}x^3 + \frac{1}{2}x^2 + C$ **d)** $F(x) = \frac{1}{6}e^{3x} + 230x + C$ **f)** $F(x) = \frac{3}{7}\cos(7x) + \frac{1}{3}x + C$

2. Links ist das Schaubild von K_f, in der Mitte ist das Schaubild von $K_{f'}$ und rechts ist das Schaubild von K_F.

Die Nullstelle des Schaubilds von K_f ist die Extremstelle des Schaubilds von K_F. Die Wendestelle des Schaubilds von K_f ist die Extremstelle des Schaubilds von $K_{f'}$.

3. $F(x) = x^4 + \frac{2}{3}x^3 + 2x + C$

$F(2) = 27 \Rightarrow 16 + \frac{16}{3} + 4 + C = 27 \Rightarrow C = \frac{5}{3} \Rightarrow F(x) = x^4 + \frac{2}{3}x^3 + 2x + \frac{5}{3}$

4. $F'(x) = -\pi\cos(\pi x) - \pi$

$= -\pi(\cos(\pi x) + 1) = f(x)$

5. **a)** $\left[\frac{1}{15}x^5 + \frac{2}{3}x^3\right]_0^3 = \frac{243}{15} + \frac{2 \cdot 27}{3} = \frac{513}{5}$

     b) $\left[\frac{1}{4}x^4 + \frac{1}{6}x^3 + \frac{3}{2}x\right]_1^4 = 64 + \frac{32}{3} + 6 - \left(\frac{1}{4} + \frac{1}{6} + \frac{3}{2}\right) = 78\frac{3}{4}$

     c) $2,8 \cdot \left[e^{-x} - \sin(-x)\right]_{-1}^{1} \approx 11,29$

6. a) $\left[\frac{1}{8}x^4 - \frac{4}{3}x^3 + 4x^2\right]_0^4 = 32 - \frac{256}{3} + 64 = \frac{32}{3}$ [FE]

b) $2 \cdot \left[\frac{1}{20}x^5 - \frac{2}{3}x^3 + 5x\right]_0^2 = 2 \cdot \left(\frac{1}{20} \cdot 2^5 - \frac{2}{3} \cdot 2^3 + 5 \cdot 2\right) = \frac{188}{15}$ [FE]

c) $\left[\frac{5}{2}e^{0,4x} + x\right]_{-3}^3 = \frac{5}{2} \cdot e^{1,2} + 3 - \left(\frac{5}{2} \cdot e^{-1,2} - 3\right) = 13{,}55$ [FE]

7. a), b)

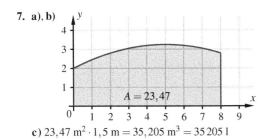

$A = 23{,}47$

c) $23{,}47\ \text{m}^2 \cdot 1{,}5\ \text{m} = 35{,}205\ \text{m}^3 = 35\,205\ \text{l}$

303

4.2　Anwendungen der Integralrechnung

304

1 Obstanbau

a) Straße – durch $A(1|5)$ und $B(3|7)$: $g(x) = x + 4$

Fluss – punktsymmetrische Funktion 3. Grades:

$f(x) = ax^3 + cx$ durch $C(2|\frac{10}{3})$ und $D(3|0)$:

$f(x) = -\frac{1}{3}x^3 + 3x$

b)
$$A = \int_{0,5}^{2,5} g(x)dx - \int_{0,5}^{2,5} f(x)dx$$
$$= [\tfrac{1}{2}x^2 + 4x]_{0,5}^{2,5} - [-\tfrac{1}{12}x^4 + \tfrac{3}{2}x^2]_{0,5}^{2,5}$$
$$= 11 - \tfrac{23}{4} = 5,25 \text{ FE}$$

2 Start-up

$f(x) = -x^3 + 3x^2 + 46x - 48$

a) $f(0,5) = -24,375$ GE　Das Unternehmen macht zunächst Verlust.

$f(2) = 48$ GE　Im zweiten Jahr macht das Unternehmen Gewinn.

b)

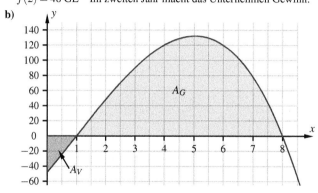

Die Fläche A_V verdeutlicht den Verlust. Die Fläche A_G zeigt den Gewinn.

c) $\int_0^5 f(x)dx = [-\tfrac{1}{4}x^4 + x^3 + 23x^2 - 48x]_0^5 = 303,75$ GE

In den ersten fünf Jahren macht das Unternehmen insgesamt 303,75 GE Gewinn.

305

3 Skateranlage

a)

(Diagramm: Fußweg f, Radweg, rechte Grenze b)

b)
$$A = \int_0^{22} (\tfrac{1}{64}x^3 - \tfrac{1}{2}x^2 + 4x)dx$$
$$= [\tfrac{1}{256}x^4 - \tfrac{1}{6}x^3 + 2x^2]_0^{22}$$
$$= 108,4 \text{ FE}$$

c) 20 % von 108,4 FE: 21,68 FE

$$\int_0^b (\tfrac{1}{64}x^3 - \tfrac{1}{2}x^2 + 4x)dx = 21,68$$
$$[\tfrac{1}{256}x^4 - \tfrac{1}{6}x^3 + 2x^2]_0^b = 21,68$$
$$\tfrac{1}{256}b^4 - \tfrac{1}{6}b^3 + 2b^2 - 21,68 = 0$$

Der Solve-Befehl mit dem WTR liefert

$b = 3,9272$.

4 Mäusepopulation

305

a) $f(0) = 3 - 2,8 \cdot e^{-0,09 \cdot 0} = 0,2 \Rightarrow 0,2 \cdot 10\,000 = 2000$

2000 Mäuse sind zu Beobachtungsbeginn vorhanden.

b)

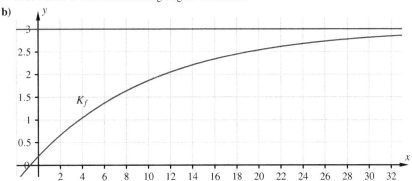

c) Die Mäusepopulation kann maximal 30 000 Mäuse umfassen, da die Asymptote der Funktion, wie im Schaubild zu erkennen ist, bei 3 liegt.

d) $\frac{10000}{20} \int\limits_{8}^{28} f(x)dx = 500 \cdot [3x + 31,11 \cdot e^{-0,09 \cdot x}]_8^{28}$

$= 500 \cdot 47,36 \approx 23\,679$

e) Der errechnete Wert gibt den durchschnittlichen Bestand, also die durchschnittliche Anzahl von Mäusen pro Monat zwischen dem 8. und dem 28. Monat seit Beobachtungsbeginn an. Dieser Wert wird auch Mittelwert genannt.

4.2.1 Flächen zwischen Schaubild und x-Achse

1. a) $A = \left| \int\limits_{2}^{5} \left(6x - x^2\right) dx \right| = \left| \left[3x^2 - \frac{1}{3}x^3\right]_2^5 \right|$

$= 24$ [FE]

b) $A = \left| \int\limits_{1}^{4} \left(0,5x^2 - 0,1x^3\right) dx \right| = \left| \left[\frac{1}{6}x^3 - \frac{1}{40}x^4\right]_1^4 \right|$

$= 4,125$ [FE]

312

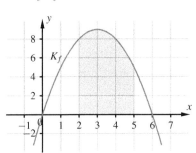

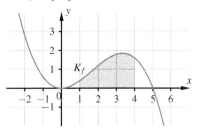

312

c) $A = \left| \int_0^6 \left(\frac{1}{6}x^3 - x^2\right) dx \right| = \left| \left[\frac{1}{24}x^4 - \frac{1}{3}x^3\right]_0^6 \right|$

$= |-18| = 18$ [FE]

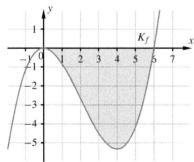

f) $A = \left| \int_{-5}^0 \left(e^{4x} - 2\right) dx \right| = \left| \left[\frac{1}{4}e^{4x} - 2x\right]_{-5}^0 \right|$

$\approx |-9{,}75| = 9{,}75$ [FE]

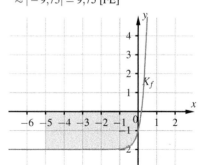

d) $A = \left| \int_2^4 \left(-\frac{1}{8}x^4 + \frac{1}{2}x^2\right) dx \right| = \left| \left[-\frac{1}{40}x^5 + \frac{1}{6}x^3\right]_2^4 \right|$

$= \left| -\frac{232}{15} \right| = \frac{232}{15} \approx 15{,}47$ [FE]

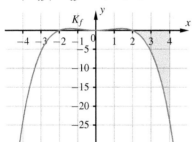

g) $A = \left| \int_2^3 \left(-2e^{-x} + x\right) dx \right|$

$= \left| \left[2e^{-x} + \frac{1}{2}x^2\right]_2^3 \right| \approx 2{,}33$ [FE]

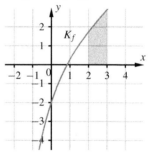

e) $A = \left| \int_{-3}^2 \left(4 - 0{,}2e^x\right) dx \right| = \left| \left[4x - 0{,}2e^x\right]_{-3}^2 \right|$

$\approx 18{,}53$ [FE]

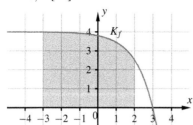

h) $A = \left| \int_0^{3\pi} \left(\sin(0{,}5x) + 1\right) dx \right|$

$= \left| \left[-2\cos(0{,}5x) + x\right]_0^{3\pi} \right| \approx 11{,}42$ [FE]

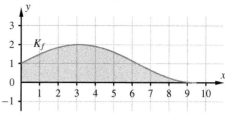

i) $A = \left| \int_{-3}^{-2} \left(\cos(x) + \sin(x)\right) dx \right|$

$= \left| \left[\sin(x) - \cos(x)\right]_{-3}^{-2} \right| \approx 1{,}34$ [FE]

312

2. a) $f(x_N) = 0 \Leftrightarrow \frac{1}{3}x_N^2 = 3$

$\qquad\qquad \Leftrightarrow x_N = -3 \lor x_N = 3$

$A = \left| \int\limits_{-3}^{3} \left(\frac{1}{3}x^2 - 3 \right) dx \right| = \left| \left[\frac{1}{9}x^3 - 3x \right]_{-3}^{3} \right|$

$\quad = |-12| = 12 \text{ [FE]}$

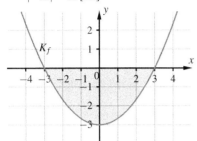

b) $f(x_N) = 0 \Leftrightarrow -0{,}75x_N(x_N + 5) = 0$

$\qquad\qquad \Leftrightarrow x_N = -5 \lor x_N = 0$

$A = \left| \int\limits_{-5}^{0} \left(-0{,}75x^2 - 3{,}75x \right) dx \right|$

$\quad = \left| \left[-0{,}25x^3 - 1{,}875x^2 \right]_{-5}^{0} \right| = 15{,}625 \text{ [FE]}$

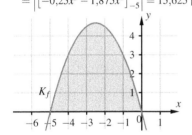

c) $f(x_N) = 0 \Leftrightarrow \frac{1}{24}x_N(x_N + 6)^2 = 0$

$\qquad\qquad \Leftrightarrow x_N = -6 \lor x_N = 0$

$A = \left| \int\limits_{-6}^{0} \left(\frac{1}{24}x^3 + \frac{1}{2}x^2 + \frac{3}{2}x \right) dx \right|$

$\quad = \left| \left[\frac{1}{96}x^4 + \frac{1}{6}x^3 + \frac{3}{4}x^2 \right]_{-6}^{0} \right|$

$\quad = |-4{,}5| = 4{,}5 \text{ [FE]}$

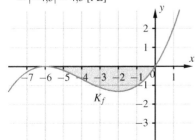

d) $f(x_N) = 0 \Leftrightarrow 1{,}25x_N^2(-x_N + 4) = 0$

$\qquad\qquad \Leftrightarrow x_N = 0 \lor x_N = 4$

$A = \left| \int\limits_{0}^{4} \left(-1{,}25x^3 + 5x^2 \right) dx \right| = \left| \left[-\frac{5}{16}x^4 + \frac{5}{3}x^3 \right]_{0}^{4} \right|$

$\quad = \frac{80}{3} \approx 26{,}67 \text{ [FE]}$

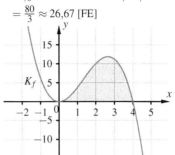

e) $f(x_N) = 0 \Leftrightarrow x_N = -2 \lor x_N = 2$

$A = \left| \int\limits_{-2}^{2} \left(0{,}25x^4 - x^3 + 4x - 4 \right) dx \right|$

$\quad = \left| \left[0{,}05x^5 - 0{,}25x^4 + 2x^2 - 4x \right]_{-2}^{2} \right|$

$\quad = |-12{,}8| = 12{,}8 \text{ [FE]}$

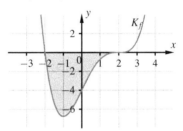
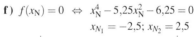

f) $f(x_N) = 0 \Leftrightarrow x_N^4 - 5{,}25x_N^2 - 6{,}25 = 0$

$\qquad\qquad x_{N_1} = -2{,}5; \ x_{N_2} = 2{,}5$

$A = \left| \int\limits_{-2{,}5}^{2{,}5} \left(-0{,}4x^4 + 2{,}1x^2 + 2{,}5 \right) dx \right|$

$\quad = \left| \left[-0{,}08x^5 + 0{,}7x^3 + 2{,}5x \right]_{-2{,}5}^{2{,}5} \right|$

$\quad = 18{,}75 \text{ [FE]}$

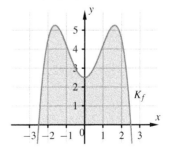

312

3. Links oben: $A = \int\limits_{-2}^{0} \left(\frac{1}{6}x^3 + \frac{1}{4}x^2 - 3x\right) dx + \left| \int\limits_{0}^{3} \left(\frac{1}{6}x^3 + \frac{1}{4}x^2 - 3x\right) dx \right|$

$= \left[\frac{1}{24}x^4 + \frac{1}{12}x^3 - \frac{3}{2}x^2\right]_{-2}^{0} + \left| \left[\frac{1}{24}x^4 + \frac{1}{12}x^3 - \frac{3}{2}x^2\right]_{0}^{3} \right| = 6 + \left|-\frac{63}{8}\right| = 13{,}875 \text{ [FE]}$

Mitte oben: $A = \left| \int\limits_{-5}^{-3} \left(1{,}5x^4 + 9x^3 - 1{,}5x^2 - 45x\right) dx \right| + \int\limits_{-3}^{0} \left(1{,}5x^4 + 9x^3 - 1{,}5x^2 - 45x\right) dx$

$+ \left| \int\limits_{0}^{2} \left(1{,}5x^4 + 9x^3 - 1{,}5x^2 - 45x\right) dx \right|$

$= \left| \left[0{,}3x^5 + 2{,}25x^4 - 0{,}5x^3 - 22{,}5x^2\right]_{-5}^{-3} \right| + \left[0{,}3x^5 + 2{,}25x^4 - 0{,}5x^3 - 22{,}5x^2\right]_{-3}^{0}$

$+ \left| \left[0{,}3x^5 + 2{,}25x^4 - 0{,}5x^3 - 22{,}5x^2\right]_{0}^{2} \right|$

$= |-48{,}4| + 79{,}65 + |-48{,}4| = 176{,}45 \text{ [FE]}$

Rechts oben: $A = \left| \int\limits_{-5}^{2} j(x)dx \right| + \int\limits_{4}^{5} j(x)dx \approx 17{,}10 + 2{,}18 = 19{,}28 \text{ [FE]}$

Links unten: $A = \left| \int\limits_{-5}^{3} \left(\frac{1}{3}x^3 + x^2 - 3x - 9\right) dx \right| = \left| \left[\frac{1}{12}x^4 + \frac{1}{3}x^3 - \frac{3}{2}x^2 - 9x\right]_{-5}^{3} \right|$

$= \left|-\frac{128}{3}\right| = \frac{128}{3} \approx 42{,}67 \text{ [FE]}$

Mitte unten: $A = 2 \cdot \int\limits_{0}^{\pi} i(x)dx = 24 \text{ [FE]}$

Rechts unten: $A = \int\limits_{-7}^{-3} k(x)dx + \left| \int\limits_{-3}^{0} k(x)dx \right| + \int\limits_{0}^{1} k(x)dx \approx 2{,}75 + 1{,}04 + 0{,}76 = 4{,}55 \text{ [FE]}$

4. a) $f(x_N) = 0 \Leftrightarrow x_N = -2 \ (\notin [-1; 3]) \lor x_N = 2$

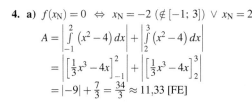

$A = \left| \int\limits_{-1}^{2} \left(x^2 - 4\right) dx \right| + \left| \int\limits_{2}^{3} \left(x^2 - 4\right) dx \right|$

$= \left| \left[\frac{1}{3}x^3 - 4x\right]_{-1}^{2} \right| + \left| \left[\frac{1}{3}x^3 - 4x\right]_{2}^{3} \right|$

$= |-9| + \frac{7}{3} = \frac{34}{3} \approx 11{,}33 \text{ [FE]}$

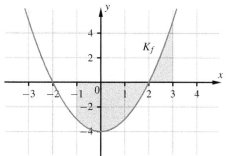

b) $f(x_N) = 0 \Leftrightarrow x_N^2 - 2x_N + 4 = 0$

keine Lösung $\to$ f hat keine Nullstellen.

$A = \left| \int\limits_{-2}^{3} \left(-x^2 + 2x - 4\right) dx \right|$

$= \left| \left[-\frac{1}{3}x^3 + x^2 - 4x\right]_{-2}^{3} \right|$

$= \left|-\frac{80}{3}\right| = \frac{80}{3} \approx 26{,}67 \text{ [FE]}$

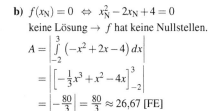

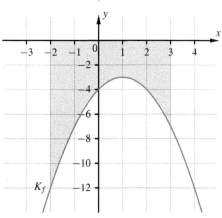

c) $f(x_N) = 0 \iff x_N = 3$

$$A = \left| \int_0^3 \left(-\tfrac{1}{9}(x-3)^3 \right) dx \right|$$
$$+ \left| \int_3^6 \left(-\tfrac{1}{9}(x-3)^3 \right) dx \right|$$
$$= \left| \left[-\tfrac{1}{36}x^4 + \tfrac{1}{3}x^3 - \tfrac{3}{2}x^2 + 3x \right]_0^3 \right|$$
$$+ \left| \left[-\tfrac{1}{36}x^4 + \tfrac{1}{3}x^3 - \tfrac{3}{2}x^2 + 3x \right]_3^6 \right|$$
$$= 2{,}25 + |-2{,}25| = 4{,}5 \ [\text{FE}]$$

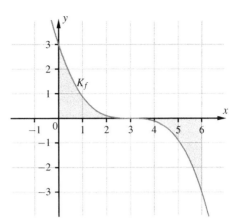

d) $f(x_N) = 0 \iff x_N^4 = 16$
$$\iff x_N = -2 \ (\notin [-1;\,3]) \lor x_N = 2$$
$$A = \left| \int_{-1}^2 \left(0{,}25x^4 - 4 \right) dx \right| + \left| \int_2^3 \left(0{,}25x^4 - 4 \right) dx \right|$$
$$= \left| \left[0{,}05x^5 - 4x \right]_{-1}^2 \right| + \left| \left[0{,}05x^5 - 4x \right]_2^3 \right|$$
$$= |-10{,}35| + 6{,}55 = 16{,}9 \ [\text{FE}]$$

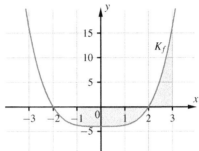

e) $f(x_N) = 0 \iff e^{x_N} = 1 \iff x_N = 0$

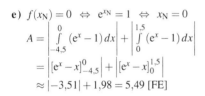

$$A = \left| \int_{-4,5}^0 (e^x - 1)\, dx \right| + \left| \int_0^{1,5} (e^x - 1)\, dx \right|$$
$$= \left| \left[e^x - x \right]_{-4,5}^0 \right| + \left| \left[e^x - x \right]_0^{1,5} \right|$$
$$\approx |-3{,}51| + 1{,}98 = 5{,}49 \ [\text{FE}]$$

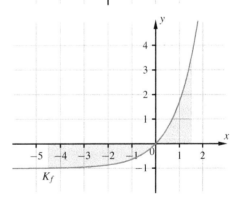

f) $A = \left| \int_{-2}^1 f(x)\, dx \right| + \left| \int_1^2 f(x)\, dx \right|$
$$\approx 18{,}48 + 16{,}22 = 34{,}7 \ [\text{FE}]$$

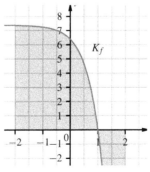

312

g) $A = \left| \int\limits_{0}^{2\pi} f(x)dx \right| \approx 6,28$ [FE]

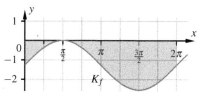

h) $A = \left| \int\limits_{\pi}^{3\pi} f(x)dx \right| + \left| \int\limits_{3\pi}^{4\pi} f(x)dx \right|$

$\approx 4 + 2 = 6$ [FE]

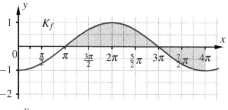

i) $A = \left| \int\limits_{0}^{2\pi} f(x)dx \right| \approx 26,02$ [FE]

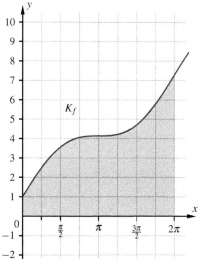

313

5. $\int\limits_{-3}^{3} f(x)dx \approx -0,28$ [FE]

6. a) Nullstellenberechnung mittels Substitution $x^2 = z$

$0,1z^2 - 1,7z + 1,60 = 0 \Leftrightarrow z^2 - 17z + 16 = 0 \Leftrightarrow z = 16 \lor z = 1$

Resubstitution führt auf die Nullstellen $-4; -1; 1; 4$.

$A = \left| \int\limits_{-1}^{1} f(x)dx \right| + 2 \cdot \left| \int\limits_{1}^{4} f(x)dx \right| \approx 2,11 + 2 \cdot 10,44 = 22,99$ [FE]

b) Das bestimmte Integral gibt die Flächenbilanz an, die im vorliegenden Fall kleiner ist als der Flächeninhalt, da im Intervall $[-4; 4]$ sowohl positiv als auch negativ orientierte Flächen liegen.

7. a)

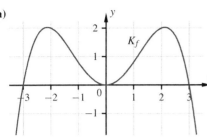

b) $A = \int\limits_{-3}^{3} f(x)dx = 6{,}48$ [FE]

c) Das Integral ist die Flächenbilanz, die im vorliegenden Fall mit dem Flächeninhalt aus b) übereinstimmt, da beide Teilflächen positiv orientiert sind.

d) Der Fläche unterhalb des verschobenen Schaubilds im Intervalls $[-3; 3]$ entspricht der ursprünglichen Fläche zuzüglich eines Rechtecks der Größe 6 FE. Da jedoch nach der Fläche gefragt ist, die vollständig vom verschobenen Schaubild und der x-Achse umschlossen ist, müssen wir ein größeres Intervall betrachten. Somit ist die neue Fläche um mehr als 6 FE größer als die ursprüngliche.

8. a) $-9x^5 + 18x^3 - 9x = 0 \Leftrightarrow -9x \cdot (x^4 - 2x^2 + 1) = 0$

Erste Nullstelle: $x = 0$

Weiter mit Substitution $x^2 = z$: $z^2 - 2z + 1 = 0 \Leftrightarrow z = \pm 1$

Weitere Nullstellen: $x = \pm 1$

b)

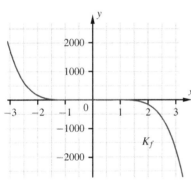

c) $A = 2 \cdot \left| \int\limits_{0}^{1} f(x)dx \right| = 3$ [FE]

d) Das Integral hat den Wert 0, da die Funktion symmetrisch zum Ursprung ist und sich positiv und negativ orientierte Flächen aufheben.

9. a) $A = \int\limits_{-1}^{3} (x-1)dx = 0$ Die positiv und negativ orientierten Teilflächen sind gleich groß.

b) $A = \int\limits_{-1}^{4} (x-1)dx = 2{,}5$ Die positiv orientierten Teilflächen sind größer als die negativ orientierten Teilflächen.

c) $A = \int\limits_{-2}^{3} (x-1)dx = -2{,}5$ Die negativ orientierten Teilflächen sind größer als die positiv orientierten Teilflächen.

10. a) $f(x) = (x-0{,}5)(x-2)^2$

b)
$$A = \left| \int\limits_{0}^{0,5} (x^3 - 4{,}5x^2 + 6x - 2)dx \right| + \int\limits_{0,5}^{3} (x^3 - 4{,}5x^2 + 6x - 2)dx$$
$$= \left| [0{,}25x^4 - 1{,}5x^3 + 3x^2 - 2x]_{0}^{0,5} \right| + \left| [0{,}25x^4 - 1{,}5x^3 + 3x^2 - 2x]_{0,5}^{3} \right|$$
$$= |-0{,}42| + 1{,}17 = 1{,}59 \text{ [FE]}$$

313

313

11. Fläche des Querschnittes des Walls

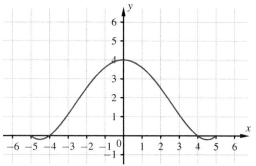

$$A = 2 \cdot \int_0^5 \left(\tfrac{1}{100} x^4 - \tfrac{41}{100} x^2 + 4 \right) dx$$

$$= 2 \cdot \left[\tfrac{1}{500} x^5 - \tfrac{41}{300} x^3 + 4x \right]_0^5$$

$$= 2 \cdot \left[\tfrac{1}{500} 5^5 - \tfrac{41}{300} 5^3 + 4 \cdot 5 - 0 \right]_0^5$$

$$= 2 \cdot \tfrac{55}{6} = \tfrac{55}{3} \; \text{m}^2$$

$V_{\text{Materialbedarf}} = \tfrac{55}{3} \cdot 100 = \tfrac{5500}{3} = 1833,\overline{3} \; \text{m}^3$

Es müssen rund 1833 m³ Material angeliefert werden.

4.2.2 Flächen zwischen zwei Schaubildern

317

1. a) $A = \int_1^5 \left(f(x) - g(x) \right) dx = \int_1^5 \left(0,625 x^2 - 3x + 5 \right) dx = \left[\tfrac{5}{24} x^3 - \tfrac{3}{2} x^2 + 5x \right]_1^5 = \tfrac{59}{6} \approx 9,83 \; \text{[FE]}$

b) $A = \int_{-1}^2 \left(g(x) - f(x) \right) dx = \int_{-1}^2 \left(-1,2 x^2 + 0,8x + 6,2 \right) dx = \left[-0,4 x^3 + 0,4 x^2 + 6,2x \right]_{-1}^2 = 16,2 \; \text{[FE]}$

c) $A = \int_{-2}^4 \left(f(x) - g(x) \right) dx = \int_{-2}^4 \left(-0,15 x^3 + 1,2 x^2 \right) dx = \left[-\tfrac{3}{80} x^4 + \tfrac{2}{5} x^3 \right]_{-2}^4 = 19,8 \; \text{[FE]}$

d) $A = \int_{-4}^{-1} \left(f(x) - g(x) \right) dx + \left| \int_{-1}^5 \left(f(x) - g(x) \right) dx \right| = \int_{-4}^{-1} \left(x^3 - 21x - 20 \right) dx + \left| \int_{-1}^5 \left(x^3 - 21x - 20 \right) dx \right|$

$$= \left[\tfrac{1}{4} x^4 - \tfrac{21}{2} x^2 - 20x \right]_{-4}^{-1} + \left| \left[\tfrac{1}{4} x^4 - \tfrac{21}{2} x^2 - 20x \right]_{-1}^5 \right| = 33,75 + |-216| = 249,75 \; \text{[FE]}$$

e) $A = \int_{-3}^1 \left(g(x) - f(x) \right) dx = \int_{-3}^1 \left(-e^{0,5x} - e^x + 6 \right) dx$

$$= \left[-e^x - 2 e^{0,5x} + 6x \right]_{-3}^1 \approx 18,48 \; \text{[FE]}$$

f) $A = \int_{-4}^{-2} \left(f(x) - g(x) \right) dx + \left| \int_{-2}^2 \left(f(x) - g(x) \right) dx \right| + \int_2^4 \left(f(x) - g(x) \right) dx$

$$= 2 \cdot \left| \int_0^2 \left(f(x) - g(x) \right) dx \right| + 2 \cdot \int_2^4 \left(f(x) - g(x) \right) dx \qquad \blacktriangleright \text{ wegen Symmetrie zur } y\text{-Achse}$$

$$= 2 \cdot \left| \int_0^2 \left(-0,25 x^4 + 5 x^2 - 16 \right) dx \right| + 2 \cdot \int_2^4 \left(-0,25 x^4 + 5 x^2 - 16 \right) dx$$

$$= 2 \cdot \left| \left[-\tfrac{1}{20} x^5 + \tfrac{5}{3} x^3 - 16x \right]_0^2 \right| + 2 \cdot \left[-\tfrac{1}{20} x^5 + \tfrac{5}{3} x^3 - 16x \right]_2^4$$

$$= 2 \cdot \left| -\tfrac{304}{15} \right| + 2 \cdot \tfrac{176}{15} = 64 \; \text{[FE]}$$

2. a) $d(x) = f(x) - g(x) = \frac{1}{8}x^2 - \frac{1}{2}x - 4$

$d(x_N) = 0 \Leftrightarrow x_N^2 - 4x_N - 32 = 0$

$\qquad\qquad x_{N_1} = -4; \; x_{N_2} = 8$

$A = \left| \int_{-4}^{8} \left(\frac{1}{8}x^2 - \frac{1}{2}x - 4 \right) dx \right|$

$\quad = \left| \left[\frac{1}{24}x^3 - \frac{1}{4}x^2 - 4x \right]_{-4}^{8} \right|$

$\quad = |-36| = 36 \text{ [FE]}$

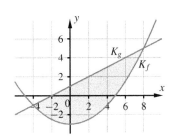

b) $d(x) = f(x) - g(x) = \frac{4}{45}x^2 - \frac{8}{45}x - \frac{28}{9}$

$d(x_N) = 0 \Leftrightarrow x_N^2 - 2x_N - 35 = 0$

$\qquad\qquad x_{N_1} = -5; \; x_{N_2} = 7$

$A = \left| \int_{-5}^{7} \left(\frac{4}{45}x^2 - \frac{8}{45}x - \frac{28}{9} \right) dx \right|$

$\quad = \left| \left[\frac{4}{135}x^3 - \frac{4}{45}x^2 - \frac{28}{9}x \right]_{-5}^{7} \right|$

$\quad = |-25{,}6| = 25{,}6 \text{ [FE]}$

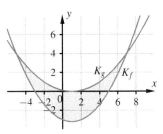

c) $d(x) = f(x) - g(x) = \frac{1}{24}x^3 - \frac{3}{2}x$

$d(x_N) = 0 \Leftrightarrow \frac{1}{24}x_N(x_N^2 - 36) = 0$

$\qquad\qquad \Leftrightarrow x_N = -6 \lor x_N = 0 \lor x_N = 6$

$A = \left| \int_{-6}^{0} \left(\frac{1}{24}x^3 - \frac{3}{2}x \right) dx \right| + \left| \int_{0}^{6} \left(\frac{1}{24}x^3 - \frac{3}{2}x \right) dx \right|$

$\quad = 2 \cdot \left| \int_{0}^{6} \left(\frac{1}{24}x^3 - \frac{3}{2}x \right) dx \right|$ ▶ wegen Symmetrie zum Ursprung

$\quad = 2 \cdot \left| \left[\frac{1}{96}x^4 - \frac{3}{4}x^2 \right]_{0}^{6} \right|$

$\quad = 2 \cdot |-13{,}5| = 27 \text{ [FE]}$

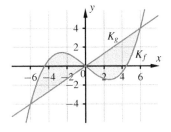

d) $d(x) = f(x) - g(x) = x^3 - 2x^2 - 8x$

$d(x_N) = 0 \Leftrightarrow x_N(x_N^2 - 2x_N - 8) = 0$

$\qquad\qquad x_{N_1} = -2; \; x_{N_2} = 0; \; x_{N_3} = 4$

$A = \left| \int_{-2}^{0} (x^3 - 2x^2 - 8x) dx \right| + \left| \int_{0}^{4} (x^3 - 2x^2 - 8x) dx \right|$

$\quad = \left| \left[\frac{1}{4}x^4 - \frac{2}{3}x^3 - 4x^2 \right]_{-2}^{0} \right| + \left| \left[\frac{1}{4}x^4 - \frac{2}{3}x^3 - 4x^2 \right]_{0}^{4} \right|$

$\quad = \frac{20}{3} + \left| -\frac{128}{3} \right| = \frac{148}{3} \approx 49{,}33 \text{ [FE]}$

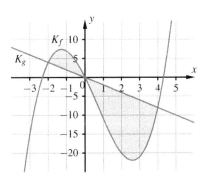

317

e) $d(x) = f(x) - g(x) = -0,2x^4 + 0,2x^3 + 1,2x^2$

$d(x_N) = 0 \Leftrightarrow -0,2x_N(x_N^2 - x_N - 6) = 0$

$x_{N_1} = -2; \; x_{N_2} = 0; \; x_{N_3} = 3$

$A = \left| \int\limits_{-2}^{0} \left(-0,2x^4 + 0,2x^3 + 1,2x^2 \right) dx \right|$

$\quad + \left| \int\limits_{0}^{3} \left(-0,2x^4 + 0,2x^3 + 1,2x^2 \right) dx \right|$

$\quad = \left| \left[-0,04x^5 + 0,05x^4 + 0,4x^3 \right]_{-2}^{0} \right|$

$\quad + \left| \left[-0,04x^5 + 0,05x^4 + 0,4x^3 \right]_{0}^{3} \right|$

$\quad = 1,12 + 5,13 = 6,25 \text{ [FE]}$

Da 0 eine Berührstelle ist, kann man auch

$A = \left| \int\limits_{-2}^{3} \left(-0,2x^4 + 0,2x^3 + 1,2x^2 \right) dx \right|$ berechnen.

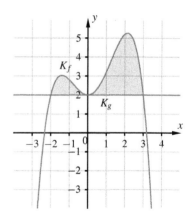

f) $d(x) = f(x) - g(x) = (e-1)x + 1 - e^x$

$x_{N_1} = 0; \; x_{N_2} = 1$

$A = \int\limits_{0}^{1} ((e-1)x + 1 - e^x) dx$

$\quad = \left[\frac{e-1}{2}x^2 + x - e^x \right]_{0}^{1}$

$\quad = \frac{e-1}{2} + 1 - e - (0 + 0 - 1)$

$\quad \approx 0,14 \text{ [FE]}$

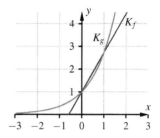

3. a) Wendepunkt $W(\pi|2)$

Die Wendetangente g hat die Steigung $f'(\pi) = -\cos(\pi) = 1$ und geht durch den Punkt $W(\pi|2)$.

$1 \cdot \pi + n = 2 \Rightarrow n = 2 - \pi$

$g(x) = x + 2 - \pi$

b) $d(x) = -\sin(x) + 2 - (x + 2 - \pi) = -\sin(x) - x + \pi$

$A = \int\limits_{0}^{\pi} d(x) dx \approx 2,93$

c) $h(x) = 3 \text{ [FE]}$

d) $A = \int\limits_{0}^{1,5\pi} 3 - f(x) dx \approx 5,71 \text{ [FE]}$

4.2.3   Weiterführende Flächenberechnungen

322

1. Nullstellen von f: $x_{N_1} = -1; \; x_{N_2} = 3$

Nullstellen von g: $x_{N_1} = -4; \; x_{N_2} = 6$

Schnittstellen der Schaubilder: $f(x) = g(x) \Leftrightarrow \frac{3}{4}x^2 - \frac{3}{2}x - \frac{15}{2} = 0 \Leftrightarrow x \approx 4,32$

$A = \int\limits_{3}^{4,32} f(x) dx + \int\limits_{4,32}^{6} g(x)$

$\quad \approx 2,13 + 3,13 = 5,26 \text{ [FE]}$

2.

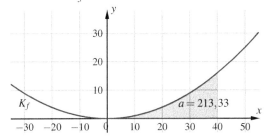

$A_1 + A_2 + A_3 + A_4 = 600 + 600 + 450 + 2000 = 3650 \text{ m}^2$

$A_5: \quad f(x) = 0,01(x-60)^2 + 50$

A_5 entspricht der unten eingezeichneten Fläche $a = 213\frac{1}{3}$.

Also $A = 3863\frac{1}{3}$ FE. Kosten: 695 400 €.

3. a) $\int\limits_0^b 2x^2 dx = 18 \Leftrightarrow \left[\frac{2}{3}x^3\right]_0^b = 18$

$\Leftrightarrow \frac{2}{3}b^3 = 18$

$\Leftrightarrow b = 3$

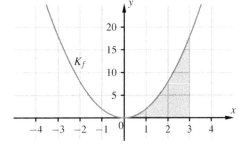

b) $\int\limits_2^b \frac{1}{16}x^4 dx = 12,4 \Leftrightarrow \left[\frac{1}{80}x^5\right]_2^b = 12,4$

$\Leftrightarrow \frac{1}{80}b^5 - 0,4 = 12,4$

$\Leftrightarrow b = 4$

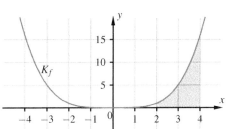

322

c) $\int_0^b (x^2 + 4x)\,dx = 405 \iff \left[\frac{1}{3}x^3 + 2x^2\right]_0^b = 405$

$\iff \frac{1}{3}b^3 + 2b^2 = 405$

$\iff b^3 + 6b^2 - 1215 = 0$

$b = 9$

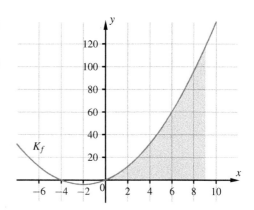

d) $\int_1^b e^x\,dx = 4e \iff [e^x]_1^b = 4e$

$\iff e^b - e = 4e$

$\iff e^b = 5e$

$\iff b = \ln(5) + 1 \; (\approx 2{,}61)$

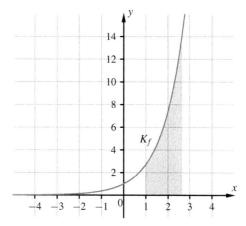

e) $\int_a^0 (x^3 - 25x)\,dx = 92{,}25$

$\iff \left[\frac{1}{4}x^4 - \frac{25}{2}x^2\right]_a^0 = 92{,}25$

$\iff -\frac{1}{4}a^4 + \frac{25}{2}a^2 = 92{,}25$

$\iff a^4 - 50a^2 + 369 = 0$

$a_1 = -\sqrt{41} \; (\approx -6{,}40);\ a_2 = -3;\ a_3 = 3;$

$a_4 = \sqrt{41} \; (\approx 6{,}40)$

a_3 und a_4 kommen für eine linke Intervall-
grenze nicht in Frage. a_1 kommt als Lösung
nicht in Frage, da der Wert 92,25 dann nur die
Bilanz der negativ orientierten Fläche über
dem Intervall $[-\sqrt{41};\ -5]$ und der positiv
orientierten Fläche über dem Intervall $[-5;\ 0]$
ist.

Lösung: $a = -3$

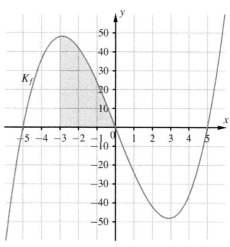

f) $\int\limits_a^2 e^{-x}dx = 19e^{-2} \iff [-e^{-x}]_a^2 = 19e^{-2}$

$\iff -e^{-2} + e^{-a} = 19e^{-2}$

$\iff e^{-a} = 20e^{-2}$

$\iff a = 2 - \ln(20) \ (\approx -0,996)$

4. Ableitungen von f: $f'(x) = \frac{3}{8}x^2 - \frac{6}{4}x$; $f''(x) = \frac{6}{8}x - \frac{6}{4}$; $f'''(x) = \frac{6}{8}$

Wendestelle berechnen: $f''(x_W) = 0 \Rightarrow x_W = 2$

Funktionswert und damit Wendepunkt berechnen: $f(2) = 2 \Rightarrow W(2|2)$

Wendetangente bestimmen: $m = f'(2) = -1,5$; $2 = -1,5 \cdot 2 + b \Rightarrow b = 5$; $y = -1,5x + 5$

Schnittpunkt der Wendetangente mit der x-Achse: $0 = -1,5x_N + 5 \Rightarrow x_N = \frac{10}{3}$

Flächeninhalt berechnen: $\int\limits_0^{\frac{10}{3}} (\frac{1}{8}x^3 - \frac{3}{4}x^2 + 4)dx \approx 7,93$

5. a)

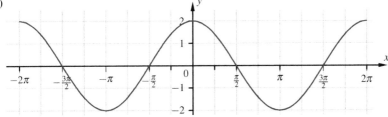

b) $\int\limits_u^{2\pi} f(x)dx = 2 \iff [2\sin(x)]_u^{2\pi} = 2$

$\iff 0 - 2\sin(u) = 2$

$\iff \sin(u) = -1$

Diese Gleichung hat in den reellen Zahlen unendlich viele Lösungen. Im Intervall $[-2\pi; 0]$ jedoch gibt es nur eine Lösung: $u = -0,5\pi$

c) Bei Wahl von $u = 1,5\pi$ (aus Beispiel 14) stimmt das Integral mit dem (positiv orientierten) Flächeninhalt überein. Bei Wahl von $u = -0,5\pi$ kommen ein „Hügel" und ein „Tal" von K_f hinzu, die sich flächenmäßig gegenseitig aufheben, sodass die geforderte Gleichung erneut erfüllt ist.

322

6. a) $N_1(-2|0)$; $N_2(2|0)$; $S(4|0)$

b)

c) Inhalt der Fläche unterhalb von K_f: $\int_0^2 f(x)dx \approx 5,33$

Schnittstelle beider Schaubilder:

$f(x) = g(x) \;\Leftrightarrow\; -x^2 + 4 + x = 0 \;\Leftrightarrow\; x \approx -2,56 \vee x \approx 1,56$

Inhalt der oberen Teilfläche: $\int_0^{1,56} (f(x) - g(x))dx \approx 3,76$

Inhalt der unteren Teilfläche: $5,33 - 3,76 = 1,57$

Verhältnis: $3,76 : 1,57 \approx 2,39 : 1$

7. a) Inhalt der roten Fläche: $\int_1^9 f(x)dx = 32$ [FE]

Flächeninhalt des Dreiecks in Abhängigkeit der Höhe: $A_{\text{Dreieck}} = \frac{1}{2} \cdot g \cdot h = \frac{1}{8} \cdot 8 \cdot h = 4h$

Für $h = 4$ beträgt der Flächeninhalt des Dreiecks also 16 FE, d. h. die Hälfte der roten Fläche.

b) $f(x) = 4 \;\Leftrightarrow\; x^2 - 10x + \frac{59}{3} = 0 \;\Leftrightarrow\; x \approx 2,69 \vee x \approx 7,31$

Mögliche Punktkoordinaten für die Spitze sind $S(2,69|4)$ und $S(7,31|4)$.

323

8. a) Bestimmen Sie den Inhalt der Fläche, die im IV. Quadranten von den Schaubildern beider Funktionen und der x-Achse eingeschlossen wird.

b) Nullstellen von f: $x_{N_1} \approx 0,55$; $x_{N_2} \approx 5,45$

Nullstelle von g: $x_N = 2,5\ln(4) \approx 3,47$

$A = \left| \int_0^{3,47} g(x)dx \right| - \left| \int_0^{0,55} f(x)dx \right| \approx 6,36 - 0,80 = 5,56$ [FE]

c) $\int_a^{3,47} g(x)dx = -\frac{5,56}{2} \;\Leftrightarrow\; [2,5e^{0,4x} - 4x]_a^{3,47} = -2,78$

$\Leftrightarrow\; -3,86 - (2,5e^{0,4a} - 4a) = -2,78$

$\Leftrightarrow\; 2,5e^{0,4a} - 4a = -1,08$

Eine numerische Lösung ist $a = 1,34$.

9. $\left[\frac{1}{3}ax^3 + \frac{5}{2}x^2 + 3x\right]_1^2 = \frac{14}{3} \;\Leftrightarrow\; \frac{8}{3}a + 10 + 6 - \frac{1}{3}a - \frac{5}{2} - 3 = \frac{14}{3} \;\Leftrightarrow\; a = -2,5$

10. $f(x) = a(x+1)(x+2)$

$a\left[\frac{1}{3}x^3 + \frac{3}{2}x^2 + 2x\right]_{-2}^{-1} = \frac{16}{3}$

$a(-\frac{1}{3} + \frac{3}{2} - 2 - (-\frac{8}{3} + 6 - 4)) = \frac{16}{3} \Leftrightarrow a = -32$

$f(x) = -32(x+1)(x+2)$

11. a) Mit $f(x) = a_3 x^3 + a_2 x^2 + a_1 x + a_0$ und $f'(x) = 3a_3 x^2 + 2a_2 x + a_1$ ergeben

$$\begin{aligned}
f(0) &= 0 \Rightarrow f(0) = a_3 \cdot 0^3 + a_2 \cdot 0^2 + a_1 \cdot 0 + a_0 = 0 && \rightarrow a_0 = 0 \\
f'(0) &= 0 \Rightarrow f'(0) = 3a_3 \cdot 0^2 + 2a_2 \cdot 0 + a_1 = 0 && \rightarrow a_1 = 0 \\
f(1) &= \tfrac{4}{3} \Rightarrow f(1) = a_3 \cdot 1^3 + a_2 \cdot 1^2 + a_1 \cdot 1 + a_0 = \tfrac{4}{3} && \rightarrow a_2 = \tfrac{4}{3} - a_3 = 2 \\
f'(1) &= 2 \Rightarrow f'(1) = 3a_3 \cdot 1^2 + 2a_2 \cdot 1 + a_1 = 2 && \rightarrow a_3 = -\tfrac{2}{3}
\end{aligned}$$

Funktionsgleichung: $f(x) = -\frac{2}{3}x^3 + 2x^2$

Nullstellenbestimmung

Aus $f(x) = -\frac{2}{3}x^3 + 2x^2 = x^2(-\frac{2}{3}x + 2)$ ergeben sich
die Nullstellen 0 (doppelte Nullstelle) und 3 (einfache
Nullstelle).

Extrempunktbestimmung

$$\begin{aligned}
f(x) &= -\tfrac{2}{3}x^3 + 2x^2 \\
f'(x) &= -2x^2 + 4x \\
f''(x) &= -4x + 4
\end{aligned}$$

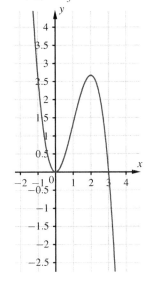

Notwendige Bedingung für lokale Extremwerte:

$f'(x_E) = 0$

$-2x_E^2 + 4x_E = 0 \Leftrightarrow x_E = 0 \vee x_E = 2$

Hinreichende Bedingung für lokale Extremwerte:

$f'(x_E) = 0 \wedge f''(x_E) \neq 0$

$x_E = 0$: Laut Aufgabenstellung liegt an der Stelle 0 ein
Berührpunkt vor. $\Rightarrow$ lokales Minimum bei $x = 0$.
Tiefpunkt $T(0|0)$.

Wendepunktbestimmung

$$\begin{aligned}
f''(x) &= -4x + 4 \\
f'''(x) &= -4
\end{aligned}$$

Notwendige Bedingung für Wendestellen: $f''(x_W) = 0$

$-4x_W + 4 = 0 \Leftrightarrow x_W = 1$

Hinreichende Bedingung für Wendestellen: $f''(x_W) = 0 \wedge f'''(x_W) \neq 0$

$x_W = 1$: $f''(1) = 0 \wedge f'''(1) = -4 < 0 \wedge f(1) = \frac{4}{3}$

$\Rightarrow$ Wendestelle bei $x = 1$. Wendepunkt $W(1|\frac{4}{3})$, L-R-Wendepunkt

b) Die Fläche ergibt sich als Wert des Integrals $\int_0^3 (-\frac{2}{3}x^3 + 2x^2)dx = 4,5$ [FE].

323

12. *Hinweis:* Fehler im 1. Druck! Die Aufgabe in Punkt b) lautet: Bestimmen Sie den Inhalt der Fläche, die der Graph der Funktion mit der x-Achse im Intervall $I = [1; 4]$ einschließt.

a) $f(x) = ax^3 + bx^2 + cx + d$ $f'(x) = 3ax^2 + 2bx + c$ $f''(x) = 6ax + 2b$

Verläuft durch den Ursprung $d = 0$, $f'(0) = 0$, also $c = 0$

Wendestelle: $f''(\frac{2}{3}) = 0 = 4a + 2b$, also $a = -0,5b$

$$f(x) = -0,5bx^3 + bx^2$$
$$A = b\left[-\tfrac{1}{8}x^4 + \tfrac{1}{3}x^3\right]_0^2 = \tfrac{8}{3} \text{ [FE]}$$
$$b\left(-2 + \tfrac{8}{3}\right) = \tfrac{8}{3}$$
$$\tfrac{2}{3}b = \tfrac{8}{3} \Leftrightarrow b = 4 \rightarrow a = -2$$
$$f(x) = -2x^3 + 4x^2$$

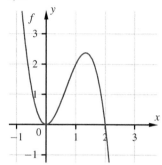

b) $A_1 = \left[-\tfrac{1}{2}x^4 + \tfrac{4}{3}x^3\right]_1^2 = \tfrac{8}{3} - \left(-\tfrac{1}{2} + \tfrac{4}{3}\right) = \tfrac{11}{6} \text{ [FE]}$

$A_2 = \left|\left[-\tfrac{1}{2}x^4 + \tfrac{4}{3}x^3\right]_2^4\right| = \left|-128 + \tfrac{256}{3} - \tfrac{8}{3}\right| = \tfrac{136}{3} \text{ [FE]}$

$A = A_1 + A_2 \qquad\quad = \tfrac{11}{6} + \tfrac{136}{3} = \tfrac{283}{6} \text{ [FE]}$

Nullstellen bei $x = 0$ und $x = 2$

13. a) Gleichung der Funktion f_1

Zu bestimmen ist die Gleichung einer quadratischen Funktion, deren Schaubild durch den Ursprung geht und den Scheitelpunkt $H(9|12)$ hat.

Allg. Gleichung: $f_1(x) = a(x - 9)^2 + 12$ ▶ Scheitelpunktform

Einsetzen der Koordinaten von $O(0|0)$ ergibt: $0 = a(0 - 9)^2 + 12 \Leftrightarrow a = -\tfrac{4}{27}$

Gesuchte Gleichung: $f_1(x) = -\tfrac{4}{27}(x - 9)^2 + 12 = -\tfrac{4}{27}x^2 + \tfrac{8}{3}x$

Gleichung der Funktion f_2

Zu bestimmen ist die Gleichung einer quadratischen Funktion, deren Schaubild durch die Punkte $O(0|0)$, $P(8|16)$ und $Q(10|10)$ geht.

Allg. Gleichung: $f_2(x) = ax^2 + bx + c$

(I) $f_2(0) = 0 \quad \Leftrightarrow \quad c = 0$

(II) $f_2(8) = 16 \quad \Leftrightarrow \quad 64a + 8b + c = 16$

(III) $f_2(10) = 10 \quad \Leftrightarrow \quad 100a + 10b + c = 10$

Gesuchte Gleichung: $f_2(x) = -0,5x^2 + 6x$

Gleichung der Funktion g_1

Zu bestimmen ist die Gleichung einer linearen Funktion, deren Schaubild durch die Punkte $O(0|0)$ und $P(8|16)$ geht.

Allg. Gleichung: $g_1(x) = mx + n$

$g_1(0) = 0 \Leftrightarrow n = 0$

$g_1(8) = 16 \Leftrightarrow 8m + n = 16$

Einsetzen von $n = 0$ ergibt: $m = 2$

Gesuchte Gleichung: $g_1(x) = 2x$

Gleichung der Funktion g_2

Gesucht ist die Gleichung einer linearen Funktion, deren Schaubild durch die Punkte $N(2,5|0)$ und $Q(10|10)$ geht.

Allg. Gleichung: $g_2(x) = mx + n$

$g_2(2,5) = 0 \Leftrightarrow 2,5m + n = 0$

$g_2(10) = 10 \Leftrightarrow 10m + n = 10$

Gesuchte Gleichung: $g_2(x) = \frac{4}{3}x - \frac{10}{3}$

323

b) Musterbeet I

Gesamtfläche: $A = 18 \cdot 12 = 216 \ [\text{m}^2]$

Bepflanzte Fläche	Teilflächen	
$A_I = \int_0^{18} (-\frac{4}{27}x^2 + \frac{8}{3}x)dx$	$A_1 = \int_0^7 (-\frac{4}{27}x^2 + \frac{8}{3}x)dx$	$A_2 = A_I - (A_1 + A_3)$
$\quad = \left[-\frac{4}{81}x^3 + \frac{4}{3}x^2\right]_0^{18}$	$\quad = \left[-\frac{4}{81}x^3 + \frac{4}{3}x^2\right]_0^7$	$\quad = 144 - 2 \cdot \frac{3920}{81}$
$\quad = -\frac{4}{81} \cdot 18^3 + \frac{4}{3} \cdot 18^2 - 0$	$\quad = -\frac{4}{81} \cdot 7^3 + \frac{4}{3} \cdot 7^2 - 0$	$\quad = \frac{3824}{81} \ [\text{m}^2]$
$\quad = 144 \ [\text{m}^2]$	$\quad = \frac{3920}{81} \ [\text{m}^2]$	$(\approx 47,210 \ [\text{m}^2])$
	$(\approx 48,395 \ [\text{m}^2])$	

Bepflanzter Anteil	Aus Symmetriegründen gilt:	2. Kriterium nicht erfüllt, denn
$A_I : A = 144 : 216 = 2 : 3$	$A_3 = A_1 = \frac{3920}{81} \ [\text{m}^2]$	$A_1 : A_I = A_3 : A_I$
		$\quad = \frac{3920}{81} : 144 = 245 : 729$
$\rightarrow$ 1. Kriterium erfüllt		$A_2 : A_I = \frac{3824}{81} : 144$
		$\quad = 239 : 729$

Musterbeet II

Gesamtfläche: $A = 12 \cdot 18 = 216 \ [\text{m}^2]$

Bepflanzte Fläche	Bepflanzter Anteil
$A_{II} = \int_0^{12} (-0,5x^2 + 6x)dx$	$A_{II} : A = 144 : 216 = 2 : 3$
$\quad = \left[-\frac{1}{6}x^3 + 3x^2\right]_0^{12}$	$\rightarrow$ 1. Kriterium erfüllt
$\quad = -\frac{1}{6} \cdot 12^3 + 3 \cdot 12^2 - 0$	
$\quad = 144 \ [\text{m}^2]$	

Teilflächen

$$A_1 = \int_0^8 (f_2(x) - g_1(x))dx \qquad A_3 = \int_{2,5}^{10} g_2(x)dx + \int_{10}^{12} f_2(x)dx$$

$$\quad = \int_0^8 (-0,5x^2 + 6x - 2x)dx \qquad \quad = \int_{2,5}^{10} (\tfrac{4}{3}x - \tfrac{10}{3})dx + \int_{10}^{12} (-0,5x^2 + 6x)dx$$

$$\quad = \int_0^8 (-0,5x^2 + 4x)dx \qquad \quad = \left[\tfrac{2}{3}x^2 - \tfrac{10}{3}x\right]_{2,5}^{10} + \left[-\tfrac{1}{6}x^3 + 3x^2\right]_{10}^{12}$$

$$\quad = \left[-\tfrac{1}{6}x^3 + 2x^2\right]_0^8 \qquad \quad = \tfrac{2}{3} \cdot 10^2 - \tfrac{10}{3} \cdot 10 - (\tfrac{2}{3} \cdot 2,5^2 - \tfrac{10}{3} \cdot 2,5)$$

$$\quad = -\tfrac{1}{6} \cdot 8^3 + 2 \cdot 8^2 - 0 \qquad \qquad + (-\tfrac{1}{6}) \cdot 12^3 + 3 \cdot 12^2 - (-\tfrac{1}{6} \cdot 10^3 + 3 \cdot 10^2)$$

$$\quad = 42,\overline{6} \ [\text{m}^2] \qquad \quad = 37,5 + 10,\overline{6}$$

$$\qquad \qquad \qquad \qquad \qquad \quad = 48,1\overline{6} \ [\text{m}^2]$$

$$A_2 = A_{II} - (A_1 + A_3)$$

$$\quad = 144 - (42,\overline{6} + 48,1\overline{6}) = 53,1\overline{6} \ [\text{m}^2]$$

323

2. Kriterium nicht erfüllt, denn:

$A_1 : A_{II} = 42,\overline{6} : 144 = 256 : 864$

$A_2 : A_{II} = 53,1\overline{6} : 144 = 319 : 864$

$A_3 : A_{II} = 48,1\overline{6} : 144 = 289 : 864$

c) Gesucht ist b mit $0 \leq b \leq 12$, sodass gilt:

$$A_1 = \int_0^b (-0,5x^2 + 6x)\,dx = 48$$
$$\Leftrightarrow \left[-\tfrac{1}{6}x^3 + 3x^2\right]_0^b = 48$$
$$\Leftrightarrow -\tfrac{1}{6}b^3 + 3b^2 - 0 = 48$$
$$\Leftrightarrow -\tfrac{1}{6}b^3 + 3b^2 - 48 = 0$$

Mit dem TR erhält man die Lösungen: $b_1 \approx -3,647477297$; $b_2 \approx 4,643557717$; $b_3 \approx 17,00391958$

Nur b_2 erfüllt die Bedingung $0 \leq 12 \leq b$.

Aufgrund der Symmetrie des Schaubildes von f_2 ergibt sich als untere Grenze für die Berechnung der Teilfläche A_3:

$b = 12 - 4,643557717 = 7,356442283$

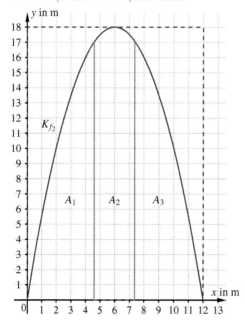

Übungen zu 4.2

1. a) $\int\limits_{-2}^{2} (3x^4 - 15x^2 + 12)dx = 6,4$ [FE]

b) $\int\limits_{-1}^{7} 2\sin(\pi x)dx = 0$ [FE]

c) Differenzfunktion $h(x) = f(x) - g(x) = 0,25x^2 + 2,5x + 8,25 - (\frac{1}{9}x^3 - 2x)$

$\int\limits_{-5}^{-1} (-\frac{1}{9}x^3 + 0,25x^2 + 4,5x + 8,25)dx \approx 6,67$ [FE]

d) Differenzfunktion $h(x) = f(x) - g(x) = 3x^4 - 6x^3 - 18x^2 + 9x - (3x^3 - 6x^2 - 27x)$

$\int\limits_{-2}^{3} (3x^4 - 9x^3 - 12x^2 + 36x)dx \approx -31,25$ [FE]

e) Differenzfunktion $h(x) = g(x) - f(x) = x - (e^{0,5x} - 2)$

$\int\limits_{0}^{3,36} (x - e^{0,5x} + 2)dx \approx 3,63$ [FE]

f) Differenzfunktion $h(x) = f(x) - g(x) = 0,1x^3 - 0,9x^2 + 0,5x + 5,5 - (0,5e^x)$

$\int\limits_{-2}^{2} (0,1x^3 - 0,9x^2 + 0,5x + 5,5 - 0,5e^x)dx \approx 13,57$ [FE]

2. $a = 1$, denn $\int\limits_{0}^{1} e^{2x} = [\frac{1}{2}e^{2x}]_0^1 = \frac{1}{2}(e^{2\cdot1} - e^{2\cdot0}) = \frac{1}{2}(e^2 - 1)$

3. a) $f(x) = g(x) \Leftrightarrow x = \pm0,8$

$f(\pm0,8) = 0$

Die Parabeln schneiden sich in ihren Nullstellen. Also stellt die x-Achse den Übergang von blauer Fläche (Wassergraben) und roter Fläche dar. Die Tiefe des Grabens entspricht somit $|f(0)|$, also 0,72 LE bzw. 1,44 m.

b) Gesucht ist die Größe der Fläche, die von den Graphen von f und g umschlossen wird.

$d(x) = g(x) - f(x) = -1{,}875x^2 + 1{,}2 \qquad d(x_N) = 0 \Leftrightarrow x_N = -0{,}8 \vee x_N = 0{,}8$

$A = \int_{-0,8}^{0,8} (-1{,}875x^2 + 1{,}2)dx$

$\quad = 2 \cdot \int_{0}^{0,8} (-1{,}875x^2 + 1{,}2)dx \qquad \blacktriangleright$ wegen Symmetrie zur y-Achse

$\quad = 2 \cdot [-0{,}625x^3 + 1{,}2x]_0^{0,8} = 2 \cdot 0{,}64 = 1{,}28$

Das Gitter muss mindestens einen Flächeninhalt von 1,28 FE haben.

1,28 FE $= 5{,}12$ m^2 $\Rightarrow$ Das Gitter muss mindestens einen Flächeninhalt von 5,12 m^2 haben.

c) Inhalt der Fläche oberhalb des Grabens:

$\int\limits_{-0,8}^{0,8} g(x)dx = 2 \cdot [-0{,}25x^3 + 0{,}48x]_0^{0,8} = 0{,}512$ FE

Inhalt der Fläche innerhalb des Grabens: 1,28 FE $- 0{,}512$ FE $= 0{,}768$ FE

Verhältnis: $0{,}768 : 0{,}512 \approx 1{,}5 : 1$

4. Differenzfunktion $h(x) = g(x) - f(x) = 0{,}25x^4 - 2x^2 + 2 - (\cos(\frac{\pi}{2}x) - 1)$

$\int\limits_{2}^{4} (0{,}25x^4 - 2x^2 + 2 - \cos(\frac{\pi}{2}x) + 1)dx \approx 18{,}27$ [FE]

324

5. **a)** Schnittpunkt x-Achse: $f(x_N) = 0$

$2e^{0,5x_N} - 4 = 0 \mid +4 \mid :2 \mid \ln()$

$0,5x_N = \ln(2) \mid :0,5$

$x_N = 2 \cdot \ln(2) \Rightarrow N(2 \cdot \ln(2)|0)$

Schnittpunkt mit der y-Achse: $f(0)$

$f(0) = 2e^0 - 4 = 2 - 4 = -2 \Rightarrow S_y(0|-2)$

c) $\left| \int\limits_{0}^{2 \cdot \ln(2)} (2e^{0,5x} - 4)dx \right| \approx 1,55$ [FE]

b)

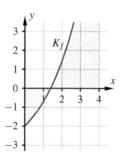

325

6. Die Funktionsgleichung lautet $f(x) = 2\cos(2x)$.

a) Betrachten wir die Flächen, die von dem Schaubild und der x-Achse im Intervall $-\frac{\pi}{2}$ und $\frac{\pi}{2}$ einge-schlossen sind, so ist offenbar die Fläche, die oberhalb der x-Achse liegt, wesentlich größer als die beiden Teilflächen unterhalb der x-Achse zusammen. Folglich kann das bestimmte Integral nicht den Wert 0 haben.

b) $\left| \int\limits_{\frac{\pi}{2}}^{\pi} 2\cos(2x)dx \right| = \frac{\pi}{2}$. Die Aussage ist falsch.

c) Diese Aussage ist falsch. Hätte eine Stammfunktion F an der Stelle $\frac{\pi}{2}$ einen Tiefpunkt, so würde f an der Stelle $\frac{\pi}{2}$ eine Nullstelle haben. Dies ist nicht der Fall.

7. **a)**

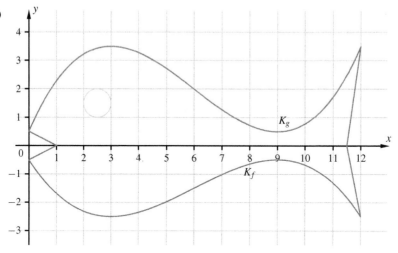

b) Rohlingsfläche zwischen den Schaubildern von g und f im Intervall $[0; 12]$ (in cm^2):

$$\int\limits_{0}^{12} (g(x) - f(x))dx = \int\limits_{0}^{12} \left(\frac{5}{108}x^3 - \frac{5}{6}x^2 + \frac{15}{4}x + 1 \right) dx = \left[\frac{5}{432}x^4 - \frac{5}{18}x^3 + \frac{15}{8}x^2 + x \right]_0^{12} = 42 \text{ [cm}^2\text{]}$$

Einschnitt Schwanzflosse: $A_S = \frac{1}{2}g \cdot h = \frac{1}{2} \cdot 6 \text{ cm} \cdot 0,5 \text{ cm} = 1,5 \text{ cm}^2$

Einschnitt Maul: $A_M = \frac{1}{2}g \cdot h = \frac{1}{2} \cdot 1 \text{ cm} \cdot 1 \text{ cm} = 0,5 \text{ cm}^2$

Einschnitt Auge: $A_A = \pi r^2 = \pi \cdot (0,5 \text{ cm})^2 = 0,25\pi \text{ cm}^2$

Eine Platte von 1 cm^2 Sperrholz wiegt 2 kg : 10000 = 0,2 g.

Ein Fisch mit aufgemaltem Auge wiegt $(42 - 1,5 - 0,5) \cdot 0,2 \text{ g} = 8 \text{ g}$.

Ein Fisch mit ausgesägtem Auge wiegt $8 \text{ g} - 0,25\pi \cdot 0,2 \text{ g} \approx 7,843 \text{ g}$.

8. 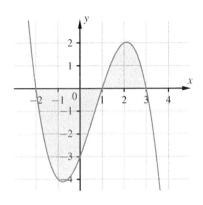(i) **Geschlossene Variante**   325

   a) Parabel durch die Punkte A, D und B: $f(x) = ax^2 + bx + c$

      (I) $f(2) = 4,2 \Leftrightarrow 4a + 2b + c = 4,2$

      (II) $f(6) = 1 \Leftrightarrow 36a + 6b + c = 1$

      (III) $f(8) = 1,8 \Leftrightarrow 64a + 8b + c = 1,8 \qquad f(x) = 0,2x^2 - 2,4x + 8,2$

   Parabel durch die Punkte A, C und B: $g(x) = ax^2 + bx + c$

      (I) $g(2) = 4,2 \Leftrightarrow 4a + 2b + c = 4,2$

      (II) $g(4) = 5 \Leftrightarrow 16a + 4b + c = 5$

      (III) $g(8) = 1,8 \Leftrightarrow 64a + 8b + c = 1,8 \qquad g(x) = -0,2x^2 + 1,6x + 1,8$

   b) $\int_{2}^{8}(g(x) - f(x))\,dx = \int_{2}^{8}\left(-0,4x^2 + 4x - 6,4\right)dx = \left[-\frac{2}{15}x^3 + 2x^2 - 6,4x\right]_{2}^{8} = 14,4\ [\text{m}^2]$

    $F_S = 14,4\,\text{m}^2 \qquad V_S = 14,4\,\text{m}^2 \cdot 0,6\,\text{m} = 8,64\,\text{m}^3$

   c) Wenn die Grube ganz mit Sand gefüllt werden soll, müssen $9\,\text{m}^3$ Sand bestellt werden.

(i) **Ergänzungen zur offenen Variante**

   Die beiden Randlinien können als Ausschnitte von Parabelfunktionen beschrieben werden. Aus der Aufgabenstellung ist zu entnehmen, dass beide Randlinien die Punkte $A(2|4,2)$ und $B(8|1,8)$ enthalten. Bei der oberen Randlinie befindet sich bei $C(4|5)$ ein Maximum und bei der unteren Randlinie bei $D(6|1)$ ein Minimum.

   Die beiden Funktionsgleichungen können durch Lösen eines linearen Gleichungssystems gewonnen werden oder über die Scheitelpunktform und Berechnen des Stauchungsfaktors mit Hilfe der Punkte A und B.

   Durch Integration lässt sich die Grubenfläche und damit die benötigte Sandmenge bestimmen. Alternativ kann die Grubenfläche durch Näherungsverfahren ermittelt werden:

   Das Zählen der Quadratmeter (Kästchen) durch Aufteilen in „ganze" und „halbe" Kästchen und Aufaddieren liefert eine gute Näherung (z.B. $14\,\text{m}^2$). Die Schätzfehler für zu große und zu kleine Teilflächen heben sich in etwa auf.

   Die Grubenfläche kann ebenfalls durch Vielecke (z. B. Trapeze) angenähert werden. Die Fläche des Vierecks $ABCD$ ($9,6\,\text{m}^2$) ist als Näherung allerdings zu ungenau.

Test zu 4.2

1. $f(x) = 0 \Rightarrow x_{N_1} = -2;\ x_{N_2} = 1;\ x_{N_3} = 3$ 329

$A = \left|\int_{-2}^{1} f(x)\,dx\right| + \int_{1}^{3} f(x)\,dx$

$= \left|\left[-\frac{1}{8}x^4 + \frac{1}{3}x^3 + \frac{5}{4}x^2 - 3x\right]_{-2}^{1}\right|$

$\quad + \left[-\frac{1}{8}x^4 + \frac{1}{3}x^3 + \frac{5}{4}x^2 - 3x\right]_{1}^{3}$

$= \left|-\frac{63}{8}\right| + \frac{8}{3} = \frac{253}{24}\ [\text{FE}]$

329

2. a) $x_{N_1} = -\sqrt{2};\ x_{N_2} = 0;\ x_{N_3} = \sqrt{2}$
$T_1(-1\,|-0,25);\ H(0\,|\,0);$
$T_2(1\,|-0,25)$
$W_1\left(-\frac{1}{\sqrt{3}}\,\middle|-\frac{5}{36}\right);\ W_2\left(\frac{1}{\sqrt{3}}\,\middle|-\frac{5}{36}\right)$

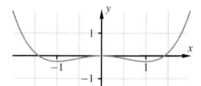

b) $A = \frac{4}{15}\sqrt{2}$ [FE]

c) $A = \frac{4}{15}$ [FE]

3. Differenzfunktion $h(x) = f(x) - g(x) = \sin(0,5x+1) - \cos(x)$
$$\int\limits_0^{2\pi} (\sin(0,5x) + 1 - \cos(x))\,dx \approx 2,16 \text{ [FE]}$$

4. a) $f(x_N) = 0 \iff x_N = -2 \lor x_N = 2$
$g(x_N) = 0 \iff x_N \approx -2,3 \lor x_N \approx 1,3$
$f(x_S) = g(x_S) \iff 4 = -x_S + 3 \iff x_S = -1$

b) $A \approx \int\limits_{-1}^{2} f(x)\,dx - \int\limits_{-1}^{1,3} g(x)\,dx \approx 9 - 5,49 = 3,51$ [FE]

c) $A_{\text{links}} \approx \int\limits_{-1}^{0} (f(x) - g(x))\,dx = \int\limits_{-1}^{0} (x+1)\,dx = 0,5$ [FE]
$A_{\text{rechts}} = A - A_{\text{links}} = 3,01$ [FE]
$A_{\text{links}} : A_{\text{rechts}} = 0,5 : 3,01 \approx 1 : 6$

5. $f(x) = ax^4 + bx^2 + c$
$f(x) = 0,25x^4 + bx^2 + 1,25$
$A = \left[\frac{1}{20}x^5 + \frac{1}{3}bx^3 + \frac{5}{4}x\right]_0^1 = \frac{4}{5}$ [FE]
$\iff b = -1,5$
$f(x) = 0,25x^4 - 1,5x^2 + 1,25$

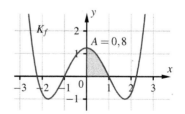

6. Parabel: $f(x) = -\frac{1}{4}x^2 + 4$
Das Volumen des Zeltes beträgt circa 853,3 m³.

7. $a = -2$

5 Projektvorschläge

5.1 Vektorgeometrie

1 Koordinaten im Raum

Hinweis: Fehler im 1. Druck! Die Achsen sind nicht richtig beschriftet. Die nach oben zeigende Achse muss die x_3-Achse sein, die „nach vorne" zeigende Achse muss die x_1-Achse sein.

a) Vorzeichen der Oktanten:

I.	$(+/+/+)$
II.	$(-/+/+)$
III.	$(-/-/+)$
IV.	$(+/-/+)$
V.	$(+/+/-)$
VI.	$(-/+/-)$
VII.	$(-/-/-)$
VIII.	$(+/-/-)$

b)

P_1	$(3\|2\|9)$	I
P_2	$(-4\|2\|-8)$	VI
P_3	$(3\|-2\|-8)$	VIII
P_4	$(-5\|-12\|6)$	III
P_5	$(-7\|-2\|-11)$	VII
P_6	$(8\|1\|-4)$	V
P_7	$(-3\|5\|1)$	II
P_8	$(6\|-2\|-3)$	VIII

2 Klettergerüst

a) Es würde sich die dritte Koordinate ändern, von -1 zu -2.

b) vgl. Aufgabenteil d)

c) $A(0|0|0), B(2|0|0), C(2|2|0), D(0|2|0)$

d)

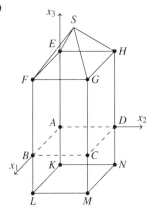

331

3 Kunstojekt

a) siehe Aufgabenteil e)

b) siehe Aufgabenteil e)
  $D(-3|3|0)$

c) $d(A;B) = \sqrt{(b_1-a_1)^2 + (b_2-a_2)^2 + (b_3-a_3)^2}$

d) $d(S;D) = \sqrt{(0-(-3))^2 + (0-3)^2 + (6,8-0)^2} \approx 8,01$
  Die Aussage stimmt also.

e)

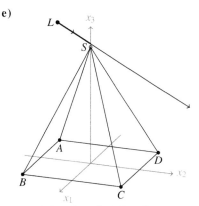

Der Lichtstrahl trifft nicht auf die Pyramide. Wenn man von L zwei Einheiten in x_2-Richtung „geht", muss man auch zweimal $-0,5$ in x_3-Richtung „gehen" (und 0 Einheiten in x_1-Richtung). Damit verläuft der Lichtstrahl durch den Punkt mit den Koordinaten $(0|0|7)$ und somit oberhalb der Spitze S.

4 Pizzalieferung per Drohne

a) Die bloße Entfernung per „Luftlinie" beträgt:
  $d(P_1;P_4) = \sqrt{(8-2)^2 + (12-(-2))^2} = 15,23$ m

b) $d(P_1;P_2) = \sqrt{(1-2)^2 + (3-(-2))^2 + (8-0)^2} = 9,49$

  $d(P_2;P_3) = \sqrt{(3-1)^2 + (7-3)^2 + (8-8)^2} = 4,47$

  $d(P_3;P_4) = \sqrt{(8-3)^2 + (12-7)^2 + (0-8)^2} = 10,68$

  Gesamtstrecke: 24,64 m

c) Die einfachste Lösung ist argumentativ: Da die Drohne im Punkt $P_3(3|7|8)$ ihre Richtung ändert, überfliegt sie auch den Punkt $Q(3|7|0)$, da die beiden Punkte sich nur durch die „senkrechte" x_3-Koordinate unterscheiden.

Übungen zu 5.1

1. a) $O(0|0|0)$, $P(5|5|0)$, $Q(5|0|0)$, $R(0|5|0)$, $S(2,5|2,5|5)$

b) Kantenlänge Grundfläche: 5 LE; $A = 25$ FE

Kantenlänge Seitenfläche: $\sqrt{37,5} \approx 6,12$ LE

c) $\vec{a} = \begin{pmatrix} 2,5-5 \\ 2,5-0 \\ 0-0 \end{pmatrix} = \begin{pmatrix} -2,5 \\ 2,5 \\ 0 \end{pmatrix}$; $\vec{b} = \begin{pmatrix} 2,5-5 \\ 2,5-0 \\ 5-0 \end{pmatrix} = \begin{pmatrix} -2,5 \\ 2,5 \\ 5 \end{pmatrix}$; $\vec{c} = \begin{pmatrix} 0-2,5 \\ 5-2,5 \\ 0-5 \end{pmatrix} = \begin{pmatrix} -2,5 \\ 2,5 \\ -5 \end{pmatrix}$;

$\vec{h} = \begin{pmatrix} 2,5-2,5 \\ 2,5-2,5 \\ 5-0 \end{pmatrix} = \begin{pmatrix} 0 \\ 0 \\ 5 \end{pmatrix}$

d) $\vec{a} = \begin{pmatrix} -2,5 \\ 2,5 \\ 0 \end{pmatrix}$; $\vec{b} = \begin{pmatrix} -2,5 \\ 2,5 \\ 5 \end{pmatrix}$; $\cos\alpha = \frac{12,5}{\sqrt{468,75}} \approx 0,58 \Rightarrow \alpha \approx 54,74°$

2. a) $\overrightarrow{CG}$, $\overrightarrow{AE}$, $\overrightarrow{BF}$　　**b)** $\overrightarrow{DC}$, $\overrightarrow{AB}$, $\overrightarrow{EF}$　　**c)** $\overrightarrow{DE}$　　**d)** $\overrightarrow{HC}$

3. a) $(\vec{a}+\vec{b})+\vec{c}$ und $\vec{a}+(\vec{b}+\vec{c})$ ergeben in jedem Fall die Raumdiagonale $\vec{a}+\vec{b}+\vec{c}$.

Es gilt daher:

$(\vec{a}+\vec{b})+\vec{c} = \vec{a}+(\vec{b}+\vec{c})$

b)

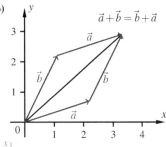

4. $D(-1|2|3)$, $E(1|2|5)$, $G(-1|4|5)$, $H(-1|2|5)$

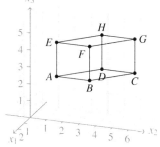

5. a) z.B. $P(2|0|0)$, wichtig: $x_2 = x_3 = 0$

b) z.B. $Q(0|0|2)$, wichtig: $x_1 = x_2 = 0$

c) z.B. $R(2|1|0)$, wichtig: $x_3 = 0$

d) z.B. $Q(0|1|2)$, wichtig: $x_1 = 0$

6. a) $|\vec{a}| = \sqrt{26}$

b) $|\vec{b}| = \sqrt{2}$

c) $|\vec{c}| = \sqrt{38}$

7. $t_{1,2} = \pm\frac{2\sqrt{30}}{5}$

342

342

8. a) $\vec{r} = \begin{pmatrix} 1 \\ 1 \\ 1 \end{pmatrix}$ **c)** $\vec{r} = \begin{pmatrix} 1 \\ -2 \\ 1 \end{pmatrix}$

b) $\vec{r} = \begin{pmatrix} 1 \\ 2 \\ 1 \end{pmatrix}$ **d)** $\vec{r} = \begin{pmatrix} 1 \\ -1 \\ -1 \end{pmatrix}$

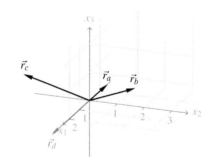

9. a) $4\vec{a} = \begin{pmatrix} 8 \\ 12 \\ 16 \end{pmatrix}$ **d)** $2\vec{a} - \vec{b} = \begin{pmatrix} 5 \\ 1 \\ 11 \end{pmatrix}$

b) $-2,25\vec{b} = \begin{pmatrix} 2,25 \\ -11,25 \\ 6,75 \end{pmatrix}$ **e)** $3\vec{a} - 2\vec{b} = \begin{pmatrix} 8 \\ -1 \\ 18 \end{pmatrix}$

c) $\vec{a} + 3\vec{b} = \begin{pmatrix} -1 \\ 18 \\ -5 \end{pmatrix}$ **f)** $-2\vec{a} - 3\vec{b} = \begin{pmatrix} -1 \\ -21 \\ 1 \end{pmatrix}$

10. a) $\vec{a} = \overrightarrow{AB} = \begin{pmatrix} -4 \\ 4 \\ 0 \end{pmatrix}$; $\vec{b} = \overrightarrow{AC} = \begin{pmatrix} -2 \\ 1 \\ 2 \end{pmatrix}$; $\vec{c} = \overrightarrow{BC} = \begin{pmatrix} 2 \\ -3 \\ 2 \end{pmatrix}$

b) $|\vec{a}| = 4\sqrt{2} \approx 5,66$; $|\vec{b}| = 3$; $|\vec{c}| = \sqrt{17} \approx 4,12$
$U \approx 12,78$

11. a) $\overrightarrow{AB} = \begin{pmatrix} -2 \\ 6 \\ -3 \end{pmatrix}$ $|\overrightarrow{AB}| = 7$

$\overrightarrow{AC} = \begin{pmatrix} -6 \\ 3 \\ 2 \end{pmatrix}$ $|\overrightarrow{AC}| = 7$

b) Eine mögliche Lösung: $D(1|-2|5)$

12. a) $\vec{a}+\vec{b}=\begin{pmatrix}3\\2\end{pmatrix}$

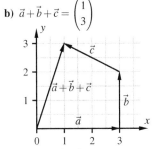

b) $\vec{a}+\vec{b}+\vec{c}=\begin{pmatrix}1\\3\end{pmatrix}$

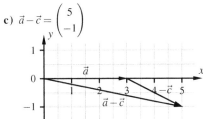

c) $\vec{a}-\vec{c}=\begin{pmatrix}5\\-1\end{pmatrix}$

d) $\vec{a}-\vec{b}-\vec{c}=\begin{pmatrix}5\\-3\end{pmatrix}$

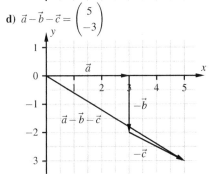

e) $-\vec{b}+\vec{c}+\vec{a}=\begin{pmatrix}1\\-1\end{pmatrix}$

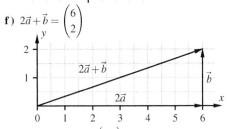

f) $2\vec{a}+\vec{b}=\begin{pmatrix}6\\2\end{pmatrix}$

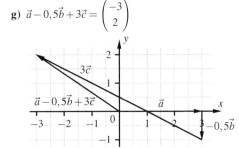

g) $\vec{a}-0,5\vec{b}+3\vec{c}=\begin{pmatrix}-3\\2\end{pmatrix}$

h) $2\vec{a}-3\vec{b}+0,5\vec{c}=\begin{pmatrix}5\\-5,5\end{pmatrix}$

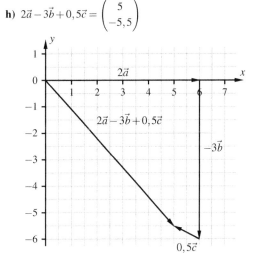

343

13. a) $\begin{pmatrix} 4 \\ 3 \\ -2 \end{pmatrix} \cdot \begin{pmatrix} 2 \\ 0 \\ 1 \end{pmatrix} = 6$

b) $\begin{pmatrix} 0 \\ 4 \\ 3 \end{pmatrix} \cdot \begin{pmatrix} -3 \\ 8 \\ 11 \end{pmatrix} = 65$

14. Ist das Dreieck OAB rechtwinklig bei O, so gilt nach dem Satz des Pythagoras:
$|\vec{a}|^2 + |\vec{b}|^2 = |\vec{c}|^2$ bzw. $|\vec{a}|^2 + |\vec{b}|^2 = |\vec{a} - \vec{b}|^2$.

$|\vec{a}|^2 + |\vec{b}|^2 = |\vec{a} - \vec{b}|^2$

$\Leftrightarrow a_1^2 + a_2^2 + a_3^2 + b_1^2 + b_2^2 + b_3^2 = (a_1 - b_1)^2 + (a_2 - b_2)^2 + (a_3 - b_3)^2$

$\Leftrightarrow a_1^2 + a_2^2 + a_3^2 + b_1^2 + b_2^2 + b_3^2 = a_1^2 - 2a_1 b_1 + b_1^2 + a_2^2 - 2a_2 b_2 + b_2^2 + a_3^2 - 2a_3 b_3 + b_3^2$

$\Leftrightarrow a_1^2 + a_2^2 + a_3^2 + b_1^2 + b_2^2 + b_3^2 = a_1^2 + a_2^2 + a_3^2 + b_1^2 + b_2^2 + b_3^2 - 2a_1 b_1 - 2a_2 b_2 - 2a_3 b_3$

$\Leftrightarrow 0 = -2a_1 b_1 - 2a_2 b_2 - 2a_3 b_3$

$\Leftrightarrow 0 = -2(a_1 b_1 + a_2 b_2 + a_3 b_3)$

$\Leftrightarrow 0 = a_1 b_1 + a_2 b_2 + a_3 b_3$

Per Definition ist dies das Skalarprodukt, also $\quad 0 = \vec{a} \cdot \vec{b}$.

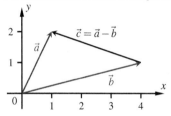

15. a) $\begin{pmatrix} 4 \\ 3 \\ 2 \end{pmatrix} \cdot \begin{pmatrix} -2 \\ 4 \\ 2 \end{pmatrix} = 8 \neq 0$ ▶ nicht orthogonal

b) $\begin{pmatrix} -3 \\ 5 \\ 3 \end{pmatrix} \cdot \begin{pmatrix} 6 \\ 3 \\ 1 \end{pmatrix} = 0$ ▶ orthogonal

c) $\begin{pmatrix} 2 \\ 4 \\ 3 \end{pmatrix} \cdot \begin{pmatrix} 4 \\ -2 \\ 0 \end{pmatrix} = 0$ ▶ orthogonal

16. $\cos(\alpha) = \dfrac{\vec{AB} \cdot \vec{AC}}{|\vec{AB}| \cdot |\vec{AC}|} = \dfrac{14}{\sqrt{11} \cdot \sqrt{44}} \approx 0{,}64 \Rightarrow \alpha \approx 50{,}48°$

$\cos(\beta) = \dfrac{\vec{BA} \cdot \vec{BC}}{|\vec{BA}| \cdot |\vec{BC}|} = \dfrac{-3}{\sqrt{11} \cdot \sqrt{27}} \approx -0{,}17 \Rightarrow \beta \approx 100{,}02°$

$\cos(\gamma) = \dfrac{\vec{CB} \cdot \vec{CA}}{|\vec{CB}| \cdot |\vec{CA}|} = \dfrac{30}{\sqrt{27} \cdot \sqrt{44}} \approx 0{,}87 \Rightarrow \gamma \approx 29{,}50°$

17. a) $\cos\alpha = \dfrac{\begin{pmatrix}2\\3\end{pmatrix}\cdot\begin{pmatrix}4\\7\end{pmatrix}}{\left|\begin{pmatrix}2\\3\end{pmatrix}\right|\left|\begin{pmatrix}4\\7\end{pmatrix}\right|} = \dfrac{29\sqrt{5}}{65} \quad\Rightarrow\quad \alpha \approx 3{,}95°$

b) $\cos\alpha = \dfrac{\begin{pmatrix}10\\10\\2\end{pmatrix}\cdot\begin{pmatrix}3\\0{,}5\\1\end{pmatrix}}{\left|\begin{pmatrix}10\\10\\2\end{pmatrix}\right|\cdot\left|\begin{pmatrix}3\\0{,}5\\1\end{pmatrix}\right|} \approx 0{,}809 \quad\Rightarrow\quad \alpha \approx 35{,}99°$

c) $\cos\alpha = \dfrac{\begin{pmatrix}-2\\5\end{pmatrix}\cdot\begin{pmatrix}8\\-2\end{pmatrix}}{\left|\begin{pmatrix}-2\\5\end{pmatrix}\right|\cdot\left|\begin{pmatrix}8\\-2\end{pmatrix}\right|} \approx -0{,}586 \quad\Rightarrow\quad \alpha \approx 125{,}84°$

d) $\cos\alpha = \dfrac{\begin{pmatrix}6\\4{,}5\\6\end{pmatrix}\cdot\begin{pmatrix}2\\-4\\1\end{pmatrix}}{\left|\begin{pmatrix}6\\4{,}5\\6\end{pmatrix}\right|\left|\begin{pmatrix}2\\-4\\1\end{pmatrix}\right|} = 0 \quad\Rightarrow\quad \alpha \approx 90°$

18. a)

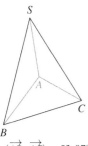

b) $\vec{AB} = \begin{pmatrix}6\\1\\0\end{pmatrix}$, $\vec{AC} = \begin{pmatrix}3\\6\\0\end{pmatrix}$, $\vec{BC} = \begin{pmatrix}-3\\5\\0\end{pmatrix}$

$\vec{AS} = \begin{pmatrix}4\\2\\8\end{pmatrix}$, $\vec{BS} = \begin{pmatrix}-2\\1\\8\end{pmatrix}$, $\vec{CS} = \begin{pmatrix}1\\-4\\8\end{pmatrix}$

c) $|\vec{AB}| = \sqrt{37}$, $|\vec{AC}| = \sqrt{45}$, $|\vec{BC}| = \sqrt{34}$,
$|\vec{AS}| = \sqrt{84}$, $|\vec{BS}| = \sqrt{69}$, $|\vec{CS}| = \sqrt{81} = 9$

d) $\sphericalangle(\vec{AB};\vec{AC}) \approx 53{,}97°$ ▶ da $\cos\alpha = \dfrac{24}{\sqrt{37}}\cdot\sqrt{45}$

$\sphericalangle(\vec{BA};\vec{BC}) \approx 68{,}5°$ ▶ da $\cos\alpha = \dfrac{13}{\sqrt{37}}\cdot\sqrt{34}$

$\sphericalangle(\vec{CA};\vec{CB}) \approx 180° - 53{,}97° - 68{,}5° = 57{,}53°$

19. a) $g\colon \vec{x} = \begin{pmatrix}2\\5\\3\end{pmatrix} + r\cdot\begin{pmatrix}0\\0\\3\end{pmatrix}$. g ist senkrecht zum Boden, d. h. zur x_1-x_2-Ebene.

b) $g\colon \vec{x} = \begin{pmatrix}4\\3\\4\end{pmatrix} + r\cdot\begin{pmatrix}0\\1\\0\end{pmatrix}$. g ist parallel zum Boden.

343

c) $g: \vec{x} = \begin{pmatrix} -2 \\ -3 \\ -2 \end{pmatrix} + r \cdot \begin{pmatrix} -2 \\ -2 \\ 0 \end{pmatrix}$. g ist parallel zum Boden.

20. a) $g: \vec{x} = \begin{pmatrix} 1 \\ -3 \\ 5 \end{pmatrix} + r \cdot \begin{pmatrix} 0-1 \\ -2-(-3) \\ 3-5 \end{pmatrix} = \begin{pmatrix} 1 \\ -3 \\ 5 \end{pmatrix} + r \cdot \begin{pmatrix} -1 \\ 1 \\ -2 \end{pmatrix}$

b) $g: \vec{x} = \begin{pmatrix} -2 \\ -2 \\ 2 \end{pmatrix} + r \cdot \begin{pmatrix} 3-(-2) \\ 0-(-2) \\ -3-2 \end{pmatrix} = \begin{pmatrix} -2 \\ -2 \\ 2 \end{pmatrix} + r \cdot \begin{pmatrix} 5 \\ 2 \\ -5 \end{pmatrix}$

c) $g: \vec{x} = \begin{pmatrix} 0 \\ 0 \\ 1 \end{pmatrix} + r \cdot \begin{pmatrix} 1-0 \\ 0-0 \\ 0-1 \end{pmatrix} = \begin{pmatrix} 0 \\ 0 \\ 1 \end{pmatrix} + r \cdot \begin{pmatrix} 1 \\ 0 \\ -1 \end{pmatrix}$

21. a) $g: \vec{x} = \begin{pmatrix} 4 \\ -1 \\ -5 \end{pmatrix} + r \cdot \begin{pmatrix} -1 \\ 3 \\ -1 \end{pmatrix}$

b) $g: \vec{x} = \begin{pmatrix} -3 \\ 2 \\ -1 \end{pmatrix} + r \cdot \begin{pmatrix} 7 \\ 0 \\ 8 \end{pmatrix}$

c) $g: \vec{x} = \begin{pmatrix} 0 \\ 0 \\ 0 \end{pmatrix} + r \cdot \begin{pmatrix} 3 \\ -3 \\ -4,5 \end{pmatrix}$

22. a) $\begin{pmatrix} 4 \\ -2 \\ -3 \end{pmatrix} = \begin{pmatrix} 2 \\ 4 \\ -3 \end{pmatrix} + t \begin{pmatrix} 4 \\ -12 \\ 3 \end{pmatrix}, t = 0,5 \quad \Rightarrow \quad P \in g$

b) $\begin{pmatrix} -10 \\ 30 \\ -12 \end{pmatrix} = \begin{pmatrix} 2 \\ 4 \\ -3 \end{pmatrix} + t \begin{pmatrix} 4 \\ -12 \\ 3 \end{pmatrix}$, nicht lösbar $\quad \Rightarrow \quad P \notin g$

c) $\begin{pmatrix} 0 \\ 10 \\ -4,5 \end{pmatrix} = \begin{pmatrix} 2 \\ 4 \\ -3 \end{pmatrix} + t \begin{pmatrix} 4 \\ -12 \\ 3 \end{pmatrix}, t = -0,5 \quad \Rightarrow \quad P \in g$

d) $\begin{pmatrix} 2,4 \\ 2,8 \\ -2,7 \end{pmatrix} = \begin{pmatrix} 2 \\ 4 \\ -3 \end{pmatrix} + t \begin{pmatrix} 4 \\ -12 \\ 3 \end{pmatrix}, t = 0,1 \quad \Rightarrow \quad P \in g$

23. a) P liegt für keine Wahl von $a, c \in \mathbb{R}$ auf g.

    b) $a = 1,5$ und $c = 5,5$.

    c) $b = 4$ und $c = 3$.

24. Spurpunkte mit der x_1x_2-Ebene: 343

Da in der x_1x_2-Ebene die 3. Koordinate eines Punktes null ist, müssen wir den Skalar s so bestimmen, dass die 3. Koordinate des Ortsvektors von S gleich null ist.

a) $\overrightarrow{OS} = \begin{pmatrix} 3 \\ 4 \\ 3 \end{pmatrix} + s \cdot \begin{pmatrix} 2 \\ 2 \\ 2 \end{pmatrix} = \begin{pmatrix} x_1 \\ x_2 \\ 0 \end{pmatrix}$

$\Rightarrow\ 3 + 2s = 0 \ \Leftrightarrow\ s = -1{,}5$

$\Rightarrow\ \overrightarrow{OS} = \begin{pmatrix} 3 \\ 4 \\ 3 \end{pmatrix} - 1{,}5 \cdot \begin{pmatrix} 2 \\ 2 \\ 2 \end{pmatrix} = \begin{pmatrix} 0 \\ 1 \\ 0 \end{pmatrix}$

b) $\overrightarrow{OS} = \begin{pmatrix} 1 \\ 3 \\ 3 \end{pmatrix} + s \cdot \begin{pmatrix} 8 \\ 6 \\ 3 \end{pmatrix} = \begin{pmatrix} x_1 \\ x_2 \\ 0 \end{pmatrix}$

$\Rightarrow\ 3 + 3s = 0 \ \Leftrightarrow\ s = -1$

$\Rightarrow\ \overrightarrow{OS} = \begin{pmatrix} 1 \\ 3 \\ 3 \end{pmatrix} - 1 \cdot \begin{pmatrix} 8 \\ 6 \\ 3 \end{pmatrix} = \begin{pmatrix} -7 \\ -3 \\ 0 \end{pmatrix}$

c) $\overrightarrow{OS} = \begin{pmatrix} 0 \\ 2 \\ -4 \end{pmatrix} + s \cdot \begin{pmatrix} 0 \\ 3 \\ 1 \end{pmatrix} = \begin{pmatrix} x_1 \\ x_2 \\ 0 \end{pmatrix}$

$\Rightarrow\ -4 + s = 0 \ \Leftrightarrow\ s = 4$

$\Rightarrow\ \overrightarrow{OS} = \begin{pmatrix} 0 \\ 2 \\ -4 \end{pmatrix} + 4 \cdot \begin{pmatrix} 0 \\ 3 \\ 1 \end{pmatrix} = \begin{pmatrix} 0 \\ 14 \\ 0 \end{pmatrix}$

Spurpunkte mit der x_2x_3-Ebene:

Da in der x_2x_3-Ebene die 1. Koordinate eines Punktes null ist, müssen wir den Skalar s so bestimmen, dass die 1. Koordinate des Ortsvektors von S gleich null ist.

a) $\overrightarrow{OS} = \begin{pmatrix} 3 \\ 4 \\ 3 \end{pmatrix} + s \cdot \begin{pmatrix} 2 \\ 2 \\ 2 \end{pmatrix} = \begin{pmatrix} 0 \\ x_2 \\ x_3 \end{pmatrix}$

$\Rightarrow\ 3 + 2s = 0 \ \Leftrightarrow\ s = -1{,}5$

$\Rightarrow\ \overrightarrow{OS} = \begin{pmatrix} 3 \\ 4 \\ 3 \end{pmatrix} - 1{,}5 \cdot \begin{pmatrix} 2 \\ 2 \\ 2 \end{pmatrix} = \begin{pmatrix} 0 \\ 1 \\ 0 \end{pmatrix}$

b) $\overrightarrow{OS} = \begin{pmatrix} 1 \\ 3 \\ 3 \end{pmatrix} + s \cdot \begin{pmatrix} 8 \\ 6 \\ 3 \end{pmatrix} = \begin{pmatrix} 0 \\ x_2 \\ x_3 \end{pmatrix}$

$\Rightarrow\ 1 + 8s = 0 \ \Leftrightarrow\ s = -\frac{1}{8}$

$\Rightarrow\ \overrightarrow{OS} = \begin{pmatrix} 1 \\ 3 \\ 3 \end{pmatrix} - \frac{1}{8} \cdot \begin{pmatrix} 8 \\ 6 \\ 3 \end{pmatrix} = \begin{pmatrix} 0 \\ 2{,}25 \\ 2{,}625 \end{pmatrix}$

c) $\overrightarrow{OS} = \begin{pmatrix} 0 \\ 2 \\ -4 \end{pmatrix} + s \cdot \begin{pmatrix} 0 \\ 3 \\ 1 \end{pmatrix} = \begin{pmatrix} 0 \\ x_2 \\ x_3 \end{pmatrix}$

$\Rightarrow\ 0 + 0s = 0 \ \Leftrightarrow\ s$ ist beliebig wählbar

z.B. $s = 4$

$\Rightarrow\ \overrightarrow{OS} = \begin{pmatrix} 0 \\ 2 \\ -4 \end{pmatrix} + 4 \cdot \begin{pmatrix} 0 \\ 3 \\ 1 \end{pmatrix} = \begin{pmatrix} 0 \\ 14 \\ 0 \end{pmatrix}$

z.B. $s = 2$

$\Rightarrow\ \overrightarrow{OS} = \begin{pmatrix} 0 \\ 2 \\ -4 \end{pmatrix} + 2 \cdot \begin{pmatrix} 0 \\ 3 \\ 1 \end{pmatrix} = \begin{pmatrix} 0 \\ 8 \\ -2 \end{pmatrix}$

5.2 Stochastik

344

1 Gewinnchancen „1 zu ...“

a) Individuelle Lösungen

b) Die Gewinnchance für den Hauptgewinn liegt bei 1 : 139 838 160, für kleinere Gewinne sind die Chancen (etwas) besser. Die Wahrscheinlichkeit macht aber auch nur eine Aussage darüber, wie sich die Gewinne bei sehr vielen Spielen verteilen. Die Aussage ist also eher als Werbeslogan zu verstehen, denn als Sachäußerung.

Hinweis: Das Werbeplakat enthält einen sehr häufigen Denkfehler. Es gibt 139 838 160 mögliche Zahlenkombinationen beim Lotto 6 aus 49 (mit Zusatzzahl). Daher ist die tatsächliche Gewinnchance 1 : 139 838 159 (günstige Fälle : ungünstige Fälle).

c) Die Gewinnchancen sind für alle Kombinationen jede Woche gleich gut bzw. schlecht, auch für die Zahlen, die in der Vorwoche gezogen wurden. Der Eindruck, dass die Zahlen aus der Vorwoche nicht wieder gezogen werden, liegt daran, dass es mehr Möglichkeiten gibt, von den Zahlen abzuweichen als sie wieder zu treffen.

d) Die Gewinnchancen sind stets gleich. Bei einem großen Jackpot und vielen Spielern ist allerdings das Risiko größer, dass der Jackpot geteilt werden muss. Jedoch ist in diesem Fall auch mehr Geld im Jackpot.

2 Zweite Wahl

a) Auch wenn das Risiko für jedes einzelne Handy recht gering ist, so ist das Risiko, dass mindestens ein schadhaftes Handy mit dabei ist, nicht mehr klein (berechnet: 39,5 %). Mit dem Verkauf eines solchen Handys kann man Kundschaft verärgern und verlieren. Kulanz beim Umtausch könnte dies jedoch abmildern. Wenn der Händler den Rabatt an die Kunden weitergibt, könnten auch die Kunden profitieren.

Ein seriöser Händler, dem die Zufriedenheit seiner Kunden und die Qualität seiner Ware wichtig sind, sollte aber das beschriebene Risiko nicht eingehen.

b) Bei 1000 Handys gehen wir davon aus, dass 50 Handys einen Kratzer am Gehäuse haben und 20 einen Farbfehler. Da die Fehler unabhängig auftreten, kann davon ausgegangen werden, dass 2 % der 50 Handys mit Kratzer auch einen Farbfehler haben, das wäre 1 Handy.

Wir können also mit 49 Handys mit Kratzer (20 € Rabatt), 19 Handys mit Farbfehler (30 € Rabatt) und einem Handy mit beiden Fehlern (40 € Rabatt) rechnen.

Der Händler gewährt also $49 \cdot 20$ € $+ 19 \cdot 30$ € $+ 1 \cdot 40$ € $= 1590$ € Rabatt. Somit muss er mehr als 1590 € Nachlass heraushandeln.

345

3 Poker – Vorhersage der Siegchance

a) Wertigkeit der Kartenkombinationen

Das höchste Blatt ist ein <u>Royal Flush</u>, also alle 5 aufeinanderfolgenden Karten eines Farbzeichens aufsteigend bis zur höchsten Karte, dem Ass.

Gefolgt von dem <u>Straight Flush</u>, 5 aufeinanderfolgende Karten eines Farbzeichens.

Das nächste Blatt heißt Four of a kind oder <u>Vierling</u>, also vier Karten gleicher Wertigkeit, z.B. 4-mal Ass.

Direkt dahinter folgt das <u>Full House</u>, bestehend aus einem Paar, zwei Karten gleicher Wertigkeit, und einem Drilling, also drei Karten einer Wertigkeit.

Ein <u>Flush</u> sind 5 Karten eines Farbzeichens.

345

Eine <u>Straße</u> oder Straight sind fünf aufeinanderfolgende Karten (ohne Beachtung des Farbzeichens). Unter der Straße steht der <u>Drilling</u> (Three of a kind), bei dem drei wertgleiche Karten vorliegen.

Es folgen noch <u>zwei Paare</u>, also zweimal jeweils zwei wertgleiche Karten.

Dahinter noch das <u>Paar</u> oder Zwilling, also zwei wertgleiche Karten.

Und als Letztes entscheidet einfach die <u>höchste Karte</u> (High Card).

b) Es ist schwieriger einen Drilling zu bekommen. Ein Drilling ist ein Zwilling mit weiteren Einschränkungen. Die Wahrscheinlichkeit, einen Drilling zu haben, ist geringer als die Wahrscheinlichkeit für einen Zwilling.

c) Ivey:

– Flush,	wenn noch zwei Kreuz-Karten folgen.
– Straße,	wenn eine 4 folgt.
	wenn eine 4 und eine 6 folgen.
– Drilling,	wenn noch 2 Asse folgen.
	wenn noch 2 2er folgen.
	wenn noch 2 Buben (J) folgen.
	wenn noch 2 3er folgen.
	wenn noch 2 5er folgen.
– Zwei Paar,	wenn eine 2 und ein Ass folgen.
	wenn eine 2 und ein Bube (J) folgen.
	wenn eine 2 und eine 3 folgen.
	wenn eine 2 und eine 5 folgen.
	wenn ein Ass und ein Bube (J) folgen.
	wenn ein Ass und eine 3 folgen.
	wenn ein Ass und eine 5 folgen.
	wenn ein Bube (J) und eine 3 folgen.
	wenn ein Bube (J) und eine 5 folgen.
	wenn eine 3 und eine 5 folgen.
– Ein Paar,	wenn eine 2 folgt.
	wenn ein Ass folgt.
	wenn ein Bube folgt.
	wenn eine 3 folgt.
	wenn eine 5 folgt.
– High Card,	sonst.

Dwan: (Teilweise würde er in diesen Fällen trotzdem verlieren, was er allerdings nicht wissen kann, da er die Karten seines Gegners nicht kennt.)

– Straße,	wenn eine 4 folgt.
	wenn eine 8 folgt.
	wenn eine 8 und eine 9 folgen.
– Drilling,	wenn noch 2 7er folgen.
	wenn noch 2 6er folgen.
	wenn noch 2 Buben (J) folgen.
	wenn noch 2 3er folgen.
	wenn noch 2 5er folgen.

345

  – Zwei Paar,   wenn eine 6 und eine 7 folgen.

                  wenn eine 6 und ein Bube (J) folgen.

                  wenn eine 6 und eine 3 folgen.

                  wenn eine 6 und eine 5 folgen.

                  wenn eine 7 und ein Bube (J) folgen.

                  wenn eine 7 und eine 3 folgen.

                  wenn eine 7 und eine 5 folgen.

                  wenn ein Bube (J) und eine 3 folgen.

                  wenn ein Bube (J) und eine 5 folgen.

                  wenn eine 3 und eine 5 folgen.

  – Ein Paar,   wenn eine 6 folgt.

                  wenn eine 7 folgt.

                  wenn ein Bube folgt.

                  wenn eine 3 folgt.

                  wenn eine 5 folgt.

  – High Card,   sonst.

d) Iveys Chancen sind besser, weil es mehr Möglichkeiten gibt, mit denen er gewinnt (ggf. könnten diese auch einzeln eine höhere Wahrscheinlichkeit haben).

e) Er hat nicht alle Informationen, die zur Berechnung nötig sind (z.B. über Dwans Blatt) und mit der nächsten Karte könnten sich seine Chancen verbessern. Außerdem bestimmt der Zufall den Ausgang dieser einen Partie. Die Wahrscheinlichkeiten geben lediglich Auskunft darüber, was bei häufiger Wiederholung eintreffen würde.

f) - Anzahl der Karten, die noch im Spiel sind

   - Art der Karten, die noch im Spiel sind

   - Zuordnung: Spielsituation $\rightarrow$ Sieger

4 Kfz-Versicherung – Ein Spiel mit vielen Variablen

a) Für die Versicherung ist es vor allem wichtig, dass die Einnahmen über die Beiträge die Kosten der Zahlungen auffangen. Allerdings herrschen für unterschiedliche Gruppen unterschiedliche Risiken, die die Versicherungen aufgrund ihrer Erfahrungswerte festlegen. So ist z.B. das Risiko eines Schadens von Autos, die in größeren Städten registriert sind, höher, als von Autos im eher ländlichen Raum. Deshalb wird durch die Regionalklassen das Risiko eines Wohnorts in der Versicherungssumme berücksichtigt.

b) Folgende Faktoren haben Einfluss auf die Versicherungssumme (ohne Anspruch auf Vollständigkeit):

   - Art der Versicherung: nur Haftpflicht, oder Haftpflicht mit Teilkasko oder Haftpflicht mit Vollkasko

   - Eigenanteile im Schadensfall

   - Art des Fahrzeugs

   - Beruf des Versicherungsnehmers

   - Alter der Fahrer

   - Erfahrung der Fahrer

   - schadensfreie Versicherungszeit (als Schadensverursacher)

   - jährliche Fahrleistung

c) $0,7 \cdot 0 \, € + 0,22 \cdot 1500 \, € + 0,06 \cdot 8000 \, € + 0,02 \cdot 60\,000 \, €$

345

$= 330 \, € + 480 \, € + 1200 \, € = 2010 \, €$

Es müssten alle Versicherungsnehmer ca. 2010 € zahlen.

d) Die Fahrer ohne Schaden könnten bessere Konditionen erhalten: z.B. 1600 €;

die Fahrer mit kleineren Schäden minimal schlechtere: z.B. 2100 €.

Die Fahrer mit Schäden bis 8000 € sollten mehr bezahlen: z.B. 2500 €.

Die Fahrer mit sehr hohen Schäden müssten viel mehr bezahlen: z.B. 3000 €.

Die Einnahmen würden somit im Durschnitt die zu erwartenden Kosten auffangen:

$0,7 \cdot 1600 \, € + 0,22 \cdot 2100 \, € + 0,06 \cdot 2500 \, € + 0,02 \cdot 3000 \, € = 2065 \, €$

Übungen zu 5.2

1. a) Zufallsexperiment

   b) in der Regel kein Zufallsexperiment

   c) Zufallsexperiment

   d) in der Regel kein Zufallsexperiment

   e) kein Zufallsexperiment

358

2. Es gibt sechs verschiedene Möglichkeiten, die Augensumme 11 mit 3 Würfeln zu erreichen:

$6 + 4 + 1, 6 + 3 + 2, 5 + 5 + 1, 5 + 4 + 2, 5 + 3 + 3$ und $4 + 4 + 3$.

Es gibt sechs verschiedene Möglichkeiten, die Augensumme 12 mit 3 Würfeln zu erreichen:

$6 + 5 + 1, 6 + 4 + 2, 6 + 3 + 3, 5 + 5 + 2, 5 + 4 + 3$ und $4 + 4 + 4$.

Die Möglichkeiten treten aber mit unterschiedlichen Wahrscheinlichkeiten auf (die Reihenfolge der Würfel muss berücksichtigt werden). Die Zerlegung $5 + 5 + 1$ kann auf 3 Arten entstehen (jeder der 3 Würfel kann die 1 zeigen). Die Zerlegung $6 + 3 + 2$ kann aber auf $3 \cdot 2 = 6$ Arten entstehen. Dies führt – in Summe – zu unterschiedlichen Wahrscheinlichkeiten für die Augensummen 11 und 12.

3. a) A: Es regnet am Montag. B: Es regnet am Dienstag. C: Es regnet am Mittwoch.

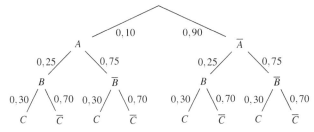

b) $E = \{$kein Regentag; es regnet nur am Montag; es regnet nur am Dienstag; es regnet nur am Mittwoch$\}$

$P(E) = P(\text{kein Regentag}) + P(\text{es regnet nur am Mo}) + P(\text{es regnet nur am Di}) + P(\text{es regnet nur am Mi})$

$= 0,9 \cdot 0,75 \cdot 0,7 + 0,1 \cdot 0,75 \cdot 0,7 + 0,9 \cdot 0,25 \cdot 0,7 + 0,9 \cdot 0,75 \cdot 0,3$

$= 0,4725 + 0,0525 + 0,1575 + 0,2025 = 0,885$

c) $\overline{E}$ ist das Ereignis, dass es an mindestens zwei von drei Tagen regnet.

$P(\overline{E}) = 1 - P(E) = 0,115$

d) Wir gehen davon aus, dass die Ereignisse „Regen"oder „nicht Regen" vom Zufall abhängen und nicht durch andere Einflüsse entstehen. Wir gehen außerdem in der Berechnung davon aus, dass die Tage sich nicht gegenseitig beeinflussen, sondern die Wahrscheinlichkeiten für den Folgetag unverändert bleiben, egal ob es zuvor geregnet hat oder nicht.

358

4. Hinrunde: $\binom{18}{2} = \frac{18!}{16! \cdot 2!} = 153$ Spiele; Rückrunde: 153 Spiele ► Kombination ohne Wiederholung
$\Rightarrow$ 306 Spiele werden angesetzt.
Bei 18 Teams kommt es jeden Spieltag zu 9 Paarungen. Jedes Team spielt in der Hinrunde gegen die 17 weiteren Teams. Es gibt also 17 Begegnungen und somit 17 Spieltage.
Insgesamt sind es $2 \cdot 17 \cdot 9$ Spiele $= 306$ Spiele.

5. $\binom{4}{2} = 6$

6. a) $P(E) = 1 - P(\text{keine Sechs}) = 1 - \frac{5^6}{6^6} \approx 0,665$ **d)** $P(E) = \frac{1}{6}$
   b) $P(E) = \frac{5^6}{6^6} \approx 0,335$ **e)** $P(E) = \frac{3^6}{6^6} = \left(\frac{1}{2}\right)^6 \approx 0,016$
   c) $P(E) = \frac{1}{6}$ **f)** $P(E) = \frac{6!}{6^6} \approx 0,015$

7. a) $P(\text{SONNE}) = \frac{1}{4} \cdot \frac{1}{4} \cdot \frac{1}{4} \cdot \frac{1}{4} \cdot \frac{1}{4} = \frac{1}{1024} = 0,0009765625$

   b) Variation mit Wiederholung
   $2^8 = 256$ Möglichkeiten

   c) Variation mit Wiederholung und Kombination ohne Wiederholung
   Insgesamt $3^8 = 6561$ mögliche Testausgänge
   Genau acht richtige Antworten: $\left(\frac{1}{3}\right)^8 = 0,00015$
   Genau sieben richtige Antworten: $\binom{8}{7} \cdot \left(\frac{1}{3}\right)^7 \cdot \frac{2}{3} = 0,0024$
   Genau sechs richtige Antworten: $\binom{8}{6} \cdot \left(\frac{1}{3}\right)^6 \cdot \left(\frac{2}{3}\right)^2 = 0,017$
   $P(\text{mindestens sechs richtige Antworten}) = P(8 \text{ Richtige}) + P(7 \text{ Richtige}) + P(6 \text{ Richtige})$
   $= 0,00015 + 0,0024 + 0,017 = 0,0197 = 1,97\,\%$

   d) Wir betrachten zunächst eine Frage. Es sind 3 Entscheidungen zu fällen, da 3 Kreuzchen gesetzt oder nicht gesetzt werden können. Für jedes Kreuz liegt die Trefferchance bei 0,5.
   $P(\text{Frage richtig beantwortet}) = 0,5^3 = 0,125$
   $P(\text{bestanden}) = P(\text{alle richtig}) + P(7 \text{ richtig}) + P(6 \text{ richtig})$
   $= 0,125^8 + 8 \cdot 0,125^7 \cdot 0,875 + \binom{8}{2} \cdot 0,125^6 \cdot 0,875^2$
   $= 0,125^8 + 8 \cdot 0,125^7 \cdot 0,875 + 28 \cdot 0,125^6 \cdot 0,875^2$
   $\approx 0,000085 = 0,0085\,\%$

8. a)

x_i	2	3	4	5	6	7	8	9	10	11	12
$P(X = x_i)$	$\frac{1}{36}$	$\frac{2}{36}$	$\frac{3}{36}$	$\frac{4}{36}$	$\frac{5}{36}$	$\frac{6}{36}$	$\frac{5}{36}$	$\frac{4}{36}$	$\frac{3}{36}$	$\frac{2}{36}$	$\frac{1}{36}$

b)

x_i	0	1	2	3	4	5
$P(X = x_i)$	$\frac{6}{36}$	$\frac{10}{36}$	$\frac{8}{36}$	$\frac{6}{36}$	$\frac{4}{36}$	$\frac{2}{36}$

c)

x_i	1	2	3	4	5	6
$P(X = x_i)$	$\frac{1}{36}$	$\frac{2}{36}$	$\frac{5}{36}$	$\frac{7}{36}$	$\frac{9}{36}$	$\frac{11}{36}$

Bemerkung: Wenn beide Augenzahlen gleich sind (es handelt sich um sechs Fälle 11, 22, 33, 44, 55, 66), wurde die vorliegende Augenzahl als größte aufgefasst.

9. a) $E(X) = 0,5 \cdot 3 + 0,3 \cdot 4 + 0,1 \cdot 5 + 0,1 \cdot 6 = 1,5 + 1,2 + 0,5 + 0,6 = 3,8$

358

b) $E(X) = 0,4 \cdot (-5) + 0,4 \cdot 0 + 0,2 \cdot 10 = -2 + 2 = 0$

c) $\frac{1}{4} + \frac{3}{8} + \frac{1}{8} = \frac{6}{8} = \frac{3}{4}$ somit $P(X = 20) = \frac{1}{4}$
$E(X) = \frac{1}{4} \cdot (-4) + \frac{3}{8} \cdot 7 + \frac{1}{8} \cdot 18 + \frac{1}{4} \cdot 20 = -1 + \frac{21}{8} + \frac{9}{4} + 5 = 8,875$

d) $\frac{1}{6} + \frac{1}{6} + \frac{2}{3} = \frac{6}{6} = 1$ somit $P(X = 1) = 0$
$E(X) = \frac{1}{6} \cdot 2 + \frac{1}{6} \cdot (-2) + \frac{2}{3} \cdot (-1) = \frac{1}{3} - \frac{1}{3} - \frac{2}{3} = -\frac{2}{3}$

10. a) Variation mit Wiederholung: Es gibt 10^2 Möglichkeiten.

359

$E(X) = -1 \cdot \frac{90}{100} + 20 \cdot \frac{2}{100} + 5 \cdot \frac{8}{100} = -\frac{1}{10} = \mathbf{-0,1 \, €}$

b) Der Spieleinsatz müsste um $0,10 \, €$ auf $0,90 \, €$ gesenkt werden.

11. $E(X) = 30 \cdot \frac{1}{6} \cdot \frac{1}{6} \cdot \frac{1}{6} + 9 \cdot (\frac{1}{6} \cdot \frac{1}{6} \cdot \frac{5}{6} + \frac{1}{6} \cdot \frac{5}{6} \cdot \frac{1}{6} + \frac{5}{6} \cdot \frac{1}{6} \cdot \frac{1}{6}) + 5 \cdot (\frac{1}{6} \cdot \frac{5}{6} \cdot \frac{5}{6} + \frac{5}{6} \cdot \frac{1}{6} \cdot \frac{5}{6} + \frac{5}{6} \cdot \frac{5}{6} \cdot \frac{1}{6}) = \mathbf{2,50}$

Der Einsatz des Spielers müsste $2,50 \, €$ betragen, damit das Spiel fair wird.

12. a) $P(A) = \frac{1}{6} \cdot \frac{1}{6} = \frac{1}{36} \approx 0,0278$
$P(B) = P(6) + P(\overline{6}6) + P(\overline{66}6) = \frac{1}{6} + \frac{5}{6} \cdot \frac{1}{6} + \frac{5}{6} \cdot \frac{5}{6} \cdot \frac{1}{6} = \frac{91}{216} \approx 0,4213$
$P(C) = 1 - P(B) = \frac{125}{216} \approx 0,5787$ alternativ: $P(C) = P(\overline{666}) = (\frac{5}{6})^3$

b) $P(\text{aussetzen}) = P(6666) + P(\overline{6}666) + P(\overline{66}666)$
$= (\frac{1}{6})^3 + \frac{5}{6}(\frac{1}{6})^3 + (\frac{5}{6})^2(\frac{1}{6})^3 = \frac{1}{216} + \frac{5}{1296} + \frac{25}{7776} = \frac{91}{7776} \approx 0,0117$

c) Auch wenn man häufig das Gefühl hat, dass man eine „Pechsträhne" hat, ist die Wahrscheinlichkeit, eine 6 zu würfeln, bei jedem Wurf dieselbe (wenn der Würfel fair ist).
Die Wahrscheinlichkeit bleibt also auch in diesem Fall bei $\frac{1}{6}$. Bei dieser Wahrscheinlichkeit ist es jedoch auch nicht abwegig von „sehr selten" zu sprechen.

d) Fall 1: mit Sonderregel
Wir berechnen zunächst die Wahrscheinlichkeitsverteilung für die Zufallsvariable X: Anzahl der Figuren im Spiel.
$P(X = 0) = P(\overline{666}) = {}^{a)} \frac{125}{216} \approx 0,5787$
Es ist zu beachten, dass beim Würfeln der zweiten 6 noch keine zweite Figur ins Spiel kommt, sondern zunächst das Feld, auf dem die Figuren ins Spiel kommen, geräumt werden muss.
$P(X = 2) = P(666) + P(\overline{6}666) + P(\overline{66}666) = {}^{a)} \frac{91}{7776} \approx 0,0117$
$P(X = 1) = 1 - P(X = 0) - P(X = 2) = 1 - \frac{125}{216} - \frac{91}{7776} = \frac{3185}{7776} \approx 0,4096$
Alternativ: $P(X = 1) = P(\overline{6}6) + P(\overline{66}6) + P(\overline{666}6) + P(6\overline{6}6) + P(\overline{6}66\overline{6}) + P(\overline{66}66\overline{6})$
$= \frac{1}{6} \cdot \frac{5}{6} + \frac{5}{6} \cdot \frac{1}{6} \cdot \frac{5}{6} + \frac{5}{6} \cdot \frac{5}{6} \cdot \frac{1}{6} \cdot \frac{5}{6} + \frac{1}{6} \cdot \frac{1}{6} \cdot \frac{5}{6} + \frac{5}{6} \cdot \frac{1}{6} \cdot \frac{1}{6} \cdot \frac{5}{6} + \frac{5}{6} \cdot \frac{5}{6} \cdot \frac{1}{6} \cdot \frac{1}{6} \cdot \frac{5}{6} = \frac{3185}{7776}$
$E(X) = \frac{125}{216} \cdot 0 + \frac{3185}{7776} \cdot 1 + \frac{91}{7776} \cdot 2 = \frac{3367}{7776} \approx 0,4330$

359

Fall 2: ohne die Sonderregel

Auch hier muss beachtet werden, dass immer, bevor eine Figur in das Feld kann, der Zugang durch eine andere Figur nicht besetzt sein darf. In diesem Fall kommt erschwerend hinzu, dass auch die ausweichenden Figuren durch bereits zuvor aus dem Haus kommenden Figuren behindert werden. Somit kommt erst mit der dritten 6 eine zweite Figur ins Spiel und erst mit der sechsten 6 eine dritte und erst mit der zehnten 6 die vierte Figur.

Wir berechnen zunächst die Wahrscheinlichkeitsverteilung für die Zufallsvariable X: Anzahl der Figuren im Spiel.

$$P(X=0) = P(\overline{666}) = {}^{\text{a) und Fall 1}} \tfrac{125}{216} \approx 0,5787$$

$$P(X=1) = {}^{\text{Fall 1}} \tfrac{3185}{7776} \approx 0,4096$$

$$P(X=4) = P(6666666666) + P(\overline{6}6666666666) + P(\overline{6}66666666666)$$
$$= (\tfrac{1}{6})^{10} + \tfrac{5}{6}(\tfrac{1}{6})^{10} + (\tfrac{5}{6})^2(\tfrac{1}{6})^{10} = \tfrac{1}{60466176} + \tfrac{5}{362797056} + \tfrac{25}{2176782336}$$
$$= \tfrac{91}{2176782336} \approx 0,00000004$$

$$P(X=2) = P(666\overline{6}) + P(\overline{6}66\overline{6}) + P(\overline{6}666\overline{6}) + P(66\overline{6}6) + P(\overline{6}666\overline{6}) + P(\overline{6}6666\overline{6})$$
$$+ P(666666) + P(\overline{6}66666) + P(\overline{6}66666)$$
$$= \tfrac{5}{6}(\tfrac{1}{6})^3 + (\tfrac{5}{6})^2(\tfrac{1}{6})^3 + (\tfrac{5}{6})^3(\tfrac{1}{6})^3 + \tfrac{5}{6}(\tfrac{1}{6})^4 + (\tfrac{5}{6})^2(\tfrac{1}{6})^4 + (\tfrac{5}{6})^3(\tfrac{1}{6})^4 + \tfrac{5}{6}(\tfrac{1}{6})^5$$
$$+ (\tfrac{5}{6})^2(\tfrac{1}{6})^5 + (\tfrac{5}{6})^3(\tfrac{1}{6})^5$$
$$= \tfrac{5}{1296} + \tfrac{25}{7776} + \tfrac{125}{46656} + \tfrac{5}{7776} + \tfrac{25}{46656} + \tfrac{125}{279936} + \tfrac{5}{46656} + \tfrac{25}{279936} + \tfrac{125}{1679616}$$
$$= \tfrac{19565}{1679616} \approx 0,0116$$

$$P(X=3) = 1 - P(X=0) - P(X=1) - P(X=2) - P(X=4)$$
$$= 1 - \tfrac{125}{216} - \tfrac{3185}{7776} - \tfrac{19565}{1679616} - \tfrac{91}{2176782336}$$
$$= 1 - \tfrac{2176664491}{2176782336} = \tfrac{117845}{2176782336} \approx 0,00005$$

$$E(X) = \tfrac{125}{216} \cdot 0 + \tfrac{3185}{7776} \cdot 1 + \tfrac{19565}{1679616} \cdot 2 + \tfrac{117845}{2176782336} \cdot 3 + \tfrac{91}{2176782336} \cdot 4 \approx 0,4331$$

13. a) Es gibt $3^4 = 81$ Möglichkeiten.

b) Es sind alle Größen zwischen 4 cm und 12 cm möglich.

c) *Hinweis:* Fehler im 1. Druck! Es muss heißen: „Begründen Sie, dass bei häufigem Spielen die Figurenhöhe durchschnittlich bei 8 cm liegt (nicht 6 cm)."

Der Erwartungswert für die Kartenhöhe ist in jedem Zug 2 cm. Da 4 Karten übereinander gelegt werden, ist die zu erwartende Kartenhöhe $4 \cdot 2$ cm $= 8$ cm.

d) Die Trefferwahrscheinlichkeit liegt bei $\tfrac{1}{3}$.

$P(\text{mind. 3 gleich}) = P(\text{alle 4 gleich}) + P(\text{3 gleich}) = (\tfrac{1}{3})^4 + 4 \cdot (\tfrac{1}{3})^3 \cdot \tfrac{2}{3} = \tfrac{1}{81} + \tfrac{8}{81} = \tfrac{1}{9} \approx 0,1111$

Hinweis: Für das Ereignis „3 gleich" gibt es 4 mögliche Ergebnisse.

14. *Hinweis:* Fehler im 1. Druck! Es muss heißen: „In einer Urne befinden sich 9 Kugeln."

Gezogen wird ohne Zurücklegen.

a)

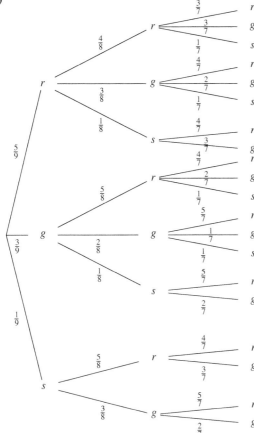

$P(A) = \frac{1}{9} \cdot \frac{5}{8} \cdot \frac{3}{7} = \frac{5}{168} \approx 0,0298$

$P(B) = P(A) \cdot 6 = \frac{30}{168}$

$ = \frac{5}{28} \approx 0,1786$

$P(C) = P(rrr) + P(ggg)$

$ = \frac{5}{9} \cdot \frac{4}{8} \cdot \frac{3}{7} + \frac{3}{9} \cdot \frac{2}{8} \cdot \frac{1}{7}$

$ = \frac{5}{42} + \frac{1}{84} = \frac{11}{84} \approx 0,1310$

b) X: Ausgabe für den Supermarkt in €

Berechnung von $P(X = 0)$: $1 - \frac{5}{28} - \frac{1}{84} = 1 - \frac{4}{21} = \frac{17}{21} \approx 0,8095$

x_i	0	2	20
$P(X = x_i)$	$\frac{17}{21} \approx 0,8095$	$P(B) = \frac{5}{28}$	$P(ggg) = \frac{1}{84}$

$E(X) = \frac{17}{21} \cdot 0 + \frac{5}{28} \cdot 2 + \frac{1}{84} \cdot 20 = \frac{25}{42}$

Bei 200 000 Kunden ist mit Ausgaben von etwa $200\,000 \cdot \frac{25}{42}$ € $\approx 119\,047,62$ € zu rechnen.

5.3 Kostentheorie

360

1 Analyse der Rohr GmbH

a) Gesamtkosten = variable Kosten + Fixkosten bzw. $K(x) = K_v(x) + K_f$

$K(x) = 0,1x^3 - 3x^2 + 35x + 500$

b) Gewinn = Erlös − Kosten, also: $G(x) = E(x) - K(x) = -0,1x^3 + 67,5x - 500$

c)

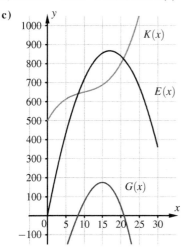

d) $K'(x) = 0,3x^2 - 6x + 35; \quad E'(x) = -6x + 102,5$

e) Maximaler Gewinn, also Hochpunkt der Gewinnfunktion G

$$G(x) = -0,1x^3 + 67,5x - 500$$
$$G'(x) = -0,3x2 + 67,5$$
$$G''(x) = -0,6x$$
$$G'(x_E) = 0 \Rightarrow x_E = 15 \text{ (nur der positive Wert ist als Verkaufsmenge relevant)}$$
$$G''(15) = -9 < 0 \Rightarrow \text{ Maximum für } x = 15$$
$$G_{max} = G(15) = 175 \text{ GE}$$

f) Tangentiales Berühren bedeutet, dass beide Schaubilder an der Berührstelle dieselbe Steigung haben:

$E'(x^*) = K'(x^*) \Rightarrow -6x^* + 102,5 = 0,3x^{*2} - 6x^* + 35 \Rightarrow -0,3x^{*2} + 67,5 = 0$

Die Lösung entspricht genau dem x-Wert aus Teilaufgabe e), also $x^* = 15$

Allgemeiner Nachweis: $G'(x) = (E(x) - K(x))' = E'(x) - K'(x)$

Für den maximalen Gewinn ist die notwendige Bedingung: $G'(x) = 0$

also: $E'(x) - K'(x) = 0 \Rightarrow E'(x) = K'(x)$ \qquad q.e.d.

Damit ist das Verschieben von E in Richtung der y-Achse bis zum Berühren von K eine Methode, um die Verkaufsmenge/Ausbringungsmenge des maximalen Gewinns grafisch zu ermitteln.

2 Wirtschaftlichkeit der Büchse KG

360

a) Ansatz: $K(x) = ax^3 + bx^2 + cx + d$

$K(0) = 24 \Rightarrow \qquad\qquad d = 24 \qquad$ (I)

$K(1) = 35 \Rightarrow \quad a + \quad b + \quad c + d = 35 \qquad$ (II)

$K(2) = 40 \Rightarrow \quad 8a + \quad 4b + 2c + d = 40 \qquad$ (III)

$K(4) = 56 \Rightarrow 64a + 16b + 4c + d = 56 \qquad$ (IV)

(I) in (II), (III) und (IV) führt auf:

$a + b + c = 11$

$8a + 4b + 2c = 16 \quad$ bzw. $4a + 2b + c = 8$

$64a + 16b + 4c = 32$ bzw. $16a + 4b + c = 8$

Einsetzen, addieren, gleichsetzen o.ä. Methoden führen auf: $a = 1$; $b = -6$; $c = 16$

also: $K(x) = x^3 - 6x^2 + 16x + 24$

b) $K'(x) = 3x^2 - 12x + 16$

Um das Vorzeichen dieser ersten Ableitung zu untersuchen, genügt es, den Tiefpunkt zu berechnen:

$K''(x_E) = 6x_E - 12 = 0 \Rightarrow x_E = 2$

$K'(2) = 4$, also hat der Tiefpunkt von K' die Koordinaten: $T(2|4)$.

Da der y-Wert dieses Tiefpunkts größer als null ist und die Parabel aufgrund von $a = 3 > 0$ nach oben geöffnet ist, hat die Parabel, also das Schaubild von K', ausschließlich positive Funktionswerte. Damit ist das Schaubild von K' für alle $x > 0$ streng monoton steigend und somit ertragsgesetzlich. q.e.d.

c) Wendepunkt von K:

$K''(x_W) = 6x_W - 12 = 0 \Rightarrow x_W = 2$

$K(2) = 40 \quad \blacktriangleright$ WTR bzw. Aufgabenteil a)

Punkt auf dem Schaubild der Kostenfunktion: $P(2|40)$

Dieser Punkt ist der Wendepunkt des Schaubildes von K. In diesem Punkt ist der Kostenanstieg maximal, da ja das Schaubild von K ertragsgesetzlich ist, vgl. b).

3 Einnahmesituation der Büchse KG

361

a) $E(x) = 20 \cdot x$

b) Gewinn = Einnahmen minus Kosten; $G(x) = E(x) - K(x)$

$G(x) = 20x - (x^3 - 6x^2 + 16x + 24)$ bzw. $G(x) = -x^3 + 6x^2 + 4x - 24$

c) rot: Schaubild der Kostenfunktion $K(x)$

blau: Schaubild der Erlösfunktion $E(x)$

grün: Schaubild der Gewinnfunktion $G(x)$

d) $G'(x) = -3x^2 + 12x + 4 = 0 \Rightarrow x_1 \approx 4,31$ und $x_2 \approx -0,31$

Nur x_1 ist relevant, da nur $x_1 > 0$ ist (Verkaufsmenge!)

$G''(x) = -6x + 12$; also: $G''(4,31) \approx -13,86 < 0 \Rightarrow$ Maximum bzw. Hochpunkt bei $x_1 = 4,31$ ME

$G_{max} = G(4,31) = 24,63$ GE

e) Notwendige Bedingung für das Gewinnmaximum: $G'(x) = 0$

also: $G'(x) = (E(x) - K(x))' = E'(x) - K'(x) = 0$, also: $E'(x) = K'(x)$

Soll man nun dies grafisch lösen, so muss man die Erlösfunktion in Richtung der y-Achse so weit nach unten verschieben, bis die verschobene Erlösfunktion die ursprüngliche Kostenfunktion berührt. Der x-Wert dieses Berührpunkts ist die gewinnmaximale Ausbringungsmenge. Den zugehörigen maximalen Gewinn erhält man grafisch, indem man den Funktionswert der Gewinnfunktion an dieser Stelle abliest.

361

f) $k_v(x) = x^2 - 6x + 16$

Tiefpunkt des Schaubildes dieser Funktion:

$k_v'(x) = 2x - 6 = 0 \Rightarrow x = 3$

$k_v''(3) = 2 > 0 \Rightarrow$ Minimum bzw. Tiefpunkt des Schaubildes von $k_v(x)$ an der Stelle $x = 3$

$k_v(3) = 7$

Damit ergibt sich der Tiefpunkt zu $T(3|7)$.

Für eine Produktionsmenge $x = 3$ erhält man also einen Tiefpunkt der variablen Stückkostenfunktion $k_v(x)$. Hier ist der Stückpreis: 7 GE/ME.

Übungen zu 5.3

374

1. $K_f(x) = 234 \qquad K_v(x) = 14,5x$

2. a), c)

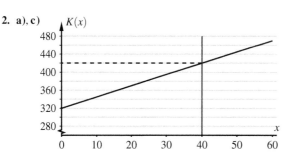

b) $K(x) = 2,5x + 320$

c) Schaubild zeichnen und Punkt $P(40|420)$ markieren

Rechnerisch: $K(40) = 420$

3. $n = 8 \qquad 0 = 320m + 8 \Leftrightarrow m = -\frac{1}{40} \qquad p_N(x) = -\frac{1}{40}x + 8$

4. a) $K(x) = 800x + 6300 \qquad E(x) = 1500x$

b)

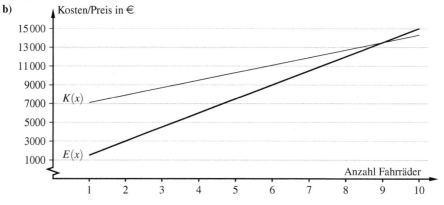

c) $800x + 6300 = 1500x \Leftrightarrow x = 9$

Werden mehr als 9 Fahrräder verkauft, ist der Erlös höher als die Kosten.

Grafisch: Ablesen des Schnittpunktes der beiden Schaubilder: $S(9|13500)$

374

5. a) $2x + 8 = -2x^2 + 12x \Leftrightarrow x^2 - 5x + 4 = 0 \Leftrightarrow (x-4)(x-1) = 0 \Leftrightarrow x = 4 \lor x = 1$

$A(1|10)$, $B(4|16)$

Nutzenschwelle bei 1 ME, Nutzengrenze bei 4 ME

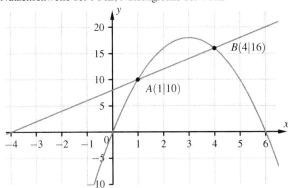

b) $4x + 64 = -0,5x^2 + 20x \Leftrightarrow x^2 - 32x + 128 = 0$

$x_{1;2} = 16 \pm \sqrt{256 - 128}$

$x_1 \approx 4,69$ (Nutzenschwelle) $\lor x_2 \approx 27,31$ (Nutzengrenze)

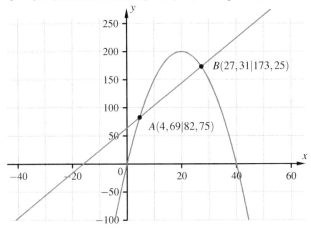

6. *Hinweis:* Fehler im 1. Druck: Die Funktionsgleichung von p sollte heißen: $p(x) = -0,05x + 10$

a) $E(x) = p(x) \cdot x$

$E(x) = -0,05x^2 + 10x$

b) Der Scheitelpunkt der Erlösfunktion muss aus Symmetriegründen die x-Koordinate 100 haben.

$E(100) = 500$

Bei einer Ausbringungsmenge von 100 ME wird ein maximaler Erlös von 500 GE erzielt.

c) $G(x) = E(x) - K(x)$

d) $G(x) = -0,05x^2 + 10x - (4x + 100)$

$G(x) = -0,05x^2 + 6x - 100$

$0 = -0,05x^2 + 6x - 100$

$0 = x^2 - 120x + 2000$

$0 = (x - 100)(x - 20)$

Die Nutzenschwelle liegt bei 20 ME, die Nutzengrenze bei 100 ME.

374

e) Der Scheitelpunkt der Gewinnfunktion hat die x-Koordinate 60. Der maximale Gewinn ist $G(60) = 80$.

f)

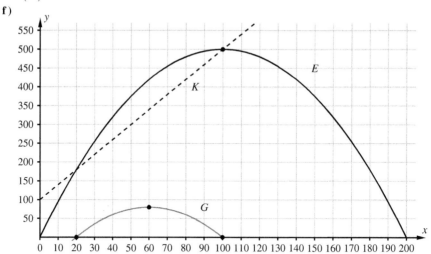

7. a) $p(x) = ax^2 + bx + c$

$$130 = 400a + 20b + c$$
$$118 = 900a + 30b + c$$
$$90 = 1600a + 40b + c$$

Lösen des GLS führt zu $p(x) = -0,08x^2 + 2,8x + 106$

b)

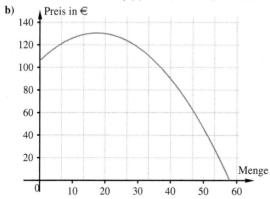

c) $-0,08x^2 + 2,8x + 106 = 0$

$x \approx 57,89 \ \lor \ x \approx -22,89$

Also liegt die Sättigungsmenge bei 57,89 ME.

d) Insgesamt handelt es sich bei solchen Funktionen immer nur um Modelle.
Die Funktion $p(x)$ darf nur für positive x-Werte betrachtet werden.

374

8. Bestimmung der Nullstellen von G mit WTR (ganzzahlige Werte)

a) $G(x) = E(x) - K(x) = -x^3 + 4x^2 + 44x - 96$

$G(x_N) = 0 \Leftrightarrow x_N^3 - 4x_N^2 - 44x_N + 96 = 0$

$x_{N_1} = 2;\ x_{N_2} = 8;\ x_{N_3} = -6$

Nutzenschwelle $x_S = 2$

Nutzengrenze $x_G = 8$

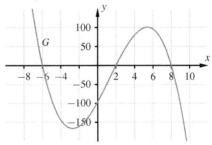

b) $G(x) = E(x) - K(x)$

$\quad = -0{,}5x^3 - 1{,}5x^2 + 84{,}5x - 82{,}5$

$G(x_N) = 0 \Leftrightarrow x_N^3 + 3x_N^2 - 169x_N + 165 = 0$

$x_{N_1} = 1;\ x_{N_2} = 11;\ x_{N_3} = -15$

Nutzenschwelle $x_S = 1$

Nutzengrenze $x_G = 11$

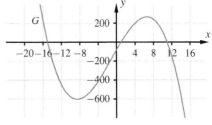

c) $G(x) = E(x) - K(x) = -x^3 + 9x^2 - 6x - 16$

$G(x_N) = 0 \Leftrightarrow x_N^3 - 9x_N^2 + 6x_N + 16 = 0$

$x_{N_1} = -1;\ x_{N_2} = 8;\ x_{N_3} = 2$

Nutzenschwelle $x_S = 2$

Nutzengrenze $x_G = 8$

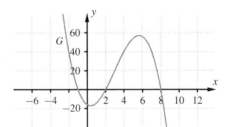

d) $G(x) = E(x) - K(x)$

$\quad = -0{,}2x^3 + 1{,}2x^2 + 0{,}8x - 4{,}8$

$G(x_N) = 0 \Leftrightarrow x_N^3 - 6x_N^2 - 4x_N + 24 = 0$

$x_{N_1} = 2;\ x_{N_2} = 6;\ x_{N_3} = -2$

Nutzenschwelle $x_S = 2$

Nutzengrenze $x_G = 6$

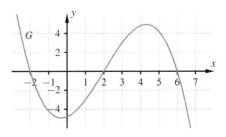

9. $\quad G'(x) = -x^2 + 4x + 96$

$\quad G'(x_E) = 0 \Leftrightarrow -x_E^2 + 4x_E + 96 = 0 \Rightarrow x_{E_1} = 12;\ x_{E_2} = -8$

$\quad G''(x) = -2x + 4$

$\quad G''(12) = -20 < 0 \to 12$ ist Maximalstelle von G.

$\quad G(12) = 664 \Rightarrow G_{max}(12|664)$

Gewinnmaximale Ausbringmenge: 12 ME

Maximaler Gewinn: 664 GE

375

10. a) $K_v(x) = 0,5x^3 - 3x^2 + 8x$ $K'(x) = 1,5x^2 - 6x + 8$

x (in ME)	0	1	2	3	4	5	6
$K(x)$ (in GE)	8	13,5	16	18,5	24	35,5	56
$K_v(x)$ (in GE)	0	5,5	8	10,5	16	27,5	48
$K'(x)$ (in GE)	8	3,5	2	3,5	8	15,5	26

b)

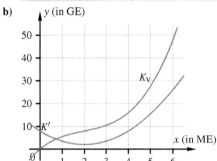

c) $K''(x_E) = 3x_E - 6 = 0$ $\Leftrightarrow$ $x_E = 2$ $K'''(2) = 3 \, (> 0)$ $K'(2) = 2$ $\Rightarrow$ $T_{K'}(2|2)$

d) Die Schaubilder von K_v und K besitzen am Tiefpunkt von K', also an der Stelle 2, einen Wendepunkt.

11. a) $G(x) = E(x) - K(x)$ ▶ Gewinnfunktion aufstellen
$G(x) = -6x^2 + 42x - (x^3 - 9x^2 + 30x + 10)$
$G(x) = -x^3 + 3x^2 + 12x - 10$ ▶ Gewinnfunktion ableiten
$G'(x) = -3x^2 + 6x + 12$; $G''(x) = -6x + 6$
Notwendige Bedingung: $G'(x_E) = 0$
$-3x_E^2 + 6x_E + 12 = 0$ $|:(-3)$
$x_E^2 - 2x_E - 4 = 0$ ▶ abc-Formel
$(x_{E_1} \approx -1,24$ ▶ außerhalb des Definitionsbereichs$) \vee x_{E_2} \approx 3,24$
Überprüfung mit zweiter Ableitung: $G''(x_E) < 0$
$G''(3,24) \approx -6 \cdot 3,24 + 6 = -13,44 < 0$ (w.A.)
Funktionswert berechnen: $G(3,24)$
$G(3,24) \approx -3,24^3 + 3 \cdot 3,24^2 + 12 \cdot 3,24 - 10 \approx 26,36$
$\Rightarrow$ Gewinnmaximum: ca. 26,36 GE

b) $K'(x) = 3x^2 - 18x + 30$ ▶ Grenzkostenfunktion ableiten
$K''(x) = 6x - 18$; $K'''(x) = 6$
Notwendige Bedingung: $K''(x_E) = 0$
$6x_E - 18 = 0$ $|+18$ $|:3$
$x_E = 3$
Überprüfung mit zweiter Ableitung (hier dritter Ableitung, da wir mit der Funktion K' gestartet sind):
$K'''(x_E) > 0$
$K'''(3) = 6 > 0 \rightarrow 3$ ist Minimalstelle.
Funktionswert berechnen: $K'(3)$
$K'(3) = 3$
$\Rightarrow$ Minimum der Grenzkosten: 3 GE pro ME ergibt sich für $x = 3$ ME

12. a) $p(x) = 0 \quad \Leftrightarrow \quad x = 12 \quad$ Sättigungsmenge 12 ME und $p(0) = 66 \qquad$ Höchstpreis 66 GE

375

b)

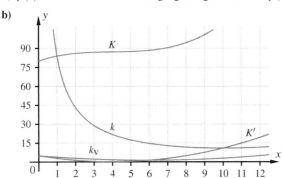

c) Wendestelle: $K'(x) = 0,3x^2 - 2,4x + 5 \qquad K''(x) = 0,6x - 2,4 \qquad K'''(x) = 0,6$

$K''(x_W) = 0 \quad \Leftrightarrow \quad x_W = 4$

$K'''(4) = 0,6 \ (> 0)$

Bis zu einer Produktion von 4 ME verläuft der Kostenanstieg degressiv, danach progressiv.

d) Betriebsminimum: $k_v(x) = 0,1x^2 - 1,2x + 5 \qquad k_v'(x) = 0,2x - 1,2 \qquad k_v''(x) = 0,2$

$k_v'(x_E) = 0 \quad \Leftrightarrow \quad x_E = 6$

$k_v(6) = 1,4 \quad \Rightarrow \quad BM(6|1,4)$

Bei der Produktion von 6 ME (Betriebsminimum) sind die variablen Stückkosten minimal und betragen 1,4 GE/ME (kurzfristige Preisuntergrenze).

Betriebsoptimum: $k(x) = 0,1x^2 - 1,2x + 5 + \frac{80}{x} \qquad k'(x) = 0,2x - 1,2 - \frac{80}{x^2} \qquad k''(x) = 0,2 + \frac{160}{x^3}$

$k'(x_E) = 0 \quad \Leftrightarrow \quad \frac{0,2x_E^3 - 1,2x_E^2 - 80}{x_E^3} = 0 \quad x_E = 10 \quad \blacktriangleright$ Ganzzahlige Lösung mithilfe des WTR

ermitteln

$k(10) = 11$ GE/ME

Bei der Produktion von 10 ME (Betriebsoptimum) sind die Stückkosten minimal und betragen 11 GE/ME (langfristige Preisuntergrenze).

13. a) $k_v(x) = 1,2x^2 - 10,8x + 36 \qquad k_v'(x) = 2,4x - 10,8 \qquad k_v''(x) = 2,4$

$k_v'(x_E) = 0 \quad \Leftrightarrow \quad x_E = 4,5 \quad k_v''(4,5) = 2,4 > 0 \rightarrow 4,5$ ist Minimalstelle von k_v.

$k_v(4,5) = 11,7 \quad \Rightarrow \quad BM(4,5|11,7)$

Das Betriebsminimum ist erreicht, wenn 4,5 ME produziert werden. Bei dieser Produktionsmenge sind die durchschnittlichen variablen Kosten (variablen Stückkosten) am geringsten.

Die kurzfristige Preisuntergrenze (KPU) beträgt 11,7 GE pro ME. Preise unterhalb von 11,7 GE pro ME können nie die variablen Stückkosten decken.

b) $k(x) = 1,2x^2 - 10,8x + 36 + \frac{30}{x} \qquad k'(x) = 2,4x - 10,8 - \frac{30}{x^2} \qquad k''(x) = 2,4 + \frac{60}{x^3}$

$k'(x_E) = 0 \quad \Leftrightarrow \quad x_E = 5 \quad k''(5) = 2,88 > 0 \rightarrow 5$ ist Minimalstelle von k. $\quad \blacktriangleright$ Ganzzahlige Lösung

mithilfe des WTR ermitteln

$k(5) = 18 \quad \Rightarrow \quad BO(5|18)$

Das Betriebsoptimum ist erreicht, wenn 5 ME produziert werden. Bei dieser Produktionsmenge sind die durchschnittlichen Kosten (Stückkosten) am geringsten.

Die langfristige Preisuntergrenze (LPU) beträgt 18 GE pro ME. Preise unterhalb von 18 GE/ME können nie die Stückkosten decken.

375

14. a) $p(x) = mx + n$ $A(5|204)$; $B(10|144)$

$m = \frac{144-204}{10-5} = -12$

z.B. Einsetzen des Steigungswerts und der Koordinaten von A: $204 = -12 \cdot 5 + n \Leftrightarrow n = 264$

$p(x) = -12x + 264$ $E(x) = x \cdot p(x) = -12x^2 + 264x$

b) $E(x_N) = 0 \Leftrightarrow -12x_N(x_N - 22) = 0 \Leftrightarrow x_N = 0 \lor x_N = 22$

Die Sättigungsmenge beträgt 22 ME.

Aus Symmetriegründen liegt die Maximalstelle von E in der Mitte zwischen den beiden Nullstellen 0 und 22. Also ist 11 Maximalstelle von E.

$E(11) = 1452$ Der maximale Ertrag beträgt 1452 GE, die zugehörige Menge 11 ME.

c) $K(0) = 572$ Die Fixkosten betragen 572 GE.

$K'(x) = 3x^2 - 36x + 129$ $K''(x) = 6x - 36$ $K'''(x) = 6$

$K''(x_W) = 0 \Leftrightarrow x_W = 6$

$K''(6) = 0 \land K'''(6) = 6 > 0 \rightarrow 6$ ist Wendestelle von K.

$K'(6) = 21$ $K(6) = 914$

Die Grenzkosten sind minimal bei 6 ME. Bei 6 ME betragen die Grenzkosten 21 GE pro ME und die Gesamtkosten 914 GE.

d) Gewinnfunktion: $G(x) = E(x) - K(x) = -x^3 + 6x^2 + 135x - 572$

$G'(x) = -3x^2 + 12x + 135$ $G''(x) = -6x + 12$

$G'(x_E) = 0 \Leftrightarrow x_E^2 - 4x_E - 45 = 0$ $x_{E_1} = -5$ (nicht relevant); $x_{E_2} = 9$

$G'(9) = 0 \land G''(9) = -42 < 0 \rightarrow 9$ ist Maximalstelle von G. $G(9) = 400$

Der Gewinn wird maximal bei 9 ME und beträgt 400 GE.

e)

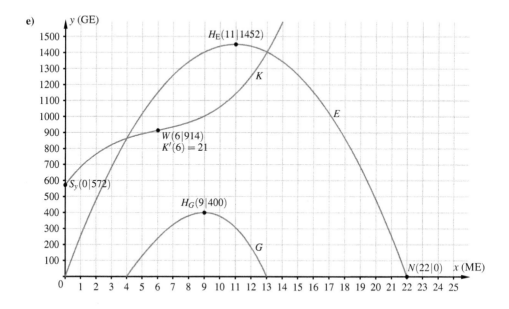

6 Prüfungsvorbereitung

6.2 Prüfungsaufgaben

6.2.1 Übungsaufgaben für den Püfungsteil ohne Hilfsmittel

1. $f(0) = 3 \Rightarrow S_y(0|3)$

   $f(x_N) = 0 = 4e^{-x_N} - e^{-1,5x_N} \quad |\cdot e^{1,5x_N}$

   $\Rightarrow 4e^{0,5x_N} - 1 = 0 \Rightarrow x_N = 2\cdot\ln(\frac{1}{4}) = -2\cdot\ln(4)$

   $\Rightarrow N(-2\cdot\ln(4)|0)$

2. a) $f(0) = -2 \Rightarrow S_y(0|-2); \; f(x_N) = 0 = e^{2x_N+1} - 3 \Rightarrow x_N = \frac{1}{2}(\ln(3)-1) \Rightarrow N(\frac{1}{2}(\ln(3)-1)|0)$

   b) $f'(x) = 2\cdot e^{2x+1} = g'(x) = e^x \Rightarrow x = \ln(\frac{1}{2}) - 1 = -\ln(2) - 1$

   c) An der x-Achse spiegeln: $g(x) = -f(x) = -(e^{2x+1} - 3) = -e^{2x+1} + 3$

   d) An der y-Achse spiegeln: $h(x) = f(-x) = e^{2\cdot(-x)+1} - 3 = e^{-2x+1} - 3$

3. Schaubild ganzrationaler Funktion 4. Grades symmetrisch zur y-Achse: $g(x) = ax^4 + cx^2 + d$

$A(0|-1)$:	$g(0) = -1$	$\Rightarrow$	$d = -1$ (I)
$P(2|2)$:	$g(2) = 2$	$\Rightarrow$	$16a + 4c + d = 2$ (II)
H bei $x = 2$:	$g'(2) = 0$	$\Rightarrow$	$32a + 4c = 0$ (III)

   (I) in (II): $16a + 4c = 3$ (IIa)

   (III) − (IIa): $16a = -3 \Rightarrow a = -\frac{3}{16}$ (IV)

   (IV) in (III): $32\cdot(-\frac{3}{16}) + 4c = 0 \Rightarrow c = \frac{3}{2}$

   Also: $g(x) = -\frac{3}{16}x^4 + \frac{3}{2}x^2 - 1$

4. Da ein Wendepunkt auf der y-Achse liegt, ist eine Sinusfunktion zur Beschreibung besser geeignet, z.B.

   $f(x) = a\cdot\sin(b\cdot x) + c$

   Wendepunkt $W(0|3)$ und erster positiver Hochpunkt $H(2|7)$, also: $c = 3$ und $a = 7 - 3 = 4$

   Zwischen dem Wendepunkt und dem ersten Hochpunkt liegt genau eine viertel Periodenlänge. Also muss $\frac{p}{4} = 2$ bzw. $p = 8$ sein. Somit: $b = \frac{2\pi}{p} = \frac{2\pi}{8} = \frac{1}{4}\pi$. Damit: $f(x) = 4\cdot\sin(\frac{1}{4}\pi\cdot x) + 3$.

5. $h(x) = -x^2 + 2x + 3 = 0 \Rightarrow x_1 = 3$ und $x_2 = -1$

   Somit:

   $A = \int_{-1}^{3}(-x^2+2x+3)dx = \left[-\frac{x^3}{3} + x^2 + 3x\right]_{-1}^{3} = F(3) - F(-1)$

   $A = \left(-\frac{3^3}{3} + 3^2 + 3\cdot 3\right) - \left(-\frac{(-1)^3}{3} + (-1)^2 + 3\cdot(-1)\right)$

   $A = -9 + 9 + 9 - \frac{1}{3} - 1 + 3 = \frac{32}{3}$ FE

383

6. Berühren: Gleicher Funktionswert und gleiche Steigung

$P(0|g(0))$, d. h. $P(0|1)$: $f(0) = b \Rightarrow b = 1$

$g'(x) = e^{-x}$, also $g'(0) = 1$

$f'(x) = a \cdot \cos(x)$, also $f'(0) = a \cdot \cos(0) = a$, d. h. $a = 1$

Damit: $f(x) = \sin(x) + 1$

7. Das Schaubild von f geht aus dem Schaubild von $g(x) = \cos(x)$ hervor, indem man dieses um 5 LE nach oben verschiebt und in Richtung der y-Achse um den Faktor 2 streckt sowie in Richtung der x-Achse um dem Faktor 2 staucht.

Gleichung der Tangente: $f'(x) = -4\sin(2x)$

$f'(\frac{\pi}{4}) = -4\sin(2 \cdot \frac{\pi}{4}) = -4$

$P(\frac{\pi}{4}|f(\frac{\pi}{4}))$ bzw. $P(\frac{\pi}{4}|5)$: $5 = -4 \cdot \frac{\pi}{4} + b \Rightarrow b = 5 + \pi$

Damit: $t(x) = -4x + 5 + \pi$

8. Schaubild ganzrationaler Funktion 3. Grades symmetrisch zum Ursprung: $f(x) = ax^3 + cx$

$P(2|0)$: $f(2) = 0 \Rightarrow 8a + 2c = 0$ (I)

$P(-1|\frac{9}{2})$: $f(-1) = \frac{9}{2} \Rightarrow -a - c = \frac{9}{2}$ (II)

(I) $+ 2 \cdot$ (II): $6a = 9 \Rightarrow a = 1,5$ (III)

(III) in (I): $8 \cdot 1,5 + 2c = 0 \Rightarrow c = -6$

Damit: $f(x) = 1,5x^3 - 6x$

9. Untersuchung auf Tiefpunkt:

$f'(x) = \frac{\pi}{2} \cdot \cos(\frac{\pi}{4}x)$ $f''(x) = -\frac{\pi^2}{8}\sin(\frac{\pi}{4}x)$

$f'(-2) = 0$ und $f''(-2) = +\frac{\pi^2}{8} > 0 \Rightarrow$ TP bei $x = -2$ q.e.d.

Gleichung der Tangente in $W(-4|f(-4))$ bzw. $W(-4|-2)$

$f'(-4) = -\frac{\pi}{2}$; $-2 = -\frac{\pi}{2} \cdot (-4) + b \Rightarrow b = -2 - 2\pi$

Damit: $t(x) = -\frac{\pi}{2} \cdot x - 2 - 2\pi$

10. $f'(x) = \pi + \pi \cdot \sin(\pi x)$; $f''(x) = \pi^2 \cdot \cos(\pi x)$; $f'''(x) = -\pi^3 \cdot \sin(\pi x)$

$f(1,5) = 1,5\pi$; $f'(1,5) = 0$; $f''(1,5) = 0$; $f'''(1,5) = \pi^3 \neq 0$

$\Rightarrow$ Sattelpunkt in $P(1,5|1,5\pi)$

11. a: Amplitude, Abstand vom Hochpunkt zum Wendepunkt in y-Richtung, hier: $a = 3 - 1 = 2$

c: y-Wert des Wendepunkts, hier: $c = 1$

Periodenlänge: $p = 4$. Also: $b = \frac{2\pi}{p} = \frac{2\pi}{4} \Rightarrow b = \frac{\pi}{2}$

12. $f'(x) = 2\pi \cdot \cos(\pi \cdot x)$; $f''(x) = -2\pi^2 \cdot \sin(\pi \cdot x) = 0 \Rightarrow \pi \cdot x = \pi \Rightarrow x = 1$

$W(1|0)$ und somit: $f'(1) = -2\pi$, damit: $0 = -2\pi \cdot 1 + b \Rightarrow b = 2\pi$

Also: $t(x) = -2\pi \cdot x + 2\pi = 2\pi \cdot (1 - x)$ im $W(1|0)$, da $0 < x < 2$

13. $g(x) = 2\cos(x) + 2 = 0$ für $0 \leq x \leq 2\pi$; also $x = \pi$

Da beide Achsen die Fläche bilden sollen, muss die untere Integrationsgrenze 0 sein.

$A = \int_0^\pi (2\cos(x) + 2)dx = [2\sin(x) + 2x]_0^\pi$

$A = (2 \cdot \sin(\pi) + 2 \cdot \pi) - (2 \cdot \sin(0) + 2 \cdot 0) = 2\pi$

14. Das Schaubild hat eine Periodenlänge von 3π:

383

z.B. $f(x) = \sin(\frac{2}{3}x)$; $g(x) = \cos(\frac{2}{3}x)$

Die Wendepunkte haben eine y-Koordinate von 2:

z.B. $f(x) = \sin(x) + 2$; $g(x) = \cos(x) + 2$

Die Amplitude ist 4:

z.B. $f(x) = 4 \cdot \sin(x)$; $g(x) = 4 \cdot \cos(x)$

15. a) Die Aussage ist falsch, da z.B. bei $x \approx -1,8$ bei $f'(x)$ ein VZW von $+$ nach $-$ und damit ein Hoch-

384

punkt von $f(x)$ vorliegt und bei $x \approx +1,8$ bei $f'(x)$ ein VZW von $-$ nach $+$ und damit ein Tiefpunkt von $f(x)$ vorliegt.

b) Die Aussage ist falsch, da an den Stellen 1 und -1 die Tangentensteigung an das Schaubild von $f'(x)$ null ist, also $f''(-1) = 0$ und $f''(1) = 0$, und an beiden Stellen hat die zweite Ableitung, also die Tangentensteigungen an $f'(x)$, einen VZW.

c) Die Aussage, dass das Schaubild von $f(x)$ an der Stelle 0 einen Wendepunkt hat, ist wahr, da $f''(0) = 0$ ist und $f'''(x)$ an der Stelle 0 einen VZW hat (die Tangentensteigung am Schaubild von $f'(x)$ wechselt an der Stelle 0 ihr Vorzeichen).

Die Aussage, dass das Schaubild von $f(x)$ durch $P(0|1)$ verläuft, ist unentscheidbar, da beim Integrieren von $f'(x)$ zu $f(x)$ die Konstante C beliebig ist.

16. Nachweis: $f'(x) = \pi \cdot \cos(\frac{\pi}{2}x)$ $\qquad f''(x) = -\frac{\pi^2}{2}\sin(\frac{\pi}{2}x)$

$f(1) = 2$ und $f'(1) = 0$ und $f''(1) = -\frac{\pi^2}{2} < 0$ $\qquad \Rightarrow H(1|2)$ von K_f

$g'(x) = \frac{\pi}{2} \cdot \cos(\frac{\pi}{2}x)$ $\qquad g''(x) = -\frac{\pi^2}{4}\sin(\frac{\pi}{2}x)$

$g(1) = 2$ und $g'(1) = 0$ und $g''(1) = -\frac{\pi^2}{4} < 0$ $\qquad \Rightarrow H(1|2)$ von K_g

Die beiden Schaubilder berühren sich im Punkt $(1|2)$ und im Abstand der Periodenlänge in weiteren Punkten.

y-Wert der Punkte P und Q ist 1 und entspricht damit der Verschiebung des Schaubildes von K_g in y-Richtung. Da g eine Sinusfunktion ist und die Periodenlänge von g hier $p = \frac{2\pi}{b} = \frac{2\pi}{\frac{\pi}{2}} = 4$ beträgt, liegen Wendepunkte an den Stellen 0 und im Folgenden alle halbe Periodenlänge, also an den Stellen 2, 4, 6 usw.

Damit sind die Punkte $P(2|1)$ und $Q(4|1)$ tatsächlich Wendepunkte von K_g.

Das Schaubild K_g geht aus dem Schaubild K_f hervor, indem man dieses in y-Richtung um den Faktor 2 staucht, um die Amplitude anzupassen, und indem man K_f um 1 LE in y-Richtung nach oben verschiebt.

17. a) Es ist eine Vielzahl möglicher linearer Gleichungssysteme zur Ermittlung der gesuchten Funktion $f(x)$ möglich.

Somit ergeben sich schülerspezifische Lösungen.

Beispiel:

$f(x) = ax^4 + bx^3 + cx^2 + dx + e$; $f'(x) = 4ax^3 + 3bx^2 + 2cx + d$; $f''(x) = 12ax^2 + 6bx + 2c$

$f(0) = -4$ $\quad \Rightarrow \quad e = -4$

$f'(0) = -1$ $\quad \Rightarrow \quad d = -1$

$f(-2) = 0$ $\quad \Rightarrow \quad 16a - 8b + 4c - 2d + e = 0$

$f'(-2) = 0$ $\quad \Rightarrow \quad -32a + 12b - 4c + d = 0$

$f''(2) = 0$ $\quad \Rightarrow \quad 48a + 12b + 2c = 0$

384

b) 1. Spalte   Punkt $P(-3|-4,375)$

     2. Spalte   Hochpunkt auf der x-Achse an der Stelle -2 $H(-2|0)$

     3. Spalte   Schnittpunkt mit der y-Achse mit der Tangentensteigung -1 $S_y(0|-4)$

     4. Spalte   Wendepunkt auf der x-Achse an der Stelle 2 mit der Steigung 4 $W(2|0)$

     5. Spalte   Schnittstelle mit der x-Achse (Nullstelle) an der Stelle 4 mit der Steigung -9 $N(4|0)$

c) Skizze des Schaubildes: (als Lösung des LGS aus Teilaufgabe a) ergibt sich:

$$f(x) = -\tfrac{1}{8}x^4 + \tfrac{1}{4}x^3 + \tfrac{3}{2}x^2 - x - 4$$

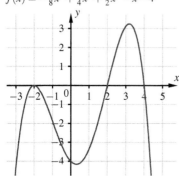

18. a) abgelesen: Asymptote: $y = -2$; und damit: $a = -2$; und $S_y(0|-1)$: $a + b = -1$, also: $b = 1$

b) $h(x) = a + b \cdot e^{-1,5x}$

   Nullstellen: $h(x) = 0 \Rightarrow x = \frac{\ln(-\frac{a}{b})}{-1,5}$; dieses x existiert, wenn $-\frac{a}{b} > 0$ ist, also wenn a und b unterschiedliche Vorzeichen haben, z.B.: $h(x) = 1 - e^{-1,5x}$.

   Dauerhaft rechtsgekrümmt: Zweite Ableitung dauerhaft kleiner als null

   $h'(x) = -1,5b \cdot e^{-1,5x}$; $h''(x) = 2,25b \cdot e^{-1,5x}$

   Diese Ableitung ist genau dann kleiner als null, wenn $b < 0$ ist, wobei a beliebig ist, z.B.: $h(x) = 1 - 2e^{-1,5x}$

19. Ganzrationale Funktion 3. Grades: $f(x) = ax^3 + bx^2 + cx + d$; $f'(x) = 3ax^2 + 2bx + c$

$f(3) = 0$	$\Rightarrow$	$27a + 9b + 3c + d = 0$	(I)
$f'(1) = 0$	$\Rightarrow$	$3a + 2b + c = 0$	(II)
$f'(4) = 0$	$\Rightarrow$	$48a + 8b + c = 0$	(III)
$f'(0) = 2$	$\Rightarrow$	$c = 2$	(IV)

(IV) in (II) und in (III): $3a + 2b = -2$ (IIa)

                             $48a + 8b = -2$ (IIIa)

(IIIa) $-4 \cdot$ (IIa): $36a = 6 \Rightarrow a = \tfrac{1}{6}$ (V)

(V) in (IIa): $3 \cdot \tfrac{1}{6} + 2b = -2 \Rightarrow b = -\tfrac{5}{4}$ (VI)

(V) und (VI) in (I): $27 \cdot \tfrac{1}{6} + 9 \cdot (-\tfrac{5}{4}) + 3 \cdot 2 + d = 0 \Rightarrow d = \tfrac{3}{4}$

Damit: $f(x) = \tfrac{1}{6}x^3 - \tfrac{5}{4}x^2 + 2x + \tfrac{3}{4}$

20. *Hinweis:* Fehler im 1. Druck! Die korrekte Funktionsgleichung lautet: $h(x) = -e^{2x} + 4x + 2$

   Waagrechte Tangente: $h'(x) = 0 = -2e^{2x} + 4 \Rightarrow x = \tfrac{1}{2}\ln(2)$

   Gleichung der Tangente: $y = h(\tfrac{1}{2}\ln(2)) = 2 \cdot \ln(2)$

21. $h(x) = e^x + ax + b$ und $h'(x) = e^x + a$

$S_y(0|-6)$: $f(0) = -6 \quad \Rightarrow \quad -6 = e^0 + b \quad \Rightarrow \quad b = -7$

$h'(2) = 0 \quad\quad\quad\quad \Rightarrow \quad e^2 + a = 0 \quad \Rightarrow \quad a = -e^2$

Somit: $h(x) = e^x - e^2 \cdot x - 7$

384

22. *Hinweis:* Fehler im 1. Druck! Die korrekte Formulierung muss sein: „…ganzrationale Funktion 5. Grades an, …"

Ganzrationale Funktion 5. Grades: $f(x) = ax^5 + bx^4 + cx^3 + dx^2 + ex + f$

doppelte Nullstelle = Berührpunkt, also Extrema an den Stellen -3 und 2; einfache Nullstelle bei $x = 5$

Produktansatz: $f(x) = a \cdot (x+3)^2 \cdot (x-2)^2 \cdot (x-5)^1$

Da keine weiteren Informationen gegeben sind, ist a beliebig wählbar und es ergeben sich schülerspezifische Lösungen, wie z.B. $f(x) = (x+3)^2 \cdot (x-2)^2 \cdot (x-5)$.

23. $f(x) = ax^3 + bx^2 = x^2 \cdot (ax + b)$; also doppelte Nullstelle, d.h. Extrema an der Stelle 0

385

Schaubild A

Ist ein mögliches Schaubild einer Funktion vom Typ f:

Schaubild einer Funktion 3. Grades mit doppelter Nullstelle bei 0 und weiterer einfacher Nullstelle.

$f(-3) = 0 \Rightarrow -27a + 9b = 0$ und $f(-2) = 4 \Rightarrow -8a + 4b = 4$ bzw. $b = 1 + 2a$, einsetzen:

$-27a + 9 \cdot (1 + 2a) = 0 \Rightarrow a = 1$ und damit: $b = 1 + 2a = 3$

Schaubild B

Ist kein mögliches Schaubild einer Funktion vom Typ f:

Schaubild einer Funktion 4. Grades mit zwei einfachen Nullstellen, was f widerspricht.

Schaubild C

Ist kein mögliches Schaubild einer Funktion vom Typ f:

Keine doppelte Nullstelle an der Stelle $x = 0$, Schaubild um 1 LE nach oben verschoben.

24. Nullstellen von $-\frac{1}{4}x^3 + \frac{10}{3}x$ sind $x_{N_1} = 0$ und $x_{N_{2;3}} = \pm\sqrt{\frac{40}{3}}$

$\int_0^u (-\frac{1}{4}x^3 + \frac{10}{3}x)dx = [-\frac{1}{16}x^4 + \frac{5}{3}x^2]_0^u = -\frac{1}{16}u^4 + \frac{5}{3}u^2 \stackrel{!}{=} \frac{17}{3}$

$t = u^2 \Rightarrow -\frac{1}{16}t^2 + \frac{5}{3}t - \frac{17}{3} = 0$

$\Rightarrow t_1 = 4$ und $t_2 = \frac{68}{3}$ nicht relevant (Nullstellen!)

Damit: $u = 2$ (da $u > 0$)

25. $f(x) = 2\sin(\pi x) + 3$; $f'(x) = 2\pi\cos(\pi x)$; $f''(x) = -2\pi^2\sin(\pi x)$; $f'''(x) = -2\pi^3\cos(\pi x)$

Wendepunkte:

$f''(x_W) = -2\pi^2\sin(\pi x_W) = 0 \Rightarrow \sin(\pi x_W) = 0$; $\pi x_W = 0 \Rightarrow x_{W_1} = 0$; oder $\pi x_W = \pi \Rightarrow x_{W_2} = 1$

$f'''(1) = 2\pi^3 \neq 0 \Rightarrow$ Wendepunkt an der Stelle 1; $f(1) = 3 \Rightarrow W(1|3)$ \quad q.e.d.

Tangente in diesem Punkt: $f'(1) = -2\pi$; $3 = -2\pi \cdot 1 + b \Rightarrow b = 3 + 2\pi$

bzw. $t(x) = -2\pi x + 3 + 2\pi$

26. $f(0) = \frac{1}{3} - 2 = -\frac{5}{3} \Rightarrow S_y(0|-\frac{5}{3})$

$f(x_N) = 0 = \frac{1}{3}e^{\frac{1}{2}x} - 2 \Rightarrow x_N = 2 \cdot \ln(6) \Rightarrow N(2 \cdot \ln(6)|0)$

385

27. $f(x) = a \cdot \cos(bx) + c$; $f'(x) = -a \cdot b \cdot \sin(bx)$

$A(0|1,5)$: $f(0) = 1,5 \Rightarrow a \cdot \cos(b \cdot 0) + c = 1,5 \Rightarrow a + c = 1,5$ (I)

A Extrema: $f'(0) = 0 \Rightarrow -a \cdot b \cdot \sin(b \cdot 0) = 0 \Rightarrow 0 = 0$ nicht verwendbar

$B(\frac{\pi}{4}| -3,5)$: $f(\frac{\pi}{4}) = -3,5 \Rightarrow a \cdot \cos(b \cdot \frac{\pi}{4}) + c = -3,5$ (II)

B Extrema:

$f'(\frac{\pi}{4}) = 0 \Rightarrow -a \cdot b \cdot \sin(b \cdot \frac{\pi}{4}) = 0 \Rightarrow -\sin(b \cdot \frac{\pi}{4}) = 0 \Rightarrow b \cdot \frac{\pi}{4} = \pi \Rightarrow \mathbf{b = 4}$ (III)

einsetzen in (II): $a \cdot \cos(4 \cdot \frac{\pi}{4}) + c = -3,5 \Rightarrow -a + c = -3,5$ (IIa)

(I) + (IIa): $2c = -2 \Rightarrow \mathbf{c = -1}$ (IV)

(IV) in (I): $a - 1 = 1,5 \Rightarrow \mathbf{a = 2,5}$

Damit: $f(x) = 2,5 \cdot \cos(4x) - 1$

28. (1) Aussage ist wahr.

Zwischen dem Tiefpunkt an der Stelle $\approx -1,5$ und dem Hochpunkt an der Stelle $\approx 1,5$ muss sich ein Wendepunkt befinden.   q.e.d.

(2) Aussage ist wahr.

An der Stelle 1 ist das Schaubild von f rechtsgekrümmt, also $f''(1) < 0$. An der Stelle $-1,5$ ist das Schaubild linksgekrümmt, also $f''(-1,5) > 0$. Somit ist $f''(1) < f''(-1,5)$.

(3) Aussage ist wahr.

Ein Tiefpunkt an der Stelle $x = -2$ bei F muss eine Nullstelle bei f sein mit einem Vorzeichenwechsel von $+$ nach $-$.

(4) Aussage ist unentscheidbar, da bei der Integration die Konstante und damit die Verschiebung von F auf der y-Achse verloren geht.

29. K_h stellt die erste Ableitung von K_f dar, denn:

1.) Sattelpunkt an der Stelle 0 bei K_f ist ein Extrempunkt von K_h.

2.) Tiefpunkt an der Stelle $\approx 3,7$ bei K_f ist eine Nullstelle an derselben Stelle mit VZW von $-$ nach $+$ bei K_h.

3.) Wendepunkt an der Stelle ≈ 3 bei K_f ist ein Extrempunkt an derselben Stelle bei K_h.

4.) Tangente an K_f an der Stelle $x = 4$ beträgt ≈ 2, was dem Funktionswert von K_h an der Stelle 4 entspricht.

386

30.

(I) + (II): $6x + 9y = 0$ (IV)

(III) $-2 \cdot$ (II): $-4x - 9y = -6$ (V)

diese beiden Gleichungen addieren: $2x = -6 \Rightarrow x = -3$

einsetzen in (IV): $6 \cdot (-3) + 9y = 0 \Rightarrow y = 2$

beides einsetzen in (I): $2 \cdot (-3) + 6 \cdot 2 - 3z = -6 \Rightarrow z = 4$

Lösungsmenge: $L = \{(-3; 2; 4)\}$

31. (1) gehört zu $f(x)$, da der y-Wert der Wendepunkte der Verschiebung auf der y-Achse entspricht.

(2) gehört zu $h(x)$, da die Amplitude dem Faktor vor sin bzw. cos entspricht.

(3) gehört zu $h(x)$, da der Wertebereich den y-Werten zwischen Hochpunkt und Tiefpunkt entspricht.

(4) gehört zu $g(x)$, da die Periodenlänge sich errechnet gemäß $p = \frac{2\pi}{b}$.

386

32. $f(x) = a \cdot \sin(\frac{\pi}{4}x) + a$, also: $f'(x) = a \cdot \frac{\pi}{4}\cos(\frac{\pi}{4}x)$

Das Schaubild von $f'(x)$ verläuft also symmetrisch zur y-Achse und muss einer Kosinusfunktion entsprechen.

Folglich muss B das Schaubild von $f'(x)$ darstellen und demzufolge muss A das Schaubild von $f(x)$ darstellen.

Die Verschiebung in Richtung der y-Achse von Schaubild A entspricht dem Wert von a, also gilt: $a = 2$.

Ebenso entspricht die Amplitude von Schaubild A dem Wert von a, also nochmals $a = 2$.

33. Ganzrationale Funktion 3. Grades im Produktansatz: $f(x) = a \cdot (x - x_1)(x - x_2)(x - x_3)$

Doppelte Nullstelle bei $x = 2$ und einfache Nullstelle bei $x = -3$, also:

$f(x) = a \cdot (x - 2)^2 \cdot (x + 3)$

Punkt $P(1|5)$: $5 = a \cdot (1 - 2)^2 \cdot (1 + 3) \Rightarrow 5 = 4a \Rightarrow a = \frac{5}{4}$

Also: $f(x) = \frac{5}{4} \cdot (x - 2)^2 \cdot (x + 3)$

34. Ganzrationale Funktion 4. Grades: $f(x) = ax^4 + bx^3 + cx^2 + dx + e$

$f'(x) = 4ax^3 + 3bx^2 + 2cx + d \quad f''(x) = 12ax^2 + 6bx + 2c$

$P(2|3)$ ist Sattelpunkt:

$f(2) = 3$	$\Rightarrow$	$16a + 8b + 4c + 2d + e = 3$	(I)
$f'(2) = 0$	$\Rightarrow$	$32a + 12b + 4c + d = 0$	(II)
$f''(2) = 0$	$\Rightarrow$	$48a + 12b + 2c = 0$	(III)

$t(x) = -8x + 42$ ist Tangente an der Stelle 5: $t(5) = -8 \cdot 5 + 42 = 2$, damit $P(5|2)$

$f(5) = 2$	$\Rightarrow$	$625a + 125b + 25c + 5d + e = 2$	(IV)
$f'(5) = t'(5) = -8$	$\Rightarrow$	$500a + 75b + 10c + d = -8$	(V)

man erhält so (was nicht verlangt ist):

$f(x) = -\frac{7}{27}x^4 + \frac{76}{27}x^3 - \frac{32}{3}x^2 + \frac{464}{27}x - \frac{191}{27}$

35. $f(x) = \frac{1}{3}x^3 - 2x^2 + t \cdot x; \quad f'(x) = x^2 - 4x + t$

Zwei Stellen mit waagrechter Tangente gibt es genau dann, wenn die erste Ableitung genau zwei Nullstellen hat:

$f'(x_E) = x_E^2 - 4x_E + t = 0$

$\Rightarrow x_{E_{1;2}} = \frac{-b \pm \sqrt{b^2 - 4ac}}{2a} = \frac{4 \pm \sqrt{(-4)^2 - 4 \cdot 1 \cdot t}}{2 \cdot 1} = \frac{4 \pm \sqrt{16 - 4t}}{2}$

Damit ergeben sich genau zwei Lösungen, wenn $16 - 4t > 0$ ist, also für $t < 4$.

36. Schaubild einer ganzrationalen Funktion 3. Grades symmetrisch zum Ursprung:

$f(x) = ax^3 + cx$				
$A(1|-4)$:	$f(1) = -4$	$\Rightarrow$	$a + c = -4$	(I)
$B(-2|5)$:	$f(-2) = 5$	$\Rightarrow$	$-8a - 2c = 5$	(II)
$2 \cdot (I) + (II)$:	$-6a = -3$	$\Rightarrow$	$a = 0,5$	(III)
(III) in (II):	$0,5 + c = -4$	$\Rightarrow$	$c = -4,5$	

Also: $f(x) = 0,5x^3 - 4,5x$

37. $f(x) = e^{2x} - 8e^x; \quad f'(x) = 2e^{2x} - 8e^x; \quad f''(x) = 4e^{2x} - 8e^x$

Krümmungsverhalten: Vorzeichen der zweiten Ableitung.

$f''(x) = 4e^x \cdot (e^x - 2) > 0 \Rightarrow x > \ln(2)$

$f''(x) = 4e^x \cdot (e^x - 2) < 0 \Rightarrow x < \ln(2)$

Also ist das Schaubild von $f(x)$ für $x > \ln(2)$ linksgekrümmt und für $x < \ln(2)$ ist es rechtsgekrümmt.

386

38. $g(x) = a \cdot \cos(bx) + c$

a: Amplitude, also Abstand von Hochpunkt bis Mittellinie: $a = 4 - 2 = 2$

c: Verschiebung auf der y-Achse: $c = 2$

b: Umrechnungsfaktor für die Periodenlänge, hier: Periodenlänge 8π

Also: $b = \frac{2\pi}{p} = \frac{2\pi}{8\pi} = \frac{1}{4}$

6.2.2 Übungsaufgaben für den Prüfungsteil mit Hilfsmitteln

Prüfungsaufgaben 2015

Aufgabe 1

387

1.1 Symmetrie: Es kommen nur gerade Exponenten im Funktionsterm der ganzrationalen Funktion vor, damit ist K_f symmetrisch zur y-Achse.

Ableitungen: $f'(x) = x^3 - 4x$ $f''(x) = 3x^2 - 4$

Extrempunkte: $H(0|4)$ $T_1(-2|0)$ $T_2(2|0)$

Wendepunkte: $W_1(-1,15|1,79)$ $W_2(1,15|1,79)$

Zeichnung:

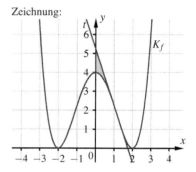

1.2 Tangente: $t: y = -3x + \frac{21}{4}$

Fläche siehe Zeichnung zu 1.1

Flächeninhalt:

$A = \int_0^1 (-3x + \frac{21}{4} - f(x))dx = \int_0^1 (-\frac{1}{4}x^4 + 2x^2 - 3x + \frac{5}{4})dx$

$A = [-\frac{1}{20}x^5 + \frac{2}{3}x^3 - \frac{3}{2}x^2 + \frac{5}{4}x]_0^1 = F(1) - F(0) = F(1) = \frac{11}{30}$

1.3* Skizze: (nicht verlangt)

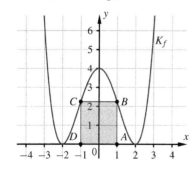

Zielfunktion:

Aufgrund der Symmetrie gilt:

$U(u) = 2 \cdot 2u + 2 \cdot f(u)$

$U(u) = 2 \cdot (\frac{1}{4}u^4 - 2u^2 + 2u + 4)$

WTR: $U(0,5) = 9,03$ FE

1.4 $k(0) = 150$

Der Bestand zu Beginn beträgt 150.

Die waagerechte Asymptote ist $y = 1000$.

Langfristig wird ein Bestand von 1000 nicht überschritten.

$k(t) = 250 \Rightarrow 250 = 1000(1 - 0,85e^{-0,0513t})$

$\Rightarrow x = \frac{\ln \frac{15}{17}}{-0,0513} \approx 2,44$ Monate

Nach ca. 2,44 Monaten beträgt der Bestand 250.

1.5 Momentane Änderungsrate: $k(t) = 43,605 \cdot e^{0,0513t}$

Da k' streng monoton fällt, hat k' bei $t = 0$ ihren Maximalwert.

Durchschnittliche Änderungsrate:

$m_s = \frac{k(5) - k(0)}{5} = \frac{342,1 - 150}{5} = 38,46$

387

Aufgabe 2

2.1 Ableitungen: $f'(x) = \frac{1}{2}e^{-0,5x} - 1$; $\quad f''(x) = -\frac{1}{4}e^{-0,5x}$

Bedingung für H: $f'(x_E) = 0 \wedge f''(x_E) < 0$

$\frac{1}{2}e^{-0,5x} - 1 = 0 \;\Leftrightarrow\; x = -2\ln(2)$

$f''(-2\ln(2)) = -\frac{1}{2} < 0$

$f(-2\ln(2)) = 2\ln(2) - 1$

$H(-2\ln(2)\,|\,(2\ln(2) - 1)$

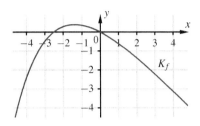

Krümmung: $f''(x) = \underbrace{-0,25}_{<0} \cdot \underbrace{e^{-0,5x}}_{>0} < 0$ für alle $x \in \mathbb{R}$,

d. h., die Kurve ist für alle $x \in \mathbb{R}$ rechtsgekrümmt.

Schnittpunkte mit der x-Achse: $N_1(-2,5\,|\,0)$; $N_2(0\,|\,0)$

Keine weiteren Schnittpunkte mit der x-Achse, da K_f rechtsgekrümmt ist.

2.2 Die Gleichung $-e^{-0,5x} - x + 1 = -x + 1 \;\Leftrightarrow\; \underbrace{e^{-0,5x}}_{>0} = 0$ hat keine Lösung.

$\Rightarrow K_f$ und die Gerade besitzen keine gemeinsamen Punkte.

2.3 *Hinweis:* Fehler im 1. Druck! Das korrekte Intervall für u lautet $-4 \le u \le 0$.

Die Länge L ist gegeben durch

$L(u) = f(u) - (u - 1) = -e^{-0,5u} - 2u + 2$ mit $-4 \le u \le 0$

$L'(u) = 0,5e^{-0,5u} - 2$; $\quad L''(u) = -0,25e^{-0,5u}$

Man erhält ein Maximum für $L'(u) = 0$, also für $x = \frac{\ln(4)}{-0,5} \approx -2,77$

$L''(-2,77) \approx -1 < 0$, also Hochpunkt bzw. Maximum

Randwerte: $L(-4) \approx 2,61$; $L(0) = 1$

Die maximale Streckenlänge erhält man also für $u_{\max} \approx -2,77$. Sie beträgt ungefähr 3,55 LE.

2.4 a) Eine einfache Nullstelle einer Funktion ist eine <u>Extremstelle</u> ihrer Stammfunktion.

388

b) Eine ganzrationale Funktion dritten Grades hat <u>eine</u> Wendestelle(n), denn ihre zweite Ableitungs-funktion ist vom Grad <u>eins</u>.

c) Eine Funktion h mit $h(x) = 2\cos(3x) + 5$ $(x \in \mathbb{R})$ hat den Wertebereich $\underline{W = [3; 7]}$ und eine Periodenlänge von $\underline{\frac{2}{3}\pi}$.

d) Ein möglicher Funktionsterm einer Funktion mit den einfachen Nullstellen $x_1 = -3$, $x_2 = 0$ und $x_3 = 2$ lautet $\underline{f(x) = x(x + 3)(x - 2)}$.

e) Das Schaubild der trigonometrischen Funktion mit der Funktionsgleichung $g(x) = 2\sin(\frac{\pi}{4}x) + 2$ hat in $W(0\,|\,2)$ einen Wendepunkt und in $H(2\,|\,4)$ den ersten Hochpunkt mit positivem x-Wert.

Aufgabe 3

388

3.1 Es kommt nur Abb. 1 in Frage, da das Schaubild der Kosinusfunktion einen Hochpunkt auf der y-Achse besitzt. Es sind $a = 1,5$, $b = -0,5$ und die Periodenlänge $p = 3$, somit $k = \frac{2\pi}{3}$.

3.2 Abb. 1: Die Aussage

     a) ist falsch, da bei $x = 0$ ein Hochpunkt ist.

     b) ist falsch, da das Schaubild bei $x = -2$ unterhalb der x-Achse ist.

     c) ist richtig, da bei $x = -3$ ein Hochpunkt vorliegt.

     d) ist falsch, da die Kurve bei $x = 3$ rechtsgekrümmt ist.

  Abb. 2: Die Aussage

     a) ist richtig, da die Kurve bei $x = 0$ fällt.

     b) ist richtig, da das Schaubild bei $x = -2$ oberhalb der x-Achse ist.

     c) ist richtig, da bei $x = -3$ ein Tiefpunkt vorliegt.

     d) ist falsch, da die Kurve bei $x = 3$ rechtsgekrümmt ist.

3.3* Zeichnung:

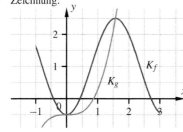

Wendetangente:

Die Steigung der gegebenen Geraden ist 3.

Einziger Wendepunkt mit pos. Steigung ist bei $x_W = \frac{\pi}{4}$ und $f(\frac{\pi}{4}) = 1$: $W(\frac{\pi}{4}|1)$.

$f'(x) = 3\sin(2x)$ und damit $f'(\frac{\pi}{4}) = 3\sin(\frac{\pi}{2}) = 3$

Punktprobe in Geradengleichung $y = 3x + b$ mit dem Wendepunkt W:

$\Rightarrow b = y - 3x = 1 - 3\frac{\pi}{4}$.   q.e.d.

Zu g senkrechte Gerade: $y = -\frac{1}{3}x + b_n$

Mit $W(\frac{\pi}{4})|1)$ ist $b_n = 1 + \frac{\pi}{12}$, also $y = -\frac{1}{3}x + 1 + \frac{\pi}{12}$.

3.4 Zeichnung: siehe oben bei 3.3*

Hochpunkt von K_f ist $H(\frac{\pi}{2}|\frac{5}{2})$.

$g(\frac{\pi}{2}) = \frac{24}{\pi^3}(\frac{\pi}{2})^3 - \frac{1}{2} = \frac{5}{2}$ q.e.d

Flächeninhalt:

$$A = \int_0^{\frac{\pi}{2}} (f(x) - g(x))dx = \int_0^{\frac{\pi}{2}} (-1,5\cos(2x) + 1 - (\frac{24}{\pi^3}x^3 - \frac{1}{2}))dx$$

$$= [-\frac{3}{4}\sin(2x) - \frac{6}{\pi^3}x^4 + \frac{3}{2}x]_0^{\frac{\pi}{2}} = -\frac{6}{\pi^3} \cdot \frac{\pi^4}{16} + \frac{3}{2} \cdot \frac{\pi}{2} = \frac{3}{8}\pi$$

Prüfungsaufgaben 2014

Aufgabe 1

389

1.1 $v(x) = ax^3 + bx^2 + cx + d$; $v'(x) = 3ax^2 + 2bx + c$

$v(-3) = 0$ $\Rightarrow$ $-27a + 9b - 3c + d = 0$

$v'(-3) = 0$ $\Rightarrow$ $27a - 6b + c = 0$

$v(0) = 0$ $\Rightarrow$ $d = 0$

$v(1) = \frac{16}{3}$ $\Rightarrow$ $a + b + c + d = \frac{16}{3}$

Damit: $a = \frac{1}{3}$; $b = 2$; $c = 3$; $d = 0$ $\Rightarrow v(x) = \frac{1}{3}x^3 + 2x^2 + 3x$

1.2 Ableitungen:

$$f(x) = -\tfrac{1}{3}x^3 - 2x^2 - 3x$$
$$f'(x) = -x^2 - 4x - 3$$
$$f''(x) = -2x - 4$$
$$f'''(x) = -2$$

Zeichnung:

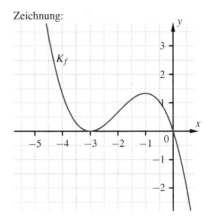

Gemeinsame Punkte mit der x-Achse:

$$f(x_N) = 0 \qquad \text{damit: } x_{N_1} = 0;\ x_{N_{2;3}} = -3$$
$$N_1(0|0),\ N_{2,3}(-3|0)$$

Extrempunkte:

$$f'(x_E) = 0 \Rightarrow x_{E_1} = -1;\ x_{E_2} = -3$$
$$f''(-1) = -2 < 0 \Rightarrow H(-1|\tfrac{4}{3})$$
$$f''(-3) = 2 > 0 \Rightarrow T(-3|0)$$

Wendepunkte:

$$f''(x_W) = 0 \Rightarrow x_W = -2$$
$$f'''(-2) = -2 \neq 0 \Rightarrow W(-2|\tfrac{2}{3})$$

1.3* Nullstellen von $f(x)$:

$$f(x_N) = 0 \Rightarrow x_{N_{1;2}} = -3;\quad x_{N_3} = 0$$

Flächeninhalt:

$$\int_{-3}^{0} f(x)\,dx = [-\tfrac{1}{12}x^4 - \tfrac{2}{3}x^3 - \tfrac{3}{2}x^2]_{-3}^{0}$$
$$= F(0) - F(-3) = F(-3) = \tfrac{9}{4}$$

1.4 $g(x) = -\tfrac{1}{2}x^2 - \tfrac{7}{2}$ \qquad $h^*(x) = e^{\frac{1}{2}x} + c$

$$\left.\begin{array}{l} g(0) = -\tfrac{7}{2} \\ h^*(0) = 1 + c \end{array}\right\} \quad g(0) = h^*(0) \Rightarrow c = -\tfrac{9}{2}$$

$$\Rightarrow h^*(x) = e^{\frac{1}{2}x} - \tfrac{9}{2}$$

Skizze: (nicht verlangt)

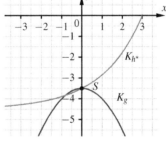

389

1.5 Flächeninhalt des Dreiecks:

$A(u) = \frac{1}{2} \cdot 2u \cdot (g(u) - (-8)) = u \cdot (g(u) + 8)$

$A(u) = u \cdot (-\frac{1}{2}u^2 + \frac{9}{2}) = -\frac{1}{2}u^3 + \frac{9}{2}u$

$A'(u) = -\frac{3}{2}u^2 + \frac{9}{2}$

$A''(u) = -3u$

$A'(u) = 0 \Rightarrow u = \sqrt{3}$ (da $u > 0$)

$A''(\sqrt{3}) < 0$

also: $u_{max} \approx 1{,}73$ $A(u_{max}) \approx 5{,}20$

Randwerte: $0 \leq u \leq 3$

$A(0) = 0$

$A(3) = 0$

$A_{max} = A(u_{max}) \approx 5{,}20$

Skizze für $u = 2$

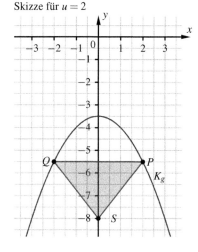

Aufgabe 2

2.1 Schaubild:

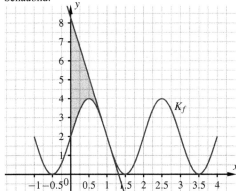

Schnittpunkt mit der y-Achse: $f(0) = 2$, $S_y(0|2)$

Gemeinsame Punkte mit der x-Achse: $f(x_N) = 0$

$2\sin(\pi \cdot x_N) + 2 = 0$

$\Leftrightarrow x_{N_1} = -\frac{1}{2} \lor x_{N_2} = \frac{3}{2} \lor x_{N_3} = \frac{7}{2}$

$N_1(-\frac{1}{2}|0), N_2(\frac{3}{2}|0), N_3(\frac{7}{2}|0)$

2.2 Ableitung: $f'(x) = 2\pi\cos(\pi x)$

Das Schaubild der Funktion t mit $t(x) = -2\pi x + 2 + 2\pi$ ist Tangente an K_f in $W(1|2)$, wenn gilt:

$t(1) = 2 \land t'(1) = f'(1)$

$t(1) = -2\pi + 2 + 2\pi = 2$

$t'(1) = -2\pi$ $f'(1) = 2\pi\cos(\pi) = -2\pi$

$\Rightarrow$ Die gegebene Gerade ist Tangente an K_f in W.

Inhalt der Fläche zwischen der Geraden, K_f und der y-Achse:

Schnittstelle zwischen der Geraden und K_f ist die Wendestelle. Daraus und aus der Begrenzung durch die y-Achse ergeben sich die Intervallgrenzen.

$A = \int_0^1 (t(x) - f(x))dx = \int_0^1 (-2\pi x + 2\pi - 2\sin(\pi x))dx = [-\pi x^2 + 2\pi x + \frac{2}{\pi}\cos(\pi x)]_0^1 = \pi - \frac{4}{\pi}$

Der Flächeninhalt beträgt $\pi - \frac{4}{\pi}$.

2.3.1 a) Richtig: K_g hat in $[0;1]$ einen Hochpunkt und damit eine waagerechte Tangente, d. h., g' hat dort eine Nullstelle.

b) Falsch: K_g hat in $[0;1]$ keinen Schnittpunkt mit der x-Achse, d. h., das Schaubild einer Stammfunktion von g hat dort auch keine waagerechte Tangente und somit auch keinen Hochpunkt.

2.3.2 Der Schüler legt eine Tangente an das vorgegebene Schaubild und liest daraus Steigung und y-Achsenabschnitt näherungsweise ab.

Mögliche Tangentengleichung: $y = t(x) = 4x - 1$

2.4 Ableitungen: $h'(x) = 2\mathrm{e}^{-2x} - 1$; $h''(x) = -4\mathrm{e}^{-2x}$

Hochpunkt: $h'(x_E) = 0 \Rightarrow x_E = \frac{1}{2}\ln(2)$; $h''(\frac{1}{2}\ln(2)) < 0 \Rightarrow H(0,347 | -1,847)$

Krümmungsverhalten:

h'' gibt Auskunft über das Krümmungsverhalten. Es gilt: $h''(x) = -4\mathrm{e}^{-2x} < 0$ für alle $x \in \mathbb{R}$

$\Rightarrow K_h$ ist für alle $x \in \mathbb{R}$ rechtsgekrümmt.

Antons Behauptung:

Da K_h für alle $x \in \mathbb{R}$ rechtsgekrümmt ist und der Hochpunkt H unterhalb der x-Achse liegt (negativer Funktionswert), hat K_h keine Schnittpunkte mit der x-Achse. Antons Behauptung ist also richtig.

2.5* Maximaler Abstand über die Differenzfunktion d von f und h:

$d(u) = f(u) - h(u) \Leftrightarrow d(u) = 2\sin(\pi u) + \mathrm{e}^{-2u} + u + 3$ für $0 < u < 1$

Damit gilt auch: $d(0,5) \approx 5,87$ LE (WTR).

Aufgabe 3

3.1 $x_{N_{1;2}} = 0$ ist doppelte Nullstelle von h, dies entspricht einem Sattelpunkt von K_g.

VZW von K_h bei $x_3 = 3$ von $+$ nach $-$, dies entspricht einem Hochpunkt von K_g.

$x = 2$ ist Extremstelle von h, dies entspricht einem Wendepunkt von K_g.

Für $x < 3$ ist $g'(x) > 0$, dies entspricht $h(x) > 0$ für $x < 3$.

3.2 $H(x) = -\frac{1}{8}x^4 + \frac{1}{2}x^3 + c$, $c \in \mathbb{R}$

Für $c = 1$ ergibt sich der Funktionsterm von g.

3.3 $h'(x) = -\frac{3}{2}x^2 + 3x$, $B(u|h(u))$, $P(2|4,5)$

$y = f'(x_0)(x - x_0) + f(x_0)$

$4,5 = (-\frac{3}{2}u^2 + 3u)(2 - u) - \frac{1}{2}u^3 + \frac{3}{2}u^2$

$u = 3$

$t: y = -4,5x + 13,5$

3.4 $W = [1;5]$, $p = \frac{2\pi}{b} = 2\pi$

$u'(x) = -2\sin(x)$

$u''(x) = -2\cos(x)$

$u'''(x) = 2\sin(x)$

Es muss gelten: $y_W = 3$

$u''(x_W) = 0 \Rightarrow x_{W_1} = \frac{\pi}{2}$; $x_{W_2} = \frac{3}{2}\pi$

$u'''(\frac{\pi}{2}) \neq 0$; $u'''(\frac{3}{2}\pi) \neq 0$

$f(\frac{\pi}{2}) = 3 = f(\frac{3}{2}\pi)$

389

390

390   3.5

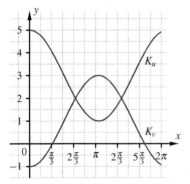

K_u wird an der x-Achse gespiegelt und anschließend um 4 nach oben verschoben.

3.6 Mögliche Aufgabenstellung zum gegebenen Aufschrieb:

Gegeben sind die Funktionen u und v mit $u(x) = 2\cos(x) + 3$ und $v(x) = -2\cos(x) + 1$, $x \in \mathbb{R}$. Ihre Schaubilder sind K_u und K_v.

Berechnen Sie den exakten Inhalt der Fläche, die von der y-Achse, K_u und K_v eingeschlossen wird.

Prüfungsaufgaben 2013

Aufgabe 1

391   **1.1** *Hinweis:* Fehler im 1. Druck der 1. Auflage! Die Angabe soll lauten: Gegeben ist die Funktion f mit

$f(x) = \frac{1}{2}x^3 - \frac{3}{2}x + 1$; $x \in \mathbb{R}$

$f'(x) = \frac{3}{2}x^2 - \frac{3}{2}$; $f''(x) = 3x$

Nachweis H: $f(-1) = 2$; $f'(-1) = 0$; $f''(-1) = -3 < 0 \Rightarrow$ Hochpunkt

Nachweis T: $f(1) = 0$; $f'(1) = 0$; $f''(1) = 3 > 0 \Rightarrow$ Tiefpunkt

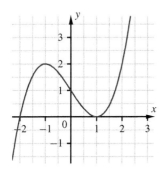

1.2 $f''(x) = 3x > 0$ für $x > 0$ Damit: K_f ist linksgekrümmt für alle $x > 0$.

$f''(x) = 3x < 0$ für $x < 0$ Damit: K_f ist rechtsgekrümmt für alle $x < 0$.

1.3 Nullstellen: $f(x_N) = 0 \Rightarrow x_N^3 - 3x_N^2 + 2 = 0$

Da im gesuchten Produktansatz eine doppelte Nullstelle enthalten ist, muss eine der gesuchten Lösungen zugleich eine Extremstelle sein.

Aus 1.1 ist der Tiefpunkt $T(1|0)$ gegeben. Diesen kann man also hier verwenden, d. h. $c = -1$.

Mit der Wertetabelle des WTR erhält man die zweite (einfache Nullstelle) bei $x_{N_2} = -2$ und damit ist $b = 2$.

Also: $f(x) = a(x + 2)(x - 1)^2$. Mit $S_y(0|1)$ ist: $1 = a(0 + 2)(0 - 1)^2 \Rightarrow a = \frac{1}{2}$

1.4 a) $T(1|0)$ unter die x-Achse schieben und $H(-1|2)$ oberhalb der x-Achse belassen, also z.B. Verschiebung um 1 LE nach unten,

also z.B. $f_1(x) = f(x) - 1 = \frac{1}{2}x^3 - \frac{3}{2}x^2$

b) $T(1|0)$ um 1 LE nach links verschieben,

also z.B. $f_2(x) = f(x+1) = \frac{1}{2}(x+1)^3 - \frac{3}{2}(x+1)^2 + 1$

1.5* Stammfunktion von $f(x)$:

$F(x) = \frac{1}{8}x^4 - \frac{1}{2}x^3 + x + C$

$F(1) = 0 \Rightarrow C = -\frac{3}{8}$ bzw. $F(x) = \frac{1}{8}x^4 - \frac{1}{2}x^3 + x - \frac{3}{8}$

1.6 2020, d.h. $t = 2020 - 2013 = 7$; $h(7) \approx 115027 \text{m}^3$ (WTR)

$h(t) > 150000 \Rightarrow 100000 \cdot e^{0,02t} > 150000 \Rightarrow t > 50 \cdot \ln(1,5) \approx 20,27$ Jahre

1.7 $\frac{h(1)}{h(0)} = \frac{102020,134}{100000} = 1,0202 \Rightarrow$ Steigerung um 2,02 %

1.8 Momentane Änderungsrate: Funktionswert der ersten Ableitung $h'(t) = 0,02 \cdot 10^5 \cdot e^{0,02t}$

$\Rightarrow 0,02 \cdot 10^5 \cdot e^{0,02t} = 2500 \Rightarrow t = 50 \cdot \ln(1,25) \approx 11,157$ Jahre

Aufgabe 2

2.1 $g(0) = -1 + e \Rightarrow S_y(0| -1 + e)$; $g(x_N) = 0 \Rightarrow x_N = 2$ bzw. $N(2|0)$

Zeichnung mit Skalierung der Achsen:

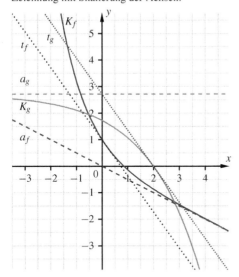

2.2 Asymptote a_f von K_f: $y = -0,5x$ (gilt für $x \to \infty$)

Asymptote a_g von K_g: $y = e$ (gilt für $x \to -\infty$)

Zeichnung vgl. 2.1

2.3 Tangentensteigung: $g'(x) = -0,5e^{0,5x}$,   also: $g'(2) = -0,5e$

$g(2) = 0 \Rightarrow 0 = -0,5e \cdot 2 + b \Rightarrow b = e$

Also: $t_g(x) = -0,5e \cdot x + e$

Zeichnung vgl. 2.1; t_f entsteht durch Parallelverschiebung von t_g an K_f.

391

2.4 $f'(x) = -0,5 - e^{-x}$ $f''(x) = e^{-x}$

Wendepunkt: $f''(x) = e^{-x} = 0$; diese Gleichung ist nicht lösbar in $\mathbb{R}$,

also gibt es keine Wendepunkte.   q.e.d.

2.5* Flächeninhalt: Zwischen 0 und 2 liegt keine Schnittstelle von K_f und K_g (vgl. 2.1).

$$A = \int_0^2 (g(x) - f(x))dx = \int_0^2 (-e^{0,5x} + e + 0,5x - e^{-x})dx$$

$$A = [-2e^{0,5x} + ex + 0,25x^2 + e^{-x}]_0^2 = D(2) - D(0)$$

$$A = -2e + 2e + 1 + e^{-2} - (-2 + 1) = \frac{1}{e^2} + 2 \approx 2,135 \text{ FE}$$

392

2.6 Schaubild von f: Amplitude von 2, also: Schaubild C

Schaubild von g hat eine Periodenlänge von $p = \frac{2\pi}{b} = \frac{2\pi}{2}$ und ist in y-Richtung um 0,5 LE nach oben

verschoben, also: Schaubild A.

Schaubild von h ist eine nicht in x-Richtung verschobene Kosinusfunktion, muss folglich mit einem Extrempunkt auf der y-Achse beginnen, also: Schaubild B.

Periodenlänge von Schaubild C: 4π (doppelter x-Abstand von Tiefpunkt zu Hochpunkt)

also: $a = \frac{2\pi}{p} = \frac{2\pi}{4\pi} = \frac{1}{2}$

Verschiebung von Schaubild C in y-Richtung beträgt -3, also ist $b = -3$.

Amplitude von Schaubild A: Hälfte des y-Abstandes von Hochpunkt und Tiefpunkt

also hier $\frac{1}{2} \cdot 2(-(-1)) = 1,5$; zusätzlich handelt es sich um eine Sinusfunktion mit negativer Tangentensteigung im Schnittpunkt mit der y-Achse, also: $c = -1,5$

Periodenlänge von Schaubild B beträgt 5π (Abstand der beiden Tiefpunkte),

also gilt: $d = \frac{2\pi}{5\pi} = 0,4$

Aufgabe 3

3.1 Polynomfunktion 4. Grades (Produktform): $f(x) = a \cdot (x-3)^2 \cdot (x+3)^2$

Mit $S(0|3)$ folgt: $a = \frac{1}{27}$, damit: $f(x) = \frac{1}{27}(x-3)^2(x+3)^2 = \frac{1}{27}x^4 - \frac{2}{3}x^2 + 3$

Trigonometrische Funktion: Kosinusfunktion (Symmetrie!)

Amplitude: $\frac{3}{2}$; Periodenläqnge 6 ergibt $b = \frac{2\pi}{6} = \frac{1}{3}\pi$

Verschiebung um $\frac{3}{2}$ nach oben (Doppelte Nullstellen bzw. Extrema auf der x-Achse)

Also: $f(x) = \frac{3}{2}\cos(\frac{1}{3}\pi \cdot x) + \frac{3}{2}$

3.2 $f'(x) = -50\cos(10x)$; $f''(x) = 500\sin(10x)$; $f'''(x) = 5000\cos(10x)$

Periodenlänge: $p = \frac{2\pi}{b} = \frac{2\pi}{10} = \frac{1}{5}\pi$

Wendepunkte: $f''(x_W) = 0 \Rightarrow x_{W_1} = 0$; $f'''(0) \neq 0 \Rightarrow W_1(0|15)$

Die weiteren Wendepunkte liegen immer um eine halbe Periodenlänge versetzt mit demselben y-Wert,

also gilt z.B.: $W_2(\frac{1}{10}\pi|15)$; $W_3(\frac{1}{5}\pi|15)$; $W_4(\frac{3}{10}\pi|15)$

3.3* Nullstellen von $p(x)$: $p(x) = 0 \Rightarrow x_{N_{1;2}} = \pm\sqrt{\frac{13}{20}} \approx \pm 0,81$

Also liegt keine Nullstelle zwischen den Integrationsgrenzen.

$$A = \int_{0,1}^{0,2} (-20x^2 + 13)dx = [-\frac{20}{3}x^3 + 13x]_{0,1}^{0,2} = P(0,2) - P(0,1)$$

$$A = (-\frac{20}{3} \cdot 0,2^3 + 13 \cdot 0,2) - (-\frac{20}{3} \cdot 0,1^3 + 13 \cdot 0,1) = \frac{94}{75} \approx 1,253 \text{ FE}$$

3.4 Für den Flächeninhalt gilt: $A(u) = u \cdot p(u) = -20u^3 + 13u$

$\qquad A'(u) = -60u^2 + 13; \quad A''(u) = -120u$

$\qquad$ Maximum: $A'(u_E) = 0 \Rightarrow u_{E1;2} = \sqrt{\frac{13}{60}} \approx 0{,}465 \quad$ (da $0 \le u \le 0{,}6$)

$\qquad A(0{,}465) \approx 4{,}03$

$\qquad$ Randwerte: $A(0) = 0$ und $A(0{,}6) = 3{,}48$

$\qquad$ Somit: Maximaler Flächeninhalt für $u \approx 0{,}47$; dieser beträgt 3,48 FE.

3.5 a) Falsch, da das Schaubild von $f(x)$ komplett oberhalb der x-Achse verläuft und damit jede Fläche zwischen x-Achse und Schaubild größer als null sein muss.

$\qquad$ **b)** Wahr, da der Term mx ab der zweiten Ableitung herausfällt und damit keine Rolle mehr bei der Berechnung der Wendepunkte spielt: $g''(x) = f''(x)$.

$\qquad$ **c)** Falsch, da $f'(0{,}15\pi) = 0$ und z.B. $f'(0{,}1\pi) = 50$ ist, also größer als $f'(0{,}15\pi)$.

6.2.3 Musteraufgaben für die Prüfung zur Fachhochschulreife

Pflichtteil – Aufgabe 1 (Beispiel A)

1.1 Die Nullstellen liegen bei $x_{N_1} = 3$ und $x_{N_2} = -\frac{4}{3}$.

$\qquad x_{N_1}$ ist eine doppelte Nullstelle, d. h., das Schulbild berührt die x-Achse.

$\qquad x_{N_2}$ ist eine einfache Nullstelle, d. h., das Schaubild schneidet die x- Achse.

1.2 $f(2) = 2{,}5$

$\qquad f'(x) = \frac{\pi}{8} \cdot \cos(\frac{\pi}{4}x) + 1 \Rightarrow f'(2) = 1$

$\qquad t(2) = 2{,}5 = x + b \Rightarrow b = 0{,}5$

$\qquad$ Die Tangente hat die Gleichung $y = x + \frac{1}{2}$.

1.3 $f'(x) = \frac{4}{3}x^3 - 12x; \quad f''(x) = 4x^2 - 12; \quad f'''(x) = 8x$

$\qquad f''(x_W) = 0 \Rightarrow x_{W_{1;2}} = \pm\sqrt{3}; \quad f'''(\pm\sqrt{3}) \ne 0$

$\qquad f(\pm\sqrt{3}) = -2$

$\qquad \Rightarrow W_{1;2}(\pm\sqrt{3}| -2)$

1.4 Das Schaubild in B hat bei $x = -1$ einen Sattelpunkt und bei $x = 2$ einen Tiefpunkt. Somit hat das Schaubild der Ableitung bei $x = -1$ eine doppelte Nullstelle und bei $x = 2$ eine einfache Nullstelle. Dies trifft auf A und C zu. Da das Schaubild in B für $x < 0$ fällt, kann nur A die Ableitung darstellen.

$\qquad$ Also zeigt B das Schaubild von h, A das von h' und C das von k.

1.5 Ansatz: $f(x) = ax^4 + bx^3 + cx^2 + dx + e; \quad f'(x) = 4ax^3 + 3bx^2 + 2cx + d$

$f(0) = 4$:					e	=	4	(I)
$f'(0) = 0$:				d		=	0	(II)
$f(1) = 2$:	a	+	b	+	c	+ d + e = 2		(III)
$f'(1) = 0$:	$4a$	+	$3b$	+	$2c$	+ d	=	0	(IV)
$f'(-1) = 12$:	$-4a$	+	$3b$	−	$2c$	+ d	=	12	(V)

392

393

393

1.6 $\int_0^u \frac{1}{2}x^4 dx = 3{,}2 \;\Leftrightarrow\; [\frac{1}{10}x^5]_0^u = 3{,}2 \;\Leftrightarrow\; \frac{1}{10}u^5 = 3{,}2 \;\Leftrightarrow\; u = \sqrt[5]{32}$

1.7 Schnittpunkt mit der y-Achse: $x = 0$; $y = f(0) = 3\mathrm{e}^{-2\cdot 0} - \frac{5}{2} = \frac{1}{2}$, also $S_y(0|\frac{1}{2})$
Schnittpunkt mit der x-Achse: $f(x_N) = 0 \;\Rightarrow\; 3\mathrm{e}^{-2x} - \frac{5}{2} = 0 \;\Leftrightarrow\; x_N = -\frac{1}{2}\ln(\frac{5}{6})$.
Es ergibt sich $N(-\frac{1}{2}\cdot\ln(\frac{5}{6})|0)$.
Skizze:

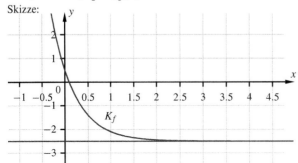

1.8 $\widetilde{f} = 5\sin(x - 3)$

Pflichtteil – Aufgabe 1 (Beispiel B)

394

1.1 Substitution $a = x^2$ führt zu $a^2 - 7a + 12 = 0$.
$a_{1,2} = \frac{7}{2} \pm \sqrt{\frac{49}{4} - 12} = \frac{7}{2} \pm \frac{1}{2}$
Resubstitution ergibt die Lösungen $x_{1;2} = \pm 2$ und $x_{3;4} = \pm\sqrt{3}$.

1.2 Gemeinsame Punkte: $f(x_S) = g(x_S)$
$\mathrm{e}^{4x_S} = 3\mathrm{e}^{2x_S} \;\Leftrightarrow\; \mathrm{e}^{4x_S} - 3\mathrm{e}^{2x_S} = 0 \;\Leftrightarrow\; \mathrm{e}^{2x_S}(\mathrm{e}^{2x_S} - 3) = 0$
Einzige Lösung ist $x_S = \frac{1}{2}\ln 3$.

1.3 Tiefpunkt $T(\pi| -1)$, Wendepunkt z. B. $W(\frac{3}{4}\pi|1)$

1.4 Stammfunktion: $G(x) = -\frac{1}{2}\mathrm{e}^{-4x} + 2x^2 - 3x + C$
Punktprobe mit $(0|6)$: $-\frac{1}{2} + C = 6 \;\Leftrightarrow\; C = 6{,}5$
$\Rightarrow G(x) = -\frac{1}{2}\mathrm{e}^{-4x} + 2x^2 - 3x + 6{,}5$

1.5 $\int_{\frac{\pi}{4}}^{\frac{\pi}{2}} 3\sin(2x)dx = [-\frac{3}{2}\cos(2x)]_{\frac{\pi}{4}}^{\frac{\pi}{2}} = -\frac{3}{2}\cos(\pi) - (-\frac{3}{2}\cos(-\frac{\pi}{2})) = \frac{3}{2}$

1.6

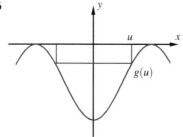

Zielfunktion: $A(u) = 2u \cdot (-g(u))$ (für $u > 0$)

394

1.7 h' hat drei Extremstellen, somit hat h drei Wendestellen, nämlich eine auf der y-Achse und zwei, die symmetrisch zur y-Achse liegen.

1.8 Lösung des LGS: z.B. Addition aller drei Gleichungen ergibt $4x = 2$.
Somit ist $x = \frac{1}{2}$; $z = -\frac{9}{4}$ und $y = \frac{13}{4}$.

Wahlteil – Aufgabe 2

2.1 Produktansatz: $f(x) = ax \cdot (x+3)^2$ (da $x = -3$ doppelte und $x = 0$ einfache Nullstelle)
Punktprobe mit $A(1|\frac{16}{3})$: $a \cdot 1 \cdot 4^2 = \frac{16}{3} \Rightarrow a = \frac{1}{3}$
$f(x) = \frac{1}{3}x \cdot (x+3)^2 = \frac{1}{3}x^3 + 2x^2 + 3x$
Alternativ: Ansatz über die allgemeine Form und ein LGS.

2.2 $f(x) = -\frac{1}{3}x^3 - 2x^2 - 3x$
$f'(x) = -x^2 - 4x - 3$
$f''(x) = -2x - 4$
Extrempunkte: $f'(x_E) = 0$
$-x_E^2 - 4x_E - 3 = 0$
$x_{E_1} = -3$; $f''(-3) = 2 > 0$; $T(-3|0)$
$x_{E_2} = -1$; $f''(-1) = -2 < 0$; $H(-1|\frac{4}{3})$

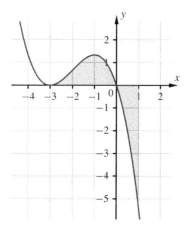

2.3 $\displaystyle\int_{-3}^{1} f(x)dx = \int_{-3}^{1} (-\frac{1}{3}x^3 - 2x^2 - 3x)dx$
$= [-\frac{1}{12}x^4 - \frac{2}{3}x^3 - \frac{3}{2}x^2]_{-3}^{1}$
$= -\frac{1}{12} - \frac{2}{3} - \frac{3}{2} - (-\frac{27}{4} + 18 - \frac{27}{2}) = 0$

Die Flächenstücke oberhalb und unterhalb der x-Achse sind gleich groß und heben sich im Integral somit auf.

394 2.4

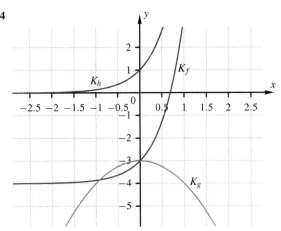

2.5 $h(x) = e^{2x}$; $g(x) = -x^2 - 3$

Die neue Funktion muss an der Stelle $x = 0$ denselben Funktionswert haben wie g, d. h.

$$h(0) + d = g(0)$$
$$e^{2 \cdot 0} + d = -0^2 - 3$$
$$1 + d = -3$$
$$d = -4$$

Neuer Funktionsterm: $e^{2x} - 4$

2.6 Zielgröße: $A_\Delta = \frac{1}{2} a \cdot h_a$

Nebenbed.: $a = 2u$
$$h_a = f(u) + 7$$
Zielfunktion: $A(u) = \frac{1}{2} a \cdot h_a = u \cdot (f(u) + 7)$
$$= u \cdot (-u^2 + 4) = -u^3 + 4u$$
Extremwert: $A'(u_E) = -3u_E^2 + 4 = 0$
$$\Rightarrow u_E = \sqrt{\tfrac{4}{3}}, \text{ da } u > 0$$
Randwerte: $A(0) = A(2) = 0$

Für $u = \sqrt{\frac{4}{3}}$ wird der Flächeninhalt des Dreiecks
maximal.

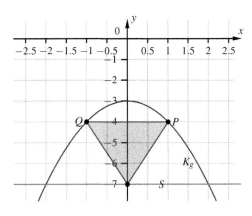

Wahlteil – Aufgabe 3

395 **3.1** Abgelesen:

Periodenlänge 5 mit $p = \frac{2\pi}{5} \Rightarrow k = \frac{2\pi}{5} = \frac{2}{5}\pi$

$y_H = 1$ und $y_T = -5 \Rightarrow a = \frac{y_H - y_T}{2} = \frac{1 - (-5)}{2} = 3$

$$\Rightarrow b = \frac{y_H + y_T}{2} = \frac{1 + (-5)}{2} = -2$$

3.2 $g(x) = -3 \cdot \cos(\frac{1}{2}x) + 2$

Amplitude: 3

Verschiebung in Richtung der y-Achse: um 2 nach oben

Periode: $p = \frac{2\pi}{b} = \frac{2\pi}{0,5} = 4\pi$

Das Schaubild einer negativen Kosinusfunktion weist auf der y-Achse einen Tiefpunkt auf: $T_1(0|-1)$ und damit auch $T_2(4\pi|-1)$.

Nach der halben Periode muss ein Hochpunkt liegen: $H(2\pi|5)$

Die Wendepunkte finden sich auf Höhe der Verschiebung in Richtung der y-Achse und liegen bei der Kosinusfunktion nach einem Viertel und nach drei Viertel der Periodenlänge: $W_1(\pi|2)$; $W_2(3\pi|2)$

Hinweis: Fehler im 1. Druck! In der Aufgabennummerierung muss 3.3.1 und 3.3.2 auf 3.2 folgen. Erst bei der Betrachtung von h folgt Aufgabenstellung 3.4.

3.3.1 Trigonometrische Funktion, z.B.: $x = 0$ bei 14 Uhr;

Amplitude: $\frac{28-8}{2} = 10$

Verschiebung y-Achse: $\frac{28+8}{2} = 18$

Periodenlänge 24 Stunden, also: $b = \frac{2\pi}{24} = \frac{1}{12}\pi$

$\Rightarrow f(x) = 10 \cdot \cos(\frac{\pi}{12}x) + 18$

3.3.2 Exponentialfunktion mit dem Ansatz: $f(x) = a \cdot e^{k \cdot t} + b$

Umgebungstemperatur $= 4\,°C$

Asymptote: $y = 4 = b$

$f(0) = a \cdot e^{k \cdot 0} + b = 60$; mit $b = 4$ folgt: $a = 56$.

Vorfaktor k im Exponenten: $56 \cdot e^{k \cdot 10} + 4 = 40 \Rightarrow k = \frac{1}{10}\ln(\frac{9}{14}) \approx -0,044$

Es ergibt sich: $f(x) = 56 \cdot e^{-0,044 \cdot x} + 4$

3.4 $h(x) = \frac{1}{2} \cdot e^{-\frac{1}{2}x} - 2$

$h'(x) = -\frac{1}{4}e^{-\frac{1}{2}x} \neq 0 \Rightarrow$ keine Extrema

$h''(x) = \frac{1}{8}e^{-\frac{1}{2}x} \neq 0 \Rightarrow$ keine Wendepunkte

Asymptote: $y = -2$ (für x gegen unendlich)

3.5 $P(-2|h(2))$: $h(-2) = \frac{1}{2} \cdot e^{-\frac{1}{2} \cdot (-2)} - 2 = \frac{1}{2}e - 2$

Tangentensteigung: $h'(-2) = -\frac{1}{4}e^{-\frac{1}{2} \cdot (-2)} = -\frac{1}{4}e$

Achsenabschnitt: $P(-2|\frac{1}{2}e - 2)$: $\frac{1}{2}e - 2 = -\frac{1}{4}e \cdot (-2) + b \Rightarrow b = -2$

Tangente im Punkt P: $t(x) = -\frac{1}{4}e \cdot x - 2$

3.6 Nullstelle von h: $h(x_N) = \frac{1}{2}e^{-\frac{1}{2}x_N} - 2 = 0$

$\Rightarrow x_N = -2 \cdot \ln(4) \approx -2,77$

$\int_{-2\ln(4)}^{0} (\frac{1}{2}e^{-\frac{1}{2}x} - 2)dx = [-e^{-\frac{1}{2}x} - 2x]_{-2\ln(4)}^{0}$

$= -e^{-\frac{1}{2} \cdot 0} - 2 \cdot 0 - (-e^{-\frac{1}{2}(-2 \cdot \ln(4))} - 2 \cdot (-2\ln(4)))$

$= -1 + 4 - 4\ln(4) = 3 - 4\ln(4)$

Da A unterhalb der x-Achse liegt gilt:

$A = 4\ln(4) - 3 \approx 2,55$

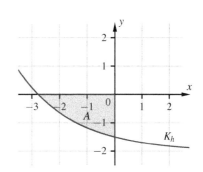

396 **Wahlteil – Aufgabe 4**

4.1 Achsen:

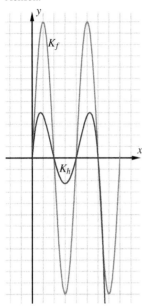

4.2 Periode: 2,   Amplitude: 6

Nullstellen: $f(x_N) = 0$ liefert $x_{N_1} = 0$; $x_{N_2} = 1$; $x_{N_2} = 2$; $x_{N_3} = 3$; $x_{N_4} = 4$.

Damit ist $a = 4$.

4.3 Das Schaubild von g wird mit dem Faktor 6 in y-Richtung gestreckt und mit dem Faktor $\frac{1}{\pi}$ in x-Richtung gestreckt.

4.4 $f'(x) = -6\pi$, also $6\pi \cdot \cos(\pi \cdot x) = -6\pi$; man erhält $x_1 = 1$ und $x_2 = 3$.

Damit sind $P_1(1|0)$ und $P_2(3|0)$ die gesuchten Kurvenpunkte.

4.5 Die Tangentengleichung lautet $y = 6x - 12$, da $h'(2) = 6$ und $h(2) = 0$.

Anton hat nicht recht: Da $h'(2) \neq 0$, ist $x = 2$ nicht die Stelle mit der größten Steigung zwischen den beiden Extrempunkten.

Alternativ könnte man eine beliebige andere Stelle testen, z.B. $h'(0) = 18$.

4.6 Man berechnet $\int_0^1 (f(x) - h(x))dx = \int_0^1 (6\sin(\pi x) + 4x^4 - 24x^3 + 44x^2 - 24x)dx$

Mit Hilfe der Stammfunktion erhält man

$[-\frac{6}{\pi}\cos(\pi x) + \frac{4}{5}x^5 - 6x^4 + \frac{44}{3}x^3 - 12x^2]_0^1 = \frac{12}{\pi} - \frac{38}{15} \approx 1,29$

4.7 **a)** Bedingt richtig für $b > 1$ **c)** Richtig

     b) Bedingt richtig für $k > 1$ **d)** Falsch: $f(x) = x^4$